"十四五"职业教育国家规划教材

信号联锁设备维护
（第三版）

李丽兰　韦成杰　主编

占雪梅　梁宏伟　魏　君　副主编

张云凤　主审

化学工业出版社

·北京·

内 容 简 介

本书以二十大提出的加快建设交通强国为指导，采用项目引领、任务驱动的编写方式，全面系统地阐述 6502 电气集中联锁设备、EI32-JD 型计算机联锁设备、DS6-K5B 型计算机联锁设备、iLOCK 计算机联锁设备的工作原理、检修维护、故障处理，以及道岔控制电路、信号机点灯电路、列车检测设备的维护及故障分析处理等内容，贴近现场实际，符合项目化教学需求。本书配有二维码，方便教学和学习。

本书可作为城市轨道交通通信信号技术专业和铁道信号自动控制专业教学的教材，也可作为信号现场工程技术人员和信号维护人员的培训教材或参考书。

图书在版编目（CIP）数据

信号联锁设备维护 / 李丽兰，韦成杰主编. —3 版. —北京：化学工业出版社，2022.1（2025.7重印）
"十三五"职业教育国家规划教材
ISBN 978-7-122-40752-8

Ⅰ.①信⋯ Ⅱ.①李⋯ ②韦⋯ Ⅲ.①铁路信号-联锁设备-维修-高等职业教育-教材 Ⅳ.①U284.3

中国版本图书馆 CIP 数据核字（2022）第 018693 号

责任编辑：潘新文　　　　　　　　　　装帧设计：张　辉
责任校对：田睿涵

出版发行：化学工业出版社（北京市东城区青年湖南街 13 号　邮政编码 100011）
印　　装：河北延风印务有限公司
787mm×1092mm　1/16　印张 23¾　插页 1　字数 601 千字　2025 年 7 月北京第 3 版第 5 次印刷

购书咨询：010-64518888　　　　　　　　售后服务：010-64518899
网　　址：http://www.cip.com.cn
凡购买本书，如有缺损质量问题，本社销售中心负责调换。

定　价：59.80 元　　　　　　　　　　　　　　　　　　　版权所有　违者必究

"城市轨道交通控制专业"教材编写委员会

主　　任：张惠敏（郑州铁路职业技术学院 系主任 教授）
　　　　　贾　萍（郑州市轨道交通有限公司设备物资部 副部长 高级工程师）
副 主 任：穆中华（郑州铁路职业技术学院 教授）
　　　　　陈享成（郑州铁路职业技术学院 副主任 副教授）
　　　　　王民湘（郑州铁路局郑州电务段 副段长 教授级高级工程师）
　　　　　金立新（郑州铁路局通信段 副段长 高级工程师）
　　　　　郑予君（河南辉煌科技股份有限公司 总经理）
　　　　　谢　鸥（中兴通讯股份有限公司 NC 通讯学院 总经理）
　　　　　王明英（郑州铁路局郑州电务段职工教育科 科长 高级工程师）
　　　　　杜胜军（郑州铁路局通信段职工教育科 科长 高级工程师）
　　　　　左在文（郑州铁路局新乡电务段职工教育科 科长 高级工程师）
　　　　　胡宜军（郑州市装联电子有限公司 总经理）
　　　　　李福建（河南辉煌科技股份有限公司 工程师）
　　　　　莫振栋（柳州铁道职业技术学院 系主任 副教授 铁道行指委铁道通信
　　　　　　　　　信号专业指导委员会秘书）
　　　　　翟红兵（辽宁铁道职业技术学院 副院长 副教授 铁道行指委铁道通信
　　　　　　　　　信号专指委委员）
　　　　　薄宜勇（南京铁道职业技术学院 系主任 副教授 铁道行指委铁道通信
　　　　　　　　　信号专指委委员）
　　　　　高嵘华（西安铁路职业技术学院 副教授 铁道行指委铁道通信信号专
　　　　　　　　　指委委员）
　　　　　李　锐（安徽交通职业技术学院 系主任 副教授）
委　　员（按姓氏拼音排序）：
　　　　　毕纲要　薄宜勇　曹　冰　曹丽新　常仁杰　陈福涛　陈享成
　　　　　陈艳华　陈志红　程　灿　程建兵　杜胜军　杜先华　付　涛
　　　　　高　峰　高嵘华　高　玉　胡小伟　胡宜军　黄根岭　贾　萍
　　　　　江兴盟　蒋建华　金立新　兰天明　李春莹　李芳毅　李福建
　　　　　李丽兰　李　锐　李珊珊　李勇霞　梁宏伟　梁明亮　刘海燕
　　　　　刘素芳　刘　伟　刘喜菊　刘云珍　孟克与　莫振栋　穆中华
　　　　　彭大天　任全会　阮祥国　邵连付　孙逸洁　陶汉卿　王民湘
　　　　　王明英　王　庆　王　文　王学力　韦成杰　吴广荣　吴　昕
　　　　　吴新民　谢　丹　谢　鸥　徐晓冰　薛　波　燕　燕　杨　辉
　　　　　杨婧雅　杨艳芳　于　军　翟红兵　张惠敏　张江波　张清淼
　　　　　张云凤　赵　静　赵文丽　赵　阳　郑乐藩　郑予君　周朝东
　　　　　周建涛　周栓林　朱　锦　朱力宏　朱卓瑾　左在文

国家骨干高职院校建设
郑州铁路职业技术学院项目化教学规划教材建设委员会

主　任：苏东民（郑州铁路职业技术学院）
　　　　李学章（郑州铁路局）
副主任：董黎生（郑州铁路职业技术学院）
　　　　张　洲（郑州市轨道交通有限公司）
　　　　胡书强（郑州铁路局职工教育处）
委　员（按姓氏拼音排序）：
　　　　陈享成（郑州铁路职业技术学院）
　　　　戴明宏（郑州铁路职业技术学院）
　　　　董黎生（郑州铁路职业技术学院）
　　　　冯　湘（郑州铁路职业技术学院）
　　　　耿长清（郑州铁路职业技术学院）
　　　　胡殿宇（郑州铁路职业技术学院）
　　　　胡书强（郑州铁路局职工教育处）
　　　　华　平（郑州铁路职业技术学院）
　　　　李保成（郑州铁路局工务处）
　　　　李福胜（郑州铁路职业技术学院）
　　　　李学章（郑州铁路局）
　　　　马锡忠（郑州铁路局运输处）
　　　　马子彦（郑州市轨道交通有限公司）
　　　　倪　居（郑州铁路职业技术学院）
　　　　石建伟（郑州铁路局车辆处）
　　　　宋文朝（郑州铁路局机务处）
　　　　苏东民（郑州铁路职业技术学院）
　　　　王汉兵（郑州铁路局供电处）
　　　　伍　玫（郑州铁路职业技术学院）
　　　　徐广民（郑州铁路职业技术学院）
　　　　杨泽举（郑州铁路局电务处）
　　　　张惠敏（郑州铁路职业技术学院）
　　　　张中央（郑州铁路职业技术学院）
　　　　张　洲（郑州市轨道交通有限公司）

第三版前言

信号联锁设备是实现道岔、进路和信号机之间联锁关系的技术装备，用来指挥站内列车运行和调车作业，保证行车安全，提高运输效率。本书密切结合轨道交通现状，地铁正线选择 iLOCK 计算机联锁设备，车辆段、高铁选择 EI32-JD、DS6-K5B 型计算机联锁设备，既有线路选择 6502 电气集中联锁设备进行详细介绍。

该教材第一版被教育部评为"十二五"职业教育国家规划教材，第二版被评为"十三五"职业教育国家规划教材，受到同类院校师生的欢迎和好评。随着高速铁路、城市地铁的迅速发展，既有线路联锁系统不断升级改造，新技术、新设备不断取代旧技术、旧设备，按照二十大加快建设交通强国、教育强国精神，核心课程建设要与产业需求深度融合，因此教材内容必须随之进行更新，我们对教材再次进行修订。虽然 6502 电气集中联锁设备几乎退出历史舞台，学生毕业后不再维护 6502 设备，但计算机的联锁逻辑基于 6502，它是专业的魂，是计算机联锁系统的基础。基于此，本次修订中，对模块二项目三、项目四进行修改，保留 6502 电路原理部分，删除 6502 故障处理部分，让学生重点学习 6502 继电电路的联锁逻辑关系，为学习计算机联锁打下坚实的基础。其次，根据当前企业设备及教学需要，增加 DS6-K5B、iLOCK 计算机联锁系统及联锁试验，删除 SICAS 计算机联锁内容。同时为贯彻落实教育部关于"高等学校课程思政建设"的指导精神，在课程整体设计教学目标中融入课程思政点。另外，响应二十大"办好人们满意的教育"精神，加强产教融合、校企合作，对教材原有的微课内容进一步丰富，推进教育数字化，便学生、企业职工自主学习。

本书为国家骨干高职院校建设项目，中央财政重点支持城市轨道交通控制专业及专业群建设项目（项目标号 11-18-04）之一，由郑州铁路职业技术学院李丽兰、韦成杰主编，郑州铁路职业技术学院占雪梅、梁宏伟、魏君担任副主编，郑州铁路职业技术学院吴甜甜和郑州局集团有限公司郑州高铁基础设施段王云龙参编。其中李丽兰编写模块三项目二任务三、模块四项目一任务二、模块四项目二任务二、模块四项目三任务二；韦成杰编写模块二项目三、模块四项目三任务一；占雪梅编写模块三项目三、模块四项目一任务一、模块四项目二任务一；梁宏伟编写模块三项目一、模块三项目五；魏君编写模块一、模块二项目一和项目二、模块三项目二任务四；吴甜甜编写模块三项目二任务二、模块三项目四；王云龙编写模块三项目二任务一。郑州轨道交通有限公司张云凤主审。

本书在编写过程中得到许多专家及学者的帮助。中国铁路郑州局集团有限公司郑州电务段教育科高级工程师燕燕，河南辉煌科技股份有限公司高级工程师杨艳芳、工程师程建兵提供了很多技术支持，在此表示最诚挚的感谢！

因编者水平有限，书中难免有疏漏和不足之处，恳请广大读者批评指正。

编者

目 录

课程整体设计

模块一 联锁系统初步认知 ··· 001
项目一 联锁关系认知 ··· 002
　　任务一　联锁基本概念认知 ··· 002
　　任务二　平面布置图识读 ··· 008
　　任务三　联锁表识读 ··· 011
　　思考题 ··· 014
项目二 联锁设备认知 ··· 015
　　任务一　联锁系统层次结构认知 ··· 015
　　任务二　6502电气集中联锁设备认知 ··· 019
　　任务三　计算机联锁设备认知 ··· 024
　　思考题 ··· 026

模块二 6502电气集中联锁系统维护 ··· 027
项目一 控制台操作维护 ··· 028
　　任务一　控制台认识 ··· 028
　　任务二　控制台操作练习 ··· 031
　　任务三　控制台（人工解锁按钮盘）维护 ··· 034
项目二 组合架维护 ··· 036
　　任务一　继电器组合的选用 ··· 036
　　任务二　组合架维护 ··· 041
　　思考题 ··· 043
项目三 6502继电联锁电路识读 ··· 044
　　任务一　方向继电器电路识读 ··· 044
　　任务二　按钮继电器电路识读 ··· 048
　　任务三　1-6线选岔电路识读 ··· 053
　　任务四　辅助开始继电器和终端继电器电路识读 ··· 062
　　任务五　7线开始继电器电路识读 ··· 067
　　任务六　选择组表示灯电路识读 ··· 071
　　任务七　8线信号检查继电器电路识读 ··· 074
　　任务八　9-10线区段检查及股道继电器电路识读 ··· 079
　　任务九　QJ、JYJ、ZCJ电路识读 ··· 084
　　任务十　11线信号继电器电路识读 ··· 089
　　思考题 ··· 095

模块三 计算机联锁系统维护及故障分析处理 ··· 096
项目一 计算机联锁系统认知 ··· 097
　　任务一　城轨联锁关系认知 ··· 097
　　任务二　计算机联锁系统发展认知 ··· 109

  任务三 计算机联锁系统基本原理认知 ··· 113
  思考题 ·· 129
 项目二 EI32-JD 型计算机联锁设备维护及故障分析处理 ·· 130
  任务一 EI32-JD 型计算机联锁设备认知 ·· 130
  任务二 EI32-JD 型计算机联锁设备操作使用 ·· 146
  任务三 EI32-JD 型计算机联锁设备检修维护 ·· 155
  任务四 EI32-JD 型计算机联锁设备故障分析处理 ··· 159
  思考题 ·· 168
 项目三 DS6-K5B 型计算机联锁设备维护及故障分析处理 ·· 169
  任务一 DS6-K5B 型计算机联锁设备认知 ·· 169
  任务二 DS6-K5B 型计算机联锁设备操作使用 ·· 185
  任务三 DS6-K5B 型计算机联锁设备检修维护及故障处理 ·· 194
  思考题 ·· 196
 项目四 iLOCK 计算机联锁设备维护及故障分析处理 ··· 198
  任务一 iLOCK 计算机联锁设备认知 ··· 198
  任务二 iLOCK 计算机联锁设备操作 ··· 216
  任务三 iLOCK 计算机联锁设备维护 ··· 236
  任务四 iLOCK 计算机联锁设备故障分析处理 ·· 241
 项目五 计算机联锁试验 ·· 250
  任务一 基本联锁试验 ··· 250
  任务二 特殊联锁试验 ··· 268
  思考题 ·· 272

模块四 接口设备维护及故障分析处理 ··· 273
 项目一 道岔控制电路维护及故障分析处理 ·· 274
  任务一 ZD6 型道岔控制电路维护及故障分析处理 ··· 274
  任务二 ZDJ9 型道岔控制电路维护及故障分析处理 ··· 292
  思考题 ·· 309
 项目二 信号机点灯电路维护及故障分析处理 ·· 310
  任务一 铁路信号机点灯电路维护及故障分析处理 ··· 310
  任务二 地铁信号机点灯接口电路维护及故障分析处理 ··· 322
  思考题 ·· 333
 项目三 列车检测设备维护及故障分析处理 ·· 335
  任务一 25Hz 相敏轨道电路维护及故障分析处理 ··· 335
  任务二 计轴设备维护及故障分析处理 ··· 345
  思考题 ·· 366

参考文献 ··· 367
附录

课程整体设计

1. 课程内容设计

信号联锁设备是实现道岔、进路和信号机间联锁关系的技术设备，目前地铁、高铁、客专及站场改建均采用计算机联锁，但在铁路支线、地方铁路、企业专用线仍有 6502 电气集中联锁少量运用，而且计算机联锁是基于 6502 的逻辑关系研发的，不学习 6502 电气集中联锁难以理解计算机联锁。

6502 电气集中联锁设备几乎退出历史舞台，但仍需要理解 6502 逻辑电路原理，它是计算机联锁的基础。计算机联锁设备由现场信号车间负责维护，要求信号工懂设备原理、技术标准，会操作使用，能维护设备及处理常见故障。本教材模块一为联锁系统初步认知，提取 6502 电气集中联锁设备和计算机联锁设备共性；模块二讲述 6502 电气集中联锁设备维护；模块三讲述计算机联锁设备维护及故障处理，选取地铁正线典型计算机联锁设备 iLOCK、地铁车辆段和铁路典型设备计算机联锁 EI32-JD 及 DS6-K5B，按照设备认知、设备操作、设备维护和设备故障处理的顺序讲解；模块四介绍室外接口电路维护和故障处理，包括道岔控制电路、信号机点灯电路以及列车检测设备。

2. 教学目标

本课程采用"教学做一体化"教学模式，教学过程突出教师引导、学生自主学习，要求学生能够按照现场作业程序，完成信号联锁设备的操作、检修维护和常见故障处理。教学设计总体思路为先认识设备，再学习设备原理，然后进行设备检修维护，最后上升到常见故障处理。教学目标如下。

模 块	项 目	任 务	教学目标
模块一 联锁系统初步认知	项目一 联锁关系认知	任务一 联锁基本概念认知	• 理解联锁关系 • 能够读懂平面布置图 • 能够编制联锁表 • 培养学生认真严谨的工作态度
		任务二 平面布置图识读	
		任务三 联锁表识读	
	项目二 联锁设备认知	任务一 联锁系统层次结构认知	• 理解联锁设备的功能及层次结构 • 熟悉 6502 电气集中联锁室内外设备及功能 • 熟悉计算机联锁室内外设备及功能 • 培养工匠精神
		任务二 6502 电气集中联锁设备认知	
		任务三 计算机联锁设备认知	
模块二 6502 电气集中联锁系统维护	项目一 控制台操作维护	任务一 控制台认识	• 能够操作控制台 • 能够进行控制台的检修维护 • 培养学生职业责任感、荣誉感
		任务二 控制台操作练习	
		任务三 控制台（人工解锁按钮盘）维护	
	项目二 组合架维护	任务一 继电器组合选用	• 理解继电器组合选用原则 • 能够进行组合架的检修维护 • 培养学生遵章守纪的思想意识
		任务二 组合架维护	
	项目三 6502 继电联锁电路识读	任务一 方向继电器电路识读	• 能够熟练识读选择组电路 • 能够分析选择组电路的动作程序及送电规律 • 能够熟练识读执行组电路 • 培养学生精益求精的职业精神
		任务二 按钮继电器电路识读	
		任务三 1-6 线选岔电路识读	
		任务四 辅助开始继电器和终端继电器电路识读	
		任务五 7 线开始继电器电路识读	

续表

模块	项目	任务	教学目标
模块二 6502电气集中联锁系统维护	项目三 6502继电联锁电路识读	任务六 选择组表示灯电路识读	• 能够熟练识读选择组电路 • 能够分析选择组电路的动作程序及送电规律 • 能够熟练识读执行组电路 • 培养学生精益求精的职业精神
		任务七 8线信号检查继电器电路识读	
		任务八 9-10线区段检查及股道继电器电路识读	
		任务九 QJ、JYJ、ZCJ电路识读	
		任务十 11线信号继电器电路识读	
模块三 计算机联锁系统维护及故障分析处理	项目一 计算机联锁系统认知	任务一 城轨联锁关系认知	• 与铁路比较,理解城轨联锁关系 • 理解计算机联锁系统功能、发展 • 掌握计算机联锁系统基本原理 • 使学生以成为一名信号人为荣
		任务二 计算机联锁系统发展认知	
		任务三 计算机联锁基本原理认知	
	项目二 EI32-JD型计算机联锁设备维护及故障分析处理	任务一 EI32-JD型计算机联锁设备认知	• 熟悉EI32-JD型计算机联锁设备 • 能够操作控显机,会调看维修机数据 • 能够按照标准检修维护EI32-JD计算机联锁设备 • 能够处理EI32-JD计算机联锁设备的常见故障 • 走近岗位,了解岗位,热爱工作
		任务二 EI32-JD型计算机联锁设备操作使用	
		任务三 EI32-JD型计算机联锁设备检修维护	
		任务四 EI32-JD型计算机联锁设备故障分析处理	
	项目三 DS6-K5B型计算机联锁设备维护及故障分析处理	任务一 DS6-K5B型计算机联锁设备认知	• 熟悉DS6-K5B计算机联锁设备 • 能够操作控显机 • 能够按照标准检修维护DS6-K5B计算机联锁设备 • 培养学生职业责任感和荣誉感
		任务二 DS6-K5B型计算机联锁设备操作使用	
		任务三 DS6-K5B型计算机联锁设备维护及故障分析处理	
	项目四 iLOCK计算机联锁设备维护及故障分析处理	任务一 iLOCK计算机联锁设备认知	• 熟悉iLOCK计算机联锁设备 • 掌握iLOCK计算机联锁设备常用操作 • 熟悉iLOCK计算机联锁设备检修项目及标准 • 培养学生团队合作精神
		任务二 iLOCK计算机联锁设备操作	
		任务三 iLOCK计算机联锁设备维护	
		任务四 iLOCK计算机联锁设备故障分析处理	
	项目五 计算机联锁试验	任务一 基本联锁试验	• 能够进行基本联锁试验 • 熟悉特殊联锁试验内容 • 培养学生严谨认真的精神及逻辑思维
		任务二 特殊联锁试验	
模块四 接口设备维护及故障分析处理	项目一 道岔控制电路维护及故障分析处理	任务一 ZD6道岔控制电路维护及故障分析处理	• 熟练识读ZD6、ZDJ9道岔控制电路 • 能够检修维护ZD6、ZDJ9道岔控制设备 • 能够处理ZD6、ZDJ9道岔控制电路断线故障 • 培养学生的安全操作意识
		任务二 ZDJ9道岔控制电路维护及故障分析处理	
	项目二 信号机点灯电路维护及故障分析处理	任务一 铁路信号机点灯电路维护及故障处理	• 熟练识读信号机点灯电路 • 能够检修维护信号机点灯设备 • 能够处理信号机点灯电路断线故障 • 培养学生的责任意识
		任务二 地铁信号机点灯电路维护及故障处理	
	项目三 列车检测设备维护及故障分析处理	任务一 25Hz相敏轨道电路维护及故障分析处理	• 熟练识读轨道电路及计轴电路 • 能够检修维护列车检测设备 • 能够处理列车检测设备故障 • 培养学生安全意识、责任意识、生命至上的社会责任感
		任务二 计轴设备维护及故障分析处理	

3. 课程教学资源要求

（1）自主学习平台　课程同步配有资源库学习平台，包括基本教学资源和拓展资源。基本教学资源包括针对每个任务的教学课件、讲课录像、电子文档，并配有大量选择题、判断题，可以进行在线测试。拓展资源主要有仿真软件、企业培训课件和视频、规章与标准、故障案例库、职业技能鉴定题库、企业联锁设备资料等。

（2）实训条件　要求具备6502电气集中联锁实验室、计算机联锁实验室，配备万用电表等常用工具，满足一体化教学要求。

（3）师资要求　具备信号联锁设备的理论知识，熟悉铁路技术管理规程、铁路信号维护规则等技术标准，熟悉现场作业程序，具备信号设备维护经验。

模块一
联锁系统初步认知

车站联锁设备可保证站内运输作业安全，提高作业效率，其控制对象是道岔、进路和信号机。将道岔、进路和信号机用继电电路的方式集中控制与监督，并实现彼此之间联锁关系的技术方法称为继电式电气集中联锁；用计算机技术、通信技术、可靠性与容错技术，以及"故障—安全"技术实现联锁关系的技术方法称为计算机联锁。

项目一
联锁关系认知

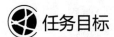 项目导引

联锁是保证行车安全的重要技术措施。广义的联锁泛指各种信号设备所存在的相互制约关系;狭义的联锁,即一般所说的联锁,专指车站信号设备之间的制约关系。为保证行车安全,联锁关系必须十分严密。

任务一　联锁基本概念认知

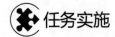 任务目标

1. 理解联锁的概念。
2. 掌握道岔和进路的种类及划分。
3. 掌握联锁的基本内容及技术条件。

联锁基本概念

 任务实施

一、联锁概念认知

进路由道岔的位置所决定,在进路的入口处设有信号机进行防护。所谓建立进路,就是把进路上的道岔扳到进路所要求的位置上,然后再将该进路的防护信号机开放。若道岔的位置不正确,则不准信号机开放;但一旦信号机开放,就不准许进路上的道岔再变换位置,直至信号机关闭或列车、车列越过道岔为止。

为了保证列车在车站范围内的运行安全,进路、道岔和信号机之间存在互相制约的关系,称为联锁。

二、道岔认知

1. 道岔的定反位

每组道岔都有两个位置:定位和反位。
道岔定位:指道岔经常开通的位置。

道岔反位:指排列进路时临时改变的位置。

2. 联动道岔

联动道岔:排列进路时,几组道岔要定位都要在定位,要反位则都要在反位。

渡线两端的道岔,例如附录中附图 1 的 1 号和 3 号道岔,1 号在定位时 3 号必须在定位,1 号在反位时 3 号也必须在反位,即 1 号道岔和 3 号道岔是联动道岔,记为 1/3 号,它们必须同时转换,否则不能保证安全。

3. 防护道岔和带动道岔

防护道岔:为了防止侧面冲突,有时需要将不在所排进路上的道岔处于防护位置并予以锁闭。

如图 1-1 所示,排列 D_4 至 D_8 的进路,虽然 2 号道岔不在该进路上,仍要求 2 号道岔锁闭在反位,目的是防止 2 号道岔在定位时,上行列车在长大下坡道运行失控而冒进下行进站信号机,在 6 号道岔处造成侧面冲突。将 2 号道岔锁闭在反位,可使失控列车进入 2 号道岔侧向,不会造成侧面冲突。

带动道岔和
防护道岔

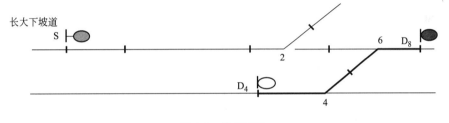

图 1-1 防护道岔

带动道岔:为了提高作业效率,排列进路时把某些不在进路上的道岔带动至规定位置,并对其锁闭。

如图 1-2 所示,排列 X 行至 ⅡG 的接车进路,如果 5/7 号道岔处于定位,X_D 至 3G 可以平行作业。为了提高行车效率,排列经 1/3 号道岔反位的进路时,要求 5/7 号道岔被带动到定位;如果 5/7 号道岔不能被带动到定位,即 5/7 号道岔反位锁闭,也不影响 X 行至 ⅡG 的接车进路。

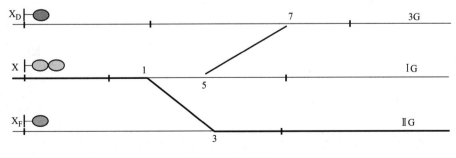

图 1-2 带动道岔

防护道岔和带动道岔两者的共同点是:①两种道岔都不在所选的进路上;②选路时两种道岔都是被带动到规定的位置。两者的区别是防护道岔必须进行联锁条件的检查,如果不在防护位置，进路不能建立。带动道岔则无需进行联锁条件检查，能带动到规定位置就带动，带动不到也不影响进路的建立，不涉及行车安全，只影响行车效率。

三、进路认知

进路：车站内列车或调车车列由一点运行至另一点的全部路径。其中列车用的称为列车进路，调车用的称为调车进路。

1. 列车进路和调车进路

列车进路分为接车进路、发车进路和通过进路。

① 接车进路：列车进入车站所经过的进路始于进站信号机，终于另一端咽喉的出站信号机。如附录中附图1的下行Ⅰ道接车进路是从下行进站信号机 X 至下行Ⅰ道出站信号机 $X_Ⅰ$ 的一段路径。

② 发车进路：指列车由车站驶出所经过的进路，起于出站信号机，止于发车口。如附录中附图1的下行Ⅰ道发车进路是从下行Ⅰ道出站信号机 $X_Ⅰ$ 至下行发车口处。

③ 通过进路：指列车经正线不停车通过车站的进路。如下行通过进路是由下行进站信号机 X 至下行发车口，包括下行Ⅰ道接车进路和下行Ⅰ道发车进路。

调车进路包括短调车进路和长调车进路。

④ 短调车进路：指从起始调车信号机开始至次架阻挡信号机为止的一个调车进路，进路中只有一架调车信号机开放信号。如附录中附图1的 D_3 至 D_9。

⑤ 长调车进路：由两个或两个以上的短调车进路组成的进路，进路中有两架或两架以上的调车信号机开放信号。如 D_3 至 ⅠG 的调车进路是由 D_{13} 至 ⅠG、D_9 至 D_{13}、D_3 至 D_9 三个短调车进路构成的长调车进路。

2. 基本进路和变通进路

• 基本进路：站内由一点向另一点运行有几条径路时，规定常用的一条径路为基本进路。基本进路一般是两点间最近的、对其他进路作业影响最小的进路。

• 变通进路：又称迂回进路，基本进路以外的其余进路。例如附图1中下行Ⅲ道接车进路有3条。把23/25号道岔在反位，其他各道岔定位的进路定为基本进路，则其余两条进路（即5/7号道岔反位，其他定位；9/11号道岔反位，其他定位）就是变通进路。

设计变通进路是为了有效地利用车站线路，提高作业效率，提高列车或调车车列运行的灵活性。当正常行车线路上的道岔发生故障、轨道电路被占用或故障等原因不能开通基本进路时，可以开通变通进路，使列车或调车车列迂回前进而不致受阻。

3. 敌对进路

敌对进路：同时行车会危及行车安全的任意两条进路。常见的敌对进路如下。

敌对进路

① 同一到发线上对向的列车进路与列车进路。如附图1中的下行Ⅰ道接车进路和上行Ⅰ道接车进路。

② 同一到发线上对向的列车进路与调车进路。如上行Ⅱ道接车进路和 D_{15} 至ⅡG的调车进路。

③ 同一咽喉区内对向重叠或顺向重叠的列车进路与调车进路。重叠进路指两条有部分

或全部重合的进路。如下行Ⅰ道接车进路和 S_1 至 D_7 调车进路。

同一到发线上对向的调车进路允许同时建立，如附图1的 D_{13} 至 IG 调车进路与 D_{12} 至 IG 调车进路。这样对调车作业较多的车站可提高作业效率。但对于调车作业较少的中间站，当同一到发线上对向的调车进路无必要同时开通时，也可作为敌对进路。股道、无岔区段有车占用时允许向其排列调车进路，便于取车。但不允许两端同时向无岔区段办理调车进路。

敌对进路必须互相照查，不得同时建立。

四、联锁内容认知

联锁的基本内容包括防止建立会导致机车车辆相冲突的进路、必须使列车或调车车列经过的所有道岔均锁闭在与进路开通方向相符的位置、必须使信号机的显示与所建立的进路相符。

• 联锁最基本的技术条件之一：进路上各区段空闲时才能开放信号。如果进路上有车占用，却能开放信号，则会引起列车、调车车列与原停留车冲突。

• 联锁最基本的技术条件之二：进路上有关道岔在规定位置且被锁闭才能开放信号。如果进路上有关道岔开通位置不对却能开放信号，则会引起列车、调车车列进入异线或挤坏道岔。信号开放后，其防护的进路上的有关道岔必须被锁闭在规定位置，不能转换。

• 联锁最基本的技术条件之三：敌对进路已建立时，防护该进路的信号机不能开放，否则列车或调车车列可能造成正面冲突。信号开放后，敌对进路必须被锁闭，防护敌对进路的信号不能开放。

1. 道岔、进路间联锁

道岔有定位和反位两个工作位置，进路则有锁闭和解锁两个状态。道岔位置正确，进路才能锁闭，进路解锁后，道岔才能改变其工作位置。这就是存在于道岔和进路之间的基本联锁关系，如图1-3所示。

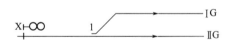

进路号	进路名称	道岔
1	Ⅰ道下行接车	(1)
2	Ⅱ道下行接车	1

图1-3 道岔、进路间联锁关系

图1-3中进路1是Ⅰ道下行接车进路，进路2为Ⅱ道下行接车进路。进路1要求道岔1在反位；进路2要求道岔1在定位。从图中看出带括号的代表道岔在反位，不带括号的则表示道岔在定位。图中的意义是，进路1与道岔1之间有反位联锁关系，即道岔1不在反位，进路1就不能锁闭，反过来进路1锁闭后，把道岔1锁在反位位置上，不准许道岔1再变位。进路2与道岔1存在着定位锁闭关系，即道岔1不在定位，进路2就不能锁闭，反之当进路2锁闭以后，把道岔1锁在定位位置上，不准许道岔1再变位。

如图1-4所示，在下行Ⅰ道接车进路的延续进路中有一条安全线。该安全线是为接Ⅰ道下行接车进路设置的，因X进站信号机前方制动距离内有较大的下坡道（6‰以上），列车进站后可能停不住车，所以它是为防止与上行Ⅱ道接车进路上的列车发生侧撞事故而考虑的。

当建立 3 道上行的接车进路时,需要把 4/6 号道岔防护到定位,避免 I 道下行的列车停不住车经 4/6 反位与 3 道上行的列车相撞。防护道岔与进路的联锁关系,图中用中括号表示,[4/6] 表示将道岔防护到定位,若防护到反位,则用 [(4/6)] 表示。

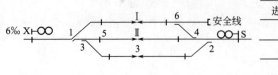

进路号	进路名称	道岔
1	I 道上行接车	2,(4/6)
2	II 道上行接车	2,4/6
3	3 道上行接车	(2),[4/6]

图 1-4　防护道岔与进路的联锁关系

2. 道岔与信号机之间的联锁

因为进路是由信号机防护的,故道岔与进路之间的联锁也可以用道岔与信号机之间的联锁来描述。

如图 1-5 所示,信号机 X 防护着两条进路。一条是 I 道下行接车进路,要求 1 号道岔在反位;另一条是 II 道下行接车进路,要求 1 号道岔在定位。因此信号机 X 与道岔 1 之间的联锁关系,既有定位锁闭关系,又有反位锁闭关系,称为定、反位锁闭,应记作 "1,(1)"。

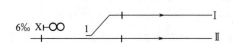

信号机	信号机名称	道岔
X	下行进站信号机	1,(1)

图 1-5　道岔与信号机的联锁关系

定、反位锁闭就意味着道岔 1 在定位时,允许信号机 X 开放,在反位时也允许信号机 X 开放,那么可否不采取锁闭措施呢?不可以的,因为道岔除定位和反位以外,还有一种非工作状态,即不在定位也不在反位的状态,如道岔不密贴或被挤等,也就是说,道岔在不正常状态,是不允许信号机开放的。

3. 进路与进路间的联锁

进路与进路之间存在着两种不同性质的联锁关系:一个是抵触进路,另一个是敌对进路。

(1) 抵触进路　抵触进路如图 1-6 所示,下行接车进路有三条,即进路 1、进路 2 和进路 3。这三条进路要求道岔位置各不相同,且在同一时间只能建立起一条进路。一条进路锁闭以后,有关的道岔锁住,不可能再建立其他两条进路,把这样互相抵触的进路称为抵触进路。

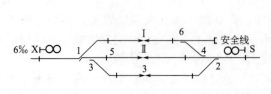

进路号	进路名称	敌对进路	抵触进路
1	I 道下行接车	6	2,3
2	II 道下行接车	4,5,6	1,3
3	3 道下行接车	4,5,6	1,2
4	3 道上行接车	2,3	5,6
5	II 道上行接车	2,3	4,6
6	I 道上行接车	1,2,3	4,5

图 1-6　进路与进路间的联锁关系

（2）敌对进路　用道岔位置不能间接控制的两条进路，这两条进路又存在着抵触或敌对关系，称为敌对进路。如图 1-6 所示，进路 5 和进路 2 是敌对进路，进路 5 和进路 3 也是敌对进路。进路 5 是Ⅱ道上行接车进路，进路 2 是Ⅱ道下行接车进路，它们是同一股道不同方向的接车进路，不能用道岔位置间接控制，允许同时接车有危险，所以这两条进路为敌对进路是很明显的。

虽然进路 5 和进路 3 虽不属于同一股道的接车进路，但从Ⅰ道的上行端设有安全线这一点上来看，可知下行列车进站后，因为下坡道的坡度大，有可能到达股道后停不住车，因此，在考虑进路 5 与进路 3 是否是敌对进路时应涉及上述不安全因素。很明显，若下行进 3 道的列车停不住车，势必与进入Ⅱ道的上行列车相撞。因此，进路 5 和进路 3 是敌对进路。

4. 进路与信号机之间的联锁

进路与进路之间的联锁关系，可用进路与信号机之间的联锁关系来描述，因为进路较多时，这样的描述方法较明显，不需要从进路号码中查找进路名称。如图 1-7 所示，进路 1 是从 D_{21} 信号机至无岔区段 W 的调车进路，D_{23} 信号机所防护的进路与进路 1 是对向重叠的敌对进路，所以把 D_{23} 信号作为进路 1 的敌对信号，在联锁表进路 1 的敌对信号栏内记作"D_{23}"。

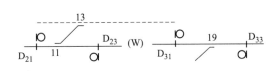

进路号	进路名称	敌对信号
1	D_{21}至W	D_{23}，〈19〉D_{33}
2	D_{33}至W	D_{31}，〈11/13〉D_{21}

图 1-7　进路与信号机间的联锁关系

D_{33} 信号机防护两条进路：一条经由道岔 19 反位，另一条经由道岔 19 定位至无岔区段 W。由于无岔区段一般较短，故禁止同时由两个方向向该无岔区段内调车，即 D_{21} 至 WG 的调车进路，与 D_{33} 至 WG 的调车进路是敌对进路。但这两条敌对进路，只有在道岔 19 处于定位时，才能构成，反之则构不成。这种有条件的敌对进路，在进路 1 的敌对信号栏中记作"〈19〉D_{33}"，同理，进路 2 与调车信号机 D_{21} 也存在着条件敌对关系，故在进路 2 的敌对信号栏内，记有"〈11/13〉D_{21}"。凡是两对象间存在着一个或几个条件才构成锁闭关系，就是条件锁闭，而这里的条件一般是指道岔位置。

既然进路与进路之间的联锁可以用进路与信号机间的联锁关系来描述，则当然也可以用信号机与信号机间的联锁关系来描述。如图 1-8 所示，以四架调车信号机为例，这四架信号机之间的联锁关系可这样描述：D_{21} 与 D_{33} 之间的关系是条件联锁，条件是道岔 11/13 定位和道岔 19 定位。

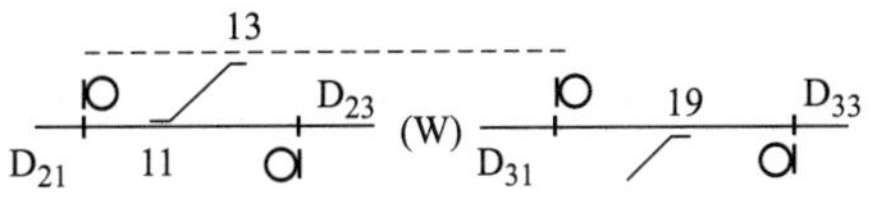

信号机编号	信号机名称	敌对信号	
		条件	锁闭
D_{21}	调车信号机	—	D_{23}
		19	D_{33}
D_{23}	调车信号机	—	D_{21}
D_{31}	调车信号机	—	D_{33}
D_{33}	调车信号机	—	D_{31}
		11/13	D_{21}

图 1-8　信号机与信号机间联锁关系

任务二 平面布置图识读

任务目标

1. 看懂平面布置图中站场线路的布置和接发车方向；
2. 看懂平面布置图中道岔、信号机、信号表示器、轨道电路区段（含侵限绝缘区段）等设备的编号及图形符号；
3. 看懂平面布置图中信号楼中心公里标、联锁道岔和信号机距信号楼中心的距离。

任务实施

车站信号平面布置图根据站场线路绘制，显示站场的线路布置和接发车方向；确定信号楼的位置和集中联锁区的范围；标明信号机、道岔的名称编号和设备位置，划分轨道电路区段。车站信号平面布置图是设计车站联锁电路的基础，是进行车站信号工程设计与施工的重要依据。

一、了解信号机的布置及命名

平面布置图
识读（一）

车站上设置信号机的主要目的有两个：一是按行车计划和调车计划指挥车站的技术作业，即信号机开放时机应符合计划要求，信号每次开放仅对一次作业有效；二是提供行车安全信息，即在进路的入口处设置信号机对进路进行防护，并为列车和车列驶入进路提供安全信息。

附录中附图 1 的站场是一个双线双方向自动闭塞区段的车站，并有单线区段在下行咽喉与车站接轨。Ⅰ道和Ⅱ道分别为双线区段上行和下行的正线，Ⅲ道为单线区段的正线，其余股道为站线；接、发车口和股道上均以箭头表示出接车和发车方向，其中实心箭头表示正方向，空心箭头表示反方向。

1. 列车信号机

列车信号机用表达运行方向的大写拼音字头 X（下行）和 S（上行）命名。当有多架进站信号机时，则用下标予以区分，例如 X_A、X_B 等。对下行咽喉的出站信号机以 S 命名，用下标（股道号）区分不同的出站信号机，例如 $S_Ⅰ$、$S_Ⅱ$ 和 $S_Ⅲ$ 等。

（1）进站信号机　进站信号机是为列车接车进路而设的，在车站每一个接车口都需设置一架进站信号机。附录中附图 1 的车站的下行咽喉有 3 个接车口，在双线区段北京方面的正向接车口处设有进站信号机"X"，反向接车口设有进站信号机"X_F"。在单线区段东郊方面的接车口设有进站信号机"X_D"。车站的上行咽喉有两个接车口，正向接车口设有进站信号机"S"，反向接车口设有进站信号机"S_F"。进路应有明确的始、终端。例如，下行至Ⅰ道接车，以 X 进站信号机为始端，Ⅰ道另一端的 $X_Ⅰ$ 出站信号机为终端。由北京方面进站的正向接车进路共有 5 条基本进路，因其始端在一起，可用同一架 X 进站信号机进行防护。X_F、

X_D、S 和 S_F 进站信号机也分别防护着一条接车进路。

注意：正向进站信号机设在列车运行方向线路左侧，反向进站信号机可设在右侧。

（2）出站信号机　凡是具有发车作业的股道均应在发车进路的始端设一架出站信号机。附录中附图 1 的站场每一股道均能分别向北京方面、东郊方面和天津方面发车，向北京方面和东郊方面发车设有 S_I、S_{II}、S_{III}、S_4、S_5 出站信号机，向天津方面发车设有 X_I、X_{II}、X_{III}、X_4、X_5 出站信号机。发车进路始端为设在股道上的出站信号机，终端为站界。站界是区间和车站的分界点，图中站界均为进站信号机。有两个或两个以上发车方向时，出站信号机应配置进路表示器，用以区分发车方向。向北京方面和东郊方面发车的上行出站信号机用进路表示器的 3 个白灯区分 3 个发车方向。出站信号机开放，对应方向的白灯亮灯。向天津方面发车的下行出站信号机用进路表示器的 1 个白灯区分 2 个发车方向。正向发车时，出站信号机开放，白灯不亮灯；反向发车时，出站信号机开放，同时白灯亮灯。

2. 调车信号机

调车作业包括车辆的摘挂、转线、机车出入库、平面非溜放的整编作业等。调车作业是在机车连挂的情况下牵出或推送的，一般是利用牵出线与到发线或咽喉区与到发线之间的线路进行。为了防止调车车列和列车发生冲撞事故，进行调车作业时必须由调车信号机指挥和防护。调车信号机是从提高线路利用率和调车作业效率的角度出发，根据站场线路的结构和调车作业需要而布置的。

按照调车信号机的位置不同，可分为尽头式调车信号机、单置调车信号机、并置调车信号机、差置调车信号机、出站兼调车信号机和进站内方带调车信号机。其中单置、并置、差置调车信号机均设在咽喉区，统称咽喉区调车信号机。

调车信号机以字母 D 命名，对于下行咽喉的各个调车信号机，以信号楼为参考点由远而近地分别以奇数做下标，例如 D_1、D_3、D_5 等，对上行咽喉的调车信号机以偶数做下标。

（1）尽头式调车信号机　尽头式调车信号机是设在牵出线、专用线、编组线、机务段等向咽喉区入口处的信号机。其特点是信号机内方为道岔区段，外方是无岔区段（接近区段），且同一坐标位置只有一架信号机，如附录中附图 1 的 D_2、D_{18} 等。

（2）咽喉区调车信号机　咽喉区调车信号机的相邻内方和外方均为道岔区段。

- 单置调车信号机：同一坐标处仅布置一架信号机，如 D_{11}、D_{13}、D_8 等。
- 并置调车信号机：同一坐标处布置两架背向的调车信号机，如 D_7 和 D_9。
- 差置调车信号机：在咽喉区中间不在同一坐标的两架背向调车信号机之间有一个无岔区段，而信号机内方则是道岔区段，如 D_5 和 D_{15}。

（3）出站兼调车信号机　设在股道头部，并且与出站信号机设在同一坐标的调车信号机，如 S_{II}、S_4、S_5 等。

（4）进站内方带调车信号机　进站内方带调车信号机是设在进站信号机内方的调车信号机。此调车信号机与进站信号机不在同一坐标，其间有一个不小于 50m 的无岔区段。之所以不设在同一坐标，是为了避免占用区间调车，如 D_3、D_1 和 D_6 等。

按照用途，调车信号机又可分为折返调车信号机、阻拦调车信号机。

（1）折返调车信号机　为满足转线作业的需要，在有关道岔的岔尖前布置起折返作用的调车信号机，如 D_{11}、D_{13} 等。

（2）阻拦调车信号机　阻拦调车信号机是防止调车车列越过该信号机，以便让该信号机后方的线路供其他列车或调车作业使用,这是提高线路利用率的措施。如附图1:当ⅡG与4G之间利用D_{15}进行转线调车作业时,设置起阻拦作用的调车信号机D_5后,可同时建立经由1/3道岔反位的进路。

当按照用途设置调车信号机时,一架信号机并非只能起一种作用。实际上,一架调车信号机对于某一调车作业来说起折返作用,而对另一调车作业而言可能又起到阻拦作用。如D_7信号机,当办理ⅠAG向ⅡAG转线调车时,D_7信号机起折返作用;当办理ⅠG向ⅡG转线调车时,在牵出车列较短,以D_{13}为折返信号的条件下,则D_7可起阻拦作用。

在信号平面布置图中所标的信号机状态规定为关闭状态,也就是定位状态。

二、了解轨道电路区段的命名

在采用继电集中联锁或计算机联锁的车站,凡是由信号机防护的进路,原则上均需设轨道电路。设置轨道电路的目的,一是检查进路是否空闲,二是利用它向车载设备(例如机车信号)传送信息。在平面图中,轨道电路区段的划分表现为轨道电路绝缘节的布置。

平面布置图识读(二)

对于道岔(D)轨道(G)区段,以DG命名,在DG前面冠以该区段内的道岔编号,例如17-23DG,9-15DG。当区段内有3组道岔时,例如有$7^{\#}$、$8^{\#}$和$9^{\#}$,则取最小号和最大号构成命名元素,即7-9DG。

对于无岔(W)轨道(G)区段,以WG命名,并冠以该区段两端最近的道岔号,例如1/19WG。

在信号平面图中,所有轨道电路区段都处于空闲状态,也就是定位状态。轨道继电器的常态应反映轨道区段的空闲状态,即为励磁状态。

三、了解转辙机的使用及命名

在车站信号平面布置图中,凡是在信号机指挥下的列车和调车作业所经由的道岔,都与信号机有联锁关系,所以称这类道岔为联锁道岔。联锁道岔有两个位置状态:一个是定位状态,一个是反位状态。为了管理和使用的方便,规定在平面图中所画的道岔状态为定位状态,为了取得认识上的一致,必须按统一的原则确定定位状态,这个原则就是安全与效率原则。

根据安全原则,凡是连接安全线和避难线的道岔,以开通安全线和避难线为定位。凡是根据安全原则规定其定位的道岔,在没有经由这类道岔的反位排列进路期间,这类道岔就应处于定位,若不在定位,值班人员需及时将它操纵到定位。这样一来,当机车因失控而停不住时,闯入安全线、避难线或异线的可能性较大,提高了车站的安全性。

根据效率原则,道岔应以开向线路使用率高的一侧为定位。例如正线上的道岔均以开通正线的位置为定位,这样可以减少道岔的操纵次数。

道岔是用编号命名的。对于下行咽喉区的道岔,以信号楼为参考点,由远而近地用奇数(对上行咽喉用偶数)进行编号,例如1,3,……当渡线两端的道岔是受一组控制电路控制的双动道岔时,这两个道岔的编号应用相邻的数,例如1和3,并以1/3表示为双动道岔。

对应每组道岔均设转辙机,侧线上的道岔为普通单开型道岔,一般选用ZD6型直流电动转辙机。单动道岔设一台转辙机,双动道岔设两台转辙机。正线上道岔为提速道岔,提速道岔分为固定辙叉和可动心轨两种。

站场正线上道岔均采用12号提速道岔，采用钩式外锁闭装置。12号提速道岔尖轨必须有两个牵引点，可动心轨也应该有两个牵引点。这样，一组12号固定辙叉的提速道岔有两个牵引点，而一组可动心轨的道岔共有四个牵引点。当提速道岔选用S700K型交流电动转辙机时，每个牵引点需设一台转辙机。为固定辙叉时，每组道岔应设2台转辙机；为可动心轨时，每组道岔应设4台转辙机。

任务三　联锁表识读

任务目标

1. 理解联锁表的编制内容。
2. 掌握信号机开放的技术条件。
3. 能够根据信号平面布置图编制联锁表。

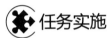任务实施

联锁表是说明车站信号设备联锁关系的图表，表达整个车站内的进路、道岔、信号机之间的基本联锁内容，按规定的原则和格式编制。联锁表以进路为主体，逐条把排列进路需顺序按压的按钮、防护该进路的信号机名称和显示、进路要求检查并锁闭的道岔编号和位置、进路应检查的股道电路区段名称以及与所排进路敌对的信号填写清楚。联锁表是设计信号电路的依据，且在设备开通试验时，也要以联锁表作为检查车站联锁设备之间联锁关系的主要依据。

一、了解联锁表的编制内容

联锁表由以下内容组成。

① 方向栏。填写进路性质（通过、接车、发车、转场、调车或延续进路）和运行方向。

联锁表编制

② 进路号码栏。按全站列车进路和调车进路顺序编号，亦可按咽喉区、场分别编号。通过进路由正线接、发车进路组成，不另编号，仅将接、发车进路号码以分数形式填写。例如，接车进路号码为2，发车进路号码为8，通过进路就写作"2/8"。

③ 进路栏。逐条列出列车及调车的基本进路。在较大的车站，列车进路同时存在两种以上方式时，除列出基本进路外，还需推荐一条变通进路作为第二种进路方式。

列车进路：将列车接至某股道时记作"至×股道"；列车由某股道发车时记作"由×股道"；由某信号机发车时记作"由×信号机"；通过进路应记作"经×股道向××方向通过。"

调车进路：由D××信号机调车时记作"由D××"；调车至另一顺向调车信号机时记作"至D××"；调车至股道记作"至×股道"；向尽头线、专用线、机务段、双线单方向运行区段出站口等处调车时分别填写由各该线向集中区调车的调车信号机名称，记作"向D××"；当进站信号机内方仅能作调车终端时，应记作"至×进站信号机"。

延续进路：当区间接近车站一端接车方向有超过6‰的下坡道，而接车线末端又无隔开

设备时，应列出有下坡道的一端向某股道接车进路的延续进路，并按接车进路方式检查延续进路上的全部道岔位置、轨道电路区段和敌对信号。

当向某股道接车进路末端有多条延续进路时，应列出其推荐的进路。

延续进路编号由接车进路号码和接车进路的第×条延续进路号码组成。

④ 排列进路按下按钮栏。填写排列该进路时需按下的按钮名称。

⑤ 确定运行方向道岔栏。当有两种以上运行方式时，为了区别开通的进路，填写关键对向道岔位置。

⑥ 信号机栏。填写排列该进路时开放的信号机名称及其显示。色灯信号机按显示颜色表示，进路表示器一般以左、中、右区分，如超过三个方向，以两组进路表示器组合后的灯位分别表示。

⑦ 道岔栏。顺序填写进路中所包括的全部道岔及防护和带动道岔的编号和位置。其填写方式为：1/3，表示将 1/3 号道岔锁在定位；（5/7），表示将 5/7 号道岔锁在反位；[9/11]，表示将 9/11 号道岔防护在定位；[(9/11)]，表示将 9/11 号道岔防护在反位；{23/25}，表示将 23/25 号道岔带动到定位；{(27)}，表示将 27 号道岔带动到反位。

⑧ 敌对信号栏。填写排列该进路的全部敌对信号。

其填写方式举例如下。

列车兼调车信号机的填写方式为：S_5，S_5 信号机的列车和调车信号均为所排进路的敌对信号；S_5L，S_5 信号机的列车信号为所排进路的敌对信号；S_5D，S_5 信号机的调车信号为所排进路的敌对信号。

调车信号机的填写方式为：D_1，D_1 信号机为所排进路的敌对信号。

有条件敌对时的填写方式为：〈1〉D_1，经 1 号道岔定位的 D_1 信号机为所排进路的敌对信号；〈(3)〉S_5L，经 3 号道岔反位的 S_5 信号机的列车信号为所排进路的敌对信号。

⑨ 轨道电路区段栏。顺序填写排列进路时须检查空闲的轨道电路区段名称。

其填写方式举例如下：5DG，表示排列进路时须检查 5DG 区段的空闲，〈21〉21DG，表示当 21 号道岔在定位时排列进路须检查侵限绝缘区段 21DG 空闲；〈(25)〉25DG，表示当 25 号道岔在反位时排列进路须检查侵限绝缘区段 25DG 空闲。

⑩ 迎面进路栏。填写同一到发线（或场间联络线）上对向列车、调车进路的敌对关系，以线路区段名称表示。

⑪ 其他联锁栏。

非进路调车：F，表示所排进路与非进路调车敌对。当有多处非进路调车时，以 F_1、F_2、……表示。

得到同意：T，表示由本联锁区向其他区域排列进路需要取得对方同意。

延续进路：Y，表示所排接车进路延续至另一咽喉线路末端。

闭塞：BS，表示所排发车进路与邻站间的闭塞关系（含各种闭塞）。

⑫ 非进路联锁的联锁关系应单独列表，包括非进路调车的线路、非进路调车按下的按钮、进路上应锁闭的道岔编号及位置、进路上应开放的信号机、检查侵限绝缘区段及照查关系（敌对信号）。

二、车站联锁表认知

车站联锁表见表 1-1。

表 1-1 车站联锁表（与附录中附图 1 相对应，节选）

方向		进路	进路方式	排列进路按下按钮	确定运行方向道岔	信号机名称	信号机显示	表示器	道岔	敌对信号	轨道电路区段	迎面进路 列车	迎面进路 调车	侵限检查及其他联锁	进路号码
列车进路	东郊方面 接车	至 5 股道		$X_D LA, S_5 LA$		X_D	UU		5/7,9/11,13/15,(21)	D_{11}, S_5	7DG, 11-13DG, 21DG, ⟨23/25⟩25DG,5G	5G	5G		1
		至 Ⅲ 股道	1	$X_D LA, S_Ⅲ LA$	13	X_D	U		5/7, 9/11, 13/15, 21, 23/25	$D_{11}, S_Ⅲ$	7DG,11-13DG, 21DG, 25DG, ⅢG	ⅢG	ⅢG		2
		至 Ⅲ 股道	2	$X_D LA, D_{13} A, S_Ⅲ LA$	(13)	X_D	UU		5/7 (13/15) [9/11], 17/19, ⟨23/25⟩	$D_{11}, D_{13}, S_Ⅲ$	7DG, 11-13DG, 9-15DG, 17-23DG, 25DG,⟨21⟩21DG, ⅢG	ⅢG	ⅢG		3
		至 Ⅰ 股道		$X_D LA, S_Ⅰ LA$		X_D	UU		5/7, (13/15) [9/11], 17/19, 23/25	$D_{11}, D_{13}, S_Ⅰ$	7DG, 11-13DG, 9-15DG, 17-23DG, ⅠG	ⅠG	ⅠG		4
		至 Ⅱ 股道		$X_D LA, S_Ⅱ LA$		X_D	UU		5/7, (13/15) [9/11], (17/19), ⟨23/25⟩, 27	$D_{11}, D_{13}, S_Ⅱ$	7DG, 11-13DG, 9-15DG, 17-23DG, 19-27DG, ⅡG	ⅡG	ⅡG		5
		至 4 股道		$X_D LA, S_4 LA$		X_D	UU		5/7, (13/15) [9/11], ⟨17/19⟩, ⟨23/25⟩, (27)	D_{11}, D_{13}, S_4	7DG, 11-13DG, 9-15DG, 19-27DG, 4G	4G			6
	发车	由 5 股道		$S_5 LA, X_D LA$		S_5	L	B-C	(21), 13/15, 9/11, 5/7	$D_{11}, X_D, S_5 D$	21DG, ⟨23/25⟩ 25DG, 11-13DG, 7DG			BS	7
		由 Ⅲ 股道	1	$S_Ⅲ LA, X_D LA$	25	$S_Ⅲ$	L	B-C	23/25、21, 13/15, 9/11, 5/7	$D_{11}, X_D, S_Ⅲ D$	25DG, 21DG, 11-13DG, 7DG			BS	8
		由 Ⅲ 股道	2	$S_Ⅲ LA, D_{13} A, X_D LA$	(25)	$S_Ⅲ$	L	B-C	⟨23/25⟩, 17/19, (13/15), [9/11], 5/7	$D_{11}, D_{13}, X_D, S_Ⅲ D$	25DG, ⟨21⟩21DG, 17-23DG, 9-15DC, 11-13DG, 7DG			BS	9
		由 Ⅰ 股道		$S_Ⅰ LA, X_D LA$		$S_Ⅰ$	L	B-C	23/25, 17/19, (13/15), [9/11], 5/7	$D_{13}, D_{11}, X_D, S_Ⅰ D$	17-23DG, 9-15DG,11-13DG, 7DG			BS	10
		由 Ⅱ 股道		$S_Ⅱ LA, X_D LA$		$S_Ⅱ$	L	B-C	27, (17/19), ⟨23/25⟩, (13/15), [9/11], 5/7	$D_{13}, D_{11}, X_D, S_Ⅱ D$	19-27DG, 17-23DG, 9-15DG, 11-13DG, 7DG			BS	11
		由 4 股道		$S_4 LA, X_D LA$		S_4	L	B-C	(27), (17/19), ⟨23/25⟩, (13/15), [9/11], 5/7	$D_{13}, D_{11}, X_D, S_4 D$	19-27DG, 9-15DG, 11-13DG, 7DG			BS	12
	北京方面 正方向发车	由 5 股道		$S_5 LA, X_F LA$		S_5	L 或 LU 或 U	B-A	(21), (1/3) 15], (1/3)	$D_9, D_7, D_1, X_F, S_5 D$	21DG, ⟨23/25⟩ 25DG, 11-13DG, 9-15DG, 3DG, ⟨5/7⟩ 5DG,1DG, ⅡAG			BS	13
		由 Ⅲ 股道	1	$S_Ⅲ LA, X_F LA$	(25)	$S_Ⅲ$	L 或 LU 或 U	B-A	(23/25), 17/19, 13/ 15, 9/11, (1/3)	$D_{13}, D_9, D_7, D_1, X_F, S_Ⅲ D$	25DG, ⟨21⟩21DG, 17-23DG, 9-15DG, ⟨5/7⟩ 5DG, 1DG, ⅡAG			BS	14

思考题

1. 附图1中，车站信号平面布置图中，哪些是尽头式、并置、差置和单置调车信号机？
2. 轨道电路区段划分的原则是什么？
3. 什么是进路？什么是基本进路和变通进路？
4. 什么是敌对进路？
5. 简述带动道岔和防护道岔的区别和联系。

项目二
联锁设备认知

项目导引

车站信号自动控制设备主要是继电集中联锁系统和计算机联锁系统,其控制和监督对象是道岔、进路和信号机。两种联锁系统采用不同的技术手段实现联锁关系,但采用的联锁逻辑思想一致。

任务一 联锁系统层次结构认知

任务目标

1. 掌握联锁系统功能、系统层次结构及各层相互传递信息的原理。
2. 了解计算机联锁设备如何提高车站信号自动控制的可靠性、安全性。

任务实施

一、联锁系统功能认知

6502 电气集中联锁系统和计算机联锁系统根据车站行车安全的需要,在规定的联锁条件和规定的时序下对进路、信号和道岔实行控制,并显示现场信号设备状态。

1. 联锁控制功能

6502 电气集中联锁采用继电电路实现联锁控制功能,而计算机联锁采用联锁软件实现联锁控制功能,具体功能包括以下几种。

(1) 进路的控制。包括列车进路和调车进路的选排、锁闭、解锁、引导进路的控制等。进路的办理均采用按压双按钮才形成操作命令的规则,这样可避免因误动一个按钮而产生错误操作命令。

(2) 信号的正常开放、关闭、人工重复开放以及防止自动重复开放。

(3) 道岔的单独操纵、锁闭和解锁。

2. 显示功能

6502 电气集中联锁系统采用控制台，计算机联锁系统采用屏幕显示器向操作人员提供丰富、直观的显示信息。

① 站场的基本图形显示。

② 现场信号设备的状态显示。主要有道岔的定、反位和四开状态，道岔单独锁闭和封闭状态，信号机的开放和关闭状态，灯丝断丝，轨道区段的空闲、占用、锁闭状态，用不同颜色表示不同含义。

层次结构

二、联锁系统层次结构认知

6502 电气集中联锁系统和计算机联锁系统使用不同的技术方法实现联锁功能，硬件设备差异较大，但系统从操作到监控对象的进路控制大体上可分为人机对话层、联锁层、执行层（监控层），如图 1-9 所示。

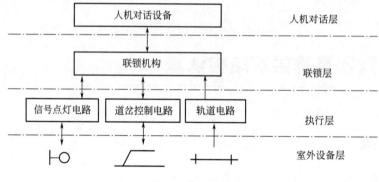

图 1-9　信号联锁系统层次结构

1. 人机对话层

人机对话层的功能是输入操作信息和接收联锁机构输出的反映信号设备工作状态和行车作业情况的表示信息。人机对话层的设备设于车站值班室。

6502 电气集中联锁系统人机对话层的设备主要是专用控制台，在控制台的盘面上标有站场布置图，在图的相应位置设有操作按钮和表示灯或光带，供车站值班人员了解设备运用和现场行车的情况。

计算机联锁系统中的人机对话层的设备采用通用的计算机人机接口设备，如鼠标、键盘以及显示器等。

2. 联锁层

联锁层是联锁系统的核心，联锁机构必须具有故障-安全性能。联锁机构除了接收人机对话层的操作信息外，还接收来自监控层的反映信号机、转辙机和轨道电路状态的信息。联锁机构的功能就是根据联锁条件，对输入的操作信息和状态信息以及联锁机构的当前内部信息进行处理，改变内部信息，产生相应的输出信息，即信号控制命令和道岔控制命令，并交付执行层的控制电路执行。联锁层设备一般设在车站信号楼的机械室内。

6502 电气集中联锁系统的联锁机构由继电电路构成。继电电路能够很好地实现联锁逻辑运算，但联锁机构必须具有故障-安全性能，为此采用具有故障不对称性的安全性继电器构成继电电路。由于混线故障的情况非常复杂，利用继电电路进行防护也极其复杂，而且难以做到完善防护，所以在采取一些必要的防护措施保证继电电路尽可能少地发生混线故障的条件下，继电电路所考虑的主要故障是断线，这种故障导致继电器失磁从而使继电器前接点断开和后接点闭合的概率极大，因此以继电器失磁来表达安全侧信息，就容易使联锁机构（即联锁电路）具有故障-安全性能。

计算机联锁系统采用的工业控制计算机，其质量水平尚不能满足联锁系统的高可靠性要求，更不具备故障-安全性能。这需要从软、硬件方面对联锁系统各层组成模块采取冗余技术，构成多重化的冗余结构来确保整个系统的高可靠性和高安全性。

3. 执行层

执行层的主要功能是：接收来自联锁层的控制命令，经过信号机控制电路改变信号显示；接收来自联锁层的道岔控制命令，经过道岔控制电路驱动道岔转换；向联锁机构传输信号状态信息、道岔状态信息以及轨道电路状态信息。联锁层的信号控制电路和道岔控制电路必须是故障-安全的。

目前，就现场应用来看，6502 电气集中联锁系统和计算机联锁系统完成信号设备控制、采集信号设备状态信息均采用继电电路的方式。

三、计算机联锁系统冗余结构认知

计算机联锁系统需采用多重化的冗余结构来保证整个系统的可靠性和安全性。冗余结构的实质在于增加相同性能的模块来换取整体系统的可靠性和安全性，增加的模块，从完成系统的功能角度是多余的，但从提高系统的可靠性和安全性角度来看，却是必要的。

冗余结构

1. 系统的可靠性冗余结构

计算机联锁系统的可靠性定义是：该系统在规定的时间内，在规定的条件下完成规定功能的能力。度量可靠性的定量标准是可靠度，计算机联锁系统的可靠度往往用其自身的平均故障间隔时间 MTBF 来表征。对于一般的电子产品，其 OEM 板级产品的 MTBF 约为 10^5h，而计算机联锁系统由若干块的 OME 板级产品组成，其 MTBF 约为 10^4h。根据交通运输部的技术标准，计算机联锁系统的 MTBF 应达到 10^6h，亦即要求系统至少在进行技术改造前（一般按 15 年计算）不出现故障。显然，只依靠单个计算机构成的单机系统是不能达到该目标值的，必须采用可靠性冗余结构使系统的可靠性达到或超过该目标值。

系统的可靠性冗余结构往往采用双机热备二重系统，如图 1-10 所示。

2. 系统的安全性冗余结构

计算机联锁系统的安全性定义是：当系统的任何部分发生故障时，其后果不会导致人身伤亡或者财产的重大损失。度量系统安全性的技术指标是系统产生不安全性输出的平均间隔时间。根据交通运输部的技术标准，产生不安全性输出的平均间隔时间应在 10^{11}h 以上，显然，对于平均间隔时间为 10^6h 的可靠性冗余系统，如果不采用必要的安全性技术措施，是不能达到安全性要求的。

计算机联锁系统的安全性冗余结构就是为了使系统的安全性指标达到或超过目标值而采取的冗余结构。系统的安全性冗余结构往往采用双机同时工作并彼此间频繁比较的冗余结构，如图 1-11 所示。

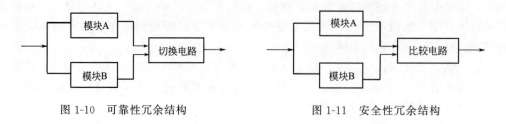

图 1-10　可靠性冗余结构　　　　　　图 1-11　安全性冗余结构

3. 系统冗余结构的应用

计算机联锁系统既要具有较高的可靠性指标，又要具有比较高的安全性指标。满足计算机联锁系统的可靠性和安全性的结构为图 1-12 所示的二乘二取二冗余结构。

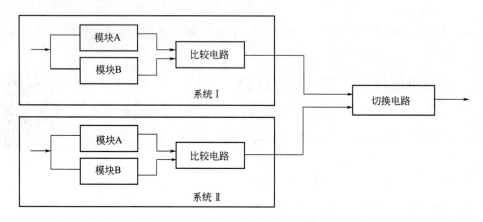

图 1-12　二乘二取二冗余结构

"二取二"指一套系统上有两套 CPU，两套 CPU 严格同步，实时比较，只有双机运行结果一致时，才对外输出运算结果。

"二乘二"指用两套完全相同的二取二子系统构成双机热备系统。

每一套子系统内部为安全性冗余结构，两套子系统形成可靠性冗余结构，这样既提高了系统的可靠性，又提高了系统的安全性。

还有一种三取二结构，由图 1-10 和图 1-11 演化而来，如图 1-13 所示。三套系统完全相同，输出经表决器表决，只要三套系统中的任何两套的输出是相同的，则表决器就有正确的输出。这种结构提高可靠性的基本思想是把一个已发生故障的系统屏蔽起来，使其不影响整个系统的正常工作，当三套系统中的任意一套系统发生故障时，对整个系统来说，仍能正常工作。从故障-安全的角度来看，这种结构的表决器具有对三套系统两两比较的功能，当两套系统同时发生相同的故障并产生同样的输出信息时，表决器就无法检出这种错误信息，如果这种错误信息又恰巧是危险侧信息，则整个系统的输出也就是危险的了。然而，出现这种情况的概率是极其微小的，所以这种结构是安全的。

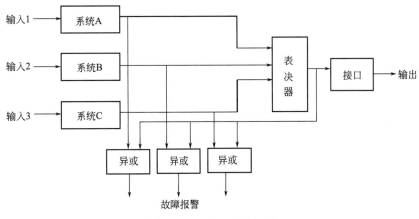

图 1-13　三取二冗余结构

任务二　6502 电气集中联锁设备认知

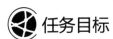任务目标

1. 掌握 6502 电气集中联锁系统室内外设备的组成、作用及工作原理。
2. 熟悉 6502 电气集中联锁系统的技术要求。
3. 能够将联锁设备层次结构与 6502 电气集中联锁设备一一对应，并理解设备层次间信息传递的过程。
4. 了解 6502 电气集中联锁系统的电路结构及功能。

任务实施

6502 电气集中联锁设备分为室内和室外两大部分，如图 1-14 所示。

室内部分有控制台、区段人工解锁按钮盘、继电器组合及组合架、电源屏、分线盘等设备。室外部分有色灯信号机、转辙机、轨道电路、电缆线路及电缆连接箱盒等设备。

室内设备

一、室内设备认知

电气集中联锁室内设备一般设置在信号楼内，信号楼是车站的控制中心。

1. 控制台

6502 电气集中联锁设备控制台是用各种标准的单元块拼装而成的，称为单元控制台。控制台是车站值班员集中控制和监督全站的道岔、进路、信号机以及指挥列车运行和调车作业的控制设备，也可供信号维修人员分析判断控制系统故障范围用。

控制台盘面是按照每个车站站场的实际情况布置的，盘面上的模拟站场线路、接发车方向、道岔和信号机位置均与站场的实际位置相对应，盘面上设有各种用途的按钮、表示灯以

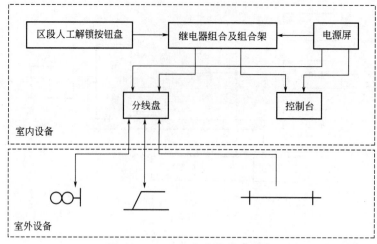

图 1-14　6502 电气集中联锁设备

及电流表。在控制台中部设有供车站值班员使用的工作台,背面下部设有配线端子板、熔断器及报警电铃。

2. 区段人工解锁按钮盘

在离开控制台一定距离的室内,装设区段人工解锁按钮盘,该按钮盘上设有 40～120 个带铅封的事故按钮,每个道岔区段和设置区段组合的无岔区段均设一个事故按钮,它是控制台操作时的辅助设备,当轨道电路区段因故障不能正常解锁时,用它办理故障解锁;在更换继电器或停电后恢复时,用来使设备恢复正常状态;在用取消进路办法不能关闭信号时,可用它关闭信号。

3. 继电器组合及组合架

继电器组合是把具有相同控制对象的继电器按照定型电路环节组合在一起,实现电气集中联锁的设备。

电气集中联锁设备的定型组合是根据车站信号平面布置图上的道岔、信号机和轨道电路区段设计的,共有 12 种定型组合。继电器按组合放置在组合架上,组合架分 11 层,第 1～10 层每层安装一个继电器组合,每个组合包括的继电器数量最多不超过 10 个。第 11 层为零层,安装各种电源端子板。

为了集中对轨道电路的有关参数进行测试,在组合架上还设有轨道电路测试盘。

4. 电源屏

电源屏是电气集中联锁设备的供电设备。一般要求有两路可靠的电源,即主电源和副电源。主、副电源引至信号楼内,要能够自动和手动相互切换,经过稳压、隔离、变压或整流后,不间断地供给电气集中联锁设备所需要的各种交流电源和直流电源。

电气集中车站一般设置一套电源屏,应根据车站的规模选用适当容量的电源屏。

5. 分线盘

分线盘是室内外电缆的汇接处,电气集中联锁设备的室内与室外联系导线都必须经过分线盘端子。

此外，在车站继电器室内还设有区间闭塞设备、车站电码化设备、信号微机监测系统和 TDCS 分机等设备，在 CTC 区段设有车站自律机，在 200km/h 提速区段设有车站列控中心。

二、室外设备认知

电气集中联锁设备的室外部分主要有色灯信号机、转辙机、轨道电路以及电缆和电缆连接箱盒。

室外设备

1. 信号机

信号机用来防护进路，给出各种信号显示，指示列车运行及调车作业。6502 电气集中联锁设备采用透镜式色灯信号机或组合式信号机、LED 式信号机。

电气集中车站按用途设有进站信号机、进路信号机、出站信号机、预告信号机、复示信号机和调车信号机等。为使信号机有足够的显示距离，进站信号机、接车进路信号机、预告信号机、正线出站信号机及专用线和牵出线的调车信号机一般采用高柱信号机，其他的一般采用矮型信号机。

信号机有关闭和开放两种状态，开放和关闭时信号机由 6502 电气集中联锁电路控制，其控制用继电器应遵循安全对应原则，用继电器落下反映信号关闭，用吸起反映信号开放。信号机关闭时显示禁止信号，进站信号机亮红灯，调车信号机亮蓝灯。

2. 转辙机

在电气集中车站的集中区内，对应每组道岔都要设转辙机，用以转换和锁闭道岔，反映道岔的位置和动作状态。

目前一般车站使用 ZD6 型直流电动转辙机，提速区段的车站正线使用 S700K 型交流电动转辙机、ZYJ7 型电液转辙机或 ZDJ9 型电动转辙机。

转辙机应能按列车进路或调车进路的要求转换道岔，并将其锁闭在需要的位置，进路锁闭时不能转换。转辙机应能正确地提供道岔所在位置表示，在挤岔时给出报警。

3. 轨道电路

轨道电路用来监督进路和接近区段是否空闲，检查钢轨线路的完整性，也是向机车信号设备传递信息的通道。在电气集中车站，凡是由信号机防护的进路和信号机的接近区段均要装设轨道电路。

在进路锁闭和防护该进路的信号机开放过程中，必须连续检查有关轨道电路区段是否在空闲状态。当列车或调车车列在进路上运行时，轨道电路要监督其运行状态。信号关闭后，只有在证明列车或调车车列出清轨道电路区段后，才准许进路逐段解锁。

4. 电缆和箱盒设备

在电气集中车站，信号机、转辙机和轨道电路与室内设备之间的连接导线一般采用电缆，按控制对象的不同可分为信号电缆、道岔电缆和轨道电路电缆，这些电缆敷设在地下电缆沟槽内。按照电缆径路和设备连接顺序，室外电缆分为干线电缆和分支电缆。

在干线电缆与干线电缆或干线电缆与分支电缆的接续处设有电缆盒，分支电缆与设备的连接处设有各种变压器箱和电缆盒，这些箱、盒主要供放置变压器和电缆连接用。

使用 6502 电气集中联锁设备的车站，全站的道岔、进路和信号机都由信号楼集中控制和监督，其联锁关系通过继电电路实现。车站值班员通过在控制台操纵，就能自动地将有关进路、进路上的道岔有规律地转换到规定位置，防护进路的信号机自动开放。受运行中列车或调车车列的控制，信号机自动关闭，进路自动解锁，为重新办理进路准备好条件。

三、6502 电气集中电路的结构认知

6502 电气集中电路的结构采用站场型网络式结构。所谓站场型网络式结构，是指电路的图形结构形状模拟站场线路和道岔位置的形状。这种电路结构具有以下优点。

① 电路图形与站场形状相似（交叉渡线和复式交分道岔两种情况除外），信号机、道岔和轨道电路区段可选用相应的组合类型图，只需按照站场形状拼贴起来即可。每张组合类型图相当于一个模块，即电路采用模块化设计，使设计过程比较容易。

② 相同用途的继电器可以接在同一条网络线上，不需要反复检查同样的条件，这样既简化了电路，又减少了继电器的接点，使电路动作清晰、规律性强、安全程度高。

6502 电气集中电路主要由选择组电路和执行组电路两部分组成，共 15 条网络线。此外，还有道岔控制电路和信号机点灯电路等单元电路。

1. 选择组电路

选择组电路分为记录电路、选岔电路和开始继电器电路三部分。

（1）记录电路　记录电路由按钮继电器电路和方向继电器电路组成。其作用是记录车站值班员按下按钮的动作，记录进路的性质和运行方向。

由于进路按钮采用二位自复式按钮，当按下按钮时按钮接点接通，松开后自动断开；为了使车站值班员下达的操纵命令不随进路按钮的复原而消失，需要把按下按钮的动作记录下来，其方法是对应每一个进路按钮设有按钮继电器，按下进路按钮使该按钮继电器励磁并自闭。当进路按钮复原后，按钮继电器就以其吸起状态记录下控制命令。

进路的性质（列车进路和调车进路）和运行方向（接车方向和发车方向），是根据首先按压的进路按钮来确定的，利用按钮继电器和方向继电器共同完成这一任务。

（2）选岔电路　选岔电路由 6 条网络线组成，所以又称为六线制选岔网络。其作用是按照车站值班员的意图，经操纵后选出道岔的位置。

选岔电路 6 条网络线的用途如下所示。

① 第 1、2 线为"八"字形第一笔双动道岔反位操纵继电器 FCJ 的网络线。

② 第 3、4 线为"八"字形第二笔双动道岔反位操纵继电器 FCJ 的网络线。

③ 第 5、6 线为双动道岔定位操纵继电器 DCJ、单动道岔定位操纵继电器 DCJ 和反位操纵继电器 FCJ，以及选信号点的进路选择继电器 JXJ 用的网络线。

当车站值班员按下进路始、终端按钮，相应的按钮继电器均已动作后，道岔定位操纵继电器 DCJ 或反位操纵继电器 FCJ 自动动作；通过道岔操纵继电器的前接点接通道岔启动电路，自动转换道岔。道岔转换完毕，接通道岔表示电路，给出道岔位置的正确表示。

进路上所有的道岔操作继电器吸起时，称进路选出；进路上所有道岔都转换到规定位置并给出表示时，称进路排通。

为了缩短选路时间，进路选出后，用进路选择继电器 JXJ 的吸起及时使按钮继电器和方向继电器复原，为继续选出另外的进路准备好条件。但这时先选的进路还没有排通，信号还没有开放。当记录电路复原后，进路的始端和终端的条件要由辅助开始继电器 FKJ 和终端

继电器 ZJ 来记录。FKJ 和 ZJ 不占用网络线，由于列车进路的终端在网络线的两端，一般不设 ZJ。

（3）开始继电器电路　第 7 线是开始继电器 KJ 的励磁网络。凡是作进路始端的信号机，在其信号组合里的开始继电器都接在 7 线网络上，检查进路的选排一致性。检查进路的选排一致性涉及进路上的每组道岔，这些联锁条件都接在 7 线网络上。如果进路上道岔操纵继电器全部吸起（DCJ 或 FCJ），并且进路上的道岔都转换到规定位置并给出相应的表示（DBJ 或 FBJ 吸起），则进路选出与进路排通一致（DCJ 与 DBJ、FCJ 与 FBJ 动作一致），接在 7 线网络上的开始继电器 KJ 吸起。进路的选排一致性是很重要的联锁条件，锁闭进路、开放信号前要进行这项检查，这是保障行车安全的关键措施之一。

当信号开放后，FKJ 落下，用 KJ 的前接点继续记录进路的始端，一直到进路解锁后为止。进路要有明确的始、终端，从确定按下进路始、终端按钮开始，到进路使用完毕。虽然进路始、终端的记录条件随着电路的动作过程是变化的，但却是一直保持着的。

2. 执行组电路

在选择组电路完成工作后，将选择组电路所确定的进路始端和终端转入执行组电路。执行组电路的主要作用是：检查进路中的道岔位置是否正确；进路是否空闲、未建立敌对进路，实现进路锁闭；检查开放信号联锁条件后开放信号，完成进路的正常解锁、取消、人工解锁、调车中途返回解锁、引导进路解锁等任务。

执行组电路共有 8 条网络线，各网络线的主要用途如下。

① 第 8 线为信号检查继电器 XJJ 的励磁网络线，用来预先检查信号开放的可能性，只有满足进路道岔的位置正确、进路空闲、没有建立敌对进路的基本联锁条件，才能锁闭进路和开放信号。

② 第 9 线为区段检查继电器 QJJ 和股道检查继电器 GJJ 的励磁网络线。设有 Q 组合的轨道电路区段均设有一个区段检查继电器 QJJ。只有在检查了本区段空闲后，本区段的 QJJ 方能吸起，实现区段锁闭。向股道建立进路时，GJJ 吸起，用它锁闭另一咽喉的迎面敌对进路。

③ 第 10 线是 QJJ 的自闭网络线。通过信号继电器 XJ 的励磁条件，使 QJJ 自闭，用来防止进路迎面错误解锁。

④ 第 11 线为信号继电器 XJ 的励磁电路。在全面检查了开放信号的联锁条件后，使 XJ 吸起。接通信号机点灯电路，开放信号。

⑤ 第 12、13 线为解锁网络，对称地接有两个进路继电器 1LJ 和 2LJ，用来实现进路锁闭、完成进路的正常解锁、取消、人工解锁、调车中途返回解锁、引导进路解锁等任务。

⑥ 第 14、15 线是控制台光带表示灯用的网络线。14 线用于控制白光带，15 线用于控制红光带。

在执行组电路中，除上述 8 条网络线外，还有道岔控制电路、信号机点灯电路、取消继电器电路、接近预告继电器电路、照查继电器电路、锁闭继电器电路以及各种表示灯电路、报警电路等。

3. 6502 电气集中电路动作程序

6502 电气集中电路是由上述 15 条网络线和一些不接在网络线上的单元电路构成的。这些电路基本上是以继电器为负载的，虽然室外电路、表示灯电路不是以继电器为负载的，但都是由继电器控制和监督的,是可以用继电器的吸起和落下两种状态来判断负载的好坏的。因此,区分电路是否工作正常,设备是否有故障,都可根据继电器的状态进行分析。6502电气集中电路中,无论哪个电路环节发生故障,最终都会造成该吸起的继电器不能吸起,该落下的继电器不能落下。在学习电路原理和分析电路故障时,应牢牢把握住各个继电器的动作时机,即该继电器在什么条件下吸起,在什么条件下落下。继电器的励磁时机应在继电器励磁电路中分析,当励磁条件有几个时,应看哪个是最先构成的。继电器释放时机应在继电器自闭电路中分析,当使继电器释放的条件有几个时,应看哪个是最后构成的。

6502电气集中电路结构严密,虽然电路复杂,但电路动作层次分明、清晰,规律性很强。电路动作应遵循以下步骤:

办理进路→进路选出→道岔转换→进路锁闭→开放信号→列车或调车车列进入→进路解锁。

对于上述动作程序,6502电气集中电路都有相应的电路环节与其对应。办理进路与记录电路对应;进路选出与选岔网络对应;道岔转换是从选岔网络得到指令,道岔控制电路动作并经KJ检查选排一致;进路锁闭与XJJ、QJJ、LJ等锁闭进路用电路相对应;开放信号与XJ及信号机点灯电路相对应;车进入与轨道电路有关电路环节相对应;进路解锁与解锁网络相对应等。在电路动作步骤变换时,应特别对承上启下的继电器动作时机予以关注,这是掌握6502电气集中电路动作规律的关键。

任务三　计算机联锁设备认知

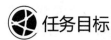

任务目标

1.掌握计算机联锁系统组成、作用。

2.能够将联锁设备层次结构与计算机联锁设备一一对应,并理解设备层次间信息传递的过程。

3.能够比较6502电气集中联锁系统与计算机联锁系统的异同。

任务实施

6502电气集中联锁系统和计算机联锁系统都属于集中控制方式,即在车站上一般仅设一个控制中心——信号楼,由信号楼集中控制道岔、进路和信号。下面以实验室LSh-2计算机联锁系统为例进行介绍。

一、控显机

人机对话层的功能由控显机完成。控显机也称上位机,是联锁机的通信前置机,是一种信息管理机。该机主要完成人机对话功能,一方面接收来自控制台的车站值班员操作输入的信息,判明能否构成有效的操作命令,并将操作命令转换成约定的格式送给联锁机;另一方面接收联锁机提供的监控对象状态和列车运行情况的表示信息,把它们转换成屏幕显示器能够接收的格式。

控显机处理的信息主要是操作信息和表示信息,均属于非涉安信息,不要求该机具有故障-安全特性，只考虑该机的可靠性即可，所以双机热备、三取二、二乘二取二的计算机联锁系统在人机对话层均采用双机热备冗余结构。

如图 1-15 所示，控显机 A 和控显机 B 以双机热备方式运行，只有主机的控制信号有效。控显机 A、控显机 B、鼠标、网络、USB、串口、并口等双套信息与控显机切换控制单元相连，从控显机切换单元只接出一套显示设备供操作员使用。当切换控制单元检测到上位主机故障时，可将显示信息和鼠标控制信息自动切换到备机运行，备机切换为主机，原主机自动失去控制权。

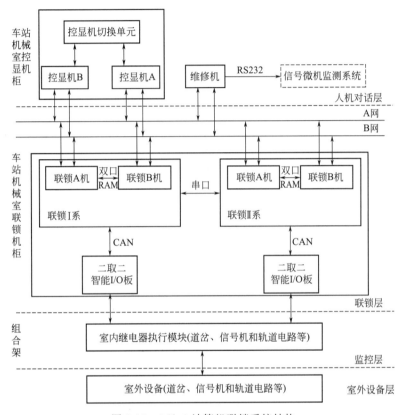

图 1-15　LSh-2 计算机联锁系统结构

启动时，首先给出控制信号的判为主机，后给出者作为备机。主机正常运行时，备机的投入运行与否，不对主机通道控制产生影响。

二、维修机

人机对话层中的维修机是计算机联锁系统的重要组成部分，可实现站场信息的记录、存储、回放，以状态图的形式显示实时站场图、机箱板卡状态和联锁设备当前状态，并能以表格的形式显示按钮日志、板卡日志、系统运行日志和系统操作报警信息，为电务维修人员提供准确可靠的系统历史数据。

维修机通过以太网接收上位机传来的操作员的操作信息、站场状态信息以及故障信息；通过以太网接口实现与调度监督系统和远程监视系统联机通信，在调度中心实现各站计算机联锁系统的运行状况监视。

维修机在硬件上采用标准工业控制计算机，核心处理器选用当前主流的工业专用主板及

CPU，配有视频显示卡、图形显示设备、以太网网卡和打印设备等。维修机子系统一般放置在机械室，便于电务维修人员随时监视和查询系统的运行状况。

三、联锁机

联锁层中的联锁机又称下位机，是整个计算机联锁控制系统的核心，实现信号设备的联锁逻辑运算，处理的信息均为涉及安全的信息，所以要求联锁层具有高可靠性、高安全性，目前广泛采用二乘二取二的冗余结构：二乘二即联锁双系，二取二即每系内两套CPU，实时比较输出。

联锁双系通过以太网接收控显机传送的操作信息，通过智能I/O板采集现场设备状态，进行联锁逻辑运算，并将生成的控制命令信息通过网络发送给智能I/O板，驱动现场设备，达到控制现场设备的目的。

四、驱采机

联锁层中驱采机也称智能I/O板，主要负责联锁命令的执行和联锁运算所需的信息采集，包括安全智能采集模块（FIMI）和安全智能驱动模块（FIMO）。FIMI为32路采集模块，FIMO为16路驱动模块。FIMI和FIMO模块具有完善的自诊断功能，系统周期性检测采集、驱动回路正确与否，任意一路采集或驱动回路故障均可及时检出。通过硬件冗余的方法，实现容错目的。安全智能I/O板采用二取二结构，具有双CPU结构，通过双CPU间比较检验，保证命令的正确执行。CPU负责通过CAN总线和联锁机通信、双CPU之间的通信、采集驱动命令的执行以及采集驱动回路的自诊断等工作。

I/O板每一路输入/输出都设置LED指示，方便查找故障。每块I/O板上层16路为驱动模块，下层32路为采集模块。每个机箱后面安装有一块底板，用以提供采集驱动控制总线；采集或驱动电路板通过机箱插槽插接在底板上；机箱对外的引线通过底板后面的接插件与组合架相连。

思考题

1. 联锁系统大体上分为哪三层？
2. 电气集中联锁室内室外有哪些设备及作用？
3. 简述6502电气集中电路结构。
4. 选择组和执行组电路组成及作用是什么？
5. 计算机联锁系统设备组成及作用是什么？

模块二
6502电气集中联锁系统维护

6502电气集中联锁系统电路定型化程度高，逻辑性强，操纵方法简便灵活，不易出错，维修、施工比较方便，符合故障-安全原则，易与区间闭塞设备及其他信号设备结合，又可作为调度集中和TDCS的基础设备。目前主要应用于铁路支线、地方铁路及专用线。

项目一
控制台操作维护

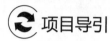项目导引

控制台是 6502 电气集中联锁系统的操作和显示设备，也是信号工需要维护的设备。通过本项目的学习，要认识控制台，会操作控制台，能够检修维护控制台，对出现的故障能够处理。

任务一　控制台认识

任务目标

1. 了解控制台的类型。
2. 掌握控制台各种按钮的设置、作用。
3. 掌握控制台表示灯类型及显示意义。
4. 掌握报警电铃、电流表的使用。

任务实施

6502 电气集中联锁系统的控制台主要有两种类型，一种是 TD5 型控制台，另一种是 TD4 型控制台，这两类控制台都是用各种定型的标准单元块拼装而成的，也称单元式控制台。因为标准单元块的生产不受具体站场的限制，有利于工厂预制生产，在站场变更时，只需在原来的控制台上增减相应的单元块即可。控制台盘面上的站场模拟线路、信号机、道岔定位位置、轨道电路区段划分，是依据车站信号设备平面布置图，选用标准单元块拼装而成的。在控制台盘面上设有各种用途的按钮和表示灯，如图 2-1 所示。

一、按钮认知

1. 进路按钮

在控制台的站场模拟线路上，在相当于进路始端和进路终端的位置上均设有按钮，这些按钮称为进路按钮。进路按钮又分为列车进路按钮和调车进路按钮，分别用于办理列车进路和调车进路。为了防止在办理进路时按下错误的进路按钮，列车进路按钮一般采用绿色，装设在线路上；调车

控制台认识

图 2-1　6502 电气集中联锁系统的控制台

进路按钮一般采用白色，装设在线路旁。

6502 电气集中联锁系统采用双按钮进路式选路法。在排列进路时，顺序按下进路的始端和终端按钮，就可以使有关进路上的道岔转换并锁闭，信号自动开放，按操纵者的意图排出进路。这样设置进路按钮，可以使选排进路的操作形象、简便，不易出错。

进路始端按钮除用来排列进路外，还可实现重复开放信号，与其他按钮配合完成取消进路和人工解锁进路的操纵。进路按钮均采用二位自复式按钮。

2. 道岔单独操作按钮

当办理引导接车、清扫和试验道岔，以及检修转辙机等作业时，需要对道岔进行单独操作。不论单动道岔或双动道岔，均要设一个道岔单独操纵按钮。将这些按钮都集中配置在控制台上部相应的咽喉区处。为了避免因误碰一个按钮造成道岔错误转换，单独操纵道岔也采用双按钮制，即除了按下每组道岔的单独操纵按钮外，还要同时按下本咽喉的道岔总定位按钮或道岔总反位按钮。道岔总定位按钮和道岔总反位按钮在每个咽喉区各设一个，均采用二位自复式按钮。

若需要单独操纵某组道岔，必须同时按下该咽喉区的道岔总定位按钮 ZDA 和该组道岔单独操纵按钮，使该道岔转向定位；同时按下该咽喉区的道岔总反位按钮 ZFA 和该组道岔单独操纵按钮，可使该道岔转向反位。单独锁闭道岔时，将该组道岔的单独操纵按钮向外拉出，按钮点亮红灯，此时该组道岔处于锁闭状态，不能发生转换。

3. 总取消按钮和总人工解锁按钮

在控制台每个咽喉区的下部各设有一个总取消按钮和总人工解锁按钮，用来办理取消进路和人工解锁进路。取消进路时，同时按下进路始端按钮和本咽喉的总取消按钮；人工解锁进路时，要同时按下进路始端按钮和本咽喉的总人工解锁按钮。

总取消按钮 ZQA 和总人工解锁按钮 ZRA 都是二位自复式按钮。总人工解锁按钮带有铅封，使用时要破铅封，并且要在行车设备检查登记簿上进行登记。

4. 引导按钮和引导总锁闭按钮

为了办理引导接车进路和开放引导信号，在控制台下部对应每架进站信号机均设有一个带铅封的二位自复式引导按钮，对应每个咽喉区设有一个带铅封的二位非自复式引导总锁闭按钮。当需要采用引导进路锁闭方式接车，开放引导信号时，要按下引导按钮。在不能按照引导进路锁闭方式开放引导信号时，要实行全咽喉道岔总锁闭方式引导接车，这时，应先按下引导总锁闭按钮，后按下引导按钮。

5. 其他按钮

在控制台上还设有接通光带按钮、接通道岔表示按钮、切断挤岔电铃按钮、表示灯调压按钮、信号灯调压按钮、电源切换按钮等其他用途的按钮。前两种为每个咽喉区分别设置一个，后四种为全站共用，每站分别设一个。除接通光带按钮为二位自复式按钮外，其他按钮均为二位非自复式按钮。

若区间采用半自动闭塞设备时，在控制台的相应位置还设有闭塞按钮、复原按钮和事故按钮。若区间采用自动闭塞设备时，在控制台下部的相应位置还应设切断区间报警按钮，双向自动闭塞需设置改变运行方向用的按钮。为站内轨道电路电码化设有切断电码化报警按钮；为监督列车信号机各灯泡主灯丝的完整性，按咽喉区分别设有一个切断断丝报警按钮；为对进站信号机和正线出站信号机非正常关闭进行报警，按咽喉区分别设一个切断跳信号报警按钮。当站内设有联系电路或结合电路时，控制台相应还要增设有关的按钮，例如非进路调车按钮、机务段同意按钮等。

二、表示灯认知

控制台作为监督设备，装有各种用途的表示灯。表示灯的用途大致可分为三个方面：一是用来反映进路、道岔和信号机的状态以及设备的运用情况；二是可以反映操纵手续是否完成；三是反映电路的动作程序，以便发生故障时能及时发现，并用来分析、判断故障的范围。

进路表示灯以光带形式设在站场模型上；信号复示器设在站场模型相当于信号机的地方；道岔位置表示灯设在道岔单独操纵按钮的上方，道岔单独锁闭表示灯设在带灯按钮内；提速道岔用尖轨和心轨表示灯设在按钮的下方；进路按钮表示灯设在按钮内或按钮的上方或近旁。此外还有进路排列表示灯、列车接近和离去表示灯、主灯丝断丝表示灯；如区间采用半自动闭塞，还设有半自动闭塞用表示灯；如区间采用自动闭塞，设有接近、离去表示灯；如区间采用双向自动闭塞，设有改变运行方向的表示灯。

三、报警电铃和电流表认知

表示灯只能在值班人员注视控制台的情况下才起作用。有些情况，如道岔被挤、列车接近等，除用表示灯反映外，还采用了电铃报警，以引起车站值班人员的注意，并方便电务维修人员分析判断故障。

在控制台背面下方的配线端子板上设有以下报警电铃：对应每个咽喉区各设置一个主灯丝断丝报警电铃和列车接近电铃；全站设置一个挤岔电铃和一个主副电源切换电铃；若区间采用半自动闭塞设备，还需设置半自动闭塞电铃。这些报警电铃的鸣响主要是引起车站值班人员的注意，必须结合相应的表示灯亮灭的情况一起分析，才能准确地反映出信号设备的状态。

在控制台面板的右上方或中上方设有一块电流表，全站共用。电流表指针的读数反映室外非提速电动道岔的动作，在正常情况下，单动道岔动作一次，电流表指针摆动一次；双动道岔动作一次，电流表指针摆动两次。提速道岔用转辙机动作电源为三相交流电源，不经过电流表，需增加每个咽喉区的心轨动作表示灯和尖轨动作表示灯。

任务二　控制台操作练习

任务目标

1. 熟练办理各种进路。
2. 熟练操纵道岔。

任务实施

列车或调车车列在站内线路上运行时，首先要确定其运行范围和运行方向。相应地，在控制台模拟站场上，车站值班人员要确定进路的范围和进路的始端与终端。6502 电气集中联锁系统均采用双按钮进路式选路法，先后按下进路始端按钮和终端按钮，就可把进路上所有的道岔位置选出来，并使防护这条进路的信号机开放。

一、办理基本进路

办理进路的操作采用双按钮进路式选路法，在排列进路时，顺序按下进路的始端和终端按钮。

控制台操作

1. 办理列车进路

列车进路分为接车进路、发车进路和变通进路。列车进路的操作方法为按列车的运行方向先后按下进路的始端按钮和终端按钮，即采用双按钮进路式选路法。

例如办理 X_D 进站信号机至 ⅢG 的下行接车进路，见附图 1，先按下 X_DLA 按钮，后按下 $S_Ⅲ$LA 按钮。办理由 ⅢG 向东郊方面的上行发车进路，先按下 $S_Ⅲ$LA 按钮，后按下 X_DLA 按钮。

办理列车通过进路有一次办理和分段办理两种操作方法，例如办理下行由ⅠG通过进路，一次办理方法是顺序按下 XTA 按钮和 S_FLA 按钮。分段办理的方法是先办理下行ⅠG发车进路，即顺序按下 $X_Ⅰ$LA 按钮和 S_FLA 按钮。然后办理下行ⅠG接车进路，即顺序按下 XLA 按钮和 $S_Ⅰ$LA 按钮。

2. 办理调车进路

（1）办理以并置（或差置）调车信号机为阻拦信号的调车进路

办理 D_3 至 D_9 的调车进路，需要顺序按下 D_3A 按钮和 D_7A 按钮；办理ⅠG 至 D_7 的调车进路时，需要顺序按下 $S_Ⅰ$DA 按钮和 D_9A 按钮。

注意：办理以并置（或差置）调车车信号机为阻拦信号的调车进路，它的进路终端按钮不是起阻拦信号的调车按钮，而是另一架背向调车信号机的调车进路按钮，这样操作是由电路结构所决定的。

（2）办理以单置调车信号机为阻拦信号的调车进路

办理以 D_3 至 D_{11} 的调车进路，顺序按下 D_3A 按钮和 D_{11}A 按钮；办理 D_9 至 D_{13} 的调车进路，顺序按 D_9A 按钮和 D_{13}A 按钮。

注意：办理以单置调车信号机为阻拦信号的调车进路时，起阻拦信号的调车进路按钮即可作为终端按钮。但是，单置调车进路按钮不能作反向调车进路的终端按钮使用。例如由Ⅲ G 向 X_D 内方调车，应顺序按下 $S_ⅢDA$ 按钮和 S_DDZA 按钮，因为 D_{11} 信号机与该进路反向，故 $D_{11}A$ 不能作该进路的终端按钮，而只能以专设的 S_DDZA 作终端按钮使用。

（3）办理以股道、牵出线、专用线等为进路终端的调车进路

当选由咽喉区调车信号机为始端，以股道、牵出线、专用线、接发车口处为进路终端的调车进路时，应以咽喉区调车信号机的调车进路按钮为始端按钮，以该咽喉区股道头部的出站兼调车信号机的调车进路按钮为终端，或以牵出线、专用线、接发车口处的尽头式调车信号机的调车进路按钮为终端。如办理 D_5 向 ⅡAG 调车，应顺序按下 D_5A 按钮和 D_1A 按钮；办理 D_{15} 至 4G 调车时，应顺序按下 $D_{15}A$ 按钮和 S_4DA 按钮。

（4）办理长调车进路

所谓长调车进路，是指一条进路上需要开放两架或两架以上的调车信号机的调车进路。而单元调车进路（称短调车进路）是指一条进路上仅需开放一架调车信号机的调车进路。长调车进路是由两条以上单元调车进路组成的。这里的"长"与"短"绝不是路径的长短。

长调车进路有一次办理和分段办理两种操作方法。一次办理是先后按下长调车进路的始、终端按钮；分段办理是分别办理长调车进路中的各条单元调车进路。例如，办理 D_3 至 ⅠG 长调车进路，一次办理的操作方法是顺序按下 D_3A 按钮和 $S_ⅠDA$ 按钮，即可选出进路，而分段办理的方法是分别选 D_{13} 至 ⅠG、D_9 至 D_{13}、D_3 至 D_9 三条单元调车进路。显然，一次办理的操作方法简便，但是在分析电路故障范围时需将长调车进路分段办理。

二、办理变通进路

变通进路是指在进路的始、终端之间有几条进路时，通常把一条路径最短、经过道岔数量少或影响其他作业较小的进路规定为基本进路，而其余的进路称为变通进路。平时正常使用基本进路，只有当基本进路有车占用，或进路发生故障时，才使用变通进路。例如由ⅡG 向北京方面发车时，就有两条进路：一条经由 27、17/19、1/3 号道岔定位，而另一条经由 27、13/15、9/11 号道岔定位，17/19、1/3 号道岔反位，前者为基本进路，后者为变通进路。因为后一条进路影响 X 进站信号机向 ⅠG 的接车进路等。

根据双按钮进路式选路法的基本原则，顺序按下进路始端和终端按钮，只准许选出基本进路。即使基本进路因故选不出来，也不准自动改选变通进路。这是因为若准许自动改选变通进路，将会背离车站值班员的意图，就可能打乱作业计划。若想要选排变通进路，就必须有意识地附加一个操作。6502 电气集中规定：在按下始端按钮后，再按一下变通按钮，最后再按终端按钮，才准许选出变通进路来。在选变通进路时，因故选不出，也绝不允许自动选出基本进路。

1. 办理列车变通进路

办理列车变通进路时，按列车运行方向的顺序，先后按下进路始端按钮、变通按钮和进路终端按钮。例如选由 $S_Ⅱ$ 经由 17/19、1/3 号道岔反位向北京方面的发车变通进路，需先后按下 $S_ⅡLA$、D_7A（或 D_9A、或 $D_{13}A$）、X_FLA 三个按钮。选 X 经 5/7 号道岔反位至ⅢG 的接车变通进路，应顺序按下 XLA 按钮、$D_{11}A$ 按钮和 $S_ⅢLA$ 按钮。多数情况下，列车变通进路上都有调车按钮可兼作变通按钮用。

2. 办理调车变通进路

选调车变通进路时，不能采用差置、并置或同方向单置调车进路按钮作为调车变通按钮

使用。调车进路的性质，已由按下的始端按钮确定了。例如办理由 D_1 至 ⅡG 经由 1/3、17/19 号道岔反位的变通进路时，如果将 $D_{13}A$ 作变通按钮使用，那么就应顺序按下 D_1A 按钮、$D_{13}A$ 按钮和 $S_{II}DA$ 按钮。但按下 D_1A 按钮和 $D_{13}A$ 按钮后尚未按下 $S_{II}DA$ 按钮前，D_1 至 D_{13} 的单元调车进路就选出来了。最后按下 $S_{II}DA$ 按钮时，相当于选 S_{II} 信号机作其他进路的始端使用，这样 D_{13} 至 ⅡG 这段调车进路就选不出来。因此上述调车变通进路只能按长调车进路的分段办理方法操作。

当调车变通进路上有反向的单置调车进路按钮时，可按照变通进路的操作方法进行。如办理由 4G 经 17/19、1/3 号道岔反位至 D_1 的变通进路时，可顺序按下 S_4DA、$D_{13}A$ 和 D_1A 三个按钮，该调车变通进路便可选出。这是因为 D_{13} 是变通进路上的反向单置调车信号机，当附加操作按下 $D_{13}A$ 按钮时，$D_{13}A$ 按钮既不是该进路的始端，也不是终端，而只能作为变通按钮用。

当变通进路上有专设的 BA 时，可顺序按下进路始端、BA 和进路终端按钮，变通进路便可选出。如办理 D_9 至 ⅢG 经 9/11 号道岔反位的调车变通进路时，需顺序按下 D_9A、BA 和 $S_{III}DA$，该调车变通进路便可选出。

由此可知，只有单置调车进路按钮能兼作相反方向的调车进路的变通按钮，其他调车进路按钮不能作调车进路的变通按钮。任何调车进路按钮都可作列车变通进路的变通按钮。专设的变通按钮 BA，既可作列车变通进路，又可作调车变通进路的变通按钮使用。

三、重复开放信号

信号开放后因瞬间故障关闭，在故障恢复后，进路联锁条件满足，进路中的信号可以重新手动开放。操作方法是单击防护进路的始端信号机按钮。办理此操作后，相应信号机重新开放信号。

四、解锁进路

6502 电气集中联锁系统的进路解锁，按照解锁方式的不同可分为正常解锁、取消进路、人工解锁、引导解锁以及故障解锁。正常解锁是信号开放后，随着车列驶入进路，信号机自动关闭，在顺序占用和出清进路上的轨道电路区段后，各区段自动解锁，不需要操作。

1. 取消进路

当进路处于预先锁闭阶段（信号开放后，接近区段无车），进路中无车，股道电路、道岔无故障，可以取消进路。操作方法是同时按下对应咽喉区的"总取消按钮"和"进路始端信号按钮"。办理此操作后，信号关闭，进路白色光带消失。

2. 人工解锁

当进路处于接近锁闭阶段（信号开放后，接近区段有车），进路中无车，轨道电路、道岔无故障，此时要取消进路只能人工解锁延时取消进路。正常情况能总取消的进路也可以总人解，但不建议此种操作。

人工延时解锁进路的操作方法是同时按压对应咽喉的"总人解按钮"和"进路始端信号按钮"。办理此操作时，在接近锁闭情况下，信号关闭后，在车列未冒进信号的情况下，列车进路延时 180s 自动解锁，调车进路和侧线发车进路延时 30s 后自动解锁。

3. 故障解锁

要用此按钮，必须确认进路空闲。区段故障解锁操作方法是同时按下相应咽喉区的"总人解按钮"和"人工解锁按钮盘对应区段按钮"。办理此操作后，区段恢复空闲状态。

注：对于无岔区段，操作与该无岔区段相邻的道岔区段。

五、单独操纵道岔

1. 道岔总定位/总反位操作方法

除了办理进路转换道岔外，还可以单独操纵使其转换到定位或反位。操作方法是同时按下相应咽喉区的"总定位"/"总反位"按钮和道岔按钮。

2. 单锁/单解

在特殊情况下（例如特种列车通过道岔时）将道岔单独锁闭/解锁。操作方法是将对应的道岔按钮拉出/按下，按钮表示灯点亮红色/灭灯。

任务三　控制台（人工解锁按钮盘）维护

 任务目标

1. 熟悉控制台（人工解锁按钮盘）日常养护工作步骤。
2. 掌握控制台（人工解锁按钮盘）日常养护工作内容及质量标准。
3. 熟悉控制台（人工解锁按钮盘）集中检修工作步骤。
4. 掌握控制台（人工解锁按钮盘）集中检修工作内容及质量标准。

任务实施

一、控制台（人工解锁按钮盘）检修作业程序框图（图 2-2）认知

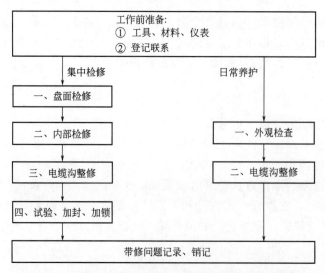

图 2-2　控制台（人工解锁按钮盘）检修作业程序框图

二、控制台（人工解锁按钮盘）检修作业程序及质量标准（表 2-1）认知

表 2-1　控制台（人工解锁按钮盘）检修作业程序及质量标准

修程	工作步骤	工作内容及质量标准	周期
日常养护	一、外观检查	① 外部无灰尘，无杂物； ② 安装牢固、不倾斜，表面平整，不脱漆，加封加锁完好； ③ 电缆沟无异状，盖板完好； ④ 访问车务值班人员，了解使用情况，观察外界施工或其他可能对信号设备造成的妨害，查阅运统—46 登记情况	日 （注：无人值班的车站每月 2 次）
日常养护	二、盘面检查	① 盘面清洁、无灰尘； ② 各种文字标识齐全、正确、字迹清楚； ③ 铅封良好，计数器号码无变化，检查破封登记情况，及时补封； ④ 表示灯泡及按钮帽完好，表示灯颜色正确，光节无串光现象； ⑤ 盘面仪表正常	
集中检修	一、盘面检修	① 盘面平整清洁，单元安装牢固，单元块间疏密均匀，前后不透光，防尘良好； ② 按钮使用灵活，灯光表示齐全，颜色正确； ③ 计数器正确计数，不跳码、不漏码、数码字迹清晰	年
集中检修	二、内部检修	① 按压、拉出各种按钮(扳动手柄)试验，按钮动作灵活，其接点片不松动，未氧化； ② 各种按钮手柄应安装牢固，无松动及旋转，按钮在受到振动时，接点不得错接或错断。各种按钮手柄接点的接通和断开与按钮的按压、停留、复位的关系正确。自复式按钮按压后能自动恢复到定位，非自复式按钮按压后应可靠地保持； ③ 表示灯泡、发光二极管安装正确、牢固，接触可靠； ④ 配线整齐清洁，无破皮，无接地，焊接良好； ⑤ 各部螺栓紧固，螺帽垫片齐全； ⑥ 熔断器容量与图纸相符。有试验标记，未超期，并接触良好； ⑦ 各种音响报警正确。电铃电路加装 0.5A 的熔丝； ⑧ 铭牌齐全、正确，字迹清楚； ⑨ 引入电缆固定良好，引入口密封良好。地线整治检查； ⑩ 防尘、防鼠良好	
集中检修	三、电缆沟整修	① 电缆沟盖板齐全，地沟清洁、防鼠、防火设施完善； ② 电缆沟内电缆、配线整齐，无破皮，放置妥善，防护良好	
集中检修	四、试验、加封、加锁	① 对检修的设备进行有针对性的试验工作； ② 加封、加锁。带铅封按钮的加封线采用 3～5A 熔丝，并加装 $\phi 3mm \times 15mm$ 的套管； ③ 销记	

思考题

1. 控制台盘面设有哪些按钮和表示灯？
2. 控制台设置报警电铃和电流表的作用是什么？
3. 如何办理列车进路、调车进路及变通进路？
4. 解锁进路的方式有几种？如何办理？
5. 办理长调车进路的方式有哪些？

项目二
组合架维护

项目导引

组合及组合架是信号工室内维护的主要设备。通过本项目的学习,要会选用继电器组合,能够根据检修标准和作业程序维护组合架。

任务一　继电器组合的选用

任务目标

1. 理解组合的概念。
2. 掌握组合的类型。
3. 会选用继电器组合。
4. 熟悉继电器组合架结构。

任务实施

6502电气集中联锁系统需要大量的继电器,这些继电器以组合的形式放置在组合架上,组合架设置在继电器室内,如图2-3所示。

将具有相同控制对象的一些继电器组合在一起,构成定型电路环节,这些定型电路环节称为继电器组合,简称组合。6502电气集中联锁系统的组合,是对应车站信号平面布置图上的道岔、信号机和轨道电路区段设计的。每个组合包括的继电器数量应相差不多,最多不超过10个,以便有效地利用组合架的空间,减少组合架上的空位。

采用继电器定型组合的形式设计电路,不仅简化了设计,加快了设计进程,而且组合可以在工厂预制,这样就极大地缩短了施工工期。

因为6502电气集中联锁系统的定型组合是根据道岔、信号机和轨道电路区段设计的,所以道岔组合、信号组合和区段组合是6502电气集中联锁系统中的三种基本组合类型。为了使不同类型的继电器定型组合在各种车站通用,根据站场线路可拼贴站场型网络图,这三种基本组合类型又可分为10种参与拼贴站场型网络图的定型组合,另外还有两种不参与拼贴的定型组合,因此6502电气集中联锁系统中的定型组合共有12种,见表2-2。

图 2-3 继电器的组合和组合架

表 2-2 继电器组合类型

组合类型	0		1	2	3	4	5	6	7	8	9	10
F	R_1、R_2 RX20-25 $-51-\pm5\%$	C_1、C_2: CD-200-50	LJJ JWXC-H340	LFJ JWXC-H340	DJJ JWXC-H340	DFJ JWXC-H340	ZQJ JWXC-1700	ZRJ JWXC-1700	ZDJ JWXC-1700	ZFJ JWXC-1700	GDJ JWXC-1700	GDJF JWXC-H340
YX	R:RX20-25 $-51-\pm5\%$ C:CD-100-50	RD(0.5A)	AJ JWXC-1700	XJ JWXC-H340	JJ JWXC-1700	1DJF JWXC-1700	2DJ JZXC-H18	ZXJ JWXC-1700	LXJF JWXC-1700	TXJ JWXC-1700	LUXJ JWXC-1700	LAJ JWXC-H340
1LXF			DAJ JWXC-H340	LAJ JWXC-H340	ZJ JWXC-H340	GJJ JWXC-1700	ZCJ JWXC-1700	GJ JZXC-480	GJF JWXC-1700			
2LXF			DAJ JWXC-H340	LAJ JWXC-H340	ZJ JWXC-H340	GJJ JWXC-1700	ZCJ JWXC-1700	LXJF JWXC-1700	ZXJ JWXC-1700	2DJ JZXC-H18		
LXZ	R:RX20-25 $-51-\pm5\%$ C:CD-500-50	RD(0.5A) RD(0.5A)	LKJ JWXC-H340	JXJ JWXC-1700	FKJ JWXC-H340	KJ JWXC-H340	LXJ JWXC-1700	XJJ JWXC-1700	DXJ JWXC-1700	DJ JZXC-H18	QJ JWXC-1700	JYJ JWXC-1700
DX		0.5A 0.5A	AJ JWXC-H340	JXJ JWXC-1700	FKJ JWXC-H340	KJ JWXC-1700	ZJ JWXC-H340	XJJ JWXC-1700	XJ JWXC-H340	DJ JZXC-H18	QJ JWXC-1700	JYJ JWXC-1700

续表

组合类型	0	1	2	3	4	5	6	7	8	9	10
DXF 或 B		1AJ	2AJ	JXJ	1AJ	2AJ	JXJ				
		JWXC-1700	JWXC-H340	JWXC-1700	JWXC-1700	JWXC-H340	JWXC-1700				
SDF	D_1-D_4: 2CP21	1DCJ	1FCJ	2DCJ	2FCJ	1DCJ	1FCJ	2DCJ	2FCJ		
		JWXC-1700	JWXC-1700	JWXC-1700	JWXC-1700	JWXC-1700	JWXC-1700	JWXC-1700	JWXC-1700		
SDZ	R:RX20-10 -750-±5% C:CZM-L -4-400	RD(3A) RD(3A) RD(5A) RD(0.5A)	BB	1DQJ	1SJ	2DQJ	AJ	2SJ	DBJF	DBJ	FBJ	FBJF
			BD_1-7	JWJXC-H125/0.44	JWXC-1700	JYJXC-135/220	JWXC-1700	JWXC-1700	JWXC-1700	JPXC-1000	JPXC-1000	JWXC-1700
DD	D_1-D_4:2CP21 R:RX20-10 -750-±5% C:CZM-L -4-400	RD(3A) RD(3A) RD(5A) RD(0.5A)	BB	1DQJ	SJ	2DQJ	AJ	DCJ	FCJ	DBJ	FBJ	
			BD_1-7	JWJXC-H125/0.44	JWXC-1700	JYJXC-135/220	JWXC-1700	JWXC-1700	JWXC-1700	JPXC-1000	JPXC-1000	
Q	R:RX20-25 -51-±5% C:CD-1000-50		DGJ	DGJF	FDGJ	1LJ	2LJ	QJJ	CJ	FDGJF		
			JZXC-480	JWXC-1700	JWXC-1700	JWXC-1700	JWXC-1700	JWXC-1700	JWXC-1700	JWXC-1700		
DY			1RJJ	2RJJ	1XCJ	2XCJ	TGJ	JCJ	YZSJ	JCAJ 或 (ZFDJ)	JCJ_1	JCJ_2
			JWXC-1700	JWXC-1700	JSBC-850	JSBXC-850	JWJXC-480	JWXC-1700	JWXC-1700	JWXC-1700	JZXC-480	JSBXC-850

一、信号组合类型及选用

由于不同类型的信号机信号显示不同,控制电路的联锁条件不同,构成组合的电路环节有明显差异,因此,信号组合分为6种定型组合,其中列车信号组合四种,分别为LXZ、1LXF、2LXF、YX组合,调车信号组合两种,分别为DX和DXF组合。

1. 进站信号机组合类型选用

进站信号机选用三种组合,即列车信号主组合LXZ、列车信号辅助组合1LXF和引导信号组合YX。如图2-4所示,在双线单向运行区段,每架进站信号机相应选用YX和LXZ两个组合;在单线双向运行区段和双线双向运行区段,每架进站信号机应选择1LXF、YX、和LXZ三个组合;当进站信号机内方有一无岔区段和同方向的调车信号机时,因为进站信号机与调车信号机之间没有道岔,可作为一个信号点看待,一般称为进站内方带调车信号

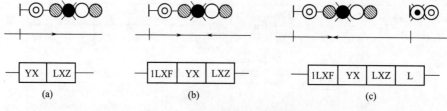

图2-4 进站信号机组合的选用

机，可不设 DX 组合，仅选用 1LXF、YX、和 LXZ 三个定型组合，再增选一个零散组合。对于接车进路信号机，选用的组合和进站信号机完全相同。

2. 出站信号机组合类型选用

出站信号机选用三种组合，即列车信号主组合 LXZ，一方向列车信号辅助组合 1LXF 和二方向列车信号辅助组合 2LXF，如图 2-5 所示。当只有一个发车方向时，每架出站兼调车信号机应选用 LXZ 和 1LXF 两个组合；若有两个或两个以上发车方向时，每架出站兼调车信号机应选用 LXZ 和 2LXF 两个组合；发车进路信号机与只有一个发车方向的出站兼调车信号机一样，也选用 LXZ 和 1LXF 两个组合。

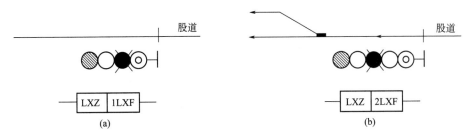

图 2-5 出站兼调车信号机选用的组合

3. 调车信号机组合类型选用

调车信号选用两种组合，即调车信号组合 DX 和调车信号辅助组合 DXF。

如图 2-6 所示，调车信号机按位置分为尽头式、并置、差置和单置调车信号机，它们应各选用一个调车信号组合 DX；对应每架单置调车信号机，除选用一个 DX 组合外，还应选用半个调车信号辅助组合 DXF。所谓半个组合，是指一个 DXF 组合可供两架单置调车信号机使用。对于变通按钮，也需要选用半个 DXF 组合；对于没有信号机处的列车终端按钮及调车终端按钮，则可根据需要选用半个 DXF 组合或设零散组合。

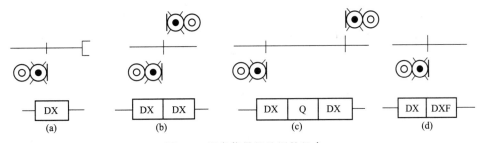

图 2-6 调车信号机选用的组合

综上所述：信号组合共有六种定型组合类型，即列车信号主组合 LXZ、引导信号组合 YX、一方向列车信号辅助组合 1LXF、二方向列车信号辅助组合 2LXF、调车信号组合 DX 和调车信号辅助组合 DXF。

二、道岔组合类型及选用

道岔组合分为单动道岔组合 DD、双动道岔主组合 SDZ 和双动道岔辅助组合 SDF 三种定型组合，如图 2-7 所示。每组单动道岔选用一个 DD 组合；每组双动道岔应选用一个 SDZ 和半个 SDF 组合。

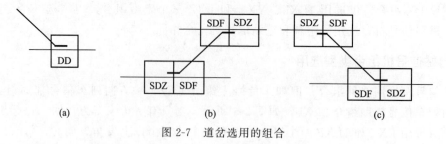

图 2-7 道岔选用的组合

应当注意的是，SDZ 和 SDF 各有两个框，这两个框并不是两个组合，SDZ 的两个框表示一个 SDZ 组合内的电路是两张图样组成的，每张对应双动道岔中的一个道岔。而 SDF 是半个组合，也在两张图样中，分别给双动道岔中的一个道岔用。SDZ 和 SDF 连接的顺序不能颠倒，否则就构不成电路。

提速道岔需要专用的道岔组合，6502 电气集中联锁系统电路中的单动道岔组合改用提速道岔单独组合 TDD，每组双动道岔主组合 SDZ 改为提速双动道岔主组合 TSD，双动道岔辅助组合 SDF 保持不变。

三、区段组合类型及选用

区段组合 Q 只有一种基本类型。站内轨道电路有道岔区段和无岔区段之分，对应每一道岔区段和列车进路上的差置调车信号机之间的无岔区段，都要选用一个 Q 组合，如图 2-8 所示。

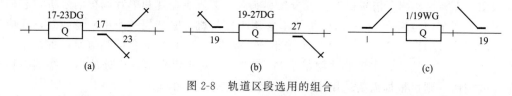

图 2-8 轨道区段选用的组合

应当注意的是，Q 组合必须设在对应区段的关键部位。关键部位是指利用该区段排列任何进路都必须经过的地方。图 2-8(a) 中，道岔区段 17-23DG 的关键部位是在 17 号道岔的岔前部分，所以 Q 组合必须对应设在该处；图 2-8(b) 中关键部位在 19 号和 27 号道岔之间，故 19-27DG 的 Q 组合应放在 19 号与 27 号道岔组合之间。一般来说，道岔区段的关键部位是在道岔的岔前位。图 2-8(c) 中，1/19WG 是无岔区段，该区段的 Q 组合对应设在无岔区段上。

对于图 2-9(a) 中的交叉渡线来说，对于区段 11-13DG，能放置区段组合的部位有三处：13 号道岔岔前、11 号道岔岔前、11 号与 13 号道岔之间，但这三处都不是关键部位。因为按这三处中任何一处设置 Q 组合，经由 11-13DG 中的道岔排列进路时总有一条或两条进路不经过 Q 组合。对于交叉渡线，为了能够将 Q 组合设在关键部位，必须采用道岔换位法，即在电路图上将 11 号和 13 号道岔互换位置，9 号与 15 号道岔互换位置，如图 2-9(b) 所示，换位时岔尖的开向不变，换位后将原来双动的两个道岔再用线连接起来，11 号与 13 号道岔之间就形成了关键部位，11-13DG 的 Q 组合可放在换位后 11 号与 13 号道岔组合之间的关键部位。

对于如图 2-10(a) 所示的交叉渡线，因为 9 号和 15 号道岔之间设有一组钢轨绝缘，分别划在两个道岔区段中，9DG 的关键部位在 9 号道岔前，15DG 的关键部位在 9 号道岔前，

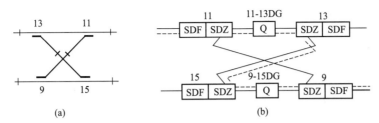

图 2-9　交叉渡线选用的组合（一）

不需要换位。但对 11-13DG 仍需换位，如图 2-10(b) 所示。

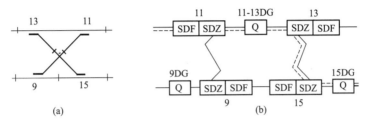

图 2-10　交叉渡线选用的组合（二）

值得注意的是，对交叉渡线的换位是为了将 Q 组合设置在关键部位，便于用定型组合拼贴成站场型网络图。而实际的站场上的道岔和控制台上的模拟站场的道岔是不能换位也不能移位的。

四、其他组合类型及选用

上述信号组合、道岔组合和区段组合分成 10 种定型组合类型，可根据室外信号设备的布置拼贴成站场型网络图。另外，还有方向组合 F 和电源组合 DY。每个咽喉区应选用一个方向组合 F 和一个电源组合 DY。F 和 DY 组合不参加站场型网络图的拼贴，与车站信号设备平面布置图无关。

在采用双按钮进路式选路方法时，要用方向继电器区分进路的性质和方向，方向组合 F 主要是为方向继电器而设置的。F 组合内共插入 10 个继电器，可引出 10 种方向电源。

在一个咽喉区的 DY 组合内插入 10 个继电器，在另一个咽喉区的 DY 组合中，因 JCAJ、JCJ_1、JCJ_2 三个继电器为全站共用而不必再插入，而应插入全站共用的 ZFDJ，因此另一咽喉区的 DY 组合插入 8 个继电器，其中的第 9、10 个继电器位置为空位。DY 组合内可引出 6 种条件电源。

6502 电气集中电路主要由上述 12 种定型组合里的继电器构成。但也有少量继电器不包括在定型组合内，将这些根据具体情况而增设的继电器设计成零散组合，零散组合里的继电器数量也不能超过 10 个，其构成的电路环节根据需要而设计。

任务二　组合架维护

 任务目标

1. 掌握组合架零层端子、组合架侧面端子的作用及电源分配。
2. 会插拔组合架继电器。
3. 熟悉组合架检修作业的程序及质量标准。

4. 能够按照作业标准检修组合架。

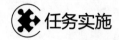任务实施

一、组合架认知

6502 电气集中联锁系统采用通用的电气集中组合架。组合架上下分为 10 层，1 至 10 层每层安装一个继电器组合。每个继电器组合包括两块组合侧面端子板和 10 个继电器插座板。第 11 层称为零层，安装有各种电源端子板和零层端子板共 13 块。组合架与控制台和人工解锁按钮盘间的连线都必须经由零层端子。为了施工维修的方便，也有的将零层端子板放在组合架的最下层。

组合架上部安装有走线架，架间的引线全部经过走线架引出。若将零层放在组合架最底层，下部应设线槽，架间的引线经过线槽引出。

组合架在继电器室内的排列习惯上从进门开始从前往后数为 1 排、2 排、3 排……，从左至右数为 1 架、2 架、3 架……，如某个继电器组合处在第二排第三架第六层位置时，表示为 23-6。

二、组合架（分线盘）检修作业程序

组合架（分线盘）检修作业程序框图如图 2-11 所示。

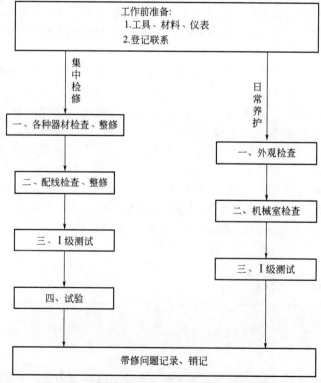

图 2-11　组合架（分线盘）检修作业程序框图

三、组合架（分线盘）检修作业程序及质量标准（表 2-3）

表 2-3　组合架（分线盘）检修作业程序及质量标准

修程	工作步骤	工作内容及质量标准	周　期
日常养护	一、外观检查	①各种器材安装牢固，插接良好，防脱措施作用良好； ②继电器、变压器、熔断器、报警装置、阻容元件、防雷元件等各种器材无过热及其他异常现象； ③配线干净、整齐、绑扎良好； ④铭牌齐全、正确，字迹清楚	日 （注：无人值班的车站每日3次）
日常养护	二、机械室检查	①图纸完好，摆放整齐； ②电缆沟、走线架无异状，盖板完好； ③防尘、防鼠良好； ④机械室室内卫生清洁，照明各类报警设施齐全良好	
日常养护	三、Ⅰ级测试	①查看微机监测设备测试数据符合标准要求； ②进行Ⅰ级测试并记录	
集中检修	一、各种器材检查、整修	①逐台检查继电器类型正确，未超期，内部无异物，接点状态良好； ②逐台检查语音报警、缺口报警，各种器材插接良好，安装牢固； ③熔断器容量与图纸相符，有试验标记，未超期，并接触良好 ④检查防雷元件	年
集中检修	二、配线检查、整修	①走线架整理、清扫，引线口防护良好； ②配线整齐、清洁，无破皮、无接地、焊接良好，套管不脱落； ③各部螺钉紧固，螺帽垫片齐全	
集中检修	三、Ⅰ级测试	进行Ⅰ级测试并记录	
集中检修	四、试验	①报警设备试验正确、清晰、直观； ②对检修的设备进行有针对性的试验工作； ③销记	

思考题

1. 什么是继电器组合？
2. 6502电气集中联锁设备有哪些定型组合？
3. 进站信号机选用哪些定型组合？
4. 有交叉渡线的道岔区段如何选用定型组合？
5. 双动道岔如何选择定型组合？

项目三
6502 继电联锁电路识读

项目导引

6502 电气集中电路主要由选择组电路和执行组电路两部分组成，共 15 条网络线（本书只介绍 1～11 线）。此外还有道岔控制电路和信号机点灯电路等单元电路。选择组电路包括记录电路、选岔电路 1-6 线和开始继电器电路 7 线，其作用是确定进路的范围、进路的性质和运行方向，选出进路中道岔位置和信号点的位置，检查进路选排一致，同时在控制台上给出选择组电路动作时的相应表示。

选择组电路完成选路任务后，由执行组电路完成开通进路、锁闭进路、开放信号和解锁进路的任务。执行组电路共有 8 条网络线，编号为 8～15。其中 8 线网络是控制 XJJ 用的网络；9 线网络是 QJJ 和 GJJ 的励磁网络；10 线网络是 QJJ 的自闭网络；11 线网络是信号继电器 XJ 的网络；12、13 线网络通常称为解锁网络；14、15 线网络是控制进路光带的网络，14 线网络控制白光带，15 线网络控制红光带。

任务一 方向继电器电路识读

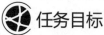

1. 掌握方向继电器的作用与设置。
2. 了解方向继电器的技术要求。
3. 跑通方向继电器电路图，熟记方向继电器的励磁和复原时机。

任务实施

方向继电器和按钮继电器电路组成了 6502 电气集中联锁系统的记录电路。

一、方向继电器设置

方向继电器的作用：一是记录哪一个按钮在办理进路时是先被按下的，以区别按下按钮的顺序，即区别运行方向；二是记录按下的是列车进路按钮，还是调车进路按钮，以区别进路的性质。

进路的运行方向分为接车方向和发车方向，进路的性质分为列车进路和调车进路。经组合后每个咽喉的进路可分为四类：即列车接车方向进路、列车发车方向进路、调车接车方向进路和调车发车方向进路。对于一个咽喉区，可设置四个方向继电器与四种类型的进路相对应，便能完成记录进路运行方向和记录进路性质的任务。这四个方向继电器分别是：列车接车方向继电器 LJJ，列车发车方向继电器 LFJ，调车接车方向继电器 DJJ，调车发车方向继电器 DFJ，这四个方向继电器设在方向组合 F 内。

二、方向继电器电路的技术要求认知

① 为了区别运行方向，用始端按钮继电器前接点接通对应的方向继电器的励磁电路。若是接车方向，就接通接车方向的方向继电器励磁电路；若是发车方向，就接通发车方向的方向继电器励磁电路。用吸起的方向继电器来确定所选进路的运行方向。

② 为区别进路的性质，列车进路要用列车进路始端按钮继电器前接点接通列车方向继电器励磁电路，调车进路要用调车进路始端按钮继电器前接点接通调车方向继电器励磁电路。

③ 方向继电器在选路全过程都要参与工作，在进路还没有全部选出之前，应使方向继电器保持在吸起状态。四个方向继电器同时只准许一个吸起，即同一时间只能选出一条记录（同性质、同方向进路能同时选出的情况除外）。

④ 为了不影响选其他进路，在所要选的进路全部选出后，应及时使方向继电器自动复原；如果因故在一定时间内进路不能选出，则应能够使其手动复原。

⑤ 在办理取消进路和人工解锁进路，也要按压进路始端按钮。因为这时不是选路，所以不应使方向继电器动作。在重复开放信号时，按压进路始端按钮时，也不属于选路，不应使方向继电器动作。

三、方向继电器电路识读

方向继电器的电路如图 2-12 所示。

FJ 电路
识读

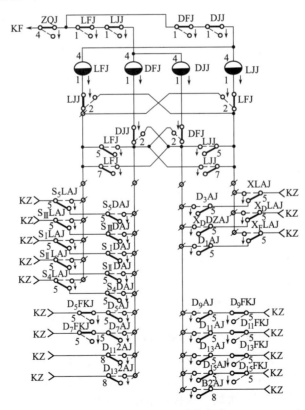

图 2-12　方向继电器的电路

1. 励磁电路识读

为了使方向继电器电路实现上述前两项技术要求,应将同一咽喉区的始端按钮,按进路性质和运行方向分成四组。

列车接车方向始端按钮:XLA、X_DLA、X_FLA。

列车发车方向始端按钮:S_ILA、$S_{II}LA$、$S_{III}LA$、S_4LA、S_5LA。

调车接车方向始端按钮:D_1A、D_3A、D_9A、$D_{11}A$、$D_{13}A$、$D_{15}A$。

调车发车方向始端按钮:D_5A、D_7A、S_IDA、$S_{II}DA$、$S_{III}DA$、S_4DA、S_5DA。

将上述每组始端按钮继电器的前接点并联后,分别接入该组所属的方向继电器励磁电路,作为方向继电器的励磁条件。平时所有方向继电器都处在落下状态,选排进路时,哪一个按钮先被按下,哪个按钮所属方向继电器就随着吸起。一个方向继电器吸起后,用其后接点断开其他三个方向继电器的励磁电路,使后按下的按钮所属的方向继电器不能再励磁。这样某个方向继电器吸起后,既记录了所选进路的性质,又记录了所选进路的方向。

例如,选 X_D 进站信号机至 IG 的接车进路,先按下 X_DLA 按钮,其按钮继电器 X_DLAJ 吸起,接通 LJJ 励磁电路。其电路是 $KZ—X_DLAJ_{51-52}—LFJ_{21-23}—LJJ_{1-4}—DJJ_{13-11}—DFJ_{13-11}—ZQJ_{43-41}—KF$。

因为 X_DLA 按钮是先被按下的,平时四个方向继电器都处于落下状态,所以这时接通了 LJJ 的励磁电路,使 LJJ 吸起。再按下 S_ILA,S_ILAJ 吸起,因为这时 LFJ 的励磁电路已被 LJJ 第 2 组后接点断开,所以 LFJ 不能励磁。LJJ 吸起说明所选进路是列车接车方向的进路。

2. 自闭电路识读

在选路过程中,因为参与选路工作的始端按钮继电器和终端按钮继电器的复原时机不同,仅由始端按钮继电器构成方向继电器的励磁电路,无法保证在进路全部选出前,使方向继电器保持在吸起状态。因此,方向继电器除由始端按钮继电器构成的励磁电路外,还必须由经过终端按钮前接点接通自闭电路。若不设方向继电器自闭电路,对于选排由左向右运行方向的进路,刚开始选路时进路始端的按钮继电器便会落下,断开方向继电器励磁电路。由于方向继电器提前落下,会造成进路不能正常选出。为了实现第三项技术要求,在整个选路过程中使方向继电器保持在吸起状态,方向继电器必须设置自闭电路。

例如,选 X_D 进站信号机至 IG 的接车进路,先按下 X_DLA,由 X_DLAJ 前接点构成 LJJ 的励磁电路,后按下 S_ILA,S_ILAJ 励磁吸起,由 S_ILAJ 的前接点接通 LJJ 的自闭电路为 $KZ—S_ILAJ_{51-52}—LJJ_{21-22}—LFJ_{21-23}—LJJ_{1-4}—DJJ_{13-11}—DFJ_{13-11}—ZQJ_{43-41}—KF$。

对于变通进路,方向继电器除由始端按钮继电器前接点构成励磁电路,由终端按钮继电器前接点构成自闭电路外,还要经由变通按钮继电器前接点构成自闭电路。因此,变通进路中参与选路的方向继电器不止有一条自闭电路,而是有几条自闭电路。例如,以 D_7A 兼作由 IIG 向北京方面发车的变通进路的变通按钮使用时,列车发车方向继电器 LFJ 有三条自闭电路,一条经由 X_FLAJ 第 5 组前接点;一条经由 D_7AJ(变通按钮)第 5 组前接点;另一条则经由 D_9AJ(被带起的变通按钮)第 5 组前接点。这说明凡是参与选路工作的按钮继电器,如果其中一个不停止工作,都会使方向继电器保持在吸起状态。

在方向继电器自闭电路中,由进路终端按钮继电器前接点构成的自闭电路,自闭接点是该方向继电器第 2 组前接点;由进路变通按钮继电器前接点构成的自闭电路,自闭接点是该方向继电器第 5 组或第 7 组前接点。

为了保证同一咽喉同时只准许一个方向继电器吸起，每个方向继电器的励磁电路和自闭电路均要检查其他三个方向继电器的后接点，即四个方向继电器相互之间存在"互切"关系。某个方向继电器吸起后，即切断其他三个方向继电器的电路。

若在办理从右向左运行方向的进路时进路左端（终端）的按钮继电器总是先于右端（始端）的按钮继电器复原落下，也就是说方向继电器的自闭电路比励磁电路先断开，则这种情况下方向继电器自闭电路不起作用。

3. 自动复原和手动复原

6502电气集中联锁系统是用参与选路的所有按钮继电器都落下来反映进路已全部选出。为了实现方向继电器电路第四项技术要求，在电路中不需要加另外的任何条件，只要这些按钮继电器都落下，便切断了方向继电器的励磁电路和自闭电路，达到了使方向继电器在进路选出后自动复原的目的。

若进路因故障不能选出，可按一下"总取消"按钮，使总取消继电器ZQJ吸起，用ZQJ第4组后接点断开方向继电器的KF电源，方向继电器便可复原，也就是说方向继电器可随时手动复原。

实现方向继电器电路第五项技术要求比较容易。在取消进路时，ZQJ吸起，用其第4组后接点切断方向继电器的KF电源，使方向继电器不会动作。在人工解锁进路时，要按下"总人工解锁"按钮和"进路始端"按钮，这时总人工解锁继电器ZRJ吸起，当ZRJ吸起后会使ZQJ吸起，仍可断开方向继电器的KF电源，防止方向继电器动作。

重复开放信号时，只需按下进路始端按钮，为了防止方向继电器空动，在接入DJJ和DFJ电路的DAJ支路中串接有辅助开始继电器FKJ的后接点。当重复开放信号时，FKJ要吸起，断开KZ电源，起到了防止继电器空动的作用。对于列车或列车兼调车来说，因FKJ接点无空余，故未接FKJ后接点，重复开放信号时无法防止方向继电器空动。

四、方向电源

把经由方向继电器接点控制的电源称为方向电源。在6502电气集中联锁系统的电路中，许多继电器要用到方向继电器的接点作为控制条件。用方向电源的方式设计电路，能简化电路，减少配线，节省方向继电器接点。各种方向电源如图2-13所示。

方向电源共有10种，其名称和作用如下。

① KF-共用-Q 经任一方向继电器的前接点构成的负电源。用于JXJ和DXF组合中1AJ、2AJ自闭电路。

② KF-共用-H 经由四个方向继电器后接点供出的负电源。用于单置调车信号机的FKJ在重复开放信号时的励磁电路和TAJ励磁电路。

③ KF-LJJ-Q 经由LJJ的前接点供出的负电源。用于列车接车方向LKJ的励磁电路和TAJ自闭电路。

④ KF-LFJ-Q 经由LFJ的前接点供出的负电源。用于列车发车方向的LKJ励磁电路和LZAJ励磁电路。

⑤ KF-DJJ-Q 经由DJJ的前接点供出的负电源。用于调车接车方向的FKJ励磁电路，以及接车方向的单置调车信号机ZJ的励磁电路，发车方向的并置、差置和尽头式调车信号机的ZJ励磁电路。

⑥ KF-DFJ-Q 经由DFJ的前接点供出的负电源。用于调车发车方向的FKJ励磁电路，

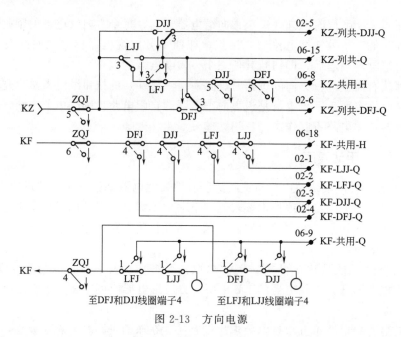

图 2-13　方向电源

以及发车方向的单置调车信号机 ZJ 的励磁电路，接车方向的并置、差置和尽头式调车信号机的 ZJ 励磁电路。

⑦ KZ-列共-Q　经由 LJJ 或 LFJ 的前接点供出的正电源。用于并置、差置调车信号机的 AJ 的互相带动的励磁电路。

⑧ KZ-共用-H　经由四个方向继电器的后接点供出的正电源。用于单置调车信号机始端 AJ 的励磁电路。

⑨ KZ-列共-DFJ-Q　经由 LJJ、LFJ 或 DFJ 的前接点供出的正电源。用于调车接车方向单置调车信号机 AJ 的励磁电路。

⑩ KZ-列共-DJJ-Q　经由 LJJ、LFJ 或 DJJ 的前接点供出的正电源。用于调车发车方向单置调车信号机 AJ 的励磁电路。

任务二　按钮继电器电路识读

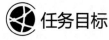任务目标

1. 掌握按钮继电器的作用与设置。
2. 跑通按钮继电器的电路图，熟记按钮继电器的励磁和复原时机。

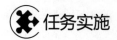任务实施

一、按钮继电器的设置

按钮继电器的作用，一是用来记录按下按钮的动作，二是在选路时接通方向继电器的励磁电路和自闭电路，并向选岔网络供电，三是当取消进

AJ 电路识读

路和人工解锁进路时，用始端按钮继电器总取消继电器配合，完成进路的取消和人工解锁。

对应每一个进路按钮，究竟要设几个按钮继电器，取决于下述两种情况：第一种情况是列车进路按钮和除单置外的调车进路按钮，可用方向电源配合区分它作始端按钮用、还是作终端按钮用，所以可设一个按钮继电器 AJ；第二种情况是单置调车信号的按钮，因为其在运行方向不变的情况下，有时作始端按钮使用，有时又作终端按钮使用，它不能用方向电源去区分作始端还是作终端用，所以对应单置调车按钮设有三个按钮继电器。

此外，对于专设的变通按钮 BA 也设置了两个按钮继电器。

二、按钮继电器电路识读

1. 尽头线调车按钮继电器电路识读

如图 2-14 所示是尽头线调车按钮继电器电路。为了记录按下按钮的动作，在 AJ 的励磁电路中接入按钮的按下接通接点，作为电路的励磁条件。由于进路按钮采用二位自复式按钮，松开该按钮时会切断其励磁电路。为此，AJ 必须在吸起后经由其本身的前接点构成自闭电路，以满足记录电路在选路过程对工作时机的要求。

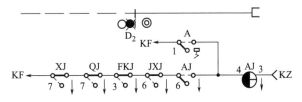

图 2-14　尽头线调车按钮继电器电路

有记录就要考虑如何取消记录。根据按钮的不同用途，其取消记录的条件也不同。将取消记录的复原条件串接在 AJ 的自闭电路中，以便在必要的时机使其复原，从而取消记录。

在选路时，信号点（信号机位置）选出就应使按钮继电器释放。6502 电气集中联锁系统是用进路选择继电器 JXJ 的吸起来反映信号点已被选出，因此在 AJ 的自闭电路中接入 JXJ 后接点，作为自动复原的条件。当该信号点 JXJ 吸起后，自动取消记录。

在重复开放信号时，因进路在锁闭状态，不需要将进路取消而重选，这时 JXJ 不会吸起，只需再次按下进路始端按钮，使辅助开始继电器 FKJ 吸起而重新开放信号。在 AJ 的自闭电路中，用 FKJ 吸起取消记录。

当进路因故不能选出，即 JXJ 没有吸起或取消误碰的按钮时，按下总取消按钮 ZQA 和进路始端按钮，使取消继电器 QJ 吸起，用接在 AJ 自闭电路中的 QJ 后接点切断电路，人工取消记录。

当进路已经选出，因故要取消进路或人工解锁进路时，经办理使本进路的 QJ 吸起，切断 AJ 的自闭电路，亦可取消记录。

在 AJ 的自闭电路中接入了信号继电器 XJ 后接点，其作用是在信号开放过程中，用 XJ 的后接点断开 AJ 的自闭电路，使 AJ 在信号开放过程中不作记录。否则，若在信号开放过程中误碰了按钮，当要取消 AJ 的记录时，因 QJ 要吸起，就会关闭正在开放中的信号，这是不允许的。

因为按钮继电器和进路选择继电器的逻辑关系是：AJ↑→JXJ↑，JXJ↑→AJ↓，所以，为了使 JXJ 可靠地吸起，AJ 要采用缓放型继电器。缓放还能延长方向继电器工作时间，保证后续的辅助开始继电器 FKJ 和终端继电器 ZJ 可靠吸起。

2. 出站兼调车按钮继电器电路识读

如图 2-15 所示，对应出站兼调车信号机设有列车进路按钮和调车进路按钮。由于进路性质不同，对应的列车进路按钮设有一个列车按钮继电器 LAJ，对应调车进路按钮设有一个调车按钮继电器 DAJ。因为这两个按钮继电器属于同一个信号点，因此放在同一个组合内。它们取消记录的条件相同，自闭电路中的条件可以共用。电路结构虽作了适当变动，但其电路原理与尽头线调车按钮继电器电路完全相同。它们的两个线圈分开使用，3-4 线圈为励磁电路，1-2 线圈为自闭电路。两个线圈分开使用的原因是：一方面使自闭电路能共用，另一方面，能防止共用自闭电路后产生迂回电路。

在进站信号机内方设有无岔区段和同方向的调车信号机时（简称进站内方带调车），对应进站信号机处也设有两个不同性质的进路按钮，例如举例站场的 XLA 和 D_3A 以及 X_FLA 和 D_1A，它们对应的 XLAJ 和 D_3AJ 电路、X_FLA 以和 D_1 电路，与出站兼调车按钮继电器电路相同。

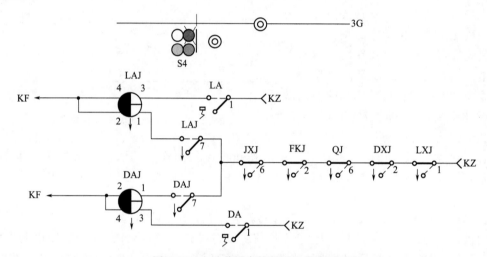

图 2-15　出站兼调车按钮继电器电路

3. 并置和差置调车按钮继电器电路识读

如图 2-16 所示，从按钮继电器 3-4 线圈的电路看，它完全与尽头线调车按钮继电器电路相同，只是增加了 1-2 线圈电路。并置和差置调车信号机的两个进路按钮中的任何一个都可兼作列车进路变通按钮。因此，在选列车变通进路时，要求按压其中任何一个按钮时都要把另外一个 AJ 带动起来，以便使两个按钮继电器都吸起，参与选路工作。1-2 线圈电路就是为此目的设计的。

例如，办理由 ⅡG 向北京方面发车的变通进路（经 17/19 和 1/3 号道岔反位），先按下 $S_{Ⅱ}LA$，使 $S_{Ⅱ}LAJ$ 和 LFJ 相继吸起，方向电源 KZ-列共-Q 有电。接着按下变通按钮 D_7A，使 D_7AJ 吸起且自闭，这时经方向电源 KZ-列共-Q 和 D_7AJ 的前接点使 D_9AJ 吸起（若按下 D_9A，D_9AJ 吸起后也会把 D_7AJ 带动吸起），最后按下 X_FLA，使 X_FLAJ 吸起。这样就以变通按钮为分界点，把一条列车变通进路分成两个基本进路段，即 $S_{Ⅱ}LAJ$ 和 D_9AJ 吸起构成 ⅡG 至 D_9 基本进路段，以及 D_7AJ 和 X_FLAJ 吸起构成 D_7 至 X_F 处的基本进路段。

差置调车按钮继电器电路与并置调车按钮继电器电路相同。举例站场中的 D_5A、$D_{15}A$ 不能作列车进路变通，因此可不互带。

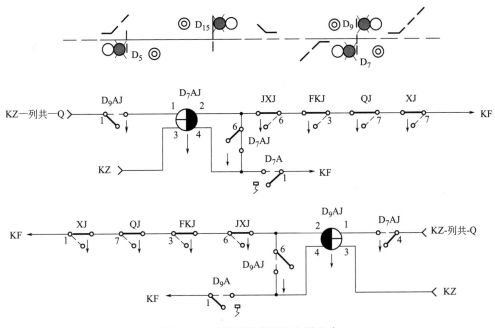

图 2-16 并置调车按钮继电器电路

4. 单置调车按钮继电器电路识读

如图 2-17 所示,对应于单置调车信号机处设有三个按钮继电器。其中 1AJ 是按钮接点的复示继电器,AJ 是进路始端按钮继电器,2AJ 是进路终端按钮继电器。AJ 设在 DX 组合里,1AJ、2AJ 设在 DXF 组合里。平时这三个按钮继电器均处于落下状态,当办理进路时则互相配合完成记录进路的始端、终端和变通的三种作用。

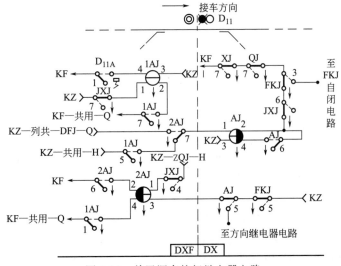

图 2-17 单置调车按钮继电器电路

这三个按钮继电器动作规律如下所示。
- 作始端按钮使用时,1AJ↑、AJ↑。
- 作终端按钮使用时,1AJ↑、2AJ↑。

• 作变通按钮使用时，1AJ↑、2AJ↑、AJ↑。

现以 $D_{11}A$ 为例，详述这三个按钮继电器的工作原理。

① 作始端按钮使用时　例如办理 D_{11} 向ⅢG调车进路，$D_{11}A$ 应起始端按钮的作用。先按下 $D_{11}A$，使 D_{11} 的1AJ经由3-4线圈吸起，1AJ吸起后经由方向电源KZ-共用-H 和1AJ第5组前接点接通AJ的1-2线圈电路，使AJ励磁吸起，然后经由3-4线圈自闭。当AJ和DJJ吸起后，方向电源KF-共用-Q有电，使1AJ经由1-2线圈自闭。所以1AJ的自闭电路是AJ励磁吸起后接通的。在1AJ吸起而AJ还未吸起的时刻，方向电源KF-共用-Q无电，因此2AJ不能励磁；在AJ和DJJ吸起后，虽然KF-共用-Q有电，但是AJ已经吸起则断开2AJ的3-4线圈电路，故2AJ不能励磁。

当按下进路终端 $S_{Ⅲ}DA$ 时，$S_{Ⅲ}DAJ$ 吸起，这时该进路开始选路。当 D_{11} 信号点选出后，D_{11} 的DX组合中的JXJ吸起，从而使 $D_{11}AJ$ 复原。当 $S_{Ⅲ}$ 信号点选出后，$S_{Ⅲ}JXJ$ 吸起，又使 $S_{Ⅲ}DAJ$ 复原。随着DJJ复原后切断方向电源KF-共用-Q，从而使 $D_{11}1AJ$ 复原。应当指出，$D_{11}A$ 作始端按钮使用时，D_{11} 的DXF组合中的JXJ是不会吸起的。因此，$D_{11}1AJ$ 的复原条件只能是方向电源KF-共用-Q断电。

在重复开放信号时，按下 $D_{11}A$ 后，$D_{11}FKJ$ 会随着1AJ吸起而励磁，因此AJ就不能励磁了。AJ不励磁，不但能防止方向继电器空动，而且因方向电源KF-共用-Q无电，2AJ也不会励磁。

在2AJ的3-4线圈电路中接有FKJ第5组后接点的作用，是在单置调车进路按钮被当作始端按钮使用时，防止2AJ错误吸起。这是因为以 D_{11} 为始端排列进路时，D_{11} 信号点先被选出，$D_{11}AJ$ 先复原落下，而终端信号点尚未选出，方向电源KF-共用-Q还在接通，$D_{11}1AJ$ 仍在吸起，若没有接入FKJ第5组后接点，有可能使 $D_{11}2AJ$ 错误吸起。

在AJ电路中的JXJ、FKJ、QJ、XJ后接点的作用与尽头线调车AJ电路相同。

② 作终端按钮使用时　例如办理 D_3 至 D_{11} 调车进路，$D_{11}A$ 是后被按下的，作终端按钮使用。因为此时方向电源KZ-共用-H已断电，所以 $D_{11}AJ$ 是不能励磁的。这时，方向电源KF-共用-Q已有电，因此，$D_{11}2AJ$ 吸起后，由1-2线圈构成自闭电路。当进路选出时，D_{11} 的DXF组合内JXJ会吸起，用JXJ的后接点分别断开1AJ和2AJ的自闭电路，从而使它们自动复原而取消记录。

若因故进路不能选出，DXF组合内的JXJ不会励磁，1AJ和2AJ也不会自动复原。这时可按下总取消按钮ZQA，使总取消继电器ZQJ吸起，断开条件电源KZ-ZQJ-H，使2AJ人工复原，1AJ是随着方向继电器落下而复原的。

③ 作变通按钮使用时　例如办理X至ⅢG接车的变通进路（经5/7号道岔反位），首先按下XLA，使XLAJ和LJJ相继吸起。此时，方向电源KZ-共用-H断电，方向电源KF-共用-Q 和 KZ-列共-DFJ-Q 均有电。当按下 $D_{11}A$ 时，$D_{11}A$ 是作为变通按钮使用的。$D_{11}1AJ$ 先吸起且自闭，然后 $D_{11}2AJ$ 经1AJ前接点和方向电源KF-共用-Q而吸起且自闭，最后是 $D_{11}AJ$ 的1-2线圈经由方向电源KZ-列共-DFJ-Q 和2AJ第7组前接点而吸起，由它的3-4线圈构成自闭。最后按下 $S_{Ⅲ}LA$，使 $S_{Ⅲ}LAJ$ 吸起，选路工作正常进行。在进路选出并且 D_{11} 的DX组合和DXF组合的JXJ吸起后，D_{11} 的1AJ、2AJ、AJ自动复原。

单置调车进路按钮可作反向调车进路的变通按钮使用，其电路原理与上述作列车进路变通按钮时相同。其AJ的1-2线圈所接方向电源是根据单置调车信号机防护方向而改变的。若是接车方向的单置调车信号机，应接入方向电源KZ-列共-DFJ-Q；若是发车方向的单置调车信号机，则应接入方向电源KZ-列共-DJJ-Q。

在 AJ 的 1-2 线圈电路和 2AJ 的 3-4 线圈电路中,都接入了 1AJ 的前接点。因为这两个电路的方向电源不同,所以 1AJ 前接点不能共用。正因为如此,使用单组接点的按钮必须设按钮接点的复示继电器 1AJ,否则按钮接点不够用。

5. 变通按钮继电器电路识读

如图 2-18 所示,专设的变通按钮选用的是 DXF 组合,设有两个按钮继电器:1AJ 和 2AJ。1AJ 是 BA 的复示继电器。在排列变通进路按压变通按钮时,1AJ 便吸起并自闭。因为无论进路方向和进路性质如何,都可用 BA,所以这里用方向电源 KF-共用-Q。只要按下始端按钮,任何一个方向继电器励磁后,方向电源 KF-共用-Q 就有电。1AJ 吸起后通过方向电源 KF-共用-Q 使 2AJ 吸起并自闭。当 DXF 内的 JXJ 吸起后,1AJ 和 2AJ 便自动复原。2AJ 自闭电路中的条件电源 KF-共用-H 是专为取消时设的人工复原条件,其作用同前述单置调车信号机的 2AJ。1AJ 随方向继电器释放而复原。

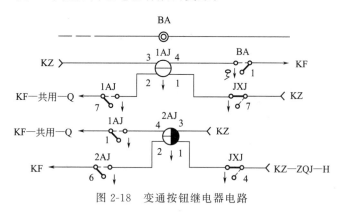

图 2-18 变通按钮继电器电路

任务三 1-6 线选岔电路识读

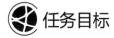

任务目标

1. 掌握 1-6 线选岔电路的作用。
2. 跑通选岔电路图,熟记操纵继电器、进路选择继电器的励磁和复原时机。
3. 掌握选岔电路继电器动作规律。

任务实施

办理进路时当按下进路始端和终端按钮后,按照操作人员的意图自动选出进路上有关道岔位置的电路,称为选岔电路。选岔电路采用站场型网络。

在比较复杂的站场,由于进路、道岔、信号机和股道都很多,进路的路径可能有若干条,每条进路的开通去向都是由道岔位置确定的。正常工作状态的道岔有定位和反位两个位置,因此对于每组道岔的两个位置设有两个操纵继电器,即定位操纵继电器 DCJ 和反位操纵继电器 FCJ。选岔电路的任务就是按照操作人员的意图,选出需要的操纵继电器,使其吸起。用操纵继电器的励磁条件,接通道岔控制电路,使道岔转换到规定位置,从而排通进路。

一、选岔电路识读

六线并联传递选岔电路规定,用1、2线选八字第一笔双动道岔反位,接有FCJ;用3、4线选八字第二笔双动道岔反位,也接有FCJ;用5、6线选双动道岔定位、单动道岔定位和反位,接有双动道岔DCJ和单动道岔DCJ及FCJ。并且还规定:先选双动道岔反位,即1、2线或3、4线先动作,后选单、双动道岔定位及单动道岔反位,即5、6线后动作。

(一) 1、2网络线识读

如图2-19所示是1、2线上接有八字第一笔双动道岔反位操纵继电器FCJ的实例。

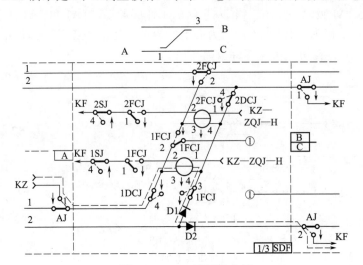

选岔电路
识读

图2-19 1、2线网络实例

因为双动道岔的FCJ接点不够用,又增加了2FCJ。实际上,2FCJ相当于1FCJ的复示继电器,1FCJ先动作,2FCJ后动作。因为双动道岔分别连接在两条平行的线路上,每个道岔对应设有一个DCJ。这样一来,双动道岔设两个DCJ和两个FCJ。它们的编号方法是,左边道岔为"1",右边道岔为"2"。每个道岔还有一个锁闭继电器SJ,其编号方法也相同。

选路时,按下进路始端、终端按钮,只有当进路始端、终端AJ吸起后,才能向选岔网络供电,使选岔电路开始工作。如图2-19所示,顺序按压A、B两个按钮后,A处的AJ吸起,向1线网络接入KZ;B处的AJ吸起,向2线网络接入KF,选岔电路工作,选1/3道岔反位。1/3 1FCJ的励磁电路为 KZ—(A) AJ_{12-11}—$1DCJ_{41-43}$—$1FCJ_{3-4}$—$2DCJ_{43-41}$—2线—(B) AJ_{11-12}—KF。当$1FCJ_{3-4}$线圈励磁后,经方向电源KZ-ZQJ-H由$1FCJ_{1-2}$线圈构成自闭电路。1FCJ吸起后用其第2组前接点接通$2FCJ_{3-4}$线圈,使2FCJ吸起并自闭。两个反位操纵继电器从左至右顺序励磁,用后吸起的2FCJ前接点接通道岔启动电路。

图中1FCJ第2组前接点和2FCJ第2组前接点是由左向右顺序传递1线KZ电源的必需接点。而1FCJ第3组后接点是当1FCJ吸起后断开由右至左送的KF电源的必需接点。上述接点都是并联传递中网络必不可少的措施。

为了防止同时选出道岔定位和反位两条互相抵触的进路,同一组道岔的DCJ和FCJ应互相检查,即在FCJ的励磁电路中接入两个DCJ的第4组后接点,同样在DCJ的励磁电路中也接入FCJ的后接点。

道岔操作继电器吸起,说明道岔位置已被选出。从道岔位置选出到道岔转换完毕直至进路锁闭这段时间里,由于信号点选出后 AJ 会很快复原而断开选岔电路的电源,为了保证道岔操作继电器不提前落下,FCJ 和 DCJ 都设有经由 1-2 线圈的自闭电路。只有在检查进路选排一致,并且进路锁闭后,锁闭继电器 SJ 才落下,断开道岔操作继电器的自闭电路,使之自动复原。在自闭电路中接入条件电源 KZ-ZQJ-H 的作用是当进路不能锁闭时使道岔操作继电器人工复原。

(二) 3、4 网线识读

如图 2-20 所示是 3、4 线上接有八字第二笔双动道岔反位操纵继电器 FCJ 的电路实例。

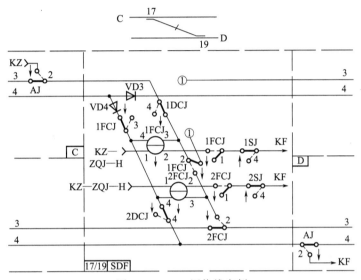

图 2-20 3、4 网络线实例

由图 2-20 中可看出,八字第二笔双动道岔反位操纵继电器 FCJ 励磁电路接在 3、4 网络线上,其电路结构和接入的控制条件与 1、2 线完全相同。只不过是由 3 线从左向右顺序传递 KZ 电源,由 4 线从右向左接通 KF 电源。选路时,先吸起的仍是道岔左边的 1FCJ,后吸起的是右边的 2FCJ。

(三) 5、6 网络线识读

双动道岔的定位操纵继电器 1DCJ 和 2DCJ、单动道岔的定位操纵继电器 DCJ 和反位操纵继电器 FCJ 都接在 5、6 网络线上,信号点的进路选择继电器 JXJ 也接在 5、6 网络线上。图 2-21 所示是 5、6 网络线实例。

例如办理 A 点至 D 点的进路时,这条进路要求 1/3 号道岔定位、17/19 号道岔反位、27 号道岔定位。选岔电路动作时,按下进路始端和终端按钮,A 处的始端 AJ 和 D 处的终端 AJ 吸起,先接通 3、4 线,使 17/19 号道岔的 1FCJ 和 2FCJ 吸起,经 17/19 号道岔的 1FCJ 和 2FCJ 的前接点接通 5、6 线,构成 1/3 号道岔的 2DCJ 和 27 号道岔的 DCJ 励磁电路。

1/3 2DCJ 的励磁电路是 KZ—(A) AJ_{32-31}—1/3 $2DCJ_{3-4}$—1/3 $2FCJ_{43-41}$—17/19 $1FCJ_{61-62}$—17/19 $2FCJ_{42-41}$—D_1—$27DCJ_{33-31}$—$27FCJ_{43-41}$—(D) AJ_{31-32}—KF。

1/3 2DCJ 吸起后用其第 2 组前接点将 KZ 电源由 5 线顺序向右传递,接通 27DCJ 励磁电路,其电路是 KZ—(A) AJ_{32-31}—1/3 $2DCJ_{22-21}$—17/19 $1FCJ_{41-42}$—17/19 $2FCJ_{23-21}$—

$27DCJ_{3-4}$—$27FCJ_{43-41}$—(D) AJ_{31-32}—KF。

办理由 B 点至 C 点之间的进路时，进路需要 17/19 号道岔定位，1/3 号道岔反位，选岔电路动作如下：按下 B 处和 C 处按钮，使始端和终端 AJ 吸起，先接通 1、2 线使 1/3 号道岔的 1FCJ 和 2FCJ 顺序吸起，由 1/3 号道岔的 1FCJ 和 2FCJ 的前接点接通 5、6 线，使 5、6 线工作，接通 17/19 号道岔的 1DCJ 励磁电路，其电路为 KZ—(C) AJ_{32-31}—1/3 $1FCJ_{41-42}$—1/3 $2DCJ_{23-21}$—17/19 $1FCJ_{41-43}$—17/19 $1DCJ_{3-4}$—(B) AJ_{31-32}—KF。

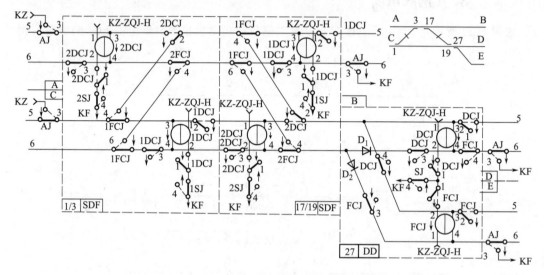

图 2-21 5、6 网络线实例

上述操纵继电器吸起后，由其 1-2 线圈构成自闭电路。当进路锁闭时，锁闭继电器 SJ 落下或取消进路条件电源 KZ-ZQJ-H 断电，操纵继电器复原。

在 5、6 网络线的相当于双动道岔渡线部位的锐角处接有反位操纵继电器接点，作为电路区分条件，以防止产生迂回电流。但这样一来，如果选的进路包括双动道岔反位，必须先选出双动道岔反位方能接通 5、6 网络线，由左至右选出所有道岔定位或单动道岔反位。

在 5 线上 DCJ 和单动道岔的 FCJ 的第 2 组前接点都是用于顺序接通 KZ 电源的，在 6 线上用 DCJ 和单动道岔的 FCJ 第 3 组的后接点断开先吸起的操纵继电器励磁电路。这样在从左向右顺序传递励磁过程中，就能使 5、6 网络线上始终保证只有两个继电器。另外在 5 线和 6 线上所有操纵继电器的第 4 组的后接点都起到了互切作用，即反位选出后禁止再选定位，定位选出后禁止再选反位。

根据以上讨论，可归纳六线制选岔电路的规律如下。

① 各网络线的用途。1、2 线选八字第一笔双动道岔反位；3、4 线选八字第二笔双动道岔反位；5、6 线选双动道岔定位、单动道岔定位和反位，以及进路中所有信号点位置。

② 各网络线送电规律。1、3、5 线从左向右顺序传递 KZ，一直传递到所选进路的右端；2、4、6 线从右向左送 KF，一开始直接送到进路的左端，然后由左向右依次断开 KF。电源传递与所选进路始、终端无关，而与左、右方向有关。

③ 道岔选出顺序。无论进路的方向如何，总是由左向右依次选出道岔位置和信号点位置。当进路中有双动道岔反位时，首先由左向右选出双动道岔反位，然后由左向右选出双动道岔定位、单动道岔定位和反位以及进路中信号点位置。

二、选八字变通进路

八字变通进路中既有八字第一笔双动道岔，又有八字第二笔双动道岔，在电路上有它的特殊性。图2-22所示是八字变通进路的电路实例。图中包括八字第一笔双动道岔和八字第二笔双动道岔的所有操纵继电器以及始、终端和变通按钮继电器，画出了六条网络线。图中只画出了操纵继电器的励磁电路，而未画出自闭电路。

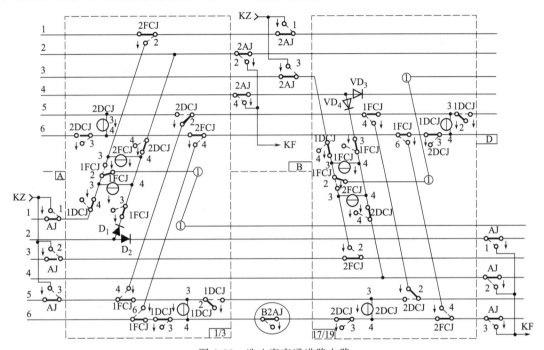

图2-22 选八字变通进路电路

如选A、D两点之间的基本进路时，要经1/3和17/19号道岔定位，按下A、D处的按钮后，始端、终端按钮继电器AJ吸起，接通5、6网络线，这时，1/3号1DCJ和17/19号道岔2DCJ吸起。于是选出经由1/3和17/19号道岔定位的基本进路。

如选A、D两点之间的变通进路时，要经1/3和17/19号道岔反位，因此1、2线和3、4线均要参加工作。当按下A、B和D处的按钮后，始端、变通和终端按钮继电器均吸起。在B处变通按钮的2AJ吸起，由其2、4两组前接点分别将KF电源接入2、4线；由其1、3两组前接点分别将KZ电源接入1、3线。这样，就由B点的变通按钮将A、D两点间的变通进路分为两个进路段。

对于八字第一笔双动道岔1/3来说，由A点1线供KZ，B点2线供KF，使1/3 1FCJ、2FCJ首先吸起；对于八字第二笔双动道岔17/19来说，由B点3线供KZ，D点4线供KF，使17/19 1FCJ、2FCJ随后吸起，选出了经由1/3和17/19号道岔反位的八字变通进路。

为了防止选变通进路时，错误地选出基本进路，用1/3道岔的1FCJ第4组后接点断开5线，用17/19道岔的2FCJ第4组后接点断开6线。假设1/3 1FCJ或17/19 2FCJ其中一个继电器因故不能吸起时，变通进路选不出来。而只要有一个反位操纵继电器吸起，仍能断开选基本进路的电源，也就不会自动改选基本进路。

综上所述，基本进路与八字变通进路对双动道岔位置的要求不同，选基本进路时要求两组双动道岔应处在定位状态，选路时用选岔电路5、6线即可；选变通进路时要求两组双动道岔应处在反位状态,用1、2线选八字第一笔双动道岔反位,用3、4线选八字第二笔双动道岔反位。选八字基本进路与变通进路时采用不同网络线的选路方法称为分线法。

三、进路选择继电器电路识读

进路选择继电器JXJ是选路电路的组成部分。JXJ的励磁电路不单独占用网线,它与选岔网络的第5、6线合用,其电路动作与选岔电路相似。

对应每一架信号机处(包括不设信号机,只设变通按钮或终端按钮处)的信号组合内均设一个JXJ。对应单置调车信号机处设两个JXJ,这两个JXJ分别在DX组合和DXF组合内。

进路选择继电器JXJ吸起后,用其前接点与方向电源相配合,使有关的辅助开始继电器FKJ和终端继电器ZJ吸起,确定了进路的始端和终端,为进路锁闭、开放信号创造了条件。如果办理长调车进路时,为了简化办理手续,可以只按下进路始端和终端两个按钮。选岔网络从左至右顺序传递动作并带起中间信号点的进路选择继电器JXJ,使长调车进路中有关信号机能由远及近自动开放。为了缩短选路时间,用JXJ前接点断开相应按钮继电器AJ的自闭电路,使记录电路及时复原。

1. 列车兼调车信号机进路选择继电器电路识读

如图2-23所示,进路选择继电器X/D_3JXJ和S_IJXJ都并接在5、6网络线上,前者接在网络线左端,后者接在网络线右端。连接方法与定位操纵继电器DCJ的接法相同。都是用3-4线圈接入5、6网络作为励磁电路,1-2线圈为自闭电路。JXJ和DCJ的复原时间不同,JXJ自闭电路接有方向电源KF-共用-Q,因而会随着方向继电器的释放而自动复原,而DCJ要等到进路锁闭,锁闭继电器SJ落下后才能自动复原。

JXJ电路识读

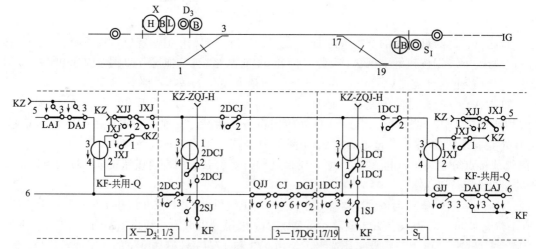

图2-23 列车兼调车信号机处的JXJ励磁电路

例如办理X至ⅠG的接车进路,按下XLA和S_ILA,XLAJ和S_ILAJ吸起。5、6网络线被接通后,由左向右顺序传递吸起的继电器是X/D_3JXJ、1/3 2DCJ、17/19 1DCJ和S_IJXJ。用X/D_3JXJ第6组的后接点,断开XLAJ自闭电路,使XLAJ自动复原。经由X/D_3JXJ第2组的前接点,将KZ电源接入5线,使1/3 2DCJ、17/19 1DCJ相继吸起,最后S_IJXJ才会吸起。S_IJXJ的吸起说明进路已全部被选出。用S_IJXJ第6组的后接点断开

S_ILAJ 的自闭电路，使 S_ILAJ 复原。由于 XLAJ 和 S_ILAJ 都落下，断开了方向继电器的励磁电路和自闭电路，使方向继电器复原。因方向电源 KF-共用-Q 断电，X/D_3JXJ 和 S_IJXJ 也随之复原。

如果所选进路中包括有双动道岔反位时，因为必须先选双动道岔反位，才能接通 5、6 网络线，所以用进路最左端的 JXJ 吸起可以证明 1~4 线工作完毕，5、6 线开始工作。用进路最右端的 JXJ 吸起证明进路选出。随着 JXJ 全部落下，选岔电路工作完毕。

2. 差置、并置调车信号机进路选择继电器电路识读

如图 2-24 所示是差置调车信号机处的 JXJ 电路（并置调车信号机处的 JXJ 电路与此相同），由于差置调车信号机 D_5 和 D_{15} 所防护的进路方向不同，其电路结构也略有差异。

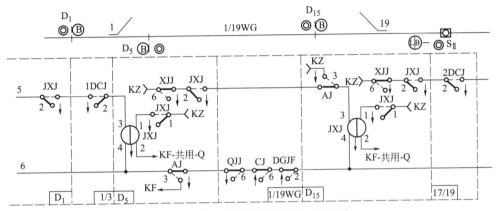

图 2-24　差、并置调车信号机 JXJ 电路

在办理 D_1 至 D_{15} 的调车进路时，进路终端是 D_{15} 信号机，但进路终端按钮却是 D_5A。D_5JXJ 处于进路右端，只能从网络左端 5 线得到 KZ 电源，从本组合内 6 线通过 D_5AJ 第 3 组接点得到 KF 电源。在该进路中，D_5JXJ 是最后吸起的，它的吸起证明进路已经选出。若办理 D_5 向 D_1 调车进路，虽然运行方向改变，但 D_5 信号机仍处于进路右端，其工作情况与上述相同。若办理列车进路或长调车进路，D_5 信号机处于进路的中间信号点时，虽然不按下 D_5A，但 D_5JXJ 可以从 5、6 线网络得到电源而吸起，并用其第 2 组前接点将 5 线 KZ 电源由左向右传递，使其右边接在 5、6 线上的继电器顺序动作。

当办理 D_{15} 至 Ⅱ 股道的调车进路时，D_{15} 信号机处于进路的左端，D_{15}JXJ 可以通过 D_{15}AJ 第 3 组的前接点得到 KZ 电源，从 6 线得到 KF 电源而吸起，并且将 5 线 KZ 电源从左向右顺序传递。若从 ⅡG 至 D_5 办理调车进路，是以 D_{15}A 为进路终端按钮，D_{15} 信号机仍处于进路左端，其动作原理与上述相同。

办理以 D_{15} 为中间信号点的列车进路或长调车进路，无论运行方向如何，虽然没有按下 D_{15}A，但 D_{15}JXJ 可以从 5、6 网络线得到电源而吸起，然后将 5 线 KZ 电源向右传递而动作右边的继电器。

从上述分析可知：对于差置（并置）调车信号机，无论是作调车进路始端、终端，还是作为列车进路或长调车进路的中间信号点，也不管运行方向如何，它的 JXJ 总能够从 5、6 网络线得到电源而吸起，并且将 5 线的 KZ 电源从左向右传递。

3. 单置调车信号机的进路选择继电器电路识读

单置调车信号机设有两个 JXJ，一个设在 DX 组合内，另一个设在 DXF 组合内。单置

调车信号机为什么要设置两个JXJ呢？因为单置调车信号机在不改变进路方向的情况下既可能作调车进路始端，又可能作调车进路终端，只有用两个JXJ与其所设的1AJ、2AJ和AJ相互配合，才能从电路上区分其进路始端和终端。现以如图2-25所示的D_{13}单置调车信号机为例，分析其两个JXJ励磁电路的动作原理。

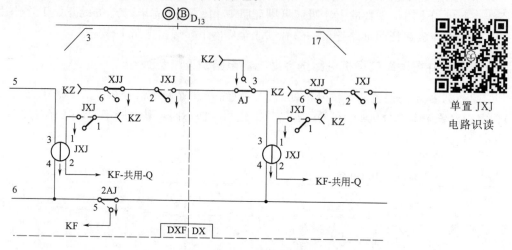

图 2-25　单置调车信号机 JXJ 电路

① 作进路始端时　当以D_{13}信号机作为调车进路始端时，它处在进路的左端。当按下进路始端按钮D_{13}A后，D_{13}AJ吸起，D_{13}信号机DX组合内的D_{13}JXJ通过D_{13}AJ第3组前接点得到KZ电源，从6线网络得到KF电源而吸起。并经由D_{13}JXJ第2组前接点向5线网络供给KZ电源。这时DXF组合内的JXJ因得不到KZ电源而不能吸起。

② 作进路终端时　当以D_{13}信号机作调车进路终端时，它处在进路右端。D_{13}A作为进路终端按钮是后按下的，所以DXF组合的D_{13}JXJ只能从左端5线网络得到KZ电源，经在本组合内D_{13}2AJ第5组的前接点得到KF电源而吸起。它的吸起证明进路已全部选出。此时，由于DX组合内的JXJ得不到KF电源而不能励磁。

③ 作进路中间信号点时　当经由D_{13}信号机办理列车进路或长调车进路时，因为不按D_{13}A按钮，所以D_{13}AJ和D_{13}2AJ不能励磁。这时D_{13}信号机的DXF和DX组合内的两个JXJ都可以从5、6网络线得到电源而顺序吸起，并将5线KZ电源继续由左向右传递。

④ 作变通按钮使用时　当以D_{13}A作调车进路或列车进路的变通按钮使用时，它的1AJ、2AJ和AJ三个按钮继电器均要吸起。DXF组合内的JXJ从左端5线得到KZ电源，由本组合内D_{13}2AJ第5组的前接点得到KF电源而吸起。DX组合内的JXJ经本组合内的D_{13}AJ第3组的前接点得到KZ电源，从6线网络右端得到KF电源也吸起。当DX组合内JXJ吸起后，将5线网络KZ电源继续由左向右传递。

上述各种信号机处的进路选择继电器电路，因所处位置不同，励磁条件有所差异，但自闭电路完全相同。JXJ的1-2线圈为自闭电路，当方向继电器复原后，因KF-共用-Q断电，JXJ自闭电路被断开而自动复原。

四、选岔网络继电器动作规律

为了加深理解选岔网络继电器动作规律，通过举例说明选岔网络动作程序和选岔网络继电器规律。

1. 办理 D_1 至 D_{13} 长调车进路

为简化操作手续，当办理 D_1 至 D_{13} 长调车进路时，只需按压长调车进路的始端、终端进路按钮。先按压始端按钮 D_1A，D_1AJ 吸起且自闭，并接通 DJJ 励磁电路，使 DJJ 吸起，DJJ 吸起后方向电源 KF-共用-Q 有电。再按下终端按钮 $D_{13}A$，$D_{13}1AJ$ 和 $D_{13}2AJ$ 吸起且自闭，并接通 DJJ 自闭电路。这时经由 D_1AJ 和 $D_{13}2AJ$ 的前接点分别给选岔网络 1、2 线和 5、6 线供电。首先接通 1、2 线，使进路上的八字第一笔双动道岔 1/3 1FCJ 和 1/3 2FCJ 吸起且自闭。然后接通 5、6 线，使进路上的 JXJ 和 DCJ 从左向右顺序励磁吸起并自闭。选岔网络继电器的动作顺序是 1/3 1FCJ↑→1/3 2FCJ↑→D_1JXJ↑→D_7JXJ↑→D_9JXJ↑→13/15 2DCJ↑→9/11 1DCJ↑→D_{13}JXJ↑（DXF）。这里应注意，交叉渡线处的 9/11 号道岔和 13/15 号道岔组合位置要换位。当进路右端的 D_{13}JXJ（DXF）吸起后，该进路已全部选出，应使记录电路及时复原，即 D_1JXJ 吸起后使 D_1AJ 自动复原，断开 DJJ 的励磁电路，D_{13}JXJ（DXF）吸起后使 $D_{13}1AJ$ 和 $D_{13}2AJ$ 自动复原，断开 DJJ 自闭电路，使 DJJ 自动复原。DJJ 落下后断开方向电源 KF-共用-Q，从而使 D_1JXJ、D_7JXJ、D_9JXJ、D_{13}JXJ（DXF）同时自动复原。

2. 办理由 4 股道向东郊方面的发车进路

办理该进路时，先按下进路始端按钮 S_4LA，S_4LAJ 吸起且自闭，并接通 LFJ 励磁电路，LFJ 吸起。后按下进路终端按钮 X_DLA，使 X_DLAJ 吸起并自闭，同时接通 LFJ 自闭电路。这时经由 S_4LAJ 和 X_DLAJ 的前接点给选岔网络 3、4 线和 5、6 线分别供电；LFJ 吸起后接通方向电源 KF-共用-Q，为进路中 JXJ 自闭电路提供电源。选路时，首先接通 3、4 线，使进路中 13/15 和 17/19 这两组八字第二笔双动道岔的 FCJ 从左向右顺序吸起并自闭。其动作顺序是 13/15 1FCJ↑→13/15 2FCJ↑→17/19 1FCJ↑→17/19 2FCJ↑。然后接通 5、6 线，使进路上的 JXJ、双动道岔的 DCJ 和单动道岔的 FCJ 从左向右顺序吸起且自闭。它们的动作顺序是 X_DJXJ↑→5/7 2DCJ↑→D_{11}JXJ↑（DXF）→D_{11}JXJ↑（DX）→9/11 2DCJ↑→9/11 1DCJ↑→D_{13}JXJ↑（DXF）→D_{13}JXJ↑（DX）→27FCJ↑→S_4JXJ↑。进路右端的 S_4JXJ 吸起证明进路全部选出，应使记录电路及时复原。X_DJXJ 吸起后，X_DLAJ 自动复原，从而断开上 LFJ 自闭电路，当 S_4JXJ 吸起后使 S_4LAJ 自动复原，断开 LFJ 励磁电路，LFJ 自动复原。LFJ 落下后，方向电源 KF-共用-Q 断电，X_DJXJ、D_{11}JXJ（DXF、DX）、D_{13}JXJ（DXF、DX）和 S_4JXJ 自动复原。

3. 办理 X 至 Ⅲ 股道接车的变通进路

当办理 X 至 Ⅲ 股道接车，经由 5/7 号道岔反位的变通进路时，应顺序按下进路始端按钮 XLA、变通按钮 D_{11}A、终端按钮 $S_Ⅲ$LA。按下 XLA，使 XLAJ 吸起且自闭，并使 LJJ 励磁电路接通，LJJ 吸起后方向电源 KF-共用-Q 和 KZ-列共-DJJ-Q 有电。按下 D_{11}A 后，$D_{11}1AJ$、$D_{11}2AJ$、$D_{11}AJ$ 先后顺序吸起且自闭，并接通 LJJ 自闭电路。按下 $S_Ⅲ$LA 后，$S_Ⅲ$LAJ 吸起且自闭，并接通 LJJ 又一条自闭电路。

X 至 Ⅲ 股道接车进路由 X-D_{11} 和 D_{11}-$S_Ⅲ$ 两个进路段组成，由 XLAJ 和 $D_{11}2AJ$ 的前接点给 X-D_{11} 进路段的选岔网络供电；由 $D_{11}AJ$ 和 $S_Ⅲ$LAJ 的前接点给 D_{11}-$S_Ⅲ$ 进路段的选岔网络供电。因为 XLA 和 D_{11}A 按钮是先被按下的，$S_Ⅲ$LA 按钮是最后被按下的，所以应首先选 X-D_{11} 路段，这个进路段选岔网络继电器的动作顺序是 5/7 1FCJ↑→5/7 2FCJ↑→X-D_3 JXJ↑→D_{11} JXJ↑（DXF）。然后再选出 D_{11}—$S_Ⅲ$ 进路段，这个进路段选岔网络继电器的动作顺序是 D_{11} JXJ（DX）→9/$_{11}$ 2DCJ↑→13/15 1DCJ↑→BAJXJ↑→21DCJ↑→23/25 2DCJ↑→$S_Ⅲ$ JXJ↑。D_{11} JXJ(DXF) 的吸起说明 X-D_{11} 进路段选出，$S_Ⅲ$ JXJ 的吸起说明 D_{11}-$S_Ⅲ$ 进路段选出。进路全部选出后应使记录电路及时复原，为办理其他进路准备好条件。

通过上述分析，可以看出选岔网络继电器动作具有以下规律：

① 接在选岔网络 1、2 线或 3、4 线上的双动道岔的 FCJ 优先于接在 5、6 线上的 DCJ、单动道岔的 FCJ 和 JXJ 而动作。

② 六线制选岔网络每对网络线上的继电器总是从左向右顺序动作的，与所选进路的始、终端方向无关。

③ 当进路中有单置调车信号机时，5、6 网络线上接有两个 JXJ，一个设在 DX 组合内，另一个设在 DXF 组合内。当该信号机作进路始端时，DX 组合内的 JXJ 动作；作进路终端时，DXF 组合内的 JXJ 动作；作列车进路、变通进路或长调车进路的中间信号点时，两个 JXJ 都动作。

④ 所办理的进路经过双动道岔反位时，双动道岔的两个 FCJ 都动作。进路经过双动道岔定位时，一般只有进路经过的那一个道岔的 DCJ 才动作。

⑤ 办理的进路经由交叉渡线组合换位后的一组双动道岔反位时，虽然另一组双动道岔不在进路上，但它的两个 DCJ 都要吸起。

⑥ 办理变通进路时，以变通按钮所在组合处为分界点，将变通进路分为两个进路段，每个进路段分别使接在选岔网络的继电器由左向右动作，而且进路始端所在进路段继电器先动作。

任务四　辅助开始继电器和终端继电器电路识读

任务目标

1. 掌握 LKJ、FKJ、ZJ 作用与设置。
2. 跑通 LKJ、FKJ、ZJ 电路图，熟记 LKJ、FKJ、ZJ 的励磁和复原时机。

任务实施

当进路选出后，记录电路会立即复原。但这时道岔还没有转完，进路还未锁闭，信号也没有开放，为了达到选路的最终目的，必须继续记录进路始端和终端。因此，在记录电路复原以前，在进路始端要用辅助开始继电器 FKJ 和开始继电器 KJ，在进路终端要用终端继电器 ZJ 继续记录电路而工作，它们将在整个执行组电路中起作用。

一、辅助开始继电器电路识读

在 6502 电气集中联锁系统的 LXZ 和 DX 组合内各设有一个辅助开始继电器 FKJ。当作进路始端时，FKJ 参与工作。其作用一是在始端信号点被选出后至信号开放前这段时间内

继续记录进路的始端,二是防止自动重复开放信号。所谓防止自动重复开放信号,是指办理进路信号开放后,因故而自动关闭,当故障恢复后,未经再次办理不得自动重复开放。为了实现上述两个作用,FKJ 电路必须满足以下技术条件。

LKJ、FKJ
电路识读

① 为了继续记录进路始端,必须使 FKJ 在进路始端的进路选择继电器和与所选进路的性质及方向相符合的方向继电器吸起后接通励磁电路,以便反映所选进路的始端。

② 为了防止信号自动重复开放,必须用 FKJ 的前接点作为开放信号的必要条件,在信号未开放前它应保持吸起状态,在信号开放后它应及时自动复原。若信号因故不能开放,应能使它手动复原。

③ 重复开放信号时,只要进路处于锁闭状态,按下进路始端按钮,就应使 FKJ 吸起。

1. 列车和调车共用的辅助开始继电器电路识读

对于出站兼调车信号机或当进站信号机内方带调车信号机时,列车和调车可以共用一个 FKJ,设在 LXZ 组合内。图 2-26 所示是列车和调车共用的 FKJ 电路。

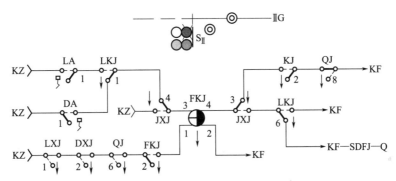

图 2-26 列车和调车共用的 FKJ 电路

辅助开始继电器 FKJ 的两个线圈分开使用,其 3-4 线圈为励磁电路,1-2 线圈为自闭电路。励磁电路由进路始端的进路选择继电器控制,JXJ 的第 3 组和第 4 组的前接点接通,说明是在选路。如果所选的是发车方向的调车进路,则方向电源 KF-DFJ-Q 有电,使 FKJ 经由 3-4 线圈而吸起。如果所选的是列车进路,列车开始继电器 LKJ 先吸起,用 LKJ 第 6 组的前接点接通 FKJ 的 3-4 线圈电路,使 FKJ 吸起。LKJ 第 6 组的前接点在这里是作为电路区分条件,用来区分进路的性质。

在进路选出 JXJ 落下后励磁电路就被断开,这时 FKJ 经由本身的第 2 组前接点接通的 1-2 线圈自闭电路仍保持吸起。信号开放后,用列车信号继电器 LXJ 第 1 组的后接点或调车信号继电器 DXJ 第 2 组的后接点断开 FKJ 自闭电路,使 FKJ 自动复原。如果 FKJ 吸起后,信号因故不能开放,可按下总取消按钮和进路始端按钮,使取消继电器 QJ 吸起,用 QJ 第 6 组的后接点断开 FKJ 自闭电路,以达到手动复原的目的。

当信号开放后因故关闭,进路在锁闭状态,需要办理重复开放信号时,只需按下进路始端按钮,FKJ 可由 3-4 线圈重新励磁,使信号重复开放。重复开放信号时与选路时的 FKJ 励磁电路检查的条件是不同的。办理重复开放信号时,因为进路已经选出且在锁闭状态,开始继电器 KJ 吸起,虽然按下始端按钮,但不是选路,JXJ 也不会重新励磁。此时电路是经由 JXJ 第 3 组和第 4 组的后接点,KJ 第 2 组的前接点接通励磁电路的。电路中的 LKJ 第 1

组接点作为电路的区分条件，办理调车进路时，经 LKJ 第 1 组的后接点和 DA 接点接入 KZ 电源；办理列车进路时，经 LKJ 第 1 组的前接点和 LA 接点接入 KZ 电源。QJ 第 8 组的后接点在电路中的作用是防止办理取消进路或人工解锁时，不因按下进路始端按钮而使 FKJ 通过上述励磁电路而错误吸起。

2. 调车专用的辅助开始继电器电路识读

尽头线、差置和并置等调车信号机，要各设一个调车专用的辅助开始继电器。调车用的 FKJ 设在 DX 组合内。其电路如图 2-27 所示，与列车和调车共用的 FKJ 电路基本相同，只是接点使用的组数不同。单置调车信号机与尽头线、差置和并置调车信号机的 FKJ 电路有所不同。这是因为单置调车信号机的调车进路按钮既可作始端按钮用，又可作终端按钮用。只有当其作始端按钮使用时，FKJ 才参与工作。

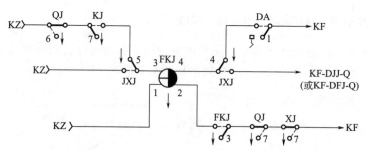

图 2-27 尽头线、差置、并置调车信号机用 FKJ 电路

单置调车信号机的 FKJ 电路如图 2-28 所示。在单置调车信号机的 FKJ 电路中用 1AJ 第 2 组的前接点代替了按钮接点，这是因为采用单组接点按钮，其按钮接点不够用。经 1AJ 第 2 组的前接点接入的是方向电源 KF-共用-H，而不是普通的 KF 电源。这是因为在分段办理长调车进路时，要防止单置调车信号机的 FKJ 错误动作，例如分段办理经由 D_{13} 的长调车进路时，先办理以 D_{13} 为始端的进路，后办理以 D_{13} 为终端的进路。如果不接入方向电源 KF-共用-H，当后办理的进路以 $D_{13}A$ 作终端按钮时，D_{13} 的 1AJ 吸起，此时因先办理以 D_{13} 为始端的进路时 D_{13} 信号机已经开放，开始继电器 KJ 在吸起状态，FKJ 将会错误吸起。后办理以 D_{13} 为终端的进路，D_{13}FKJ 是不应该吸起的，因为 D_{13}FKJ 一旦吸起，D_{13}2AJ 就不能励磁，后办理的以 D_{13} 为终端的进路将排不出来。接入了方向电源 KF-共用-H 后，由于后办理以 D_{13} 为终端的进路时 $D_{13}A$ 是后按下的，KF-共用-H 早已无电，因而防止了上述情况下 FKJ 的错误励磁。

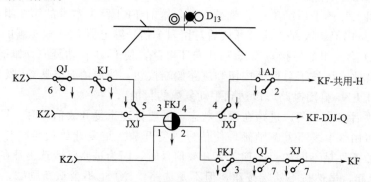

图 2-28 单置调车信号机用 FKJ 电路

二、列车开始继电器电路识读

当列车与调车共用一个 FKJ 电路时，应增设一个列车开始继电器 LKJ 用来区分列车进路和调车进路。选调车进路时 LKJ 不吸起，选列车进路时 LKJ 吸起，并一直保持吸起状态到该进路解锁。

图 2-29 所示是列车开始继电器 LKJ 电路，其 3-4 线圈为励磁电路，1-2 线圈为自闭电路。当以 S_{II} 为始端办理发车进路时，S_{II} LKJ 经 JXJ 第 5 组的前接点和方向电源 KF-LFJ-Q 接通而吸起。当记录电路复原后，3-4 线圈励磁电路断开，由 FKJ 和 KJ 的前接点构成两条经由 1-2 线圈的自闭电路。FKJ 吸起，KJ 的前接点尚未闭合前，先经 FKJ 的前接点接通短时间自闭电路。信号开放后，FKJ 落下，再通过已接通的 KJ 的前接点构成长时间自闭电路保持到进路解锁。LKJ 随着 KJ 的落下而自动复原。

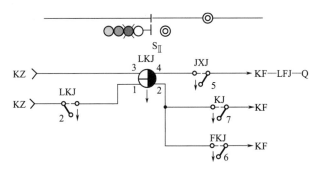

图 2-29 LKJ 电路

当以 S_{II} 为始端办理调车进路时，由于方向电源 KF-LFJ-Q 无电，S_{II} LKJ 不会吸起。LKJ 采用缓放型继电器的原因是，保证列车信号在电源屏的主、副电源切换过程中不致关闭，以免造成机外停车。

三、终端继电器电路识读

ZJ 电路识读

进路应有明确的始端、终端。调车进路的终端，有的在咽喉区的中间，有的在咽喉区的两端，不同的调车进路其终端的位置也不同。为了记录调车进路的终端，在对应的每条调车进路的终端处应设一个终端继电器。由于列车进路的终端是固定在咽喉区的两端，对于列车进路一般不必设终端继电器。但是对于双线单方向运行区段，在车站的发车口处应设一个列车终端继电器 LZJ。

终端继电器的作用，一是继续记录调车进路的终端，一直保持到进路解锁，二是在执行组网络中起区分电路的作用。

1. 尽头线、并置和单置调车信号机 ZJ 电路识读

图 2-30 所示是尽头线、并置和单置调车信号机 ZJ 电路。ZJ 的 3-4 线圈被励磁电路使用，1-2 线圈被自闭电路使用。当办理进路时，ZJ 所在 DX 组合内进路选择继电器吸起，并检查方向电源 KF-DJJ-Q（或 KF-DFJ-Q）是否有电，ZJ 由 3-4 线圈励磁吸起。ZJ 吸起后由其 1-2 线圈构成自闭电路，一直保持到进路解锁。ZJ 的自闭电路是经本身第 8 组的前接点和 SJ 第 4 组的后接点沟通的。进路选出后，方向电源断电，SJ 落下，在 SJ 后接点没有接通前

先由 DCJ 和 FCJ 的前接点接通 ZJ 自闭电路。进路锁闭后，由于 SJ 落下，DCJ 或 FCJ 也随着落下。ZJ 靠 SJ 第 4 组的后接点构成的自闭电路保持吸起，一直到进路解锁。SJ 吸起后，ZJ 复原。因为 DCJ 或 FCJ 是随着 SJ 的落下而落下的，DCJ 或 FCJ 都不是缓放型继电器，在 SJ 的前、后接点转换时有瞬间断电，为保证 ZJ 被可靠吸起，它必须采用缓放型继电器。

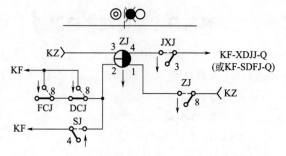

图 2-30　尽头线、并置和单置调车信号机 ZJ 电路

2. 差置调车信号机的终端继电器电路识读

为了禁止由两个方向同时向差置调车信号机间的无岔区段调车和防止调车尾追列车事故，在差置调车信号机的终端继电器 ZJ 的励磁电路中增加了需检查的联锁条件。差置调车信号机的 ZJ 电路如图 2-31 所示。

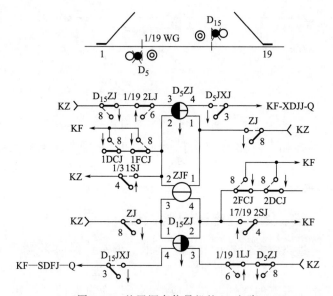

图 2-31　差置调车信号机的 ZJ 电路

在励磁电路中的 KZ 电源侧，要用 ZJ 的后接点实行互切，即在 D_5ZJ 的励磁电路中接入 $D_{15}ZJ$ 的后接点，而在 $D_{15}ZJ$ 励磁电路中接入 D_5ZJ 的后接点，这样同时只允许其中的一个 ZJ 吸起。为防止发生列车追尾事故，在 ZJ 励磁电路中接有进路继电器 1LJ 或 2LJ 的前接点。

该 LJ 是两架差置调车信号之间有列车经过的 1/19WG 区段的。进路继电器 1LJ 和 2LJ 是在列车驶过无岔区段时，一个先吸起，另一个后吸起，1LJ 和 2LJ 哪个先吸起，取决于列车的运行方向。在 D_5ZJ 励磁电路中用 1/19　2LJ 的前接点，$D_{15}ZJ$ 励磁电路中用 1/19　1LJ 的前接点。如果列车运行方向由右向左时，列车进入无岔区段 1/19　2LJ 先吸起，列车出清无岔区段时 1/19　1LJ 才吸起。列车未出清无岔区段时 1/191LJ 还处于落下状态，此时后办理同方向调车进路 $D_{15}ZJ$ 是不能吸起的，这就防止了调车追尾列车的可能性。

任务五 7线开始继电器电路识读

任务目标

1. 掌握开始继电器的作用与设置。
2. 跑通开始继电器电路图，熟记开始继电器的励磁和复原时机。

任务实施

一、开始继电器设置

凡是进路的始端部位都应在信号组合内设置一个开始继电器KJ，进路性质不同而始端相同的列车进路和调车进路可共设一个KJ。如出站兼调车信号机、进站内方带调车信号机，可在LXZ组合内共设一个KJ。

KJ电路识读

开始继电器有以下作用。

① 接续辅助开始继电器记录进路始端 信号开放后随着信号继电器XJ的吸起，FKJ会自动复原，而进路始端的记录条件必须保持到进路解锁，所以在信号开放后至进路解锁这段时间由KJ接续FKJ，继续记录进路始端。

② 检查进路选排一致性 所谓进路选排一致性，是指办理进路时，选岔网络所选出的道岔位置必须与进路上道岔实际开通位置相一致，即进路上每组道岔的DCJ与定位表示继电器DBJ或FCJ与反位表示继电器FBJ一一对应在吸起状态，称为进路选排一致。只有检查进路选排一致，才允许锁闭进路，开放信号。用KJ吸起反映进路的选排一致性。

③ 作为电路的区分条件 在执行组电路中，利用KJ的接点作为网络的电路区分条件。站场型网络结构中，为了使与所排进路有关的继电器正常工作，而与进路无关的继电器不产生错误动作，应在进路始、终端处将网络断开。在执行组电路中，进路始端就是利用KJ的接点作为电路区分条件的。图2-32所示是简化的信号继电器电路。

在未建立进路时，各信号机的XJ被进路始端部位的KJ前接点从网络线上断开。只有在建立进路时，XJ经由KJ的前接点被接到网络上。例如办理D_7至D_3调车进路时，D_7KJ吸起后将D_7XJ接到网络上，D_3ZJ吸起后把KZ电源送到网络，使D_7XJ可励磁吸起而开放D_7信号机。再如办理下行Ⅰ道接车进路时，经由X/D_3KJ和LKJ的前接点将LXJ接到网络上，从进路终端经由D_7KJ、D_9KJ、D_{19}KJ的后接点及D_{17}ZJ的后接点接入KF电源，从而使LXJ吸起而开放X进站信号机。

由上述可知，办理不同进路，要求吸起的XJ不同，要用KJ接点加以区分，这就是KJ在电路中的区分作用。

二、7线网络联锁条件检查

因为KJ电路要完成检查进路选排一致性的任务，涉及进路中的道岔位置，所以KJ电路用的7线网络采用站场型网络结构。如图2-33所示，同一个咽喉所有的KJ都由各自的FKJ前接点接到7线网络上。在网络中，进路始端的电路区分条件是FKJ接点，进路终端

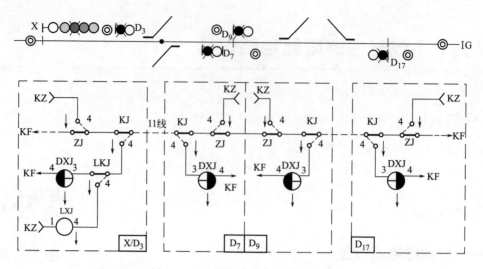

图 2-32　KJ 的电路区分条件示意图

的电路区分条件是 ZJ 接点。

在 7 线网络中应检查以下联锁条件。

① 检查进路选排一致性。进路选排一致性检查是用进路上各组道岔的 DCJ 与 DBJ 或 FCJ 与 FBJ 的前接点串联在 7 线网络来实现的。当进路选出时 DCJ 或 FCJ 吸起且自闭，直到进路锁闭后才自动复原，而 DBJ 或 FBJ 是在道岔转换完毕后吸起的。这样，在进路锁闭之前，道岔操纵继电器和道岔表示继电器有一段时间均在吸起状态，因此，使 KJ 能够从 7 线网络得到电源而吸起。

② 检查进路在解锁状态。进路解锁的检查是利用接在 7 线网络上各组道岔的 SJ 前接点来证明的。由于 7 线与 11 网络共用道岔表示继电器和锁闭继电器接点，为了防止 7 线与 11 线网络互相干扰，同时作为网络线的区分条件，每组道岔接入了两组 SJ 的接点。SJ 吸起接通 7 线网络，反映进路在解锁状态；SJ 落下接通 11 线网络，反映进路在锁闭状态。

③ 继续记录进路始端。用每一进路始端的 FKJ 前接点来继续记录进路始端。因为 KJ 是经由 FKJ 前接点接到 7 线上，所以 KJ 的吸起能接续 FKJ 记录进路始端。

三、开始继电器电路识读

开始继电器 KJ 电路如图 2-33 所示。调车专用和列车与调车共用 KJ 电路有所差异。

1. 调车专用的开始继电器电路识读

调车专用的 KJ 由 3-4 线圈经 7 线网络构成励磁电路，由 1-2 线圈构成两条并联的自闭电路。励磁电路从本组得到 KF 电源，从调车进路终端处接在 7 线网络的 ZJ 前接点得到 KZ 电源。自闭电路接入相并联的 FKJ 和 XJJ 前接点串接支路与 SJ 后接点支路。

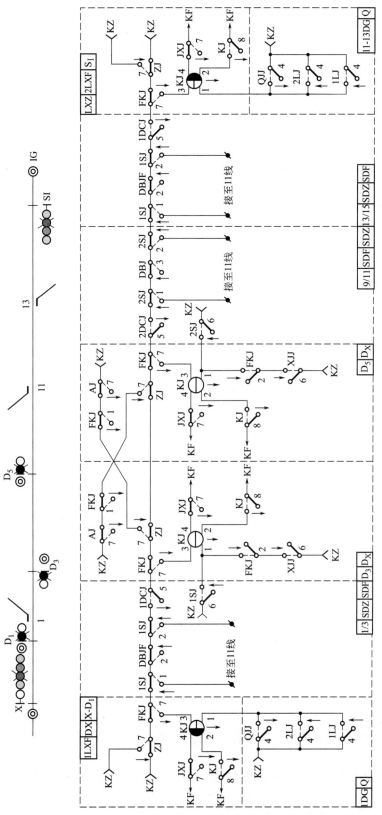

图 2-33 7 线网络结构及开始继电器 KJ 电路

在图 2-33 中，例如办理 D_5 至 IG 的调车进路，D_5FKJ 吸起后将 D_5KJ 的 3-4 线圈接至 7 线网络上，从进路的终端处经 S_1ZJ 前接点得到 KZ 电源，通过 7 线网络检查进路选排一致性和证明进路在解锁状态，使 D_5KJ 吸起。然后构成自闭电路，以保证在进路锁闭后至进路解锁前的这段时间内使 KJ 可靠吸起。首先经由 FKJ 和 XJJ 的前接点构成一条短时间自闭电路。SJ 落下后又构成一条长时间自闭电路。信号开放后，FKJ 落下，断开短时间自闭电路，SJ 吸起后断开其长时间自闭电路，从而使 D_5KJ 自动复原。

KJ 的 1-2 线圈之所以要有两条自闭电路，是因为在 SJ 的接点转换过程中 KJ 有一瞬间断电，为使 KJ 可靠吸起，除由 SJ 的后接点构成自闭电路外，在 SJ 转换过程中又由 FKJ 和 XJJ 的前接点构成短时间自闭电路。另外，在电源屏主、副电源切换过程中虽有瞬间断电，但不要求调车信号机不关闭，因此调车专用的 KJ 可不采用缓放型继电器。

在调车专用的 KJ 短时自闭电路中还串接有 XJJ 的前接点，其作用是防止车列驶入调车信号机内方，进路还未解锁时误碰进路始端按钮使 FKJ 吸起并自闭，从而使 KJ 重新经由 FKJ 的前接点构成自闭，造成进路解锁后 KJ 不能自动复原。接入 XJJ 的前接点后则可防止这种情况的发生。

2. 列车与调车共用的 KJ 电路识读

在图 2-33 中，进站内方带调车或出站兼调车信号机的 1LXF 或 2LXF 组合内所设的 KJ 为列车与调车共用的 KJ。例如，办理下行至 IG 接车进路时，X/D_1FKJ 吸起后将 X/D_1KJ 的 3-4 线圈接到 7 线网络上，从进路终端的 7 线网络得到 KZ 电源，若 7 线网络所检查的联锁条件满足要求便使 X/D_1KJ 吸起。KJ 的吸起既能继续记录进路始端，又能检查进路选排一致性和进路的解锁状态。

在列车与调车共用的 KJ 电路中，其 1-2 线圈的自闭电路与调车专用的 KJ 自闭电路是不同的，它是用 QJJ 的前接点和 1LJ、2LJ 的后接点并联电路代替 SJ 的后接点而构成自闭电路的。KJ 采用缓放型继电器，在 SJ 与 1LJ、2LJ 的接点转换的过程中，KJ 不会落下。从进路锁闭到进路解锁这段时间内，KJ 一直由 1-2 线圈保持在吸起状态。进路解锁时，首先是 QJJ 落下，然后 1LJ 和 2LJ 吸起，断开 KJ 的 1-2 线圈自闭电路，使其自动复原。

为了保证电源屏的主、副电源转换过程中，不使 KJ 落下而将已开放的列车信号关闭，所以列车与调车共用的 KJ 必须采用缓放型继电器。

四、长调车进路中信号机由远及近顺序开放的措施

为了保证行车安全，提高调车作业效率，在办理长调车进路时，要求调车进路中与始端信号机同方向的各架调车信号机要按调车车列的运行方向由远及近顺序开放。这是因为：其一，若离调车车列最近的第一架调车信号机开放，而第二或第三架调车信号机因故不能开放，会造成车列时开时停，堵塞咽喉区，影响其他作业；其二，若第一架和第三架调车信号机都已开放，而处于弯道上的第二架调车信号机因道岔故障不能开放，当车列越过第一架信号机后，司机可能误把第三架调车信号机当成第二架调车信号机，因而冒进第二架调车信号机，会造成挤岔或脱轨事故，影响行车安全。调车信号机由远及近顺序开放，则可防止上述情况的发生。

为实现长调车进路中信号机由远及近顺序开放，6502 电气集中联锁系统在 KJ 电路中采取了以下措施。

① 每架调车信号机 KJ 的 3-4 线圈励磁电路中经由本架信号机的 JXJ 第 7 组后接点接入

KF 电源。这样，在长调车进路未全部选出前，由于 JXJ 不会落下，KJ 也不会吸起，因而能控制调车信号的开放。

如图 2-34 所示，办理 D_3 至 IG 的长调车进路。按下 D_3A 和 $S_I DA$ 按钮后，各 JXJ 和 DCJ 是从左向右顺序吸起的。在 $D_3 JXJ$ 已经吸起而 D_9 和 D_{13} 的 JXJ 尚未吸起时，如果 $D_3 KJ$ 励磁电路未接入 JXJ 的后接点，则 $D_3 KJ$ 会经 $D_3 FKJ$ 的前接点和 $D_9 ZJ$ 的后接点从终端得到 KZ 而吸起，$D_3 KJ$ 先吸起就会导致 D_3 信号机先开放，这就不满足调车信号机由远及近地开放顺序的要求。进路未选完 JXJ 是不会落下的，利用 JXJ 第 7 组的后接点断开 KJ 的 3-4 线圈励磁电路，防止 $D_3 KJ$ 提前励磁吸起而开放 D_3。

② 在每架调车信号机的 KJ 的 3-4 线圈励磁电路中接入前一架调车信号机的 FKJ 的后接点，通过 FKJ 的后接点再接通 KZ 电源。如办理 D_3 至 IG 长调车进路时，虽然进路全部选出，JXJ 落下，接通每个 KJ 的 3-4 线圈的 KF 电源，但是由于此时各架信号机的 FKJ 和 ZJ 已经吸起，KJ 的 3-4 线圈 KZ 电源被前一架信号机 FKJ 的后接点断开，所以此时 KJ 仍

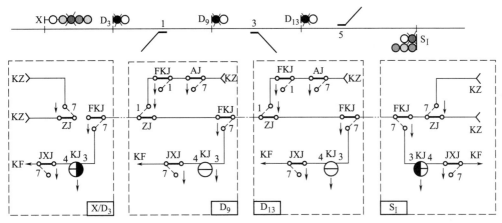

图 2-34　长调车进路由远及近顺序开放信号的措施

不能励磁。只有当长调车进路中最远的 D_{13} 信号机开放后，$D_{13}FKJ$ 就会落下，于是经 $D_{13}FKJ$ 的后接点给 $D_9 KJ$ 供 KZ 电源，使 $D_9 KJ$ 吸起。同理，D_9 开放后，$D_9 KJ$ 落下，又给 $D_3 KJ$ 供 KZ 电源，使 $D_3 KJ$ 吸起，最后开放 D_3 信号机。

由于采取了以上措施，长调车进路中的各个 KJ 由远及近顺序吸起，从而实现调车信号机由远及近地顺序开放。在这个措施中，用前一架的 FKJ 来反映前一架信号机已开放，这是不严密的，如果长调车进路中间某架信号机的 FKJ 因故不能励磁，会造成漏开信号，达不到信号机由远及近顺序开放的目的。

在 KJ 励磁电路中接入的 AJ 第 7 组的后接点，是由于 KJ 和 XJJ 电路共用 FKJ 接点带来的，在此不起作用。

任务六　选择组表示灯电路识读

 任务目标

1. 跑通选择组表示灯电路。

2. 理解选择组电路的动作程序，并能够根据指定的进路写出动作程序。
3. 掌握选择组电路的供电规律。
4. 能够根据选择组表示灯的状态确定电路工作到了哪一步。

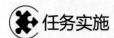任务实施

选择组表示灯电路包括排列进路表示灯电路和进路按钮表示灯电路。用选择组表示灯的显示及变化来反映和监督选择组电路动作是否正常，并可分析判断选择组电路的故障范围。

一、排列进路表示灯电路识读

排列进路表示灯对应每个咽喉区设一个，红色，装设在控制台相应咽喉区上方。排列进路表示灯用来反映方向继电器工作是否正常，进路是否全部选出。

图 2-35 所示是排列进路表示灯电路。该电路通过一个咽喉区的四个方向继电器前接点并联后控制排列进路表示灯。在选路过程中任何一个方向继电器吸起，排列进路表示灯即点亮红灯。当进路全部选出后，随着方向继电器的自动复原，排列进路表示灯熄灭。因为规定在同一咽喉区内同时只准许选一条进路，所以在选路的过程中，即排列进路表示灯亮灯期间，不准许再选其他进路。

二、进路按钮表示灯电路识读

在控制台盘面上对应每个进路按钮设一个进路按钮表示灯。为了区分进路的性质，防止错误按压按钮，列车进路按钮的表示灯为绿色，用 L 表示；调车进路按钮表示灯为白色，用 B 表示。

进路按钮表示灯的作用主要是反映车站值班员在办理进路时的操纵情况，并反映 AJ、FKJ、LKJ 等电路的工作是否正常。

1. 列车与调车共用的进路按钮表示灯电路

图 2-36 所示是列车与调车共用的进路按钮表示灯电路。办理列车进路时，无论该按钮作始端按钮用还是作终端按钮用，只要按压 LA，LAJ 吸起，闪光电源 SJZ 便经 LAJ 的前接点接至按钮表示灯绿灯，则该列车进路按钮表示灯立即闪绿灯，表示该 LA 已被按过或正在选路的过程中。

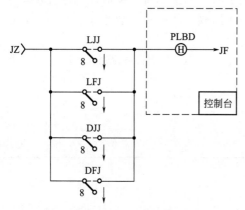

图 2-35　排列进路表示灯电路

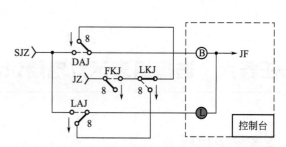

图 2-36　列车与调车共用的进路按钮表示灯电路

当该按钮作始端按钮使用时，该信号点选出后，由于该信号机的 JXJ、LKJ 和 FKJ 相继吸起，LAJ 落下，这时经 FKJ 和 LKJ 的前接点以及 LAJ 的后接点接通表示电源 JZ，使列车进路按钮表示灯改为稳定绿灯，表示该信号点已经选出。只有信号开放后 FKJ 落下，这个稳定绿灯才熄灭。

当该按钮作终端按钮使用时，该信号点选出后，由于 JXJ 吸起，LAJ 落下，断开列车按钮表示灯的闪光电源 SJZ，作终端时 FKJ 和 LKJ 不会吸起，也不可能接通 JZ，因此该按钮表示灯由闪绿灯变为灭灯，表示该信号点作进路终端并已选出。

当办理调车进路时，按的是 DAJ，DAJ 吸起后给调车按钮表示灯接通闪光电源 SJZ，使该表示灯闪白色灯光。若该按钮作始端按钮用时，该信号点选出后，由于 FKJ 吸起，DAJ 落下，从而使调车进路按钮表示灯改为显示稳定白灯，直至信号开放后 FKJ 落下时灭灯。若该按钮作终端按钮用时，当该信号点选出后，DAJ 落下，FKJ 不会吸起，则该表示灯由白灯闪烁变为灭灯。

在进站信号机内方设有调车终端按钮时，例如 S_DDZA，其按钮表示灯电路也与上述出站兼调车、进站内方带调车的列车与调车共用进路按钮表示灯电路基本相同。所不同的是，因为 S_DDZA 不能作进路始端按钮用，这个按钮没有稳定灯光的表示。

2. 单置调车进路按钮表示灯电路识读

图 2-37 所示是单置调车进路按钮表示灯电路。

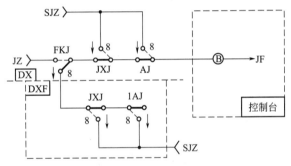

图 2-37 单置调车进路按钮表示灯电路

单置调车进路按钮作始端按钮用时，只要按压 DA，AJ 吸起，接通电源 SJZ，则该按钮表示灯闪白色灯光；当进路选出后，始端信号机的 FKJ 吸起，AJ 和 JXJ 落下时，按钮表示灯显示稳定白灯，表示进路全部选出；当信号开放后，FKJ 落下，该按钮表示灯由亮稳定白灯变为熄灭。

单置调车进路按钮作终端按钮用时，由于 AJ 不励磁，而它的 1AJ 和 2AJ 吸起，用 1AJ 前接点接通闪光电源 SJZ，使按钮表示灯闪白色灯光；进路选出后，DXF 组合内的 1AJ、2AJ 和 JXJ 相继落下后，该按钮表示灯由白灯闪烁变为熄灭。

单置调车进路按钮作变通按钮用时，由于 1AJ、AJ 和 2AJ 都吸起，则经 1AJ 或 AJ 的前接点接通闪光电源，使该按钮表示灯闪白色灯光。作变通按钮使用时，由于 FKJ 不励磁，按钮表示灯不会显示稳定白灯。当进路选出后，由于 1AJ、2AJ、AJ 和 JXJ 均落下，则按钮表示灯由白灯闪烁变为熄灭。

经单置调车信号机办理列车进路或长调车进路时，单置调车信号机作为进路中间的信号点要参与选路工作，但按钮继电器没有励磁，而是用 JXJ 的吸起来证明中间信号点已选出。因此,在单置调车进路按钮表示灯电路中,AJ 和 1AJ 的前接点并联有 JXJ 的前接点,用 JXJ 的前接点带动中间信号点的按钮表示灯,使之闪白色灯光。进路选出后,JXJ 落下时灭灯。

3. 其他进路按钮表示灯电路识读

图 2-38 所示是尽头式、并置与差置调车进路按钮表示灯电路。图 2-39 所示为专设的变通按钮表示灯电路。这两种电路与单置调车进路按钮表示灯电路原理基本相同。

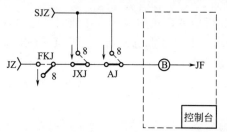

图 2-38 尽头式、并置、差置调车进路按钮表示灯电路

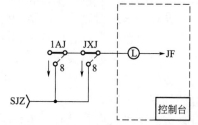

图 2-39 变通按钮表示灯电路

任务七 8 线信号检查继电器电路识读

🔧 任务目标

1. 掌握信号检查继电器的作用与设置。
2. 跑通信号检查继电器电路图,熟记信号检查继电器的励磁和复原时机。

XJJ 电路
识读

🔧 任务实施

一、8 线网络的结构和检查的联锁条件

8 线网络用来检查有无开放信号。检查的结果在进路始端用信号检查继电器 XJJ 的状态反映出来。

图 2-40 所示是控制 XJJ 的 8 线网络。信号检查继电器 XJJ 设在进路始端部位。当列车进路和调车进路始端在一起时,可合用一个 XJJ。从图中可看出,进站内方带调车信号机 X 和 D_3 共用一个 XJJ,出站兼调车信号机 S_{II} 也共用一个 XJJ,而调车信号机各设一个专用的 XJJ,这些 XJJ 都设置在信号组合里。

1. 8 线网络结构

① 每条进路始端的 XJJ 线圈,其端子 3 通过局部电路接入电源 KZ;端子 4 经 KJ 的前接点接入 8 线网络,在进路终端部位接入电源 KF。因为调车进路的终端有时在咽喉中间,所以调车进路终端部位,都是由终端继电器 ZJ 前接点将电源 KF 接入网络的。

② 在网络中用道岔表示继电器 DBJ 或 FBJ 的第 1 组的接点区分网络的站场形状。

③ 在网络中用开始继电器 KJ 的前接点区分运行方向。在下行咽喉,如果通过 KJ 的前接点接通的是右边的电路,即为接车方向,如接通的是左边的电路,则为发车方向。

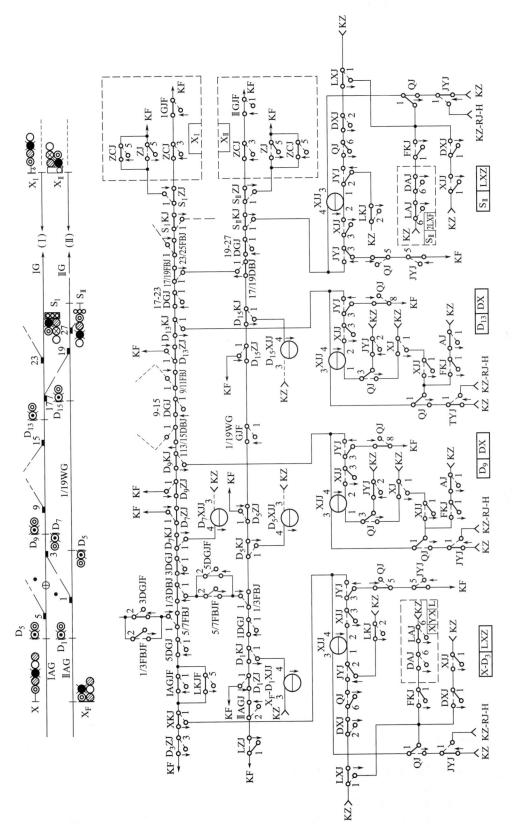

图 2-40 信号检查继电器电路

④ 用终端继电器 ZJ 的接点区分进路性质。调车进路时 ZJ 的前接点接通，列车进路时 ZJ 的后接点接通。

上述后三条是执行组网络的共同特点。

2. 8 线网络检查的联锁条件

① **进路空闲** 是在 8 线网络上用串接各轨道电路区段的轨道继电器前接点来实现的。例如，在下行Ⅰ股道接车进路中，进站信号机 X 的 XJJ 励磁电路中就串接有 IAGJF、5DGJ、3DGJ、9-15DGJ、17-23DGJ、IGJF 等继电器的前接点，以证明这条接车进路确实空闲。

② **进路上的道岔位置正确** XJJ 的吸起必须通过开始继电器 KJ 的前接点，因此用 KJ 的前接点来间接地检查进路上的道岔位置。应当指出，KJ 经由 7 线网络吸起时，虽然检查了各道岔位置是否正确，但它吸起后，7 线很快就断开，此后 KJ 是由自闭电路保持吸起的，而在自闭电路中不反映道岔位置。因而，在 8 线网络对道岔位置的检查仅能验证能否锁闭进路，在信号继电器 XJ 电路中还要重新检查道岔位置。不能把串接在 8 线上的道岔表示继电器接点理解为是检查道岔位置用的，因为有很多不是前接点，而是后接点，而后接点是不能证明道岔正确位置的，只起区分电路的作用。

③ **未建立敌对进路** 敌对进路包括本咽喉区敌对进路和另一个咽喉区迎面敌对进路。本咽喉区未建立敌对进路是通过 8 线上串接有敌对进路的 KJ 和 ZJ 的后接点来实现的。用这些后接点的接通证明本咽喉区的敌对进路确实在未建立状态。

另一个咽喉区未建立迎面敌对进路，是通过在 8 线上相当于股道部位串接另一咽喉照查继电器 ZCJ 的前接点来实现的。ZCJ 吸起证明另一个咽喉区没有向股道建立任何进路。应当注意的是，由两端同时向同一股道调车是允许的，因此向股道调车与向股道接车不同。例如在 D_{13} 向 IG 调车的 XJJ 励磁电路中，在 8 线接有另一个咽喉区的 $X_I ZCJ$ 第 5 组前接点和 $X_I ZJ$ 第 5 组前接点。当另一个咽喉区向该股道调车时，尽管 $X_I ZCJ$ 将落下，但 $X_I ZJ$ 前接点接通，D_{13} 的 XJJ 励磁电路可通过 $X_I ZJ$ 的第 5 组的前接点接通，不影响向 IG 建立调车进路。

④ **对超限绝缘的检查** 所谓超限绝缘，是指钢轨绝缘的设置位置距警冲标不足 3.5m 的绝缘。例如由 D_3 向 IG 调车，当车的最后一个轮对越过 5 号道岔的绝缘后，如果因故停车，由于此处是超限绝缘，车的尾部这时还未越过 5 号道岔的警冲标，此时若办理经 5/7 号道岔反位的下行Ⅲ道接车进路，就有可能发生列车与调车车列的侧面冲突，为此必须对超限绝缘进行检查，以避免这种情况的发生。

在 8 线网络上，为了实现对超限绝缘的检查，在 5/7 号道岔的连线部位并接 3DGJF 的前接点和 1/3FBJF 的前接点。当 1/3 号道岔在定位时，因为 1/3FBJF 的前接点断开，所以必须检查 3DG 区段空闲才能建立起经由 5/7 号道岔反位的进路。但是当 1/3 号道岔在反位时可以不检查，因为这时经由 1/3 号道岔反位的进路与经由 5/7 号道岔反位的进路是两条平行进路。同理，在 1/3 号道岔连线部位也接有 5DGJF 前接点和 5/7FBJF 前接点，办理经由 1/3 号道岔反位的进路时，5/7 号道岔在定位的情况下也要检查 5DG 区段空闲，而 5/7 道岔在反位的情况下则不必检查。

二、信号检查继电器局部电路识读

信号检查继电器的主要作用有以下几种。

① 信号开放前，必须检查进路是否满足开放信号的基本条件，即进路空闲、道岔位置

正确、未建立敌对进路。满足上述条件，XJJ 就吸起，为锁闭进路创造条件。

② 在取消进路、人工解锁时，通过 XJJ 的吸起反映进路空闲或车未冒进信号，并在人工解锁前检查没有办理其他进路的人工解锁，以保证人工解锁所规定的延时时间。

③ 对调车作业，当接近区段无车的情况下，防止进路内轨道电路区段人工短路使进路错误解锁。

下面以出站兼调车信号机为例按不同情况对信号检查继电器 XJJ 的局部电路进行介绍。

（一）建立进路时 XJJ 局部电路识读

当建立进路时，XJJ 需要吸起，经 8 线网络检查开放信号的可能性，为锁闭进路准备条件。因为所要检查的联锁条件从信号开放前至信号开放后的全过程中要连续进行，所以 XJJ 应当吸起至列车驶入进路时为止。

1. 信号开放前的 XJJ 励磁电路识读

如图 2-41 所示是信号检查继电器局部电路。

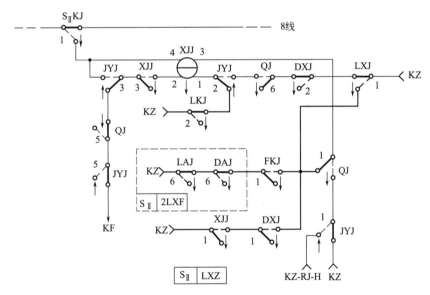

图 2-41　信号检查继电器局部电路

在信号开放前，XJJ 的 3-4 线圈经 FKJ 第 1 组的前接点接通电源 KZ，通过 8 线网络检查开放信号的基本联锁条件后吸起。它的吸起说明有开放信号的可能性，并为锁闭进路准备好条件。信号开放以后由于 FKJ 落下，此电路便被断开，但信号检查继电器的任务还未完成。

2. 信号开放后的 XJJ 励磁电路识读

在信号开放后的整个过程中，需要连续检查进路空闲的条件，所以在信号开放后，列车进路是经 LXJ 第 1 组的前接点，调车进路是经 DXJ 第 1 组的前接点接通 XJJ 励磁电路。继续利用 8 线网络检查进路是否空闲。当机车车辆驶入进路后，8 线网络被断开，XJJ 便停止工作。

3. 重复开放信号时的 XJJ 励磁电路识读

当信号开放后，进路内因轨道电路故障，使 XJJ 和 XJ 先后落下而关闭信号。故障消失后可办理重复开放信号手续，此时 XJJ 需要重新吸起，以证明进路空闲。当重复开放信号时，FKJ 要重新吸起，XJJ 励磁电路如前所述，仍按信号开放前和信号开放后的励磁电路接通。

4. 调车时 XJJ 的防护电路识读

在办理调车进路时，要考虑到调车车列驶入进路后保持信号继续开放的问题和调车中途返回解锁问题。所以，对于调车为 XJJ 专设了不受 8 线网络控制的自闭电路，这条电路是防护用的。在调车作业中，用它防护轨道电路发生人工短路时，由调车中途返回解锁电路使进路错误解锁。如图 2-41 所示，建立调车进路时，XJJ 吸起后，在接近区段无车的情况下，经接近预告继电器 JYJ 第 2 组的前接点和 XJJ 本身第 3 组的前接点沟通 XJJ 的 1-2 线圈自闭电路。在 XJJ 接通自闭电路后就不受 8 线网络控制，此时即使进路内某一轨道电路发生瞬间人工短路，仍将使其保持吸起，以防止调车中途返回解锁电路起作用，而使进路错误解锁。

在这条防护用的自闭电路中，还接有列车开始继电器 LKJ 的第 2 组的后接点，当办理列车进路时，用该接点断开自闭电路，因为列车进路不存在中途返回解锁的问题。在该电路中接有 JYJ 第 3 组的接点，是区分电路用的。JYJ 第 5 组的接点是电路共用带来的，在此不起作用。在取消进路时，用电路中的 QJ 第 5 组的后接点断开防护电路，使 XJJ 复原。

（二）取消进路和人工解锁时 XJJ 局部电路识读

在取消进路和人工解锁进路时，都要检查进路空闲，车未冒进信号。因为 XJJ 经 8 线网络吸起能反映进路空闲，所以在取消进路和人工解锁进路时均需要 XJJ 吸起。

1. 取消进路时 XJJ 励磁电路识读

如图 2-41 所示，在取消进路时由 JYJ 第 1 组的前接点和 QJ 第 1 组的前接点将电源 KZ 接向 XJJ 的 3-4 线圈，在检查 8 线网络条件后接通电源 KF，使 XJJ 吸起。电路中的 JYJ 第 1 组的接点，是电路区分条件，接近区段无车，它的前接点接通，构成取消进路的条件；接近区段有车，它的后接点接通，构成人工解锁进路的条件。电路中 QJ 第 1 组的接点是用来证明办理了取消进路的手续，取消进路时 QJ 必须吸起。

2. 人工解锁时 XJJ 励磁电路识读

人工解锁进路时，XJJ 吸起要检查条件电源 KZ-RJ-H 是否有电，有电才能说明人工解锁的延时计时是从零开始，对延时的要求方能得到保证。接近区段有车，JYJ 第 1 组后接点接通，办理人工解锁 QJ 第 1 组前接点接通后，XJJ 的 3-4 线圈励磁电路便经 8 线网络检查机车车辆没有冒进信号而接通。

条件电源 KZ-RJ-H 是瞬间有电的，然后很快就断电。接入条件电源 KZ-RJ-H 的目的，是证明其他进路没有办理人工解锁。因为延时解锁电路用的继电器，一个咽喉区共用一套，如果本咽喉区其他进路正在延时解锁，对后办的进路来说，延时计时就不是从零开始，就不能保证规定的延时时间了。因此 6502 电气集中联锁系统规定，在一个咽喉区，同时只准有一条进路在人工解锁。

3. 人工解锁时 XJJ 的自闭电路识读

在人工解锁进路时，因为上述励磁电路在延时计时开始后，条件电源 KZ-RJ-H 就断电了，为了在延时的过程中利用 8 线网络检查机车车辆自始至终没有驶入进路，所以为人工解锁时的 XJJ 设自闭电路。

如图 2-41 所示，自闭电路是由 XJJ 的 1-2 线圈构成的，由 LXJ 第 1 组的后接点和 DXJ 第 2 组的后接点串联后接入电源 KZ，以证明办理人工解锁手续后信号确实已经关闭。在这条自闭电路中，接有 XJJ 本身的第 3 组的前接点和证明人工解锁必要条件的 QJ 第 6 组的前接点和 JYJ 第 2 组的后接点。JYJ 第 3 组的后接点是作为电路区分条件而接入的，并接向 8 线网络。

对于调车专用的 XJJ 局部电路，电路结构与列调共用的 XJJ 局部电路相同，只是在接点的运用上作了一些变动，并且去掉了与列车进路有关的接点。

任务八　9-10 线区段检查及股道继电器电路识读

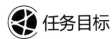

任务目标

1. 掌握区段检查及股道检查继电器的作用与设置。
2. 跑通区段检查及股道检查继电器电路，熟记区段检查及股道检查继电器的励磁和复原时机。

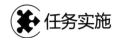

一、区段检查继电器 QJJ 电路识读

（一）区段检查继电器设置

QJJ、GJJ
电路识读

在 6502 电气集中联锁系统的车站，对应每一个道岔区段和列车进路中两个差置调车信号机之间的无岔区段，都应设一个区段检查继电器 QJJ，该继电器应设在区段组合里。

区段检查继电器 QJJ 的作用是为锁闭进路准备条件。6502 电气集中联锁系统采用逐段解锁，而逐段解锁的对象是道岔区段，所以锁闭的对象也是进路中的各道岔区段。QJJ 受 XJJ 的控制，用其前接点直接断开进路继电器电路，从而达到锁闭进路的目的。而且 QJJ 是随着列车或调车车列对进路的占用逐个落下，因此用 QJJ 直接控制进路继电器，还可以防止进路迎面错误解锁。

另外，当轨道电路发生故障，需要办理引导接车时，也要由 QJJ 实现对引导接车进路的锁闭。

因为实行进路锁闭涉及进路中各道岔区段，所以 QJJ 用网络线进行控制。9 线网络是 QJJ 的励磁网络线，10 线网络是 QJJ 的自闭网络线。

（二）9 线网络与 QJJ 励磁电路识读

图 2-42 所示是 QJJ 和股道检查继电器 GJJ 电路。9 线网络结构具有以下特点。

① 用 DBJ 和 FBJ 的第 2 组接点区分网络的站场形状。在这里，DBJ 或 FBJ 的接点不起检查道岔位置的作用。

② 9 线网络的电源 KZ 是从进路始端部位经信号检查继电器 XJJ 第 2 组的前接点接入的，并从进路始端送至进路终端。电源 KF 由各轨道电路区段经轨道继电器 DGJ 第 2 组的前接点接入。

③ 同一咽喉区各道岔区段的 QJJ 的 3-4 线圈都并接在 9 线网络上。若网络线接通电源 KZ，则进路上各区段的 QJJ 都会吸起。

④ 9 线网络上的终端继电器 ZJ 第 2 组的接点用来确定调车进路终端。办理调车进路时，用 ZJ 第 2 组的后接点断开 9 线网络，防止进路外的道岔错误锁闭。

掌握了 9 线网络的结构后，在建立进路时，就可知道哪些 QJJ 能吸起。例如，建立下行 IG 的接车进路时，当 X 进站信号机的 XJJ 吸起后，9 线网络就接入电源 KZ，这时能吸起的继电器有 5QJJ、3QJJ、9-15QJJ 等。又如，在建立由 D_3 至 D_9 的调车进路时，当 X-D_3/XJJ 吸起后，9 线网络接入电源 KZ，能吸起的继电器是 5QJJ 和 3QJJ。而 9-15QJJ 就不能励磁，因为 D_7ZJ 已经吸起，在调车进路终端部位将 9 线网络断开。显然，这时如果使 9-15QJJ 吸起，将会造成 9/11 和 13/15 号道岔的错误锁闭。

在向 9 线接入电源 KZ 时，还串接有取消继电器 QJ 第 2 组的后接点，在取消进路或人工解锁时用来断开电源 KZ，使 QJJ 和 GJJ 复原，为进路解锁准备条件。

在 9 线网络中还接有引导按钮继电器 YAJ 第 2 组的接点，这是锁闭引导接车进路时用的。

（三）10 线网络和 QJJ 自闭电路识读

对于 QJJ 仅有 9 线网络的励磁电路是不安全的。当车进入信号机内方时，XJJ 将随着 DGJ 的失磁而落下，于是进路中所有的 QJJ 都将一起落下。对于列车还未到达的运行前方各道岔区段，这些区段的 QJJ 落下意味着会提前解锁，这是十分危险的。例如由 X 进站信号机向 IG 接车，当列车进入信号机内方并在 5DG 区段运行时，如果车站值班员在办理个别区段的故障解锁，错误地按下了 3DG 区段的事故按钮 SGA，则 3DG 区段会立即解锁，这种情况称为列车迎面错误解锁，这样很有可能造成 1/3 号道岔正在转换时列车开过来，造成重大事故。如果在电路上采取措施，禁止提前作解锁准备，列车未到达该区段，该区段的 QJJ 继续保持吸起，那么就能够防止上述危险。利用 10 线网络构成 QJJ 自闭电路，就可以达到防止列车迎面错误解锁的目的。

10 线网络的结构如下。

① 用 DBJF 或 FBJF 的接点区分网络的站场形状。

② 本咽喉区的 QJJ_{1-2} 线圈都并接在 10 线网络上。

③ 通过 10 线网络的进路始端部位经 KJ 第 3 组的前接点接入 KF 电源，一直供电至进路终端。如果调车进路终端在咽喉中间，用 ZJ 第 3 组后接点断开网络。

④ 为防止迎面错误解锁，由列车占用区段的轨道反复示继电器 FDGJ 前接点向 10 线网络送出电源 KF。

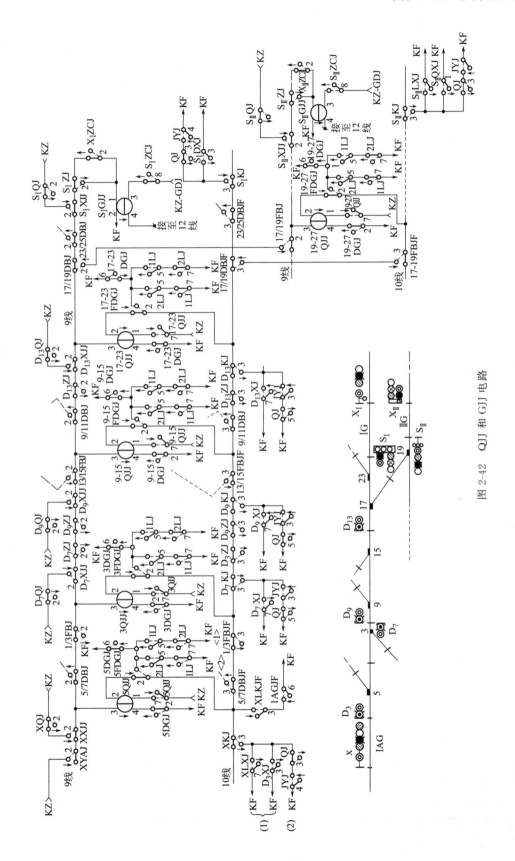

图 2-42 QJJ 和 GJJ 电路

因为并接在10线网络上的QJJ_{1-2}线圈是由本身的第7组的前接点接通电路的，所以把10线称为QJJ自闭用的网络线。QJJ能否自闭，关键在于10线网络是否有电和列车是否占用该区段。

现以X进站信号机向IG接车为例，对10线网络接入KF电源的条件及其接通和断开的先后顺序进行分析。

1. 在进路始端由KJ前接点接入KF电源的支路

其一是KF—LXJ_{71-72}（或D_3XJ_{31-32}）—KJ_{32-31}—10线；

其二是KF—JYJ_{41-43}—QJ_{31-33}—KJ_{32-31}—10线。

经由LXJ或D_3XJ前接点向10线送出KF电源，在进路处于预先锁闭时，使QJJ构成自闭电路，而在取消进路或人工解锁时，用LXJ或DXJ的缓放给车未占用区段的QJJ提供KF电源，以满足先关闭信号、后解锁进路的要求。

当进路处于接近锁闭时，若用正常办法（例如办理取消进路）不能关闭信号，须采用特殊方法关闭信号（按下区段事故按钮），但只准许使信号关闭，不准许该区段未延时就解锁。有了这条供电支路，则在按下区段事故按钮时，11线网络被断开，信号随之关闭，但经由JYJ后接点继续向10线送出KF电源，使进路上的QJJ均保持吸起，防止未延时解锁。在办理人工解锁时，用QJ第3组后接点断开此支路，使进路中的QJJ都落下，做好延时解锁准备。该支路中JYJ第4组后接点还在调车中途返回解锁电路中起作用，因为在调车中途返回时，调车车列退出原牵出进路的接近区段后才能进行中途返回解锁，这时JYJ吸起，断开10线网络的KF电源，所以能使中途返回解锁电路正常工作。

2. 有车在IAG区段运行经IAGJF后接点接入KF电源的支路

为保证列车运行过程中不间断地向10线网络供电，必须由此支路先接通KF电源，后断开由KJ前接点接入的KF电源。为了先接通下一区段经FDGJ送出的KF电源，后断开本支路电源，对于IAG区段必须使用IAGJF继电器接点，而不能使用IAGJ的接点，从而使断电时间延迟一步。

3. 在每个道岔区段经FDGJ的前接点接入KF的电源支路

其一是KF—$2LJ_{71-72}$—$1LJ_{51-53}$—$FDGJ_{22-21}$—10线；

其二是KF—$1LJ_{71-72}$—$2LJ_{51-53}$—$FDGJ_{22-21}$—10线；

其三是KF—DGJ_{61-62}—$FDGJ_{21-22}$—10线。

上述前两条支路的作用相同，用以区分是列车或调车车列占用还是轨道电路区段故障。如果是列车占用，即列车在进路上运行，那么支路1或支路2给10线网络送出KF电源，使列车运行前方区段的QJJ都吸起，防止迎面提前错误解锁。由于列车运行方向不同，每个区段的两个进路继电器吸起的顺序也不同，所以需两条支路的条件才能完成任务。列车从左向右运行时，进路继电器动作顺序是1LJ先吸起，2LJ后吸起。列车从右向左运行时，进路继电器动作顺序是2LJ先吸起，1LJ后吸起。为此，在前两条支路中接有1LJ和2LJ，当列车驶入该区段时，一个LJ吸起，另一个LJ落下，以区别列车的运行方向。如果由于轨道电路故障前两条支路不能向10线网络供电，使其运行前方区段的QJJ都落下，进路无法正常解锁。

上述第三条支路作用是保证列车运行时向 10 线网络连续供电。因为当列车在进路上运行，出清本区段进入下一个区段时，从本区段最后吸起 2LJ（或 1LJ）到下一个区段先吸起 1LJ（或 2LJ）这段时间内，10 线网络有瞬间断电，为了保证列车运行前方区段的 QJJ 能可靠自闭，在列车刚出清本区段时通过 DGJ 前接点将 10 线网络接入供电支路。

由上述分析可知，10 线网络是作为防护电路用的，车占用哪个区段，哪个区段才有解锁的可能，防止列车运行前方区段提前错误解锁。这个防护电路在正常办理列车进路和调车进路的过程中应该检查有无断线故障，因断线后就起不到防护作用了。

二、股道检查继电器 GJJ 电路识读

1. 股道检查继电器的设置和作用

在 9 线网络上除设有区段检查继电器 QJJ 外，还有股道检查继电器 GJJ。

① 具有接发车作业的股道都需要设置两个 GJJ，分别设在股道两端的信号辅助组合里。其作用是与照查继电器 ZCJ 配合，锁闭另一个咽喉区的敌对进路。

② 在单线区段以及双线双向运行区段的进站信号机处需设一个 GJJ，设在信号辅助组合 1LXF 里。其作用是锁闭迎面敌对进路，并且在取消进路解锁和人工解锁进路时，通过 12 线网络吸起，将 13 线网络接通 KF 解锁电源。

③ 在双线单向运行区段有两个及以上发车方向的车站，在对应主要发车方向的发车口处需设一个 GJJ，放在零散组合里。它的作用是接通信号辅助继电器 XFJ 电路。

2. 股道检查继电器 GJJ 电路识读

如图 2-42 所示，股道检查继电器 GJJ 的 1-2 线圈经终端继电器 ZJ 接点接在 9 线网络上。同 QJJ 一样，当 9 线网络接通 KZ 电源时，GJJ 吸起，但断开 9 线 KZ 电源，因 GJJ 没有自闭电路就落下。

接在 9 线网络上的 QJJ 和 GJJ 吸起的作用可以用逻辑关系式表示如下：

$$\text{XJJ}\uparrow \rightarrow \begin{vmatrix} \text{QJJ}\uparrow \\ \rightarrow \text{GJJ}\uparrow \end{vmatrix} \rightarrow \begin{vmatrix} 1\text{LJ}\downarrow \\ 2\text{LJ}\downarrow \end{vmatrix} \rightarrow \begin{vmatrix} \text{SJ}\downarrow \rightarrow \\ \text{ZCJ}\downarrow \end{vmatrix}$$

SJ 落下，说明进路上的道岔已经锁闭，同时将本咽喉区中的敌对进路也锁闭，由以上逻辑关系不难看出，若 8 线网络所检查的联锁条件得不到满足，那么 XJJ 就不能励磁，因而 QJJ 和 GJJ 也不能励磁。QJJ 和 GJJ 不能励磁，就不会实现进路锁闭，信号也就不能开放。由 8 线网络检查锁闭进路的条件，由 9 线网络执行锁闭进路的命令，这样就能防止道岔和敌对进路的错误锁闭。

股道检查继电器 GJJ 的 3-4 线圈参与进路解锁工作，因而它接在 12 线网络上。当取消进路或人工解锁时，用其吸起表明 12 线网络工作正常，用 GJJ 的前接点给 13 线提供 KF 电源。

有两个发车方向的主要发车口处 GJJ 的 1-2 线圈也接在 9 线网络上，办理发车进路时经 XJJ 的前接点给 9 线网络送出 KZ 电源，使 GJJ 吸起并用其前接点接通信号辅助继电器 XFJ 电路，为开放主要方向的出站信号做好准备。此处 GJJ 的 3-4 线圈不参与解锁进路工作。

任务九　QJ、JYJ、ZCJ 电路识读

任务目标

1. 掌握 QJ、JYJ、ZCJ 作用与设置。
2. 跑通 QJ、JYJ、ZCJ 电路图，熟记按钮 QJ、JYJ、ZCJ 的励磁和复原时机。

任务实施

一、进路锁闭的概念

将道岔固定在进路所要求的位置，使它不能任意转换，称为道岔锁闭。6502 电气集中联锁系统对道岔的电气锁闭分为单独锁闭、全咽喉总锁闭、区段锁闭和进路锁闭四种方式。

① 单独锁闭。按下道岔单独锁闭按钮 CA，切断道岔启动电路的 $1DQJ_{3-4}$ 线圈励磁电路，使道岔不能转换。

② 全咽喉总锁闭。按下引导总锁闭按钮 YZSA，引导总锁闭继电器 YZSJ 吸起，用它的后接点断开本咽喉区所有锁闭继电器 SJ 的条件电源 KZ-YZSJ-H，使全咽喉区的联锁道岔都被锁住而不能转换。

③ 区段锁闭。当道岔所在轨道区段有车占用时，道岔不能转换，称为道岔的区段锁闭。它是由区段的 DGJ 落下断开 SJ 电路来实现的。

④ 进路锁闭。当办理进路后，将进路上各区段的道岔锁在规定位置，并使敌对进路不能建立，称为进路锁闭。进路锁闭是由各区段的进路继电器 1LJ 和 2LJ 控制锁闭继电器 SJ 落下来实现的。电气集中联锁系统的进路锁闭以道岔区段为锁闭对象，进路锁闭是由进路中各个道岔区段的锁闭来实现的。进路锁闭后信号才能开放，列车驶入进路，使信号关闭，如果列车或调车车列不出清进路，进路不能解锁。根据对行车安全的影响，进路锁闭分为预先锁闭和接近锁闭。

预先锁闭是指在信号开放后，其接近区段没有车占用时的锁闭。设置预先锁闭是为了提高行车效率。当进路锁闭，信号开放后，在车未驶入接近区段时，因故要取消已建立的进路，可按取消进路方式办理，关闭信号，进路立即解锁，为建立新的进路准备条件。

接近锁闭是指在信号开放后，其接近区段已经有车占用时的锁闭。此时不能用办理取消进路的手续使进路解锁，只有等列车或调车车列通过后使进路逐段解锁，或者用人工解锁的方法使进路延时解锁。接车进路和正线发车进路的人工解锁从信号关闭时起延时 3min 站线发车进路和调车进路延时 30s。

进路锁闭设置接近锁闭，是为了保证行车安全。这是因为当信号开放后接近区段有车占用，如果取消进路，信号机由允许灯光突然变为禁止灯光，车很有可能冒进信号。如果这时准许进路在信号关闭时立即解锁，将会发生行车事故。设置接近锁闭，按人工解锁方式，信号关闭后进路延时解锁，以保证进路解锁时车已停住。

进路的预先锁闭和接近锁闭是在信号开放后由接近区段是否有车来区分的。接近区段一

一般是指信号机前方的区段，接近区段的长度是由列车或调车车列的运行速度决定的。

二、取消继电器电路识读

对应每个咽喉区在相应的方向组合内设一个总取消继电器 ZQJ 和一个总人工解锁继电器 ZRJ。对应每一架信号机各设一个取消继电器 QJ，列车信号机的 QJ 在 LXZ 组合内，调车信号机的 QJ 在 DX 组合内。对于出站兼调车、进站内方带调车的信号机，列车信号机和调车信号机可合用一个 QJ。

在取消进路或人工解锁时，由 ZQJ、ZRJ 与 QJ 相互配合，可取消已经记录的操作命令，使有关继电器人工复原；还可关闭信号，完成进路的取消解锁和人工解锁。

1. 总取消及总人工解锁继电器电路

图 2-43 所示为总取消及总人工解锁继电器电路。当按下按钮 ZQA 时，总取消继电器 ZQJ 吸起，条件电源 KF-ZQJ-Q 有电，使后续的 QJ 吸起；条件电源 KZ-ZQJ-H 无电，使有关的方向继电器、DCJ 或 FCJ 等需人工复原。松开按钮 ZQA 后，ZQJ 缓放落下。

按下按钮 ZRA 时，总人工解锁继电器 ZRJ 吸起，以接通后续的人工解锁延时电路。此时 ZQJ 被 ZRJ 带动吸起，条件电源 KF-ZQJ-Q 有电，而条件电源 KZ-ZQJ-H 无电。松开按钮 ZRA 后，ZRJ 和 ZQJ 先后落下。

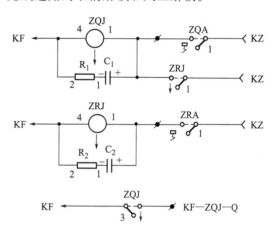

图 2-43　总取消继电器及总人工解锁继电器电路

在 ZQJ 和 ZRJ 的线圈上都并联有电容器 C 和电阻 R，其作用是为了使继电器有 1s 左右的缓放时间。这样，当办理取消或人工解锁进路时，按下按钮 ZQA（或 ZRA）和进路始端按钮的时间即使稍有先后，也能保证电路正常工作。

2. 取消继电器电路

取消继电器 QJ 电路按照信号机设置分为调车专用的取消继电器电路和列车与调车共用的取消继电器电路。

图 2-44 所示是调车专用的取消继电器电路。按下总取消按钮和该调车进路始端按钮后，DAJ 的前接点闭合，条件电源 KF-ZQJ-Q 有电，接通 QJ_{3-4} 线圈的励磁电路，使 QJ 吸起。QJ 吸起后经本身第 6 组的前接点接通 3-4 线圈自闭电路，直至条件电源 KF-ZQJ-Q 无电时这条自闭电路才断开。

在办理取消进路和人工解锁时，要求 QJ 在进路未解锁前一直保持吸起状态，对于接车和正线发车进路的人工解锁要保持 3min，站线发车和调车进路的人工解锁要保持 30s。显然，只靠 QJ 的 3-4 线圈的自闭电路是不行的，所以又设计了经 1-2 线圈的自闭电路。在这条自闭电路中，除有本身第 8 组的前接点外，还接有信号检查继电器 XJJ 的第 6 组的前接点。只有证明解锁电路工作正常，XJJ 已经落下，才准许断开这条自闭电路，使 QJ 自动复原。同时接有 FKJ 第 2 组的后接点，该接点在此只起电路区分作用，通过它的前接点与 XJJ 第 6 组的前接点还控制 KJ 的自闭电路。

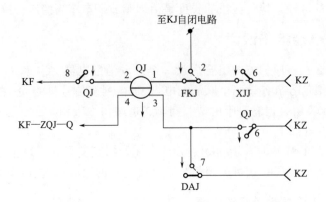

图 2-44　调车专用取消继电器电路

应当注意，QJ_{1-2} 线圈自闭电路不能代替 QJ_{3-4} 线圈自闭电路，因为在取消误碰或误按的按钮继电器记录时，XJJ 并不吸起。QJ_{3-4} 线圈的自闭电路也不能代替 QJ_{1-2} 线圈的自闭电路，因为前者接通时间较短，而后者接通时间较长。

三、接近预告继电器电路识读

进路的预先锁闭和接近锁闭是在信号开放后由接近区段是否有车来区分的，那么对应每一架信号机就应设一个能反映在信号开放后其接近区段有无车的继电器，这个继电器就是接近预告继电器 JYJ。每架信号机均要设一个 JYJ，出站兼调车信号机可以合用一个 JYJ，它们都设在信号组合里。接近预告继电器的作用是在信号开放后区分进路的状态，即车未驶入接近区段时，JYJ 吸起，进路处于预先锁闭状态；当车驶入接近区段后，JYJ 落下，进路处于接近锁闭状态。因为各种信号机的接近区段不同，所以 JYJ 的电路也不同。JYJ 的电路有三种类型。

1. 调车信号机专用的 JYJ 电路

如图 2-45 所示，接近预告继电器有两条电路，JYJ 的 3-4 线圈在励磁电路中，JYJ 的 1-2 线圈在自闭电路中。励磁电路反映接近区段的状况，如果 D_{11} 的接近区段无车，则 7DG 区段的 DGJF 吸起，用其第 4 组的前接点接通 JYJ 的 3-4 线圈的励磁电路；如果接近区段有车，DGJF 落下，断开励磁电路。在信号未开放时，虽然接近区段有车使 JYJ 的 3-4 线圈断电，但仍可由 1-2 线圈经 XJ 的第 3 组的后接点和 JYJ 本身的第 4 组的前接点保持吸起。只有当信号开放（KJ 第 8 组的后接点和 XJ 第 3 组的后接点均断开），并且接近区段有车时，JYJ 的 1-2 线圈和 3-4 线圈电路都被断开，JYJ 才落下，说明进路处在接近锁闭状态。

当车进入信号机内方并出清接近区段后，JYJ 的 3-4 线圈随 7DG 区段的 DGJF 第 4 组的前接点闭合而吸起，通过本身第 4 组的前接点及 XJ 第 3 组的后接点经 JYJ 的 1-2 线圈而自闭。

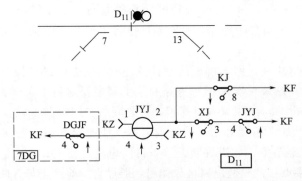

图 2-45　调车信号机专用 JYJ 电路

JYJ 不能由其 1-2 线圈的电路励磁，因为在电路中接有本身的前接点。在正常情况下，车不出清接近区段，进路内方的第一个道岔区段不会解锁，KJ 不可能落下，所以 JYJ 也不能通过 KJ 后接点吸起。

当进路锁闭、信号开放、接近区段无车的情况下，此时 JYJ 的 1-2 线圈断电，而经 JYJ_{3-4} 线圈吸起。这时进路处于预先锁闭，如果因故需要将进路取消，可采用取消进路的方法。

之所以在 JYJ 的 1-2 线圈电路中接有 KJ 第 8 组的后接点，是因为当信号开放后，车已进入接近区段，进路处于接近锁闭，若因故取消进路，只能采取人工解锁的方法，此时 JYJ 落下，在人工解锁进路后准许经由 KJ 第 8 组的后接点使 JYJ 重新吸起，这样在第二次办理进路时，进路锁闭后如果由于某种原因不能开放信号，则可用取消进路的方法使进路解锁，否则由于 JYJ 不吸起，势必采取人工延时解锁，而影响作业效率。

2. 进站内方带调车和站线出站兼调车用的 JYJ 电路

图 2-46 所示是进站内方带调车用的接近预告继电器 JYJ 电路。提速区段进站信号机 X 的接近区段为 2JG 和 3JG（在非提速区段为进站信号机前方的第一个接近区段），调车信号机 D_3 的接近区段为 IAG，在 JYJ_{1-2} 线圈的电路中用列车开始复示继电器 LKJF 的第 4 组接点把两者区分开。进站信号机开放时，建立接车进路，LKJF 的前接点接通，用 JYJ 反映 2JG 和 3JG 区段的情况；调车信号机开放时，建立调车进路，LKJF 的后接点接通，用 JYJ 反映 IAG 区段的情况。

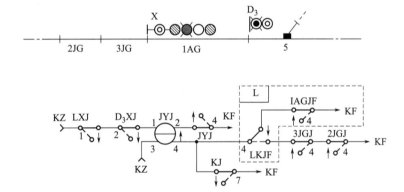

图 2-46　进站内方带调车共用的 JYJ 电路

3. 正线出站兼调车信号机用的 JYJ 电路

如图 2-47 所示，正线出站兼调车信号机用的 JYJ 的 3-4 线圈的励磁电路中串接有 ⅡGJF 和 3JGJ 的前接点，用它反映股道上和 3JG 区段是否有车。在非提速区段，JYJ 电路不需接入 3JGJ 的前接点。无论办理通过、发车或调车进路，它们的接近区段都包括股道。

在 JYJ 的 3-4 线圈的励磁电路中还并接 GJJ、ZJ 和 ZCJ 三组接点。其中 $X_Ⅱ$ 的 GJJ 前接点反映上行进站信号机 S 至出站信号机 $X_Ⅱ$ 之间无车。因为上行进站信号机 S 的 XJJ 吸起后 $X_Ⅱ$ 的 GJJ 才能吸起，而 XJJ 吸起时，系统通过 8 线网络检查上行正线接车进路是否处于空闲状态。在办理通过进路时，由于 $X_Ⅱ$ 的 GJJ 吸起，$X_Ⅱ$ ZCJ 落下，$X_Ⅱ$ ZJ 落下，所以此时 $S_Ⅱ$ JYJ 能吸起，反映上行进站信号机 S 至出站信号机 $S_Ⅱ$ 之间空闲，即办理通过进路时正线出站作号机的接近区段是空闲的。

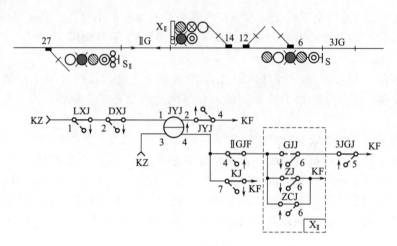

图 2-47　正线出站兼调车用 JYJ 电路

办理由 IIG 向上行方面的发车进路或调车进路时,假如此时另一咽喉未办理向 ⅡG 的调车进路,那么 $X_Ⅱ ZCJ$ 是吸起的,而 $X_Ⅱ GJJ$ 和 $D_Ⅱ ZJ$ 均落下,所以此时 $S_Ⅱ JYJ$ 吸起仅反映股道空闲。假如此时另一咽喉办理向 IIG 的调车进路,那么 $X_Ⅱ GJJ$ 将吸起,而 $X_Ⅱ ZCJ$ 落下,但此时 $X_Ⅱ ZJ$ 吸起,所以 $S_Ⅱ JYJ$ 吸起仍只反映出股道空闲。

因为列车和调车的接近区段相同,都是股道,所以,站线出站兼调车信号机用的接近预告继电器电路,其电路构成原理与调车信号机专用 JYJ 电路相同。

四、照查继电器电路识读

照查继电器的作用是锁闭另一个咽喉区的迎面敌对进路。

对应每一条能接车的股道都要设照查继电器 ZCJ,由于照查关系是相互的,所以对应每一股道应设置两个 ZCJ,分别放在对应股道的出站信号机的 1LXF 或 2LXF 组合里,用来实现对同一股道迎面敌对进路的照查。

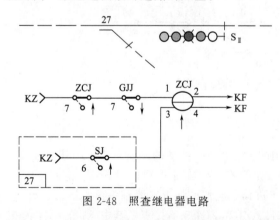

图 2-48　照查继电器电路

照查继电器电路如图 2-48 所示,平时依靠 ZCJ 的 1-2 线圈的自闭电路保持吸起,反映本咽喉区未向股道接车或调车。用 ZCJ 的落下反映已向股道建立接车或调车进路,同时使另一个咽喉区的迎面敌对进路不能建立。

ZCJ 有两条电路,3-4 线圈在励磁电路中,1-2 线圈在自闭电路中。当向 ⅡG 建立接车或调车进路时,由于 $S_Ⅱ GJJ$ 吸起和进路最末一个道岔的 SJ 落下,分别断开 ZCJ 的 1-2 线圈的自闭电路和 ZCJ 的 3-4 线圈的励磁电路,使 ZCJ 落下。

在 ZCJ 电路中只用 GJJ 的后接点而不用 SJ 的前接点控制是不行的,因为 GJJ 吸起并不足以说明已建立向股道的接车进路或调车进路,只有再用 SJ 落下证明进路已经锁闭,才能说明建立了进路。而只用 SJ 的前接点不用 GJJ 的后接点控制也不行,因为 SJ 落下有可能是由股道向区间发车或向咽喉区调车。因此 ZCJ 电路中 GJJ 的后接点和 SJ 的前接点都是不可缺少的。

照查继电器 ZCJ 落下后，只有进路中最末一个区段的道岔解锁，即 SJ 吸起，才能使 ZCJ 经由其 3-4 线圈重新吸起，而后又能由其 1-2 线圈自闭，使它保持在吸起状态。若 ZCJ 由落下又重新吸起，说明向股道办理的接车或调车进路已全部解锁，可以解除对另一咽喉迎面敌对进路的锁闭。

任务十　11 线信号继电器电路识读

 任务目标

1. 掌握信号继电器的作用与设置。
2. 跑通信号继电器电路图，熟记信号继电器的励磁和复原时机。

XJ 电路识读

任务实施

信号继电器电路是控制信号机的主要电路。对应每架信号机设置一个信号继电器，对应进站内方带调车、出站兼调车信号机处应设两个信号继电器，即一个列车信号继电器 LXJ 和一个调车信号继电器 DXJ。信号继电器设在信号组合里。

信号继电器电路因为要检查道岔位置及进路锁闭情况，涉及进路中各道岔，所以要采用站场型网络，11 线就是信号继电器用的网络线。因为进站、出站、调车信号机显示不同，自动关闭信号的时机不同，所以它们的局部电路也各不相同。

一、开放信号的基本联锁条件

根据《铁路技术管理规程》的有关规定，以及长期应用实践的经验，开放信号时应检查以下联锁条件。

① 进路必须在空闲状态　在开放信号时及在信号开放过程中，必须连续检查进路在空闲状态。

② 未建立敌对进路　开放信号前及信号开放过程中，必须连续检查敌对进路是否在未建立状态，并且确实被锁闭在未建立状态。

③ 进路上道岔位置正确　开放信号前及信号开放过程中，必须连续检查进路上的道岔（包括防护道岔）位置是否正确，并且确实被锁在规定位置。

④ 信号机必须手动开放，自动关闭，应能防止自动重复开放　信号机必须经车站值班员的操纵才能开放，信号关闭以后，不得自动重复开放。在通过列车较多的车站，允许进站信号机和正线上的出站信号机在车站值班员的操纵下改为自动重复开放方式。

⑤ 列车信号和调车信号自动关闭时机不同　列车信号应在列车第一轮对驶入进路后立即自动关闭。调车信号自动关闭分为两种情况：一是调车车列驶入进路且完全出清接近区段后，调车信号自动关闭；二是当接近区段留有部分车辆时，调车车列驶入进路且出清进路内

方第一个轨道电路区段后才能自动关闭。调车信号自动关闭时机滞后，是因为进行调车作业时，有时机车在后面推送，避免车列在蓝灯下运行。

⑥ 列车信号和调车信号应能随时手动关闭　在取消进路和人工解锁时，信号机应先关闭，然后才准许进路解锁。在特殊情况下，即信号机不能自动关闭，按取消进路方式也不能手动关闭时，应能采用按下区段事故按钮的办法关闭信号，以应急需。

⑦ 进站信号机的允许灯光因故障熄灭时应自动改点禁止灯光　例如进站信号机的允许灯光——黄灯或绿灯熄灭，没有任何显示，虽然按行车规则规定色灯信号机灭灯应作为禁止信号，但是考虑到灭灯发生在夜间时，司机在远处看不见进站信号机，等驶近才发现灭灯而采取紧急制动，可能会造成严重后果，进站信号机的允许灯光因故障熄灭时要保证能自动改点禁止灯光——红灯。

⑧ 进站信号机和正线上的出站信号机开放时应先检查红灯灯丝的完整性，当红灯断丝时不准许开放允许灯光。假如红灯灯泡断丝又开放了允许灯光，而恰巧此时允许灯泡也断丝，那就无法改点红灯。若允许灯泡灯丝是完好的，红灯灯丝断了，在此情况下如果夜间给出允许灯光，并且司机已经看到，随后因某种原因关闭了信号，这时司机因看不见红灯可能误认为已经看到的允许灯光（绿灯或黄灯）被其他障碍物遮住了，因而没有及时采取制动措施，等到列车驶近才突然发现信号机灭灯而采取紧急制动。因此开放允许灯光时先要检查红灯灯丝完整。但红灯断丝不准许开放信号，这将影响效率，因此对指示速度较低的站线上的出站信号机和调车信号机，准许不检查此项联锁条件。

二、11 线网络结构和所检查的联锁条件

11 线是信号继电器用的网络线。信号继电器电路既涉及 11 线，又涉及 7 线和 8 线。一个咽喉区所有信号继电器都并接在 11 线网络上，构成信号继电器的励磁电路。涉及 7 线的原因是 7 线和 11 线共用道岔表示继电器 DBJ 和 FBJ 的接点以及道岔锁闭继电器 SJ 的接点。涉及 8 线是因为调车时在接近区段无车的情况下 XJJ 有一条经 1-2 线圈的自闭电路，在此自闭电路中不检查进路空闲，要借用 8 线检查进路空闲，而不能像列车进路那样可以用 XJJ 前接点间接反映进路空闲。

1. 11 线网络结构

11 线网络结构具有以下特点。

① 用 DBJ 和 FBJ 接点区分网络的站场形状。电路中道岔表示继电器用的是前接点，在区分网络站场形状的同时又起到检查道岔位置的作用。为了节省接点，11 线和 7 线共用道岔表示继电器接点。如附图 2 中虚线表示 7 线网络。

② 同一个咽喉区所有的信号继电器都并接在 11 线网络上。用 KJ 第 4 组的前接点区分运行方向，运行方向不同，接点的接法也不同，用 ZJ 第 4 组的接点区分进路性质，用 ZJ 的前接点接通的是调车信号继电器电路，用 ZJ 的后接点接通的是列车信号继电器电路。在同一部位接有列车和调车信号继电器时，要用列车开始继电器 LKJ 的接点进行区分，用 LKJ 第 4 组的前接点接通 LXJ 电路，用 LKJ 第 4 组后接点接通 DXJ 电路。

③ 在 11 线网络上既接有电源 KZ，又接有电源 KF。KZ 是给调车信号继电器电路用的，KF 是给列车信号继电器电路用的。

每一个信号继电器都接在进路始端部位，用 KJ 的前接点接向网络，列车信号继电器

LXJ 由局部电路接入电源 KZ，由进路终端部位 11 线网络接入电源 KF。调车信号继电器 DXJ 由调车进路终端部位 11 线网络经 ZJ 的前接点接入 KZ，而由调车进路终端部位 8 线网络经 ZJ 的前接点接入 KF。这样，LXJ 只受 11 线控制，涉及到 7 线；DXJ 受 8 线和 11 线控制，涉及到 7 线。

上述供电方法对 LXJ 来说，由于局部电路接入的是电源 KZ，11 线网络供 DXJ 用的 KZ 电源不会造成 LXJ 错误吸起，因为 KZ 对 KZ 无效。对 DXJ 来说，由于经 8 线接入 KF，11 线网络供 LXJ 用的电源 KF 不会造成 DXJ 错误吸起，因为 KF 对 KF 也无效。这种供电方法称为电路极性防护法。

2. 11 线网络检查的联锁条件

在 11 线网络中检查下列联锁条件。

① 进路空闲。对列车进路，由于 XJJ 的吸起在 8 线网络上检查了进路空闲，所以通过 XJJ 第 4 组的前接点（接在 LXJ 局部电路中）可间接证明进路空闲。对调车进路，是经 8 线网络上的 DGJ 第 1 组的前接点来实现的。

② 敌对进路未建立并锁在未建立状态。本咽喉区的敌对进路未建立是用 KJ 和 ZJ 的第 4 组的后接点串接在网络中来证明的；锁闭在未建立状态，是用 SJ 第 1 组和第 2 组的后接点证明的。之所以用 SJ 两组的后接点，是因为要用它们区分 7 线和 11 线网络，SJ 的前接点是 7 线检查条件，SJ 的后接点是 11 线检查条件。

另一个咽喉区迎面敌对进路未建立并锁在未建立状态，是用另一个咽喉区 GJJ 第 2 组后接点和接在 LXJ 局部电路中的 XJJ 第 4 组的前接点来证明的。前者直接证明没有同时建立迎面敌对进路，后者间接证明迎面敌对进路在未建立状态，因为 XJJ 电路中接有另一咽喉的 ZCJ 第 3 组的前接点或 ZCJ 第 5 组的前接点。

③ 道岔位置正确并被锁闭在规定位置。用 7 线和 11 线共用的 DBJ 或 FBJ 的前接点证明道岔位置正确，用 SJ 的第 1 组和第 2 组的后接点证明道岔被锁在规定位置。

④ 车站值班员随时能手动关闭信号。信号开放后，如果需要关闭信号，一般情况下车站值班员应按取消进路方法关闭信号，但如果此时 AJ 或 QJ 因故不能吸起，用取消进路方法不能关闭信号，则可采用特殊情况下关闭信号的办法，即采用按下区段人工解锁按钮盘上 SGA 的方法关闭信号。为此，在 11 线网络上对应每个区段都连接传递继电器 CJ 第 4 组的后接点，在信号开放过程中 CJ 后接点是闭合的，当因故障需关闭信号时，一个人在控制台上按下相应咽喉区的总人工解锁按钮，另一个人在人工解锁按钮盘上按下进路中任一区段的 SGA，使该区段的 CJ 吸起，即可断开 11 线网络，以达到手动关闭信号的目的。

应当指出，在 11 线网络上没有检查进路空闲，检查进路空闲的条件是在局部电路中通过 XJJ 前接点间接反映的。这样，11 线网络还可以兼作引导信号用的网络线。因为办理引导接车往往是在轨道电路出现故障情况下使用的，开放引导信号就不检查进路空闲了。在 11 线上经 CJ 第 4 组的前接点串接 DGJF 第 1 组后接点，当轨道电路发生故障时，可用此条件接通 11 线，构成引导信号控制电路。

⑤ 改变运行方向和区间自动闭塞结合的电路条件。在双线双向运行的四显示自动闭塞区段，在 11 线网络端部应接入改变运行方向和区间自动闭塞结合的电路条件。

正向发车口（X_F 进站信号机处）11 线接入方向继电器 FJ_1 和 FJ_2 的 131-133 反位接点，如图 2-49(a) 所示，用以证明本站是发车站。正常办理时，经短路继电器 DJ 第 8 组的后接点、发车辅助继电器 FFJ 第 8 组的后接点和总辅助办理继电器 ZFAJ 第 2 组的后接点接通 11 线网络的 LXJ 电路。辅助办理时，用短路继电器 DJ 第 8 组的前接点和控制继电器 KJ 第 8 组的前接点接通 11 线网络的 LXJ 电路。电路中的 1LQJF 第 6 组的前接点用来证明一离去区段空闲，若一离去区段有车占用，出站信号机不能开放，改变运行方向后，本站为接车站，FJ_1 和 FJ_2 反位接点 131-133 断开，转极至定位接点。发车进路从 11 线得不到电源 KF，LXJ 不能励磁吸起，出站信号不会开放。

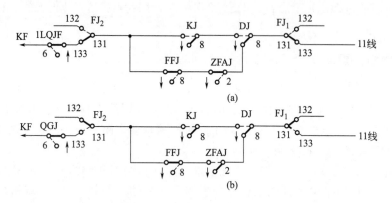

图 2-49 出站 LXJ 结合电路

在反向发车口（X 进站信号机处）11 线网络接入 FJ_1 和 FJ_2 的 131-133 反位接点，如图 2-49（b）所示，未改变运行方向时，本站为接车站，不能发车，反位接点 131-133 断开。只有改变运行方向后，FJ_1 和 FJ_2 转极，反位接点接通，11 线的 LXJ 吸起，才能开放出站信号机。在图中接入区间轨道继电器 QGJ 第 6 组前接点是为了检查反向发车时自动站间闭塞的条件，只有整个区间空闲才能开放出站信号机。

此外，在半自动闭塞区间发车口（X_D 进站信号机处）11 线网络应接入开通继电器 KTJ 的前接点和选择继电器 XZJ 的后接点，证明已经办理好闭塞。

开放信号的联锁条件检查，在 11 线网络中检查了四项，其中前三项是开放信号必须检查的最基本的联锁条件。其余联锁条件在各信号继电器局部电路中检查。

三、列车信号继电器电路识读

列车信号继电器电路包括出站兼调车和进站内方带调车两种情况。如附图 2 所示，列车信号继电器电路与调车信号继电器电路是用 LKJ 前后接点来区分的。办理列车进路时，通过 KJ 和 LKJ 的吸起将 LXJ_{1-4} 线圈接入 11 线网络。办理调车进路时，通过 KJ 吸起和 LKJ 落下将 DXJ_{3-4} 线圈接入 11 线网络。

例如办理 IIG 向北京方面发车进路时，S_{II} LXJ 励磁电路如下：

KZ—S_{II} DJ_{11-12}—S_{II} FKJ_{31-32}—S_{II} LXJ_{1-4}—S_{II} XJJ_{42-41}—S_{II} LKJ_{42-41}—S_{II} QJ_{43-41}—S_{II} KJ_{42-41}—19-27CJ_{41-43}—17/19 $2SJ_{23-21}$—17/19DBJ_{31-32}—17/19 $2SJ_{11-13}$—D_{15} KJ_{41-43}—D_{15} ZJ_{41-43}—1/19CJ_{41-43}—D_5 ZJ_{41-43}—D_5 KJ_{41-43}—1/3 $1SJ_{23-21}$—1/3$DBJF_{22-21}$—1/3 $1SJ_{11-13}$—1CJ_{41-43}—X_F YAJ_{31-33}—X_F—D_1 KJ_{41-43}—X_F—D_1 ZCJ_{41-43}—X_F—D_1 ZJ_{41-43}—X_F—D_1 GJJ_{42-41}—XFJ_{11-12}—$FJ_{133-131}$—DJ_{81-83}—X_F $ZFAJ_{21-22}$—FFJ_{81-83}—$FJ_{2\ 131-133}$—$X1LQJ_{62-61}$—KF

上述励磁电路中，列车信号继电器主要是经 11 线网络励磁的，KZ 电源由局部电路供给，KF 电源由进路终端 11 线网络供给。列车驶入信号机内方时，19-27DGJF 落下，$S_{II}XJJ$ 和 $S_{II}LXJ$ 均落下，信号自动关闭。

LXJ 电路与 DXJ 电路的不同之处表现在以下几个方面。

① 列车信号继电器 LXJ 仅受 11 线网络控制，而不受 8 线网络控制。对进路空闲的检查是通过局部电路中的 XJJ 第 4 组的前接点间接实现的。但是在自动闭塞区段发车进路要通过 1LQJ 的前接点检查第一离去区段是否空闲。在半自动闭塞区段要用选择继电器 XZJ 的后接点和开通继电器 KTJ 的前接点证明已办好闭塞，取得发车权。发车进路的此种检查是通过 11 线网络完成的。

② 当列车驶入进路后列车信号立即关闭，不存在继续点亮允许灯光的问题。在列车信号继电器局部电路中未设计灯光保留电路。

③ 在 LXJ 线圈上并联有电阻和电容，使它有较长的缓放时间（1.5～2s）。这是为了在主、副电源切换瞬间电源中断时 LXJ 缓放，保证正在开放的列车信号机正常点亮，另外使出站信号机的红灯滞后一个瞬间出现，以免司机看到红灯。

④ 在 LXJ 局部电路中接有 DJ 第 6 组的前接点，在信号开放前用它反映红灯灯丝是否完好，在信号开放后用它反映允许灯光的灯丝是否完好，从而实现红灯断丝信号不能开放，信号开放后如果允许灯光灯丝断丝，信号能自动关闭，并改点红灯。

信号开放前检查红灯的完整性，只对进站信号机和正线上出站信号机有要求，而对站线出站信号机没有要求。正因为如此，在进站信号机和站线出站信号机的 LXJ 电路中 DJ 的接点接入部位不同。

⑤ 在进站内方带调车 LXJ 的局部电路中，还接有列车开始复示继电器 LKJF 第 2 组的前接点，即只有 LKJF 吸起，LXJ 才吸起而开放信号，这是因 X 进站信号机内方设有无岔区段 IAG，在 8 线网络上接有 IAGJF 第 5 组的前接点的缘故。如果 LKJ 励磁时而 LKJF 因故没有励磁，会造成在 8 线网络上使应检查的 IAGJF 第 5 组的前接点被 LKJF 第 5 组的后接点短路掉的危险。因此，用 LKJF 第 2 组的前接点来防止在进站内方无岔区段有车的情况下，也可开放进站信号机的错误。另外，在进站信号机用的 JYJ 电路中接有 LKJF 第 4 组的接点。当办理列车进路时，X 进站信号机的接近区段是 2JG 而不是 IAG，若此时 LKJF 因故未吸起还允许开放信号，列车进入接近区段，此时 JYJ 仍然可以通过 IAGJF 的前接点而吸起。JYJ 未落下，进路不能实现接近锁闭。

以上两种情况都是危险的，必须加以防止，在 LXJ 电路中接入 LKJF 第 2 组的前接点，当 LKJF 与 LKJ 动作不一致时断开 LXJ 的电路，使信号不能开放。

四、调车信号继电器电路识读

调车信号继电器 XJ 的 3-4 线圈既在励磁电路又在自闭电路中，而 XJ 的 1-2 线圈在非进路调车电路中。这里所说自闭电路是指办理进路、调车信号开放后，调车车列未驶入进路前的自闭电路和调车车列驶入进路后的白灯保留电路。

下面以办理 D_{13} 至 IG 的调车进路为例，介绍 D_{13} 调车信号继电器电路及局部电路。

办理 D_{13} 至 IG 的调车进路，则 $D_{13}XJ_{3-4}$ 线圈励磁电路如下所示。

KZ—S_IZJ_{42-41}—S_IZCJ_{43-41}—S_IKJ_{43-41}—23/25 $1SJ_{23-21}$—23/25DBJF$_{22-21}$—23/25 $1SJ_{11-13}$—17/19 $1SJ_{23-21}$—17/19DBJF$_{22-21}$—17/19 $1SJ_{11-13}$—17-23CJ$_{41-43}$—$D_{13}KJ_{41-42}$—$D_{13}QJ_{41-43}$—$D_{13}XJ_{3-4}$—$D_{13}FKJ_{42-41}$—$D_{13}XJJ_{41-42}$—$D_{13}KJ_{12-11}$—17-23DGJ$_{12-11}$—17/19FBJ$_{11-13}$—23/

$25FBJ_{11-13}$—S_1KJ_{11-13}—S_1ZJ_{11-12}—X_1ZCJ_{52-51}—KF（或 XZJ_{52-51}—KF）。$D_{13}XJ$ 吸起后，断开 $D_{13}FKJ$ 自闭电路，所以 $D_{13}XJ$ 的励磁电路也被断开，经 $D_{13}DJ_{11-12}$ 和 $D_{13}XJ_{41-42}$ 转入自闭电路。当调车车列驶入信号机内方时，D_{13} 信号并不关闭，而是通过 $D_{13}XJJ$ 的落下，使 $D_{13}XJ_{3-4}$ 线圈转入到脱离 8 线网络的白灯保留电路。其电路为：

KZ—S_1ZJ_{42-41}—S_1ZCJ_{43-41}—S_1KJ_{43-41}—$23/25$ $1SJ_{23-21}$—$23/25DBJF_{22-21}$—$23/25$ $1SJ_{11-13}$—$17/19$ $1SJ_{23-21}$—$17/19DBJF_{22-21}$—$17/19$ $1SJ_{11-13}$—17-$23CJ_{41-43}$—$D_{13}KJ_{41-42}$—$D_{13}QJ_{41-43}$—$D_{13}XJ_{3-4}$—$D_{13}DJ_{11-12}$—$D_{13}XJ_{41-42}$—$D_{13}XJJ_{41-43}$—$D_{13}JYJ_{41-43}$—$D_{13}XJ_{31-32}$—17-$23DGJ_{63-61}$—KF。

当调车车列完全进入信号机内方且出清接近区段时，由于 JYJ 吸起断开白灯保留电路，使 DXJ 落下而关闭信号。但当接近区段有车辆或调车车列进行转线作业时，只有调车车列出清进路内方第一个道岔区段，DGJ 吸起断开白灯保留电路，才使 DXJ 落下而关闭信号。调车信号继电器 XJ 的 3-4 线圈转入白灯保留电路，它从 11 线网络进路终端部位仍可得到 KZ，从进路始端局部电路得到 KF。

在局部电路中，调车信号继电器检查以下联锁条件。

① FKJ 第 4 组的前接点。信号开放前，用它接通励磁电路，未办理进路或重复开放信号手续，FKJ 不能励磁，即不经车站值班员操纵，信号不能自动开放和自动重复开放。

② 信号继电器 XJ 第 4 组的接点和灯丝继电器 DJ 第 1 组前接点。用 XJ 第 4 组前接点接通自闭电路。在自闭电路中接入 DJ 第 1 组的前接点，其作用是当白灯断丝时，断开这条自闭电路，迫使 XJ 落下，实现信号自动关闭，改点禁止灯光——蓝灯。

③ 信号检查继电器 XJJ 第 4 组的接点。在车没有进入进路前，经其前接点，把 XJ_{3-4} 线圈接入 8 线网络，车进入进路后，经其后接点把 XJ_{3-4} 线圈接至白灯保留电路，使信号机能继续点亮白灯。

④ 接近预告继电器 JYJ 第 4 组的接点。当调车车列完全进入调车信号机内方时，用 JYJ 吸起断开调车信号继电器的白灯保留电路，达到关闭信号的目的。

⑤ DGJF 的第 6 组的后接点。在接近区段停有车辆或调车车列进行折返作业时，当车列驶入进路且出清进路内方第一个道岔区段，DGJF 吸起，用它的第 6 组的后接点断开调车信号继电器的白灯保留电路并关闭调车信号。

⑥ XJ 第 3 组前接点。在白灯保留电路中，如果不接 XJ 第 3 组前接点，在 11 线网络上又不检查 DGJ 的前接点，那么 XJ_{3-4} 线圈的励磁电路有可能经 DGJF 第 6 组和 JYJ 第 4 组后接点接通，这是不允许的。有了 XJ 第 3 组的前接点，能防止 XJ 不通过 8 线网络而仅通过 11 线网络错误励磁。

⑦ 取消继电器 QJ 第 4 组的后接点。在取消进路和人工解锁进路时，用 QJ 接点断开 XJ_{3-4} 线圈电路，达到关闭信号的目的。当发现紧急情况而手动关闭信号时，也用 QJ 接点断开电路。

调车信号继电器采用缓放型继电器，其主要原因是，在 XJJ 第 4 组的接点转换过程中，不因瞬间断电而使 XJ 落下；在调车进路人工解锁时，QJ 吸起后，利用 XJ 缓放性能，用仍在接通的第 2 组前接点断开 XJJ_{1-2} 线圈电路（假定 QJ 接点转换中，XJJ 未来得及落下），迫使 XJJ 必须通过条件电源 KZ-RJ-H 重新励磁，以保证满足规定的人工解锁延时时间；依靠 XJ 的缓放，用其前接点接通正常解锁电路。

思考题

1. 方向继电器的励磁条件和复原时机是什么？
2. 选岔网络的继电器动作规律和供电规律有哪些？
3. KJ 电路如何实现长调车进路中的调车信号机由远及近地开放？
4. 信号开放前和信号开放后 XJJ 的励磁电路如何沟通？
5. QJJ 和 GJJ 是如何设置的？各有哪些作用？

模块三
计算机联锁系统维护及故障分析处理

计算机联锁系统是基于6502电气集中联锁逻辑，以计算机技术为核心，采用通信技术、可靠性与容错技术以及"故障-安全"技术实现车站联锁要求的实时控制系统。目前主要应用于铁路干线、地铁车辆段及正线。模块三选取典型设备EI32-JD型计算机联锁系统、地铁正线典型设备iLOCK计算机联锁系统，按照设备认知、设备检修维护和设备故障分析处理详细介绍。

项目一
计算机联锁系统认知

项目导引

铁路联锁关系与地铁车辆段一致,但地铁正线的联锁关系与之区别较大,本项目着重介绍地铁的联锁关系及计算机联锁系统的硬件、软件的基本原理。

任务一　城轨联锁关系认知

任务目标

1. 了解正线进路的种类,熟悉联锁的内容。
2. 读懂正线站场图。
3. 理解正线联锁表。

任务实施

联锁是利用信号保证行车安全的重要技术措施,指的是信号设备与相关因素的制约关系。广义的联锁泛指各种信号设备所存在的互相制约关系;狭义的联锁,即一般所说的联锁,专指车站信号设备之间的制约关系。为保证行车安全,联锁关系必须十分严密。

一、联锁基本概念认知

1. 联锁概念

车站内有许多线路,它们用道岔联接着。列车和调车车列在站内运行所经过的径路,称为进路。道岔不同的开通方向可以构成不同的进路。列车和调车车列必须依据信号的开放而通过进路,即每条进路必须由相应的信号机来防护。如进路上道岔的位置不正确,或已有车占用,或敌对进路已建立,有关的信号机就不能开放;信号开放后,其所防护的进路不能变动,即此时该进路上的道岔不能再转换。信号、道岔、进路之间的这种相互制约的关系,称为联锁关系,简称联锁。

将道岔、进路和信号机用电气方式集中控制与监督,并实现彼此之间联锁关系的技术方法和设备称为电气集中联锁,用继电器实现联锁关系的技术称为继电集中联锁;用计算机技术、通信技术、可靠性与容错技术以及"故障-安全"技术实现联锁关系的实时控制系统称计算机联锁系统。

2. 正线进路种类

列车进路由进路防护信号机防护，单列车在进路中的运行安全则由 ATP 负责，这为城市轨道交通高密度行车提供了前提和安全保障。在设计中，ATP 与计算机联锁功能的结合，使计算机联锁的功能得到了加强。根据城市轨道交通运营特点，正线进路又可分为如下几种。

（1）多列车进路

进路分为单列车进路和多列车进路，这主要是因为城市轨道交通的运行间隔小，车流密度大，列车的运行安全由 ATP 系统保护，所以在一条进路中允许出现多列列车同时运行。在地铁信号系统中信号机的开放不检查全部区段，只检查一部分区段，这些被检查的区段称为监控区段，保证列车通过这些区段后能自动将运行模式转为 SM 模式（ATP 监督人工驾驶模式）或 ATO 自动驾驶模式。列车之间的追踪保护就由 ATP 自动列车保护系统来防护，由 ATP 保证列车前后之间的距离，防止出现列车追尾现象。

① 监控区段　在铁路上，信号机开放前必须检查所防护进路的所有区段空闲，而在装备准移动闭塞的城市轨道交通中，开放信号机前联锁设备不需检查全部区段，只要检查部分区段，这些被检查的区段称为监控区段。

监控区段即排列进路时信号机开放所必须空闲的区段。监控区段选择的原则主要有以下两个。

• 无岔进路，通常在始端信号机后方选择一定数量的轨道区段，这些轨道区段的长度足够使列车驶入该进路时其驾驶模式能从 RM 模式（限制人工驾驶模式）转换到 SM 模式（ATP 监督人工驾驶模式）或 ATO 模式（ATP 监督自动驾驶模式），通常选择两段轨道电路。

• 有岔进路，通常从始端信号机后方轨道区段开始一直到最后一个道岔区段再加一个轨道区段，如果该轨道区段不能摆下一列车，则需要增加其后的一个轨道区段作为监控区段。

② 多列车进路　如图 3-1 所示，S1→S2 为多列车进路，只要监控区段空闲，以 S1 为始端的进路便可以排出，S1 信号开放。

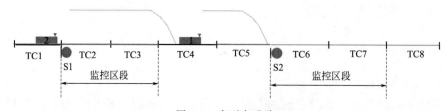

图 3-1　多列车进路

列车 1 通过 TC2、TC3 以后，这两个轨道电路正常解锁，这时可以排列第二条进路 S1→S2，S1 开放绿灯信号。如果列车 1 继续前进，则通过区段 TC4、TC5 后这两个区段不解锁，只有在列车 2 通过全部进路后才解锁。

多列车进路排出后，如果进路中有列车运行，则人工取消进路时只能取消最后一次排列的进路至前行列车所在位置的进路，其余进路等前行列车通过以后才能解锁。人工取消多列车进路的前提是进路的第 1 个轨道电路必须空闲。例如如果第 2 条进路排列后又要取消，只能取消从始端信号机 S1 到列车 1 之间的进路，其余的进路会在列车 1 通过后自动解锁。

（2）追踪进路

追踪进路是联锁系统本身的一种自动排列进路功能。这种进路的防护信号机具有自动信号属性。当列车接近信号机，占用触发区段（触发区段是指列车占用该区段时引起进路排列的区段，触发区段可能是信号机前方第 1 个接近区段，也可能是第 2 个接近区段，触发区段根据线路布置和通过能力而定）时，列车运行所要通过的进路自动排出。

当信号机被预定具有进路追踪功能时，对其规定的进路命令便通过接近表示自动产生，调用命令被储存，一直到信号机开放为止，接近表示将由触发轨道区段占用而触发。

当信号机接通自动追踪进路时，可以实行人工操作。若接收到接近表示之前已人工排列了一条进路，则自动调用的进路被拒绝，重复排列进路也不能被储存。

假如排列的进路被人工解锁，则该信号机的自动追踪进路也会被切断。

防护自动进路的信号机必须具有自动属性，具备进路追踪功能。若调度员或值班员将该架信号机设置为自动信号，在 ATS 显示界面中该架信号机前方会出现黄色箭头，表示此信号机由普通信号变为自动信号。自动信号平时点亮禁止灯光（红灯），当列车占用该信号机的触发区段时，联锁系统会自动排列进路，将自动信号机允许灯光点亮。当列车驶入信号机内方时，信号机点亮禁止灯光（红灯），如图 3-2 所示，X5C 是一架自动信号机。

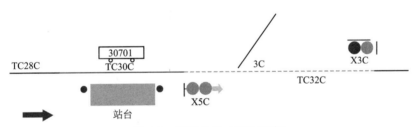

图 3-2　追踪进路（自动进路）

当列车进入 X5C 信号机的触发区段（TC30C）时，联锁系统根据列车的目的地号自动排列进路。信号机图标前带有黄色箭头（图中浅灰色），表示该信号机是自动信号。绿色光带（图中虚线所示）表示进路在锁闭状态。图 3-2 中车次号为"30701"的列车占用 X5C 信号机的触发区段，触发联锁系统，自动排列出始端为 X5C、终端为 X3C 的一条进路。

朝向站台区域的信号机能够作为引导信号机，对于可作为引导信号机的信号机，在 ATS 显示界面中其图标的上方或下方会标有横线。当该架信号机所防护的进路中道岔或轨道电路出现故障，无法给出正确状态表示时，可由值班员人工检查并确定设备状态，进而开放引导信号，将列车接入车站。引导信号为红灯加白灯。要求司机在看到引导信号显示时必须慢速前进，时刻注意前方进路情况。图 3-2 中的 X3C 是一架具有引导功能的引导信号机。值得注意的是，为了保证行车安全，只有联锁集中站的值班员能够开放本站的引导信号。

（3）折返进路

列车折返进路作为一般进路纳入进路表。通常折返进路可以由联锁系统根据折返模式自动排列进路，也可以由人工手动排列进路。折返进路包含两条基本进路。

如图 3-3 所示，当列车进入终端站，旅客全部下车后，列车需要由现在运行方向的正线进入另一个运行方向的正线继续运行。图中列车的转线经过两条进路，首先列车经过始端为

X7K 终端为 X1K 的进路，进入折返线，再由 X1K 到 X5K 的进路进入正线继续运行。

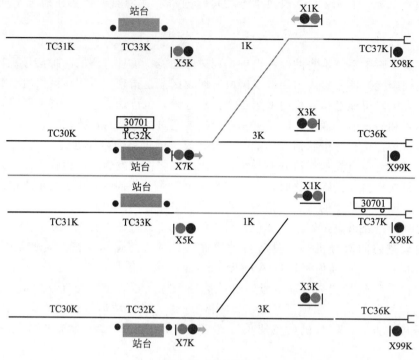

图 3-3　折返进路

（4）连续通过进路

连续通过进路也是由联锁系统自动排列的进路。当信号机被设置为连续通过信号时，该信号机防护的进路将被自动排列出来。当信号机被设置为连续通过信号时，在 ATS 显示界面上，该架信号机图标的前方会出现绿色箭头（图中浅灰色），见图 3-4 中 X7F 的显示。连续通过信号机平时点亮允许灯光（绿灯），其所防护的进路处于锁闭状态。当列车进入信号机内方时，信号自动关闭，显示禁止灯光（红灯）。一旦列车离开该进路，则该进路自动锁闭并使连续通过信号机再次开放允许灯光，指引后续列车进入进路。如图 3-4 所示，X7F 是一架连续通过信号机，其所防护的进路范围是绿色光带（图中虚线所示）显示的区段。

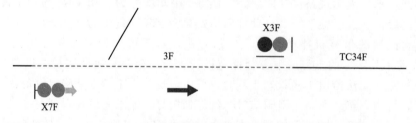

图 3-4　连续通过进路

（5）保护区段

为了保证列车的运行安全，避免列车由于某种原因不能在信号机前停住而导致事故的发生，应充分考虑列车的制动距离及线路等因素，在停车点后设置保护区段，即终端信号机后方的一至两个区段为保护区段，类似于铁路的延续进路，如图 3-5 所示，由淡蓝色（图中虚线所示）光带表示。当列车进站停稳并停准后，保护区段自动解锁。

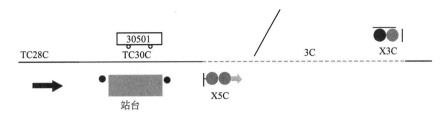

图 3-5 保护区段示意图

根据保护区段设置的时机，可以分为不延时保护区段和延时保护区段。当一条进路中可以运行一列以上的列车时，才具有延时保护区段的概念。排列进路时，并不同时排列保护区段，只有当列车接近终端信号机、占用某个特定的区段时，才排列保护区段，这种不在排列进路时排列的保护区段称为延时保护区段。该特定的区段被称为保护区段的接近区段。

通常，用终端信号机后方的第一个轨道区段作为该条进路的保护区段。但以下两种情况例外。

① 如果 ATP 的保护区段定义于终端信号机的前方，能提高终端信号机后方区段的灵活性且又不阻碍终端信号机前方区段的运营，则此终端信号机只有 ATP 保护区段而无联锁保护区段，即不设置保护区段。

② 如果终端信号机之后的轨道电路长度短于计算的 ATP 保护区段，则有多个轨道电路作为保护区段。

进路可以带保护区段或不带保护区段排出。如进路短，排列进路时带保护区段；多列车进路无保护区段时，进路防护信号机可以正常开放。

根据设计，保护区段可以在主体信号控制层内受到监督，也可能不在主体信号控制层内受到监督。此外，也有可能在进路排列时直接征用保护区段，或进路先排列，保护区段设置延时直至进路内的接近区段被占用。延时的保护区段设置是一种标准方式，为多列车进路内的每个列车提供保护区段条件。

当排列的运行进路无法成功地进行保护区段设置或延时保护区段设置没有成功时，保护区段可稍后设置，只要到达线和指定保护区段的轨道区段空闲，并且设置保护区段的条件得以满足。

在设定的时间（预设值为 30s）截止之后，保护区段便解锁。延时解锁从保护区段接近区域被占用时开始。在列车反向运行情况下，保护区段的延时解锁仍将继续。

（6）侧面防护进路

城市轨道交通的道岔控制全部单动，不设双动道岔，所有的渡线道岔均按单动处理，也不设带动道岔，采用侧面防护进路来防止列车的侧面冲突。设置侧面防护进路是为了避免其他列车从侧面进入进路与列车发生侧面冲突，类似铁路的双动道岔和带动道岔的处理。

侧面防护可以分成两种，即主进路的侧面防护和保护区段的侧面防护。侧面防护由防护道岔确保，或者通过显示红色信号来确保。道岔为一级侧面防护，信号机为二级侧面防护。排列进路时先找一级侧面防护，再找二级侧面防护。无一级侧面防护时则将信号机作为侧面防护。侧面防护必须进行超限绝缘的检查。

侧面防护的任务是通过锁定和检测邻近分歧道岔，使通向已排进路的所有路径均不能建立。

如果采用了一个道岔的侧面防护，而道岔的实际位置和所要求的位置不一致，则应发出一个转换道岔位置的命令。当该命令不能执行（如道岔因封锁而禁止操作）时，该操作命令将被存储，直至要求的终端位置达到，否则通过取消或解锁该运行进路来取消该操作命令。

排列进路时，除检查始端信号机外，还要检查终端信号机和侧面防护信号机的红灯灯丝，只有这两种信号机的红灯功能完好，进路防护信号机才能开放。

当要求侧面防护的运行进路解锁时，运行进路侧面防护区域也将解锁。

各种不同性质的进路，应设不同用途的信号机进行防护。如接车进路应有进站信号机防护，发车进路应有出站信号机防护，调车进路应有调车信号机进行防护等。

3. 联锁内容

联锁的目的就是防护进路，主要工作为进路建立和进路解锁，包括侧面防护元素的选择、保护区段的确定，下面就进路的建立和解锁分别进行描述。

（1）进路建立

进路建立是指进路开始办理，到防护该进路的信号机开放这个阶段，主要分为以下几个操作步骤：进路元素的可行性检查、进路元素的征用、进路排列。

① 进路元素的可行性检查。进路元素的可行性检查由联锁计算机完成。计算机首先检查所选进路的始端、终端信号机构成的进路是否为设计的进路，然后检查所选进路中的元素。检查内容包括以下几方面。

- 进路中的道岔没有被其他进路或人工锁闭在相反的位置上；
- 进路中的道岔或轨道区段没有被封锁禁止排列进路；
- 进路中的信号机没有被反方向进路征用；
- 道岔或监控区轨道电路没有被进路征用；
- 进路上的其他区段没有被其他反方向的进路征用。

进路元素的检查顺序为，从终端信号机开始，一个元素接一个元素地检查到始端信号机。

② 进路元素的征用。进路元素被该进路选用后，在这些元素解锁之前，一般情况下其他任何进路不能征用。如果进路有效，进路元素通过了可行性检查，可对这些元素进行征用。

- 进路中所有与进路要求位置相反的道岔必须进行转换，并且把所有道岔锁闭在进路要求的位置上；
- 进路中所有轨道区段和信号机被解锁之前，其他进路不能征用；
- 要求提供侧面防护；
- 要求提供保护区段或延时保护区段。

③ 进路排列。

a. 自排功能排列进路。信号系统正常运行时，可利用自排功能排列进路。

自排进路自动排列的条件为：ATS模式或RTU模式能正常运行；进路始端信号机的自排功能已经打开；该列车的目的地码正确；前序进路已排列；列车占用接近区段；进路的排列条件已满足；自排进路监控区段逻辑空闲，若进路的监控区段有红光带或粉红光带故障，则自排进路不能自动排列。

自排进路的特点：
• 有以下两种方法设置自排进路：通过 ATS 系统按时刻表自动排列进路，或在必要时由 RTU 远程控制终端设备，通过司机在列车上输入目的地码排列进路；
• 具有自排功能的信号机可以办理与正常运营方向相同的或其他方向的进路；
• 自排进路是根据目的地码来自动排列所需的进路。若本次列车的目的地码不正确，则进路不能排列或排了一条与本意不一样的进路；
• 使用自排功能排列折返进路的前序进路时，进路保护区段的道岔将被征用在折返方向的位置上，但使用追踪功能排列折返进路的前序进路时，进路保护区段的道岔只能征用在折返方向的相反位置上，所以，使用自排功能排列折返进路的效率比追踪进路高；
• 符合了自排进路排列的条件，自排进路将根据列车自动调整功能的时机自动排列。

b. 追踪进路功能排列进路。为了满足基本运营需要，联锁系统还设置了追踪进路功能。当 ATS 系统故障导致自排功能失效时，可使用追踪进路功能排列进路。

追踪进路自动排列的条件为：进路始端信号机的追踪功能已经打开；前序进路已排列；列车占用接近区段；进路的排列条件已满足。应注意两种情况：一个是列车已占用接近区段，前序进路才排列，则追踪进路不能排列；另一个是当进路的排列条件暂时不满足时，信号机基础将出现粉红色闪烁，当进路的排列条件满足时，追踪进路将在 30s 后自动排列。

追踪进路的特点：
• 追踪进路的方向通常是正常运营的方向，即上行线往上行方向运行，下行线往下行方向运行；
• 追踪进路可设置始点站、终点站的折返进路；
• 具有追踪功能的信号机只能排列唯一进路；
• 符合追踪进路排列的条件，追踪进路将延时 0~30s 内自动排列。

（2）进路解锁

进路解锁是指从列车驶入信号机内方（即驶入进路），到出清进路中全部轨道区段这一阶段，或者指操作人员解除已建进路的阶段。进路解锁分为取消进路、列车解锁及区段强行解锁。其中，取消进路可分为立即取消和延时取消解锁；列车解锁分为正常列车解锁和折返解锁。下面简单描述进路解锁的过程。

① 取消进路。取消进路是指进路建立后，因人为需要而取消该进路的一种解锁方式。一旦进行取消进路的操作，进路始端信号机立即自动关闭。根据列车的运行情况，又分为立即取消进路和延时取消进路两种。当接近区段占用，并且在列车占用接近区段期间，进路信号机开放过通过信号或引导信号，进路将延时取消。

进路将取消至进路中最后一列列车所处的区段，剩余的进路部分由列车通过进行正常解锁。取消进路的条件是进路的所有轨道区段锁闭且进路的第一轨道区段必须逻辑空闲。

② 正常解锁。正常解锁也被称为列车通过解锁或者逐段解锁。正常解锁是指列车通过进路中轨道区段后，使进路自动解锁。但仅用一段轨道电路的动作，不能确切反映车辆通过了该区段，必须采用多段轨道电路的顺序动作才能反映列车的实际运行情况。采用分段解锁方式时，原则上使用三段轨道电路的动作状态并配以时间参数作为解锁的条件。

三段轨道电路的解锁原则如下。
• 前一轨道区段（Ⅰ）及本轨道区段（Ⅱ）必须被同时占用过（Ⅰ↓Ⅱ↓）；
• 前一轨道区段（Ⅰ）出清且本轨道区段（Ⅱ）继续被占用（Ⅰ↑Ⅱ↓）；

- 本轨道区段（Ⅱ）出清且后一轨道区段（Ⅲ）占用（Ⅱ↑Ⅲ↓）；
- 前一轨道电路（Ⅰ）已解锁。

当上述条件均满足时，本轨道区段（Ⅱ）将会自动解锁，本轨道区段一旦解锁，提供侧面防护的元器件也将立即解锁。进路的解锁是从进路始端（进路第一区段）开始，逐一向后解锁的，一直到进路的终点即最后一个区段。

对于进路的第一个轨道区段只需要检查前两个条件，后两个条件不需要检查。

如果这条进路还没有全部解锁，后续列车就需要通过该条进路，这时进路可以重新排列。一旦进路排列好，前行列车就不能再逐段解锁这条进路，因为对前行列车而言，逐段解锁的条件已经不具备了，即前一轨道区段没有解锁，后续轨道区段就不能解锁。也就是说，除非排列一条新进路，否则该进路仅在线路上最后一列列车通过后才会逐段解锁。

③ 中途返回解锁（折返解锁）。中途返回解锁是对折返进路中没有被列车全部正常通过的区段的一种自动解锁方式。在这种情况下，列车总是在牵出后又返回。根据正常解锁的定义，折返轨将不能解锁，而需采用一种特殊解锁方式自动解锁，该种特殊的自动解锁方式称折返解锁。其目的在于：当折返进路排列后，列车沿折返进路返回，如果折返轨道出清，则牵出进路的剩余区段将自动解锁。

④ 故障解锁（强行解锁）。正常情况下，进路应随着列车驶过而自动逐段解锁。由于某种原因（如轨道电路分路不良，区段不能正常解锁）而强行使该区段解锁称为故障解锁或强行解锁。当对区段进行强行解锁时立即关闭信号机，并根据列车的运行情况采取延时解锁或立即解锁。只有在以下条件全部满足时才进行无延时解锁，否则延时解锁：

- 进路空闲；
- 联锁连接正常；
- 接近区段空闲或者接近区段占用，但在列车占用接近区段期间，进路信号机既没有开放通过信号也没有开放引导信号。

如果区段进行强行解锁操作，则进路和保护区段的征用都将被强行解锁。但是如果该区段同时又提供侧面防护，则解锁后不能取消侧面防护的锁闭，需继续提供侧面防护。

二、正线站场图识读

正线联锁集中站场图如图 3-6 所示。

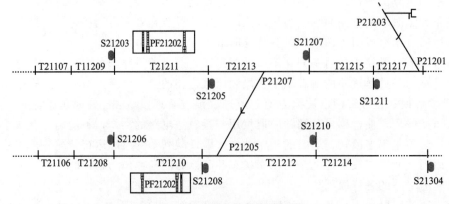

图 3-6　正线联锁集中站场图

1. 信号机命名

联锁区的信号机自左向右递增编号,上行线为偶数,下行线为奇数。S 表示间隔信号机;RS 表示进路信号机;RS&C 表示进路信号机有引导。

信号机命名以 S 开头,由 6 位字符组成:S(1 位)+线路号(1 位)+车站序号(2 位)+信号机序号(2 位)。如 S21203 表示 2 号线第 12 个站,下行线编号为 3 的信号机。

2. 道岔命名

车站左边道岔为偶数,自左向右递增编号,即向站内方向递增;右边为奇数,自右向左递增编号,即向站内方向递增。

道岔命名以 P 开头,由 6 位字符组成:P(1 位)+线路号(1 位)+车站序号(2 位)+道岔序号(2 位)。如 P21201 表示 2 号线第 12 个站,车站右侧的第 1 组道岔。

3. 计轴区段命名

联锁区计轴区段自左向右递增编号,上行线为偶数,下行线为奇数。

计轴区段命名以 T 开头,由 6 位字符组成:T(1 位)+线路号(1 位)+车站序号(2 位)+区段序号(2 位)。如 T21211 表示 2 号线第 12 个站,下行线的第 11 个计轴区段。

4. 屏蔽门命名

站台屏蔽门上行线为偶数,下行线为奇数。

站台屏蔽门命名以 PF 开头,由 7 位字符组成:PF(2 位)+线路号(1 位)+车站序号(2 位)+屏蔽门序号(2 位)。如 PF21201 表示 2 号线第 12 个站,下行线的屏蔽门。

5. 其他设备命名

正线站场图上还有停车点、信标、警冲标等,其命名规则见表 3-1。

表 3-1　正线站场图设备命名

设备符号	含 义	说 明
△ SSP	停车点	①SSP 表示上下客运营停车点; ②SP 表示折返区域停车点
▬ B21203	信标	以 B 开头,由 6 位字符组成:B(1 位)+线路号(1 位)+车站序号(2 位)+相应信号机序号(2 位)
AC21211	计轴点(磁头)	①以 AC 开头,由 7 位字符组成:AC(2 位)+线路号(1 位)+车站序号(2 位)+计轴点序号(2 位); ②计轴点序号:在联锁区的计轴点自左向右递增编号,上行线为偶数,下行线为奇数
DTI21201	发车表示器	①以 DTI 开头,由 8 位字符组成:DTI(3 位)+线路号(1 位)+车站序号(2 位)+发车表示器序号(2 位); ②发车表示器序号:以本站自左向右递增编号,上行线为偶数,下行线为奇数
← ESB21203	紧急停车	①以 ESB 开头,由 8 位字符组成:ESB(3 位)+线路号(1 位)+车站序号(2 位)+紧急停车按钮序号(2 位); ②紧急停车按钮序号:以本站自左向右递增编号,上行线为偶数,下行线为奇数

续表

设备符号	含义	说明
V_L1L2	不同线路之间联络线	"V_L1L2"表示1号线与2号线联络线
FP P21201	警冲标	以 FP 开头+道岔编号
CCBI_2D‖CBI_2	联锁区交界	①由5位字符组成:CBI_(3位)+线路号(1位)+联锁区载序号(1位); ②联锁区载序号:第1个联锁区编号为"A",递增编号
ClZC_21‖ZC_22	轨旁 ZC 区域交界	①由4位字符组成:ZC_(2位)+线路号(1位)+ZC序号(1位); ②ZC序号:第1台 ZC 计算机编号为"1",递增编号
|站台中心|ZDK13+225.00|	公里标	站台中心公里标为13km+225m

三、正线联锁表识读

正线联锁表是说明车站信号设备联锁关系的图表。正线联锁表表达了整个车站内的进路、道岔、信号机之间的基本联锁内容,编制正线联锁表的依据是车站信号平面布置图。正线联锁表以进路为主体,逐条地把排列进路需顺序按压的按钮、防护该进路信号机的名称及显示、进路要求检查并锁闭的道岔编号及位置、进路应检查的轨道电路区段名称,以及与所排进路敌对的信号填写清楚。正线联锁表是信号电路设计的依据,也是设备开通时,检查试验车站联锁设备之间联锁关系的主要依据。

将道岔、信号机、计轴区段等设备之间形成相互制约的逻辑关系,这种关系通常称为联锁关系,并通过正线联锁表反映出来。

正线联锁表通常可分为区段表(CBI_Block)、进路表(Route_List)、连续通过进路表(Fleet_Route)、信号机表(Signal)、自动折返进路表(Cycle)、接近区段表(Approach Section)、道岔表(Switch)、运行方向表(TD)、防护进路表(Overlap)、紧急停车按钮表(ESP)和屏蔽门表(PSD)等11种类型。

1. 区段表

区段表(CBI_Block)见表3-2。ATP 区段编号,通常称为"小区段"。如 T21212-NG(B_311),"T21212"表示联锁区段编号,"NG"表示道岔区段岔后直股方向,"B_331"表示该区段系统内部代码。次级区段检查设备型号中"AC"表示计轴设备。

表3-2 区段表

序号	联锁区段编号	ATP 区段编号	次级区段编号	次级区段检查设备型号	锁闭道岔编号	备注
1	T21210	T21210(B_329)	T21210	AC	无	无
2	T21212	T21212-NG(B_331)	T21212	AC	P21205-P21207	无
3	T21212	T21212-RG(B_140)	T21212	AC	P21205-P21207	无
4	T21212	T21212-FG(B_330)	T21212	AC	P21205-P21207	无
…	…	…	…	…	…	…

2. 进路表

进路表(Route_List)见表3-3。表中连续通过进路条件中"Y"表示具备连续通过进路功能,"N"表示不具备连续通过进路功能。敌对进路编号表示当敌对进路建立后,此进路无法办理。敌对保护进路编号表示当敌对保护进路建立后，此进路无法办理。敌对自动折返进路编号表示当敌对自动折返进路建立后，此进路无法办理。CY_21202 中 CY 表示自动折返进路。

表 3-3　进路表

序号	进路信号机编号	进路名称	连续通过进路条件	道岔设备条件		联锁区段出清条件后,进路方可建立		进路始端和终端信号机编号	敌对进路编号	敌对保护进路编号	敌对自动折返进路编号	其他联锁条件
				定位	反位	表示后备模式（非CBTC）	CBTC模式					
11	S21208	S21208-S21210	Y	P21205-P21207	无	T21212	T21212	S21208, S21304	S21210-S21208 S21206-S21104 S21510-S21508 S21512-S21508	无	CY_21202	无
…	…	…	…	…	…	…	…	…	…	…	…	…

3. 连续通过进路表

连续通过进路表（Fleet_Route）见表 3-4，连续通过进路表中的内容描述与进路表一致，参考进路表。

表 3-4　连续通过进路表

序号	进路名称	道岔		敌对进路编号	敌对保护进路编号	敌对自动折返进路编号	备注
		定位	反位				
5	S21208-S21210	P21205-P21207	无	S21210-S21208 S21206-S21104 S21510-S21508 S21512-S21508	无	CY_21201 CY_21202	无

4. 信号机表

信号机表（Signal）见表 3-5，CBTC 模式不需要检查联锁区段出清状态、非 CBTC 模式除检查联锁区段出清状态，还需要检查紧急停车按钮 ESP 状态、屏蔽门 PSD 状态、列车停稳、是否需接入 LEU 等。

表 3-5　信号机表

信号机编号	进路编号及进路锁闭状态	道岔位置检查		CBTC 模式			非 CBTC 模式			信号机显示状态
		定位	反位	联锁区段出清检查	不检查区段出清状态	其他条件	联锁区段出清检查	其他条件	信号机条件需接入 LEU	
S21208	S21208-S21210	P21205-P21207	无	无	T21212, T21214, T21302	无	T21212 T21214 T21302	T21210-ESP T21210-PSD S21208-Train Hold	应接入此条件	绿灯

5. 自动折返进路表

自动折返进路表（Cycle）见表3-6，触发区段中当列车占用该区段后，系统自动触发自动折返进路。

表3-6 自动折返进路表

序号	自动折返进路名称	进路	触发区段	联锁区段出清检查条件	进路空闲	敌对折返进路	备注
1	CY_21201	S21207-S21208	无	T21213，T21212，T21210	S21104-S21206 S21210-S21208 S21211-S21213 S21205-S21207	CY_21202	无
		S21208-S21210	T21210	T21212	S21207-S21205 S21208-S21207 S21206-S21104 S21207-S21208 S21208-S21210（FLEET）		

6. 接近区段表

接近区段表（Approach Section）见表3-7，引导信号中"Y"表示具备此功能，"N"表示不具备此功能。表示进路内方第一个区段故障栏表示：进路内方第一个区段故障引导信号开放持续时间，"无"表示无此项要求。ATP区段栏中为ATP控车时的接近区段，联锁区段栏中为非CBTC模式下接近区段。

表3-7 接近区段表

序号	信号机名称	引导信号	进路内方第一个区段故障	引导进路接近锁闭延时解锁时间	关键道岔	接近区段				备注
						ATP区段	接近区段占用，CBTC模式下解锁时间	联锁区段	接近区段占用，非CBTC模式下解锁时间	
1	S21208	N	无	无	无	T21208 T21210	72s	T21208 T21210	311s	无

7. 道岔表

道岔表（Switch）见表3-8。

表3-8 道岔表

道岔编号	操纵道岔位置	操纵道岔时，需检查区段空闲条件	道岔已被控制条件	由防护进路控制条件	检测道岔转换时间	是否自动回转道岔	道岔自动回转时间	备注
P21205-P21207	定位或反位	T21213 T21212	无	O_S21207 O_S21208	13S	否	无	无

8. 运行方向表

运行方向表（TD）见表3-9。

9. 防护进路表

防护进路表（Overlap）见表3-10。

表 3-9 运行方向表

联锁系统发送至ATC系统的TD	联锁系统的TD变量（需要的道岔条件）	不由折返进路控制的TD				由折返进路控制的TD			折返进路建立的TD	
		由进路锁闭设置	由前方TD设置	道岔条件	联锁区段	由设置折返进路取消条件	折返区段条件	列车停稳	由折返进路建立	检查反向TD已取消
T21210-STD	T21210-STDJ	无	T21212-STDJ	无	T21210	S21208-S21207 / S21208-S21210	T21210	T21210	无	无

表 3-10 防护进路表

序号	名称	道岔		延续防护请求及设置			延续防护进路解锁						备注
		定位	反位	触发区段	前方进路的最后子进路	触发区段道岔条件	轨道电路出清	占用的轨道电路	非CBTC模式下解锁时间	CBTC模式下ATC解锁时间	CBTC模式下联锁系统解锁时间	联锁区段解锁	列车停稳信息	
5	O_S21208	P21205-P21207	NA	T21104 T21106 T21208 T21210	T21210	NA	T21212	T21210	311s	50s	34s	T21210	T21210	Preferred Normal

10. 紧急停车按钮表

紧急停车按钮表（ESP）见表 3-11，信号机编号栏表示紧急停车被触发后受影响的信号机。

表 3-11 紧急停车按钮表

紧急停车编号	车站名称	信号机编号	备注
T21210-ESP	SJZ	S21104，S21206，S21210，S21208＜(P21205-P21207)＞S21207	ESP21202lESP21204

11. 屏蔽门表

屏蔽门表（PSD）见表 3-12，信号机编号栏表示屏蔽门打开后受影响的信号机。

表 3-12 屏蔽门表

屏蔽门编号	车站名称	相应联锁区段的编号	信号机编号	备注
T21210-PSD	SJZ	T21210	S21104，S21206，S21210，S21208＜(P21205-P21207)＞S21207	PF21202

任务二　计算机联锁系统发展认知

任务目标

1. 熟悉计算机联锁系统的主要技术条件；
2. 了解计算机联锁系统的发展历史；
3. 掌握计算机联锁系统的主要功能及优越性。

系统发展

任务实施

计算机联锁系统是以计算机技术为核心，采用通信技术、可靠性与容错技术以及"故障—安全"技术实现铁路车站联锁要求的实时控制系统。

一、计算机联锁系统的主要技术条件认知

① 计算机联锁系统能满足各种规模车站和运输作业的要求，保证行车安全，提高运输效率，并具备大信息量和联网功能。

② 计算机联锁系统采用硬件冗余结构，如双机热备、三取二或二乘二取二的结构。平均故障间隔时间（MTBF）大于或等于 10^6 h；平均危险侧输出间隔时间大于或等于 10^{11} h。

③ 计算机联锁系统使用的电路符合故障—安全原则，电路故障能及时被发现，当故障危及行车安全时，能切断系统的危险侧输出。

④ 计算机联锁系统硬件体系结构为层次结构，分为人机对话层、联锁运算层和执行表示层。

⑤ 计算机联锁系统可通过通信前置处理机和通信网与其他系统实现通信，与调度指挥系统的数据通信符合有关规定。

⑥ 软件系统达到软件制式检测要求的可靠性和安全性，所有程序具有模块化、标准化、结构化的特点。

⑦ 计算机联锁系统的各种接口与通道能保证长期使用的高稳定性和高可靠性。与安全有关的接口与通道符合"故障-安全"原则，还采取了光电隔离、动态冗余编码、参数限界冗余、故障检测及其他特殊方法，以防止危险后果的发生。

⑧ 计算机联锁系统能通过外部数据通道或计算机网络与其他自动化管理系统（如 CTC、TDCS）进行信息交换。

⑨ 计算机联锁系统设有两路独立电源，并且有自动转接功能，以保证不间断供电，具有去除脉冲及浪涌干扰的性能。

⑩ 计算机联锁系统采取了必要的防电磁干扰和防雷措施，以保证在严酷性等级的运行环境中设备都能正常工作。

⑪ 信号设备的接地电阻值不大于 10Ω，安全保护地线的接地装置的接地阻值不大于 4Ω。

⑫ 监测子系统作为系统的基本组成部分，为维护、使用部门提供监测、报警、统计、分析、管理、远程诊断及维护功能。

⑬ 根据需要设应急盘，在计算机联锁系统失效时控制道岔和引导信号。

二、计算机联锁系统的发展认知

1. 国外计算机联锁发展认知

① 瑞典　1978 年，ABB 公司研制出世界公认的第一套计算机联锁系统并在哥德堡站开通使用。其发展分三个阶段：第一阶段，信号机和道岔的控制器件由继电器完成，保留轨道继电器；第二阶段，采用无接点的电子器件控制信号机和道岔，仍保留了轨道继电器；第三阶段，实现了全电子化控制。

② 英国　1985 年计算机联锁系统首次在明斯顿车站使用，为保证运行的安全性和可靠性，该系统采用了三取二表决的模式。

③ 日本　日本的计算机联锁系统最早开通于 1985 年，目前 300 多个车站安装了计算机联锁系统，主要生产厂家是日本信号公司、京三制作所和大同信号公司。

2. 中国计算机联锁系统发展认知

20 世纪 80 年代初，中国展开计算机联锁系统的研究，1984 年，计算机联锁系统在南京梅山铁矿投入使用。

1989 年，驼峰编组场尾部计算机联锁系统通过鉴定，并在郑州北编组站投入使用，首次应用于国家铁路。

1991 年，上海卡斯柯信号有限公司引进美国通用铁路信号公司技术，开发出了 VPI 安全型计算机联锁，第一套系统安装在广深线的红海站，开创了计算机联锁在干线上使用的先例。

中国铁道科学研究院研制的计算机联锁系统包括 TYJL-Ⅱ型双机热备系统、TYJL-TR9 型三取二容错计算机联锁系统、TYJL-ECC 型三取二容错计算机联锁系统（引进德国西门子公司专业故障-安全计算机）、TYJL-Ⅲ型二乘二取二系统等。

北京全路通信信号研究设计院研制的计算机联锁系统有 DS6-Ⅱ型双机热备系统、DS6-20 型三取二系统、DS6-K5B 型二乘二取二系统、DS6-60 型国产化的二乘二取二系统等。

北京交大微联科技有限公司研制的计算机联锁系统有 JD-IA 型双机热备系统、EI32-JD 型二乘二取二系统。

卡斯柯信号有限公司研制的计算机联锁系统有 VPI 型双机热备系统（卡斯柯引进阿尔斯通集团有限公司 VPI 专利技术）、CIS-1 型双机热备系统（在 VPI 型基础上研制）、iLOCK 型二乘二取二系统（引进 ALSTOM 安全型专业联锁机技术，采用 VPI 联锁软件）。

目前高速铁路、客运专线、大型客运站、重点车站、重载线的建设和改造对计算机联锁系统的可靠性、安全性提出了更高的要求。二乘二取二计算机联锁系统因其高可靠性、高安全性和高稳定性已经成为轨道交通领域的主流设备。

三、计算机联锁系统功能认知

计算机联锁系统不仅具备继电联锁设备的联锁控制功能，而且利用计算机的快速信息处理能力、储存能力和联网能力，可实现继电联锁设备难以实现的一些功能。

1. 联锁控制功能

计算机联锁系统的联锁功能与继电式电气集中联锁系统相同；能根据车站行车安全的需要，在规定的联锁条件和规定的时序下自动对进路、信号和道岔实行控制。

① 进路的控制。包括列车进路和调车进路的选排、锁闭和解锁；引导进路的控制等。列车进路的办理方法和继电联锁设备办理方法基本相同，仍沿用按压双按钮才形成操作命令的规定，这样可避免因误动一个按钮而产生错误操作命令的可能。

② 信号的正常开放、关闭、人工重复开放以及防止自动重复开放。

③ 道岔的单独操纵、锁闭和解锁。

此外，通过在联锁软件中增加相应的功能模块，再加上少量的硬件电路，系统可进一步实现一些特殊电路的联锁功能。如非进路调车控制、平面调车溜放控制、到发线出岔进路控制、延续进路控制以及场间联系等。

2. 显示功能

计算机联锁系统采用大屏幕显示器取代表示盘，可以向操作人员提供更加丰富、直观的显示信息。

① 站场基本图形显示。

② 现场信号设备状态显示。主要有道岔的定、反位和四开状态，道岔单独锁闭和封闭状态，信号机开放和关闭状态，灯丝断丝，轨道区段的空闲、占用、锁闭状态。用不同颜色表示不同含义。

③ 车站值班人员按压按钮动作的确认显示。

④ 联锁系统的工作状态、故障报警显示。

⑤ 时钟显示，必要的汉字提示，如操作错误提示、联锁状况提示等。

3. 记录存储和故障检测与诊断功能

利用计算机的信息处理能力和存储容量大的优点，计算机联锁系统可有效实现系统维护、行车管理自动化，这主要体现在以下几方面。

① 系统可按时间顺序自动记录和存储车站值班员按钮操作情况、现场设备动作情况和行车作业情况。电务维修人员可根据功能菜单提示，按压相应按钮，将前一段时间内的列车运行情况或作业情况按规定格式显示出来，作为查找故障、分析故障的参考。

② 提供图像再现功能，即系统可将前一阶段储存的数据以站场图形方式显示在屏幕上，按照实际操作和车列运行情况再现出来，以便更直观地查找故障原因。

③ 实现进路储存和自动办理，可进一步提高车站行车作业效率。

④ 具有集中监测和报警功能。体现在两方面：一是联锁系统的自检测功能，当系统自身出现故障时，维护人员可通过屏幕提示的错误号判断、查找故障；二是对信号机、转辙机、轨道电路等现场设备的工作状态集中监测，一旦发现故障，及时记录并报警，可根据维修需要，全天候或定时对主体信号设备的参数进行测试、分析、判断。

4. 语音提示功能

系统具有通过语音播放提示信息的能力。当有多条信息需要同时播放时采用轮流播放方式。

5. 结合功能

计算机联锁系统利用标准化的通信接口板、网络接口板以及通信规程，可直接与现代化信息处理系统（CTC、信号集中监测系统、TDCS、列车自动控制系统等）相连接进行数据交换。

四、系统的优越性

计算机联锁系统具有技术上与经济上的优越性。

① 计算机联锁系统完全摆脱了继电联锁系统的网络结构，在技术上能够用较少的硬件投资较容易地克服继电器电路难以解决的问题。对接近区段小车的跳动能够防止错误取消进路；对信号继电器、锁闭继电器前接点的粘连，系统能够及时检出并报警。另外在进路控制上，计算机联锁系统为实现进路储存和自动办理创造了条件。

② 计算机联锁系统可以最大限度地利用软、硬件资源，对直接危及行车安全的联锁逻辑处理和执行表示环节采用容错技术，因此可靠性、安全性更高。

③ 计算机联锁系统的硬件和软件均采用模块化、标准化结构，对不同规模和作业性质的车站或站场，只需编制一些站场数据，选用功能不同和数量不等的模块组装即可，因此系统设计、施工工作量也大大减少。

④ 在维护方面，计算机联锁系统的维修工作量小，并且具有自诊断、故障定位功能，降低了维护难度，并可通过远距离联网实现远程故障诊断。另外系统的继电器电路部分结构简单，便于维护，而且继电器用量少，使得继电器检修工作量少。

⑤ 计算机联锁系统能提供现代化的声、像、图文显示，人机交互功能更加完善，内容更丰富，信息量更大，工作效率更高。

⑥ 计算机联锁系统便于联网，为铁路信号系统向智能化和网络化方向发展创造了条件。通过与CTC联网，可根据调度计划实现进路程序控制。通过与旅客向导服务系统、车次号跟踪系统联网，可构成全方位的计算机综合控制、管理系统，增强了运输调度指挥自动化、智能化水平。

⑦ 采用分布式系统结构时，计算机联锁系统可以省去干线电缆，大幅度降低工程造价。

⑧ 体积小，占地面积小，且随着车站规模的扩大，节省效果更加显著。

任务三　计算机联锁系统基本原理认知

任务目标

1. 熟悉计算机联锁系统硬件结构及工作原理。
2. 了解计算机联锁系统软件结构及原理。

任务实施

计算机联锁系统是一种利用计算机技术取代继电器技术的车站信号实时控制系统。其基本硬件结构与工业上应用的一般计算机实时控制系统有许多相似之处，主要是由工业控制计算机、过程输入/输出通道以及外部设备组成，并通过标准总线连接在一起，构成一个基本的联锁控制系统。

有了硬件系统，要可靠、有序地工作，就必须配备软件系统，因此计算机联锁系统中的软件和硬件都是计算机控制系统的重要组成部分。

由硬件系统和软件系统构成的基本计算机联锁系统，其可靠性尚不能满足人们对联锁装置的高可靠性要求，且本身不具备故障-安全性能。必须利用计算机的可靠性和安全性技术，用最简单、最经济的手段构成一个高可靠的故障-安全计算机系统。

一、计算机联锁系统硬件认知

典型的计算机联锁系统硬件组成如图3-7所示。

计算机联锁系统采用的是工业控制计算机系统，以实现对铁路车站运输生产过程的监测与控制。它由工业控制计算机和生产过程两大部分组成。

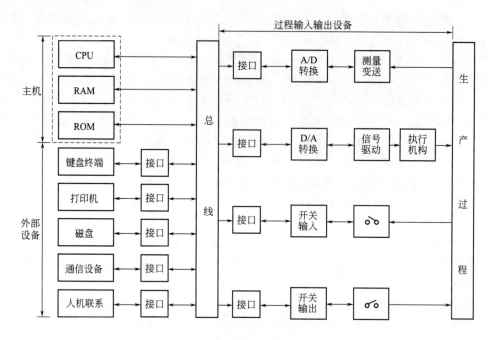

图 3-7 计算机联锁系统的硬件组成框图

1. 工业控制计算机

工业控制计算机的硬件主要由主机板、内部总线和外部总线、人机接口、系统支持、磁盘系统、过程输入/输出设备和通信接口等组成，如图 3-8 所示。

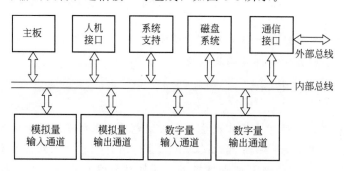

图 3-8 工业控制计算机的硬件组成结构

① 主机板是计算机系统的核心，根据输入设备送来的各种实时反映系统工作状态的信息以及预定的算法，自动地进行信息处理和运算，并通过输出设备发送控制命令。

② 内部总线是工业控制计算机内部各组成部分进行信息传送的公共通道，外部总线是工业控制计算机与其他计算机和智能设备进行信息传送的公共通道。

③ 人机接口是一种标准结构，由标准的 PC 键盘、显示器和打印机等组成。

④ 工业控制计算机的系统支持功能主要包括如下部分。

• 监控定时器，俗称"看门狗"，主要作用是当系统因干扰或软故障等原因出现异常时，可以使系统自动恢复运行，从而提高系统的可靠性。

• 电源掉电检测。工业控制计算机在工业现场运行过程中如出现电源掉电故障，应及时发现并保护当时的重要数据和计算机各寄存器的状态，一旦上电后，工业控制计算机能从断电处继续运行。

• 保护重要数据的后备存储器。后备存储器通常容量不大，它能在系统掉电后保证所存数据不丢失，故通常带有后备电池。为了保护数据不丢失，在系统的存储器工作期间，后备存储器应处于上锁状态。

• 实时日历时钟。在实际控制中系统往往要有事件驱动和时间驱动的能力。一种情况是在某时刻设置某些控制功能，工业控制计算机应自动执行；另一种情况是工业控制计算机应能自动记录某个动作是在何时发生的。所有这些都要求必须配备实时时钟，且实时时钟能在掉电后仍然正常工作。

⑤ 磁盘系统可以用半导体虚拟磁盘，也可以配通用的软盘、硬盘和光盘等。

⑥ 输入/输出通道是设置在工业控制机和生产过程之间的传递和变换信息的连接通道，包括模拟量输入（AI）通道、模拟量输出（AO）通道、数字量输入（DI）通道、数字量输出（DO）通道，它有两个作用：一是将生产过程中的信息变换成主机能够接收和识别的代码，二是将主机输出的控制命令和数据变换后作为执行机构或电气开关的控制信号。

2. 总线接口技术

任何一个微处理器都要与一定数量的部件和外围设备（外部设备）连接，但如果将各部件和每一种外围设备都分别用一组线路与 CPU 直接连接，那么连线将会错综复杂，甚至难以实现。为了简化硬件电路设计和系统结构，常用一组线路配置以适当的接口电路，将各部件和外围设备连接，这组共用的连接线路称为总线。采用总线结构便于部件和设备的扩充，使不同设备间实现互连。

计算机联锁系统中的总线一般分为三类，即内部总线、外部总线和现场总线。

（1）内部总线

内部总线又称系统总线。计算机联锁系统用的工业控制计算机由各种模板插件构成，这些模板之间依靠内部总线进行信息传送。常用的内部总线有 STD 总线、ISA 总线、PCI 总线、VME 总线等。

① STD 总线　STD 总线是一个面向工业控制的微型计算机总线，它定义了 8 位微处理器总线标准，近年来又定义了 STD32 总线标准。

② ISA 总线　ISA（industrial standard architecture）总线标准是 IBM 公司为推出 PC/AT 机而建立的系统总线标准，也称 AT 总线，它是对 XT 总线的扩展，以适应 8/16 位数据总线要求。它在 80286 至 80486 时代应用非常广泛，以至于现在的奔腾机中还保留有 ISA 总线插槽。

③ VME 总线　该总线结构是为其各种模块之间的接口和充分发挥 16/32 位的微处理器 MC68000 的功能而设计的。VME 总线是一种性能极高的开放式总线。

④ PCI 总线　PCI 是由 Intel 公司推出的一种局部总线，定义了 32 位数据总线，且可扩展为 64 位。与 VESA、ISA 总线相比，PCI 总线的功能有了极大的改善，它支持突发读写操作，最大传输速率可达 132MB/s，并可同时支持多组外围设备。虽然 PCI 局部总线不能兼容现有的 ISA、EISA、MCA（micro channel architecture）总线，但它不受制于处理器，是基于奔腾等新一代微处理器而发展起来的总线。

⑤ Compact PCI　Compact PCI 是当今第一个采用无源总线底板结构的 PCI 系统，是当今最新的一种工业计算机标准。Compact PCI 是在原来 PCI 总线基础上改造而来，它利用 PCI 的优点，提供满足工业环境应用要求的高性能核心系统，同时还考虑充分利用传统的总

线产品，如 ISA、STD、VME 或 PC/104 来扩充系统的 I/O 和其他功能。

除此之外，常用的内部总线还有 EISA 总线和 VESA 总线等，这里不再详述。

（2）外部总线

外部总线（E-BUS）又称通信总线，它是计算机系统之间或是计算机系统与其他系统（仪器、仪表、控制装置）之间传输信息的通路，常借用其他领域已有的总线标准。计算机的外部总线通常分为并行总线和串行总线两种。

① RS-232C 总线　RS-232C 是美国电子工业协会 EIA（Electronic Industry Association）制定的一种串行物理接口标准。RS-232C 总线设有 25 条信号线，包括一个主通道和一个辅助通道，在多数情况下主要使用主通道。对于一般的双工通信，仅需几条信号线就可实现，如一条发送线、一条接收线及一条地线。RS-232C 标准规定，驱动器允许有 2500pF 的电容负载，通信距离将受此电容限制，例如采用 150pF/m 的通信电缆时，最大通信距离为 15m。

② RS-485 总线　在要求通信距离为几十米到上千米时，广泛采用 RS-485 串行总线标准。RS-485 采用平衡发送和差分接收，因此具有抑制共模干扰的能力。RS-485 总线采用半双工工作方式，任何时候只能有一点处于发送状态，因此发送电路须由使能信号加以控制。采用 RS-485 总线可以构成分布式系统，最多允许并联 32 台驱动器和 32 台接收器。

③ IEEE-488 总线　上述两种外部总线是串行总线，IEEE-488 总线是并行总线。它按照位并行、字节串行双向异步方式传输信号，仪器设备直接并联于总线上而不需中介单元，总线上最多可连接 15 台设备。

（3）现场总线

现场总线是应用在生产现场，在微机化测量控制设备之间实现双向串行多节点数字通信的系统。目前较流行的现场总线主要有 CAN、PROFIBUS、LonWorks、HART 和 FF。

① 控制器局部网（CAN）　CAN 总线最早由德国 Bosch 公司推出，是用于汽车内部测量与执行部件之间的数据通信协议。其总线规范已被 ISO 国际标准组织制定为国际标准，并且广泛应用于离散控制领域。它也是基于 OSI 模型，但进行了优化，采用了 OSI 模型的物理层、数据链路层和应用层，提高了实时性。其节点设有优先级，支持点对点、一点对多点以及广播模式通信。各节点可随时发送消息。传输介质为双绞线，通信速率与总线长度有关。CAN 总线采用短消息报文，每一帧有效字节数为 8 个；当节点出错时，可自动关闭，抗干扰能力强，可靠性高。

② PROFIBUS 总线　PROFIBUS 是符合德国标准 DIN19245 和欧洲标准 EN50179 的现场总线，包括 PROFIBUS-DP、PROFIBUS-FMS、PROFIBUS-PA 三部分。它也只采用了 OSI 模型的物理层、数据链路层以及应用层。PROFIBUS 支持主从方式、纯主方式、多主多从通信方式。主站对总线具有控制权，主站间通过传递令牌来传递对总线的控制权。取得控制权的主站，可向从站发送、获取信息。PROFIBUS-DP 可用于分散外设间的高速数据传输，适合于加工自动化领域。FMS 型适用于纺织、楼宇自动化、可编程控制器、低压开关等。而 PA 型则可用于过程自动化领域。

③ LonWorks 总线　LonWorks 总线由美国 Echelon 公司于 1991 年推出，最初主要用于楼宇自动化，但很快发展到工业现场网，现有 3000 多家公司支持并开发基于这一技术的产品。它采用了 OSI 参考模型全部的七层协议结构。LonWorks 技术的核心是具备通信和控制功能的 Neuron 芯片。Neuron 芯片可实现完整的 LonWorks 的 LonTalk 通信协议。其上

集成有三个 8 位 CPU，一个用来完成 OSI 模型第一层和第二层的功能，称为介质访问处理器；一个是应用处理器，运行操作系统与用户代码；还有一个为网络处理器，作为前两者的中介，实现网络变量寻址、更新、路径选择、网络通信管理等。由神经芯片构成的节点之间可以进行对等通信。LonWorks 支持多种物理介质并支持多种拓扑结构，组网方式灵活。

④ HART 总线　HART 总线是由 Rosemount 公司于 1986 年提出的，用于现场智能仪表和控制室设备间的通信，包括 ISO/OSI 模型的物理层、数据链路层和应用层。HART 总线可以有点对点或多点连接模式，可寻址远程传感器，其特点是在现有模拟信号传输线上实现数字信号通信，属于模拟系统向数字系统转变过程中的过渡产品，在智能仪表市场上占有很大的份额。

⑤ FF 总线　FF 总线是在过程自动化领域得到广泛支持并具有良好发展前景的一种技术。其前身是美国 Fisher-Rosemount 公司联合 Foxboro、横河、ABB、西门子等 80 家公司制定的 ISP 协议和 Honeywell 公司联合欧洲等地的 150 家公司制定的 World FIP 协议。这两大集团于 1994 年 9 月合并，成立了现场总线基金会，致力于国际上统一的现场总线协议的开发。

FF 总线分为 H1 和 H2 两种传输速率。H1 的传输速率为 31.25Kbps，通信距离可达 1.9km，可支持总线供电和本质安全防爆环境。H2 的传输速率可为 1Mbps 或 2.5Mbps，通信距离分别为 750m 和 500m。物理传输介质可为双绞线、光缆和无线电，其传输信号采用曼彻斯特编码。FF 总线以 ISO/OSI 开放系统互连模型为基础，取其物理层、数据链路层、应用层为 FF 通信模型的相应层次，并在应用层上增加了用户层。用户层主要针对自动化测控应用的需要，定义了信息存取的统一规则，采用设备描述语言规定了通用的功能块集。FF 总线包括 FF 通信协议，ISO 模型中的 2~7 层通信协议的通信栈，用于描述设备特性及操作接口的 DDL 设备描述语言，设备描述字典，用于实现测量、控制、工程量转换的应用功能块，实现系统组态管理功能的系统软件技术以及构筑集成自动化系统、网络系统的系统集成技术。

将现场总线与以太网结合，从而实现底层生产与上层管理的紧密集成，已成为一种趋势。

3. 过程输入/输出通道

计算机联锁系统为了实现对生产过程的控制，需要将生产过程中的各种必要信号（参数）及时地检测传送，并转换成计算机能够接收的数据形式。计算机对送入数据进行适当的分析处理后，又以生产过程能够接收的信号形式实现对生产过程的控制。这种在过程信号与计算机数据之间变换传递的装置称为过程输入/输出通道。

(1) 通用 I/O 接口原理

在计算机联锁系统中，外部通道是不能直接与中央处理单元（CPU）相连的，因为它们的速度、数据格式不一定相同，信号形式也不一定匹配。为了便于两者交换信息，往往需要一套连接 CPU 和外部通道的中间环节，即接口电路（简称接口）。接口是计算机联锁系统各通道中多个设备协调一致运行的保证，它具有电平变换、数据转换、缓冲和状态信息提供等功能，所以接口是通道建立的基础。

任何接口对计算机而言都相当于数据的输入和数据的输出，这就涉及 I/O 接口的寻址问题。

① I/O 接口的寻址　计算机联锁系统是面向总线结构的计算机系统，计算机与各种外

部设备的接口电路是连在一个总线上的,中央处理单元(CPU)对指定的 I/O 接口的访问是以 I/O 接口的端口地址来识别的。

• I/O 接口的编址方式。要寻址,就要对外设的 I/O 接口进行编址。I/O 接口有两种编址方式,一种是 I/O 接口与存储器相统一的编址方式,称为存储器映射方式;另一种是 I/O 接口与存储器相互独立的编址方式,又称隔离式编址方式。

存储器映射方式是把所有的 I/O 接口都当作存储器地址一样来处理,即所有的 I/O 接口都当作存储单元来访问。这样,对某一外部设备进行输入/输出操作,就像对某一存储单元进行读写操作一样,只是地址编号不同而已。因此所有访问存储器的指令均适用于 I/O 接口操作。

隔离式编址方式是将 I/O 接口地址和存储器地址在空间上分开,相互独立,互不影响。中央处理单元(CPU)对存储器操作和对 I/O 接口操作分开进行,利用专门的 I/O 指令访问 I/O 接口。

• I/O 接口的地址译码。中央处理单元(CPU)访问某一接口,将端口地址送到地址总线上,这就涉及地址译码问题。译码电路的构成形式通常有固定式端口地址译码和开关可选式地址译码两种。固定式端口地址译码是指接口中用到的地址不能更改,目前接口板大部分都采用固定式译码。如果用户要求接口板的端口地址能适应不同的地址分配场合,则采用开关可选式译码,这种译码方式可以通过板上的微型开关使接口板的 I/O 端口地址根据要求加以改变而无需改动线路。

② 常用的 I/O 接口　I/O 接口是计算机联锁系统的重要组成部分,它的设计比较灵活,有的功能既可以用硬件实现,也可以用软件实现,若用硬件实现,在速度上较快;若用软件实现,可方便改变系统功能。在应用系统设计时,合理地确定接口设计方案是非常重要的。

功能不尽相同的外设,对 I/O 接口的要求也是不同的,所以接口器件种类繁多。常见的接口集成芯片有地址和数据锁存器 74LS273/74LS373、8 位并行 I/O 接口 8212/8282、8 位双向三态输出数据缓冲器 8286/8287、8 位三态输出数据缓冲/线驱动器 74LS244、8 位三态双向驱动器 74LS245、外部地址译码器 74LS138/74LS139 等。

还有一类功能极强的接口芯片,称为可编程接口芯片。所谓可编程接口,就是接口的通用部分由大规模集成电路实现,其具体功能由程序来确定。具体而言,就是在接口内设置控制寄存器,中央处理单元(CPU)通过向控制寄存器写入控制命令来决定接口的动作。这样的接口既具有硬件的快速性,又具有软件编程的灵活性,目前已获得广泛应用。如并行接口 8255A/8155/8156、串行接口 8251A、中断控制器 8259A、计数器/定时器 8253/8254、DMA 控制器 8237A 以及键盘和显示器接口 8279 等。

(2) 开关量输入通道

开关量输入通道的作用:一是将二值开关量信息变换成寄存器能够接收的 TTL 两种电平;二是抗干扰,以保证输入信号的正确性。

① 开关量输入通道的结构　开关量输入通道主要由输入缓冲器、输入电路、地址译码器等组成,如图 3-9 所示。

② 输入电路　输入电路的作用是将现场输入的状态信号进行转换、保护、滤波和隔离等,使其变成计算机能够接收的逻辑信号。计算机联锁系统通常采用如图 3-10 所示的输入电路。

③ 开关量输入通道接口形式　开关量输入通道根据输入信号点数的多少有多种实现方式,常见的有直接输入接口、多组输入接口和矩阵输入接口。

• 直接输入式接口。当要采集的开关量的数量较少时,输入电路的输出可直接送至具有

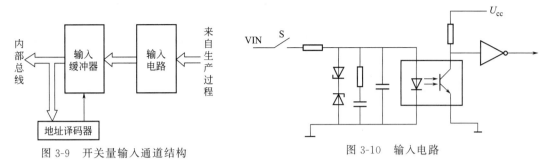

图 3-9 开关量输入通道结构　　　　图 3-10 输入电路

I/O 端口地址的输入缓冲器，通过内部总线传送给中央处理单元（CPU）。

• 多组输入式接口。当采集的开关量数量很大时，可采用分组输入方式共用一个接口，以节省接口电路。例如可将 32 路开关量输入信号分四组存于四个 8 位缓冲器中。当中央处理单元（CPU）需要采集某路开关信号时，先选通译码器，然后由译码器根据低位地址信号选择一个缓冲器，将这个缓冲器中的这组数据送到数据总线上。

• 矩阵输入接口。矩阵输入接口多用作控制台按钮（接点）状态的输入。输出接口和输入接口分别构成按钮矩阵的行线和列线。在行线和列线的每一交叉点接入按钮接点输入电路。接口中按钮信息的采集是通过扫描方式实现的。CPU 通过输出接口逐行输出高电平，同时通过输入接口读入列状态信息。若读入的 8 位信息中出现"1"，则说明"1"状态的行列交叉点的按钮就是所按下的按钮，根据事先约定，就可以判断出这是控制台的哪一个按钮。按钮接点输入电路如图 3-11 所示。

（3）开关量输出通道

开关量输出通道的作用：一是提高驱动能力，将 TTL 电平信号进行转换后传送给开关型执行器件，控制其通断；二是实现计算机与外部设备之间的隔离，防止干扰信号侵入，保证系统可靠工作。

① 开关量输出通道的结构。开关量输出通道主要由输出锁存器、输出驱动电路、地址译码器等组成，如图 3-12 所示。

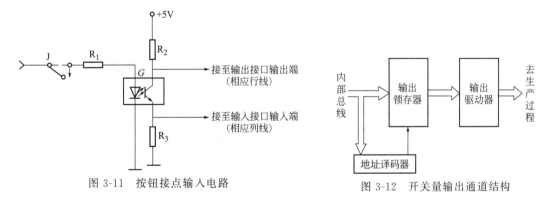

图 3-11 按钮接点输入电路　　　　图 3-12 开关量输出通道结构

② 输出驱动电路。直流驱动继电器电路功率较小，其电路如图 3-13 所示。

中央处理单元（CPU）执行输出指令，使输出锁存器相应位置"1"，高电平信号加到光电耦合器输入级，使它导通，其导通电流使继电器励磁；当输出使相应位置"0"时，光电耦合器截止，继电器失磁。因继电器的驱动线圈有一定的电感，在开关瞬间可能会产生较大的电压，因此输入端必须加装克服反电势的保护二极管 VD。

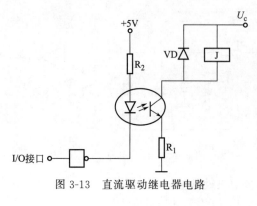

图 3-14 所示为固态继电器的结构，它是一种大功率交流驱动器件。

固态继电器是一种四端有源器件。固态继电器电路的输入输出之间采用光电耦合器进行隔离。零交叉电路可在交流电压变化到 0V 左右时使电路接通，从而减少干扰。电路接通后，由触发电路给出晶闸管器件的触发信号。SCR 为双向晶闸管，是一种大功率的半导体器件，具有正、反两个方向都能控制导通的特性，输出的是交流电压。

图 3-13 直流驱动继电器电路

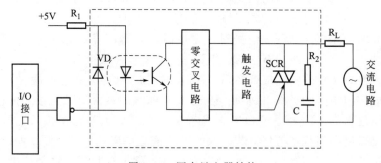

图 3-14 固态继电器结构

二、计算机联锁系统软件认知

1. 计算机联锁系统软件的总体结构

计算机联锁系统软件的基本结构应设计成实时操作系统或实时调度程序支持下的多任务的实时系统。

① 按照系统层次结构分类　按照软件的层次结构，可分为三个层次，即人机对话层、联锁运算层和执行层，其结构如图 3-15 所示。

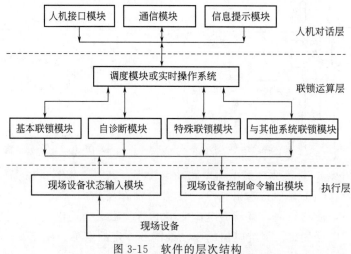

图 3-15 软件的层次结构

人机对话层完成人机界面的处理；联锁运算层完成联锁运算；执行层完成控制命令的输出和表示信息的输入。

② 按照冗余结构划分　按照冗余结构，可分为三取二系统的单软件结构和双机热备系统的双版本软件结构。其中双版本软件结构如图 3-16 所示。

③ 按照联锁数据的组织形式划分　按照联锁数据的组织形式，可分为联锁图表式软件结构和进路控制式的软件结构。进路控制式软件结构（即模块化结构）如图 3-17 所示。

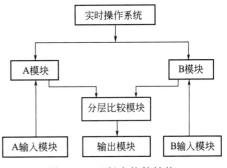

图 3-16　双版本软件结构

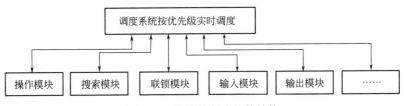

图 3-17　进路控制式软件结构

2. 联锁数据与联锁结构

在计算机联锁系统中，凡参与联锁运算的有关数据统称为联锁数据。联锁数据在存储器中的组成方法称为数据结构。联锁数据包括静态数据（常量）和动态数据（变量）两大类，与之对应的有静态数据结构和动态数据结构。

（1）静态数据及其结构

联锁程序需要哪些静态数据以及这些数据在存储器中的组织形式对于联锁程序结构而言有很大的影响。目前采用最多的是进路表型联锁和站场型联锁，相应地也就存在两种不同的静态数据结构：进路表型静态数据结构和站场型静态数据结构。

建立任何一条进路都必须指明该进路的特性和有关监控对象的特征及其数量等，包括：①进路性质，是列车进路还是调车进路；②进路方向，是接车方向还是发车方向；③进路的范围，即进路的两端，如果是迂回进路，还应指明变更点（相当于变通按钮所对应的位置）；④防护进路的信号机名称；⑤进路中的轨道电路区段名称及数量；⑥进路中的道岔名称、应处的位置、数量；⑦进路所涉及的侵限绝缘处轨道电路区段名称及检查条件；⑧进路的接近区段名称；⑨进路的离去区段名称；⑩进路末端是否存在需要结合或照查的设施，如闭塞设备、机务段联系、驼峰信号设备等。

若将上述各项纳入一个数据表中，就构成了一个进路表。将一个车站的全部进路（包括迂回进路）的进路表汇总在一起，就构成了总进路表（如同联锁表），存于 ROM 中，是一个静态数据库。当办理进路时，根据进路操作命令从静态数据库中选出相应的进路，即可找到所需的静态数据。这就构成了进路表型静态数据结构。

① 进路表型静态数据结构。在进路表型静态数据结构中，信号机、道岔、轨道区段与进路之间的联锁关系是用进路表的形式表示的，进路表中包含了所有进路及其联锁条件。

当车站的规模较大、进路数量较多时，总进路表势必十分庞大，占用 ROM 的容量很大，这就意味着增大了 ROM 检测程序的长度和执行时间，不利于系统的可靠性。另外，当车站改建和扩建时，需要对总进路表进行较大的修改，这也是进路表结构的不足之处。为了提高系统的可靠性，通常采用站场型静态数据结构。

② 站场型静态数据结构。由人工编制总进路表，特别是编制大型的总进路表，不仅十分烦琐，而且容易出错，因此一般采用计算机辅助设计方法生成总进路表，将进路生成软件纳入联锁软件中，办理进路时，由进路操作命令调用该进路生成程序，自动生成一个与进路操作命令相符合的进路表，供联锁软件使用，这种生成进路表的程序称作进路搜索程序。

有了进路搜索程序，仍然需要为它提供一个静态数据库，不过这些数据库的规模和结构有所不同。该数据库是这样构成的：对应信号平面布置图中的每一监控对象，如信号机、转辙机、轨道电路区段、侵限绝缘区段、特设的变通按钮、进路终端按钮等，所有内容都存入ROM内，并各设一个静态数据模块，在模块中列出表述该监控对象特性的数据以及进路搜索程序所需要的一些标志。下面先看一下数据模块的具体设置方法。

以如图 3-18(a) 所示的信号布置图为例，所设置模块如图 3-18(b) 所示。应特别指出，对应一个侵限绝缘设置了两个模块 QX_1（侵限 1）和 QX_2（侵限 2）。在模块 QX_1 中列出了道岔区段 3DG 及 1/3 号道岔反位（1/3FB）两个常量，该模块设在相当于经由 5 号道岔反位的进路上。办理一条经由 5 号道岔反位的进路时，选出 QX_1，就可将其中的常量编制在进路表中，以便进行联锁处理时检查道岔区段 3DG 和 1/3 号道岔的状态。同理，在相当于 1/3 号道岔的渡线处设置了模块 QX2。

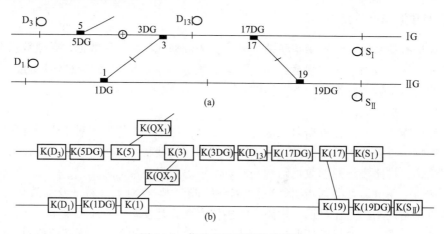

图 3-18　信号布置及模块链接图

每个静态数据模块在 ROM 中要占用一个区域，该区域第一个单元的地址称为该模块的首地址，简称首址。由于每个模块均有一个首址，为方便起见，在不致混淆的情况下把模块首址的代号看成是模块名称，如图 3-19 所示。

如果把所有模块按照它们在信号布置中位置相互链接起来，如图 3-18(b) 所示，它很像 6502 电气集中联锁系统的组合链接图。这种数据结构在图形上具有站场形式，所以称为站场型静态数据结构。

利用站场型静态数据结构，在办理一条进路时，根据进路操作命令，为进路搜索程序指明进路的始端模块首址和终端模块首址，进路搜索程序从站场型静态数据结构中搜出与进路有关的全部模块，再从模块中找出进路联锁程序所需的数据，这样就构成了进路表。

假设有三个模块 a、b、c，如图 3-20 所示，不管它们在存储器中的物理位置是否为顺序存放，如果希望找到 a 后就能找到 b，找到 b 后就能找到 c，那么只要将 b 的首址放在 a 的

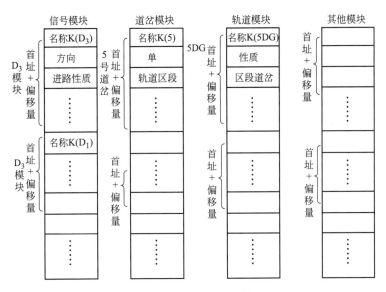

图 3-19 静态数据模块模型

指针场,将 c 的首址放在 b 的指针场,这样就可以由 a 找到 b,由 b 找到 c。若模块 c 没有后续模块,则在它的指针场标以 φ(空)。为方便起见,用圆圈代表数据模块,并称为节点,用有向线段代表链接线,如图 3-20(c) 所示,在简化图中,有向线段的箭头方向直观地表明了搜索方向。用箭头把有关的静态数据模块链接到一起,就构成了静态数据组织形式。

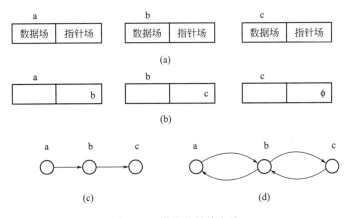

图 3-20 模块的链接方法

当一个节点有左右两个链接节点时,如果允许双方向搜索,则这个节点需要有两个指针场,以便记住两个链接节点的首址。例如,由 a 可搜索到 c,也可由 c 搜索到 a,如图 3-20(d) 所示。对于道岔来说,它有三个链接节点,即岔前节点、岔后直股节点、岔后弯股节点。所以在道岔节点中需要设三个指针场 PQ、PZ、PW,用 PQ 存放岔前节点首址,用 PZ 存放岔后直股节点首址,用 PW 存放岔后弯股节点首址。

对于站场型静态数据结构来说,仅沿一个方向搜索就可以了。从站场结构看,沿着发车方向搜索时,遇到对向分歧道岔少,所以搜索效率高。因此,以发车方向单向搜索为准,来实现节点之间的链接。根据这一原则,图 3-18(b) 各模块链接简图如图 3-21 所示。

采用站场型静态数据结构有以下优点:

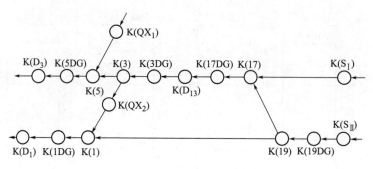

图 3-21　模块链接简图

① 该静态数据库所占存储空间小，有利于检测。

② 站场型静态数据结构由节点之间链接而成，在数据结构中任何地方增加或减少节点时，仅涉及指针场中地址的修改，而不影响各节点在存储器中的物理存储区，所以修改容易，这非常适应站场的改建或扩建。

③ 节点的类型是有限的，节点的内容和容量不变，各节点的链接只是在逻辑上是有序的，但是每个节点在存储器中具体区域可以是无序的（即相链接的节点在存储器中可以不相邻），利用这种性质可用计算机辅助设计生成数据结构。

根据站场型静态数据结构所生成的进路表需存于 RAM 中。对于一个车站来说，能同时办理的进路是有限的，并且这些进路表随着进路解锁而消失，所以占用 RAM 空间是不大的。

(2) 动态数据

参与进路控制的动态数据主要包括操作输入变量、状态输入变量、表示输出变量、控制输出变量以及联锁处理的中间变量等。

① 操作输入变量　操作输入变量是反映操作人员操作动作的开关量。在 RAM 中需设一个操作变量表集中地存放操作变量。操作变量表根据系统的硬件体系结构，可能存于人机对话机或存于联锁机中。

操作输入变量是形成操作命令的原始数据。在 RAM 中应开辟一个区域集中地存放操作命令，称这些操作命令的集合为操作命令表。一条操作命令形成后，就可以从操作变量表中删去相应的操作变量了。

操作输入变量除了用以形成操作命令外，还作为表示信息的原始数据以及监测系统的记录内容。

② 状态输入变量　状态输入变量是反映监控对象状态的变量，如轨道区段状态、道岔定位状态、道岔反位状态、信号状态、灯丝状态以及与进路有关其他设备状态等。状态输入变量应周期性地及时刷新，以保证变量能确切反映监控对象的实际状态。

状态输入变量除了参与联锁运算外，还作为表示信息和监测系统的原始数据。

③ 表示输出变量　表示输出变量是指向控制台、表示盘或屏幕显示器提供的变量。通过这些变量反映有关列车或调车车列运行情况、操作人员的操作情况以及联锁设备工作状况。在计算机联锁系统中，可提供比继电联锁更丰富的信息和表现形式（如光带、图形、音响和语音等）。这些信息需取自状态输入变量、操作输入变量、中间变量以及控制命令输出变量等。一般是将表示输出变量集中在一个存储区以便输出。

④ 控制输出变量　控制输出变量是指控制信号和转辙机的变量。对于任何一个控制对象，都由两套程序产生双份控制输出变量，只有双份变量一致时才可形成控制命令变量并经

由安全输出通道输出。控制输出变量可存放在动态数据模块中，而控制命令存放在专辟的控制命令表中。控制命令的逻辑地址与输出通道一一对应。

控制输出变量和控制命令都应周期性地刷新，以保证数据的实时性。

⑤ 中间变量　中间变量是指联锁程序执行过程中产生的一些变量。这些变量有的存放在动态数据模块中，有的需另辟专区存放。在存储区中中间变量一般应按一定规则存放。

3. 联锁控制程序及其程序模块的管理

（1）联锁控制程序的基本模块

联锁控制程序一般来说可分成六个模块：操作输入及操作命令形成模块、操作命令执行模块、进路处理模块、状态输入模块、表示输出模块和控制命令输出模块。

① 操作输入及操作命令形成模块　操作输入是指把车站值班人员操作按钮、键盘、鼠标或光笔等形成的操作信息输入到计算机中并记录下来。在计算机联锁系统中，为了防止由于误操作或误碰输入器件而形成有效的操作命令，原则上需由两个或两个以上的操作信息才能构成一个操作命令。当然，即使有两个操作信息，仍不一定是正确的。因此，该模块的主要功能是记录操作信息，分析操作信息是否能构成合法的操作命令。不合法时则向操作人员提示。

操作输入量是很大的，形成的操作命令的种类也有十几种，例如进路操作命令、进路取消命令等。该模块一般由人机对话机完成。人机对话机将形成的操作命令经由串行数据通道输送到联锁计算机，并存储在一个操作命令表中。

② 操作命令执行模块　操作命令执行模块是根据操作命令执行相应功能的程序模块。在该执行模块中包括许多子模块。实际上，有多少种操作命令就有多少个子模块。由于每个子模块执行时间很短，而且不需考虑它们的优先权，所以在执行顺序上不受限制。在执行该模块时，根据操作命令表中每一条现存的命令，从操作命令执行模块中找出相应的子模块予以执行。如果执行结果达到预期目的，则从操作命令表中删去相应的操作命令。否则应给出表示信息，提醒车站值班员采取相应的措施。

③ 进路处理模块　进路处理模块是在执行了进路生成模块且对所办进路已形成进路表后，对进路进行处理的模块。对进路处理模块执行可以划分为四个阶段，所以进路处理程序也就分成了四个子模块。

• 检查进路选排一致性和形成道岔控制命令子模块。该模块的功能是检查道岔位置是否符合要求，若不符合要求，则应形成相应道岔控制命令，使该道岔转至规定的位置。

• 进路锁闭与信号开放子模块。该模块的功能是检查锁闭条件是否满足，若满足则锁闭进路，并形成防护信号机开放命令。

• 信号保持子模块。在信号开放后，应不间断地查询开放信号条件是否满足，若条件满足，使信号保持开放状态，否则取消信号开放命令，使信号机关闭。

• 自动解锁子模块。该模块实现进路的正常解锁和调车进路的中途返回解锁。

④ 状态输入模块　状态输入模块功能是将信号机、道岔和轨道电路的状态信息送入计算机的 RAM 中，并将这些信息分析和处理。

⑤ 表示输出模块　表示信息输出模块利用已形成的各种表示信息通过相应的接口来驱动表示灯和 CRT。

⑥ 控制命令输出模块　控制命令输出模块是将已形成的道岔控制命令和信号控制命令通过相应的输出通道，来控制道岔控制电路和信号控制电路。

(2) 程序模块的管理

在计算机联锁系统中,如何把各个程序模块管理起来,使它们有序地工作,是设计软件的重要环节。对于子程序的管理也称作程序模块的调度。一般来说,对程序的管理方式有集中管理和分散管理两种。

集中管理方式是在各职能程序模块之外另设一套调度程序,用此程序按工作任务调用任一个程序模块进行运行,如图 3-22 所示。需要某个程序模块工作时,调度程序向该模块发送一组信息,由此信息激励本模块开始工作。当任务执行完毕后,该模块向调度程序提供一组信息,使调度程序收到这组信息后确认下一步调用哪个模块。这种结构的特点是:调度程序是上层,各个子模块处于下层;各子程序(子模块)无需相互联系,而只与调度程序交换信息;利用调度程序可监督各子程序,根据设计要求可强制某子程序停止执行(如超时等情况下)而改换其他子程序工作,这种程序在进行管理时可根据任务优先权进行调度,也可按执行情况进行调度;调用不局限于某种确定顺序,具有较大的灵活性。

分散管理方式是不设专门的调度程序,而将管理功能由各个程序模块分别承担,一个程序模块执行结束时由本模块自己确定下一步执行哪个程序模块。分散管理方式种类较多,但其中最简单的是顺序控制方式,如图 3-23 所示。各个模块的执行顺序是固定不变的。这种方式结构简单,节省时间,但灵活性较差。

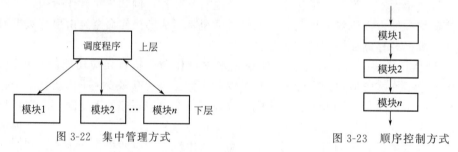

图 3-22　集中管理方式　　　　　　　图 3-23　顺序控制方式

对于计算机联锁系统来说,原则上这两种方式均可使用,或可混合使用。但是,采用集中管理方式,可使程序的层次化和模块化结构显得比较清晰,具有充分利用集中调度方式的优点,例如对各模块进行监督等,有利于提高系统的可靠性,所以采用集中调度方式要好一些。

4. 联锁程序的执行

(1) 操作命令及操作命令执行模块

① 进路操作命令。该命令的任务是选出一条具体的进路。当采用站场型静态数据结构时,该命令的任务是从站场型静态数据库中选出一组符合所选进路需要的数据,形成一个进路表,并将该表存于进路总表中。因此,进路操作命令的执行程序模块也称为"进路搜索模块"。

② 取消进路命令。该命令的任务是取消已建立的进路。在执行该命令前,先检查该进路是否建立或已被取消。如果未建立或已取消,则本次命令是无效的。在执行该命令时,必须检查有关的联锁条件是否满足,例如接近区段应无车,防护信号机内方应无车,信号机应在关闭状态,这些条件满足后才能取消进路,即从总进路表中删除该进路表及有关的变量(如锁闭变量)。

另外,还有人工延时解锁命令、进路故障解锁命令、区段故障解锁命令、重复开放信号命令、非常关闭信号命令、开放引导信号命令、引导锁闭命令、引导解锁命令、道岔单独操作命令和道岔单独锁闭及道岔单独解锁命令。

以上这些操作命令的执行条件和继电联锁的执行条件总体上是一样的，对应每种操作命令都有一个执行程序子模块，这些子模块按一定的控制方式联系在一起，构成了操作命令执行模块，如图 3-24 所示。假如各具体操作命令由人机对话机已生成，并存放于联锁机所开辟的操作命令存储区内，如果规定存储区内最多可存放操作命令为 n 个，存放操作命令单元顺序为 N_i（$i=1$，2，3…），则当主程序运行至"操作命令执行模块"时，顺序地将存储区中命令取出并予以执行，当执行条件满足而成功执行后，将该命令从存储区内删去，使空出的单元存放后续的操作命令。

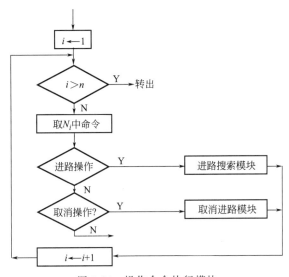

图 3-24 操作命令执行模块

(2) 进路搜索程序模块

进路搜索程序的功能是根据所形成的进路操作命令，从站场型静态数据库中选出符合进路需求的静态数据，构成一个进路表并存于进路总表中。

在进路搜索中，根据操作命令必须仅选出一条符合操作意图的进路，即在仅指明进路的始端和终端时只能选出一条基本进路而不应选出迂回进路。如果需要选出迂回进路，则操作人员必须增加附加操作，指明变更点。为了实现这个要求，采取如下措施。

① 按照进路的操作命令，确定相邻的指定节点对，按节点对分段依次搜索。在进路中，每两个相邻的指定节点构成一个"节点对"，而每个节点对可能是基本进路线路上的一段，也可能是迂回进路中的一段。

② 设置搜索引导标志 Y_d，确定优先搜索方向。根据对站场结构的分析，可以确定出以下搜索原则：在进路搜索过程中，当搜索遇到每个对向道岔（以搜索方向为准）节点时，先沿直股搜索下去，当搜索不到目标节点（节点对中第二个节点）时，再返回到道岔节点，沿弯股搜索，这种搜索方式称为直股优先。如果想使弯股优先，需要在对向道岔节点中设置（弯优先）引导标志 Y_d，这样可先搜索弯股，然后再搜索直股。采用弯股优先搜索方案可以选出平行的迂回进路，但有可能搜索出一条错误绕弯的迂回进路。例如在图 3-21 中，若指定节点对为 K($S_Ⅱ$) 和 K(D_1)，如先后操作了 K($S_Ⅱ$) 和 K(D_1) 所指定的元件后，本应选出一条由 K($S_Ⅱ$) 和 K(D_1) 的基本进路，但由于在 K(19) 和 K(3) 中均有弯股优先引导标

志 Y_d，这样当搜索到 K(19) 时先沿弯股搜索而找到 K(3)，而找到 K(3) 后，又沿弯股搜索到 K(D_1)，这显然不符合操作意图。为防止错误搜索出迂回进路，又作了第三条规定。

③ 在节点对之间的搜索过程中，只允许沿着同类渡线进行搜索。这样就不致搜索出绕弯的迂回进路了。所谓同类渡线搜索，就是在搜索一条进路时都按八字一撇或八字一捺进行搜索，而不能在一次搜索过程中同时出现八字的撇和捺（除变更进路外）渡线。例如，由 K(D_1) 和 K(S_{II}) 基本进路的搜索，不能出现由 K(D_1) 节点搜索到 K(D_{13})，然后由 K(D_{13})→K(17)→K(19)→K(19DG)→K(S_{II}) 错误的搜索过程。

(3) 进路处理模块

进路处理模块是对已经搜索出来的进路进行处理的模块。它是各条进路所共用的模块。

对于每条进路的处理可按时间先后次序进行，其模块执行框图如图 3-25 所示。若设进路总表中最多可存有 m 条进路，所以当主程序进入进路处理阶段时，便对进路总表中各条进路处理一遍，而后转出。如果进路总表中的存放进路的单元为 L_i（$i=1, 2, 3, \cdots, n$），单元 L_i 中可能存有进路，也可能无进路（L_i 中空的），假如本单元是空着的，则可将地址指针指向下一条进路单元进行处理。具体到某一条进路的处理，可采用顺序非等待性处理方式，参看图 3-25 的下半部分。可以把一条进路处理过程主要分成四个阶段，即四个处理子模块。

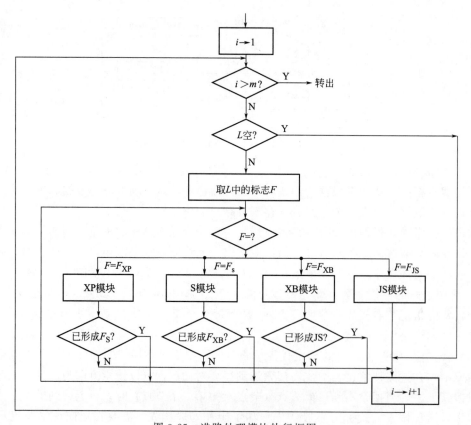

图 3-25 进路处理模块执行框图

① 选排一致性检查及道岔控制命令形成阶段（XP 模块）；
② 进路锁闭与信号开放阶段（S 模块）；
③ 信号保持阶段（XB 模块）；

④ 进路自动解锁阶段（JS 模块）。

这些子模块执行采用顺序方式。为了表明处理进程，设四个进程标志：F_{XP}、F_S、F_{XB}、F_{JS}。当 $F=F_{XP}$ 时，进路处理进入 XP 模块；当 $F=F_S$ 时，进路处理进入 S 模块；当 $F=F_{XB}$ 时，进路处理进入 XB 模块；当 $F=F_{JS}$ 时，进路处理进入 JS 模块。在处理某个具体子模块时，其执行条件不一定满足，为了不延误计算机运行时间，当处理某个模块时，若条件满足则处理该模块，该模块执行完毕后立即处理它的后续模块，否则立即转出，进行对另一条进路的处理。

另外，在联锁运算中，需要实时地读取现场设备的状态和向现场的转辙机、信号机输出控制命令。

思考题

1. 城轨联锁系统中，侧面防护进路如何理解？
2. 中国有资质生产计算机联锁设备的单位有哪几家？目前铁路现场上使用较多的有哪几种联锁设备？
3. 计算机联锁系统的联锁控制功能有哪些？
4. 计算机联锁软件中参与进路控制的动态数据有哪些？
5. 计算机联锁软件中进路处理模块如何工作？

项目二
EI32-JD 型计算机联锁设备维护及故障分析处理

项目导引

铁路的计算机联锁系统按照统一的技术标准研制，不同厂家的计算机联锁设备大同小异，本项目以 EI32-JD 型计算机联锁系统为例，介绍计算机联锁设备操作使用、设备检修维护及故障处理。

任务一　EI32-JD 型计算机联锁设备认知

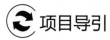

1. 熟悉 EI32-JD 型计算机联锁系统的整体结构。
2. 掌握 EI32-JD 型计算机联锁系统的层次结构、冗余结构。
3. 熟悉 EI32-JD 型计算机联锁系统的运转室、微机室、机械室设备及功能。

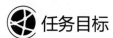

EI32-JD 型计算机联锁系统是由日本信号株式会社和北京交大微联科技有限公司联合开发研制的计算机联锁系统，采用日本信号株式会社研制的 EI32 电子联锁系统硬件和北京交大微联科技有限公司开发研制的软件系统，是一套性能可靠、安全、功能完善、操作简单、维护方便的车站联锁系统。EI32-JD 型计算机联锁系统保留了 6502 电气集中联锁系统的执行电路，包括道岔启动电路、信号机点灯电路、轨道电路、各种联系电路等成熟的继电电路，其他电路则由计算机联锁系统代替。计算机联锁系统的关键部分均采用双套热备，保证发生故障时不间断使用。

一、系统结构认知

1. 体系结构认知

EI32-JD 型计算机联锁系统整体结构的核心是利用光纤构成环状结构的内部联锁局域网。EI32-JD 型计算机联锁体系结构如图 3-26 所示，体系结构核心的联锁机、驱采机均通过光缆连接为局域网。

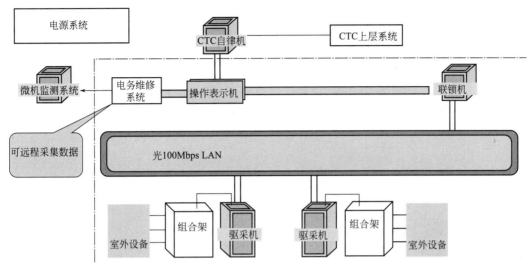

图 3-26　EI32-JD 型计算机联锁体系结构

2. 层次结构认知

EI32-JD 型计算机联锁系统层次结构包括人机对话层（机械室 A/B 操作表示机、维修机）、联锁运算层（机械室 A/B 联锁机、A/B 驱采机）、执行层（A/B 驱采机、分线柜和组合架），如图 3-27 所示。

层次结构

人机对话层的主要功能是完成人机对话功能，一方面接收来自控制台的车站值班人员的操作输入信息，判明能否构成有效的操作命令，并将操作命令转换成约定的格式送给联锁机，另一方面接收联锁机提供的监控对象状态和列车运行情况等各种表示信息，把它们转换成屏幕显示器能够接收的格式。另外电务维修机实时记录和存储车站值班员操作按钮的情况、列车运行状态和联锁系统运行出错等信息，这些信息均可由打印机打印出来，也可以图像形式再现，该层处理的信息不涉及安全性，只考虑提高系统的可靠性即可。

联锁运算层主要功能是接收人机对话层的操作输入信息、执行层的信号设备状态信息，完成联锁逻辑处理功能，向执行层发出开放信号和动作道岔的控制命令，向人机对话层提供监控对象状态和列车运行情况的表示信息。联锁层和执行层处理的信息既要考虑系统可靠性，又要考虑系统安全性。

执行层功能是指对室外的转辙机、信号机以及轨道电路等信号设备进行控制和状态信息采集。

冗余结构

3. 冗余结构认知

操作表示机采用双机热备冗余结构，提高系统可靠性。联锁层的联锁机、驱采机均为二乘二取二结构，分为Ⅰ系、Ⅱ系，双系（二乘）互为热备，任一单系检出故障均可立即倒向备系工作，实现全系统的高可靠性；每系均用双套计算机（二取二）实时校核工作，双机工作一致才能对外输出，实现全系统的高安全性；联锁机和驱采机之间采用双环光缆构成专用局域网，物理通道为双倍冗余。

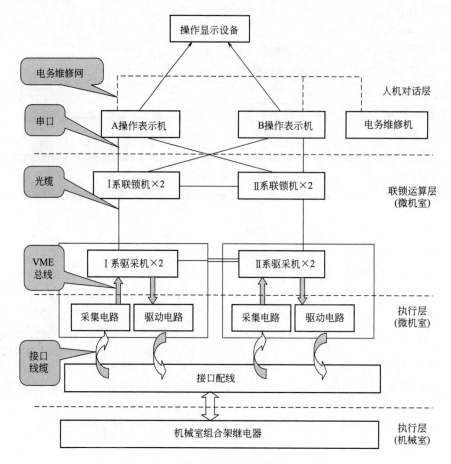

图 3-27 EI32-JD 型计算机联锁层次结构

二、机柜设备认知

EI32-JD 计算机联锁系统硬件结构如图 3-28 所示,在日常维修中,需要对 EI32-JD 型计算机联锁系统的硬件连接方式和连接线型掌握得非常清楚,这样才能在出现故障时迅速判断处理。

1. 运转室设备认知

运转室的车务前台监视器等为车站值班员提供操作表示界面(人机界面)。运转室的后台监视器便于车站值班人员监视前台操作及站场运行情况。运转室设备如图 3-29 所示。

2. 微机室设备认知

图 3-30 所示是某车站信号微机室的 EI32-JD 计算机联锁设备,包括联锁机柜、综合机柜(包括通信机)、分线柜以及驱采扩展机柜。

(1)综合机柜

综合机柜如图 3-31 所示,包括操作表示机、操作表示机倒机单元、网络集线器、接口电源箱、UPS 电源等。

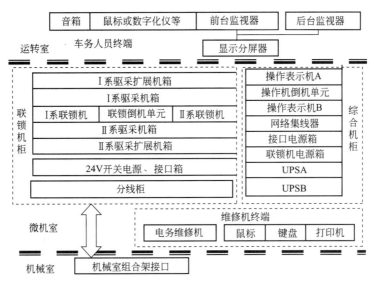

图 3-28　EI32-JD 计算机联锁系统硬件结构图

图 3-29　运转室设备

图 3-30　EI32-JD 计算机联锁设备

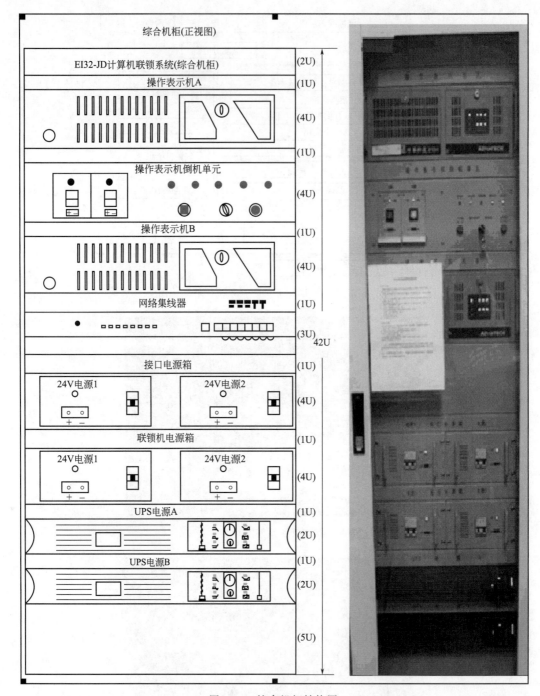

图 3-31 综合机柜结构图

综合机柜

① 操作表示机 操作表示机也称人机对话机,即上位机,可完成如下功能。

• 办理进路的操作。接收车站值班员的操作意图,并通过网络通信传送给联锁机。

• 站场及信息显示。接收来自联锁机的站场状态数据和提示信息等,在显示器或控制台上显示站场情况、系统工作状况、提示信息、报警信息等，对主要的错误或故障提供相应的语音报警。

• 信息转发。将站场状态数据及提示信息、报警信息、系统状态信息等转发给电务维修机。

• 为 TDCS、CTC 等系统提供接口。

② 操作表示机倒机单元　操作表示机倒机单元如图 3-32 所示。

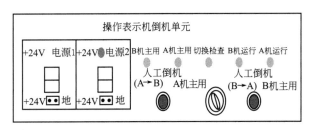

图 3-32　倒机单元

A 机主用指示灯亮表示 A 机作为主机，B 机作为备机。灯灭为备机。A/B 机运行灯亮表示工作正常。

人工倒机按钮为自复式按钮，按下（A→B）A 机主用按钮，则 A 机主机切换为 B 机作为主机。

③ 网络集线器　A、B 操作表示机和电务维修机通过网络集线器组成电务维修网，实时进行数据传输，实现检测、诊断等功能。

④ 接口电源箱　将 UPS 输出的交流 220V 电源转换成直流 24V 电源，两模块并联输出，供驱动电路和采集电路使用。

⑤ 联锁机电源箱　联锁机电源箱功能是将 UPS 输出的交流 220V 电源转换成供联锁机、联锁机倒机板及联锁机和驱采机内 LAN 通信板使用的直流 24V 电源。每个联锁机电源箱设置两个联锁电源模块，两模块为并联输出。

⑥ UPS 电源 A/B　EI32-JD 型计算机联锁系统所需的两路 220V 交流电源由信号电源屏分别提供，在引入联锁系统之前进行防雷、抗干扰、净化处理，在经过 UPS 电源后为 EI32-JD 型计算机联锁系统关键部分提供两路不间断 220V 电源，电源系统配置如图 3-33 所示。

以企业分校实际 EI32-JD 型计算机联锁设备为例，展示直流 24V 电源的配置，如图 3-34 所示。

UPS 面板示意图如图 3-35 所示。

① 启动按钮。当 UPS 供上 220V 电源后，按下启动按钮并保持 2～3s 后松开，UPS 可立即向负载供电，同时进行自检。

② 断电按钮。按下断电按钮然后松开，UPS 停止向负载供电。

③ 电源正常供电指示灯。按下启动按钮后，电池供电指示灯亮，此时 UPS 可向负载供电，同时进行自检。自检通过后，电池供电指示灯灭，电源正常供电指示灯亮。此时 UPS 同时给电池充电，电池充电量指示灯就会亮。

④ 负载量指示灯。负载量指示灯有 5 个，显示负载从 UPS 获取的电量达到 UPS 全部容量的百分比，例如亮 2 个灯，则负载正在获取 UPS 容量的 33%～50%。

⑤ 电池充电量指示灯。电池充电量指示有 5 个灯，显示 UPS 电池当前充电水平已达到电池容量的百分比。每一个灯代表电池容量的 20%。若 5 个灯都亮说明电池已充满电。当指示灯闪动时，说明电池所能提供的电力不足。

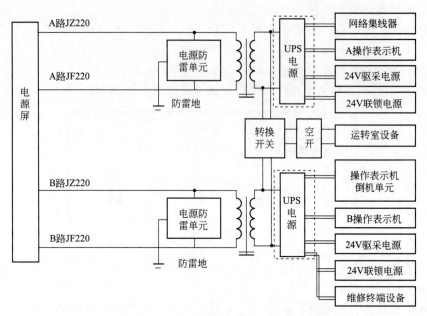

图 3-33 UPS 及交流电源系统配置

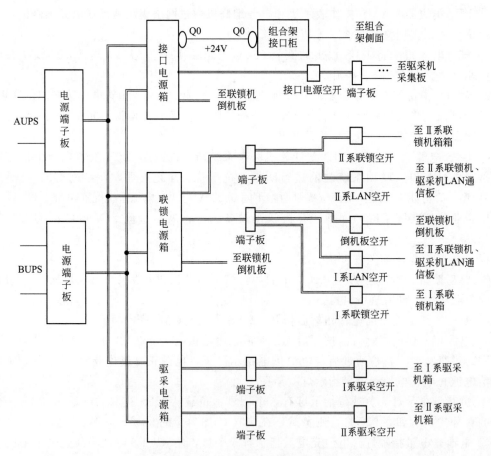

图 3-34 直流 24V 电源配置方案

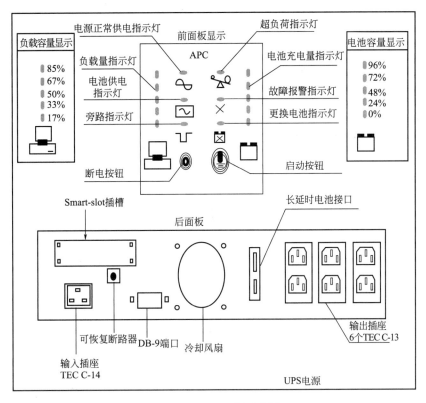

图 3-35　UPS 面板示意图

当电源屏正常供电，UPS 正常工作时，只有电源正常供电指示灯、负载指示灯、电池充电量指示灯 3 种指示灯亮。

当电源屏主副屏切换时，UPS 也会有所反应。此时，电源正常指示灯灭，电池供电指示灯亮，接着电池供电指示灯灭，电源正常指示灯亮，恢复正常供电，这是主副电源切换时间需要 150ms 造成的。UPS 的主要作用就是在主副电源切换的 150ms 时间内给系统提供稳定的 220V 电源，保证系统正常工作。

⑥ 旁路指示灯。该指示灯亮，表明不能使用备用电池供电。

⑦ 故障报警指示灯。该指示灯亮，表明 UPS 检测到内部故障。

⑧ 电池供电指示灯。该指示灯亮，表明 UPS 是由电池供电，室内电源屏供的交流 220V 电源断电，此时，UPS 发出"哔—哔"的报警声（每间隔 30s 连续响 4 次）。当 UPS 恢复电源屏供电时，报警声停止，电池供电指示灯灭，恢复正常。

注意： 当出现电源屏供电故障时，要及时排除供电故障，UPS 具有在外电网供电停止 5min 后自动关机的功能（由内部软件设定），以保护电池留有一定电量，不致电池放亏，此时 UPS 面板上的电源正常供电指示灯、补偿超低压指示灯和电池供电指示灯、超负荷指示灯、更换电池指示灯分别循环闪亮。当供电恢复正常后，UPS 自动启动，不用人工干预。人为关机则不能自动恢复供电，必须人工开机才能正常供电。

⑨ 超负荷指示灯。当负载超过了 UPS 容量时，超负荷指示灯亮，UPS 发出一个持续的长音。联锁系统正常运转时，不会超负荷。若发现超负荷指示灯亮，要迅速检查负载，排除故障，以消除超负荷。

⑩ 更换电池指示灯。UPS 在使用过程中，每两周进行自检一次（无需人工操作）。在自

检过程中，UPS 在短时间内以电池维持负载设备运行。如果自检通过了，它就恢复到电源屏供电运行。如果自检失败了（即电池不能供电），则更换电池指示灯亮，同时发出短促的"哔-哔"声。

UPS 可测到各种电压失常，如电压跳动、突降和突升。UPS 通过自动转为电池运行状态而对各种失常做出反应，以保护负载设备。在电力质量差时，UPS 可能频繁转为电池运行状态。如果负载设备在上述条件下可正常运行，则可以通过降低 UPS 灵敏度方式保存电池能力和使用寿命。

（2）联锁机柜

联锁机柜从上至下包括驱采电源、驱采机箱、联锁机箱等，如图 3-36 所示。机箱背部安装有母板，机箱内提供电路板插槽，电路板在机箱前面插入机箱母板中，并在前面板有指示灯，用以观察设备运行情况以及输入/输出接口状态。正常情况下，所有板子的表示灯为绿或黄灯，在一块板子出现故障后，相应的板子表示灯为红灯。机箱对外的引线通过母板后面的接插件与外界相连。

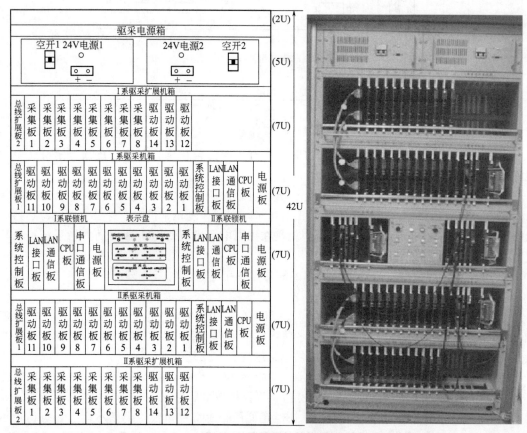

图 3-36 联锁机柜结构图

有些站场较大的车站，一个机柜不能容纳所有驱采设备，此时需要增设驱采扩展机柜，结构与联锁柜基本一致，差别在于中间的表示灯稍有不同。

① 驱采电源箱　驱采电源是将 UPS 输出的交流 220V 电源转换成驱采机使用的直流 24V 电源。每个驱采电源箱设置两个驱采电源模块，两模块为并联输出，如图 3-34 所示。

② 驱采扩展机箱　联锁机柜通过采集电路和电路板采集组合架继电器接点状态。为双套采集，即每个采集点都通过两路进行采集，两路采集结果通过驱采机和 LAN 通信传送至联锁机，作为联锁机柜进行联锁运算的依据。

一个驱采机扩展箱可插 16 块采集板（及 3 块驱动板），每块采集板有 64 路采集。某块采集板某路采集的哪个继电器接点（前接点/后接点）由接口信息表约定。采集前面板上端指示灯表明采集板是否工作正常，如果绿灯点亮，则该板工作正常，如果红灯点亮，则该板有故障。

③ 驱采机箱　驱采机安装在驱采机箱中，通过 LAN 通信，接收联锁机传送的控制命令，并根据控制命令使相应的驱动板工作，通过驱动电路控制组合架继电器动作，结构如图 3-37 所示。

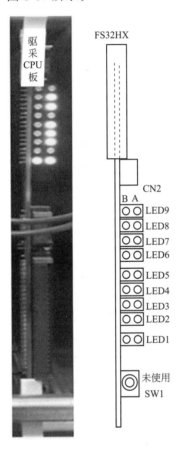

名称	内容	颜色	正常状态
LED1-A	总线校核结果 稳灯：一致 灭灯：不一致	黄	稳灯
LED1-B	程序运行时闪烁 稳灯/灭灯：异常	绿	闪烁
LED2-A	LAN通信未初始化时闪烁	黄	灭灯
LED3-A	采集数据正确 稳灯/灭灯：异常	黄	闪烁
LED4-A	驱动数据正确 稳灯/灭灯：异常	黄	闪烁
LED5-A		黄	闪烁
LED6-A	有主控联锁机 稳灯/灭灯：异常	黄	闪烁
LED7-A	与Ⅱ系联锁机LAN通信均正常 稳灯/灭灯：异常	黄	闪烁
LED8-A	与Ⅰ系联锁机LAN通信均正常 稳灯/灭灯：异常	黄	闪烁
LED9-A	未使用	黄	灭灯
LED2~9-B	未使用	绿	灭灯
SW1	未使用	—	—

图 3-37　驱采 CPU 板

一个驱采机箱可插 11 块驱动板，每块驱动板有 16 路输出。驱动板前面板有两类指示灯：一类是在板前面上端（一个绿灯、一个红灯），用以表明驱动板是否工作正常，如果绿灯点亮，则该板工作正常，如果红灯点亮，则该板故障；一类在板前面中端（16 个绿灯），用以表明驱动电路是否有输出，如果有输出，则对应位的绿灯点亮，如果没有输出，则对应位的绿灯灭灯。

④ 联锁机箱　联锁机采用双机热备的动态冗余结构，两套联锁机互为主备，没有主次之分。系统运行期间，一套联锁机作为主机运行，另一套则作为备机运行。两套联锁机同时接收操作表示机发送来的控制命令，同时通过 LAN 通信，接收两套采集电路所采集站场状

态，并进行联锁运算，产生相应的控制命令。两套驱动电路则通过 LAN 通信接收联锁机的控制命令，但最终根据主用联锁机的控制命令控制自己的动态驱动电路产生输出，进而控制继电器动作。

联锁系统通过联锁机柜内的倒机电路实现双机热备的动态冗余结构。通过联锁机箱表示盘上的"主用"指示灯也可以看出联锁机的工作状态，"主用"灯亮绿灯的一系为主用，"主用"灯灭灯的一系为备用，如图 3-38 所示。

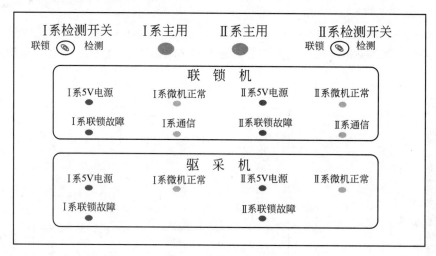

图 3-38　联锁机箱表示盘

两套联锁机在运行期间，不但通过自诊断系统验证本机是否工作正常，还实时交换动态信息，相互比较、验证，判断本机以及邻机是否正常工作。如果主机判断出自身发生故障，则通过倒机电路自动切换到备机，此时备机作为主机运行，而故障机器重新启动。如果备机发生故障，则备机重新启动。在双机切换和联锁机重启动时，不影响整个系统的运行，从而实现动态无缝切换。

EI32-JD 型联锁机有 4 种工作状态，可通过查看操作表示机显示器或查看机械室的电务维修机显示器获知各机器的工作状态。

停机状态——联锁机关机，掉电或正在重启、联锁程序未运行，此时联锁机处于停机状态。当联锁机处于停机状态时，不执行联锁运算。

此时，操作表示机显示器中，在屏幕的右下角，对应的该联锁机的小方块显示为红色。

主机状态——在双机热备系统中，倒机电路决定在某一时刻，只有一套联锁机运行于主机状态。当联锁系统上电启动时，先投入运行的联锁机自动进入主机状态。

在系统运行期间，两套联锁机通过自诊断和互诊断机制，判断系统是否工作正常，只有主机判断发生危险性故障，或主机有故障同时备机处于热备状态，才会切换到备机，由备机作为主机维持系统运行。

只有运行于主机状态的联锁机才能最终驱动组合架继电器。此时操作表示机显示器屏幕的右下角对应的该联锁机的小方块显示为绿色。

热备状态——在双机热备系统中，在一套联锁机作为主机运行后，另一套联锁机则可以运行于热备状态。

联锁机上电启动后，在采集到另一套联锁机已处于主机状态的前提下，经自诊断、互诊断，认为本机无故障，且与主机的动态信息同步后，进入热备工作状态。

当备机处于热备工作状态时，接收操作表示机的操作命令，通过 LAN 通信接收采集电路所采集站场状态，进行联锁运算，同时根据联锁运算结果产生控制命令，但两套驱动电路不会根据热备机的控制命令进行工作。此时，操作表示机显示器屏幕的右下角，对应的该联锁机的小方块显示为黄色。

同步校核状态——在双机热备系统中，在一套联锁机作为主机运行后，另一套联锁机可以运行于同步校核状态。同步校核状态是备机由停机状态向热备状态过渡的中间状态。

另一套联锁机上电启动后，经自诊断无误后，开始运行联锁程序，接收操作表示机传来的操作命令，采集站场状态，进行联锁运算，此时这套联锁机处于同步校核状态。

处于同步校核状态的联锁机还要向主机请求同步，当和主机建立通信并且本机的联锁动态信息和主机完全一致时，进入热备状态。

电源板（VPW1）如图 3-39 所示。串口通信板（VSIO）如图 3-40 所示。联锁 CPU 板（FS32HX）如图 3-41 所示。LAN 通信板（LANHX）如图 3-42 所示。LAN 接口板（OPTHX）如图 3-43 所示。系统控制板（VSYS）如图 3-44 所示。

（3）分线柜

分线柜通过 32 芯电缆与联锁柜内的驱动机箱、采集机箱相连，通过 32 芯电缆与接口柜相连，如图 3-45 所示。

（4）电务维修机

EI32-JD 型电务维修系统是和 EI32-JD 型计算机联锁系统配套使用的车站信号设备状态记录、监督系统。其功能如下。

① 实时监视 EI32-JD 型计算机联锁系统的运行情况，包括联锁机、驱采机、输入/输出硬件电路、操作表示机以及各计算机间的通信情况。

② 实时监视、记录车站值班员操作、车站运行情况。

③ 记录车站信号设备故障，包括道岔失表示、灯丝断丝等。

④ 记录计算机联锁系统输入、输出电路硬件故障、系统控制板故障、通信故障等。

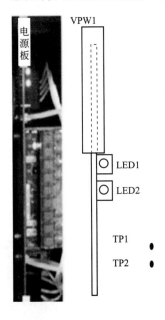

名称	内容	颜色	正常状态
LED1	系统电源正常时点灯	绿	稳定绿灯
LED2	软件运行正常时点灯	绿	稳定绿灯
TP1	+5V	—	—
TP2	0V	—	—

图 3-39　电源板

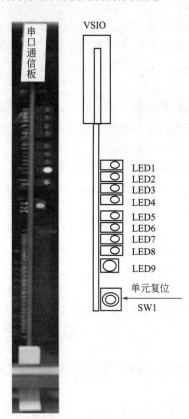

名称	内容	颜色	正常状态
LED1	未使用	黄	灭灯
LED2	未使用	黄	灭灯
LED3	未使用	黄	灭灯
LED4	串口3接收发送状态 闪烁:有数据收发	黄	—
LED5	串口2接收发送状态 闪烁:有数据收发	黄	—
LED6	串口1接收发送状态 闪烁:有数据收发	黄	—
LED7	未使用	黄	灭灯
LED8	接收操作表示机的数据时闪烁,未接收时灭灯	黄	—
LED9	本板工作正常灯(稳灯/灭灯:异常)	绿	闪烁
SW1	单元内部复位	—	OFF

图 3-40　串口通信板

名称	内容	颜色	正常状态
LED1-A	总线校核结果　稳灯:一致; 灭灯:不一致	黄	稳灯
LED1-B	程序运行时闪烁; 稳灯/灭灯:异常	绿	闪烁
LED2-A	LAN通信未初始化时闪烁;	黄	灭灯
LED3-A	联锁正常; 稳灯/灭灯:异常	黄	闪烁
LED4-A	与B操作表示机串口通信正常; 稳灯/灭灯:异常	黄	闪烁
LED5-A	与A操作表示机串口通信正常; 稳灯/灭灯:异常	黄	闪烁
LED6-A	相邻联锁机LAN通信正常 稳灯/灭灯:异常	黄	闪烁
LED7-A	与II系所有驱采机LAN通信均正常; 稳灯/灭灯:异常	黄	闪烁
LED8-A	与I系所有驱采机LAN通信均正常; 稳灯/灭灯:异常	黄	闪烁
LED9-A	未使用	黄	灭灯
LED2~9-B	未使用	绿	灭灯
SW1	未使用	—	—

图 3-41　联锁 CPU 板

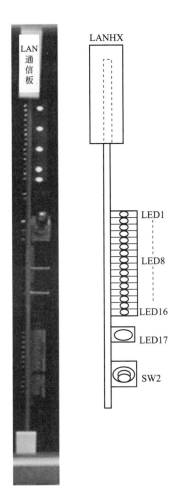

名称	内 容	颜色	正常状态
LED1(LE)	L回线接收异常: 点灯	绿	灭灯
LED2(LR)	L回线接收正常: 点灯	绿	点灯
LED3(LH)	L回线无接收异常: 点灯	绿	灭灯
LED4(LM)	L回线接收异常: 点灯	绿	灭灯
LED5(LS)	L回线发送异常: 点灯	绿	灭灯
LED6(LT)	L回线发送正常: 点灯	绿	点灯
LED7(LB)	L回线发送 点灯: 回线切断	绿	灭灯
LED8(OK)	点灯: 硬件初期化中 灭灯: 正常动作中	绿	灭灯
LED9(RE)	R回线接收异常: 点灯	绿	灭灯
LED10(RR)	R回线接收正常: 点灯	绿	点灯
LED11(RH)	R回线无接收异常: 点灯	绿	灭灯
LED12(RM)	R回线接收异常: 点灯	绿	灭灯
LED13(RS)	R回线发送异常: 点灯	绿	灭灯
LED14(RT)	R回线发送正常: 点灯	绿	点灯
LED15(RB)	R回线发送: 点灯: 回线切断	绿	灭灯
LED16(HO)	主I/F正常 点灯: 正常 灭灯: 异常	绿	点灯
LED17	LAN通信线旁路点红灯	红	灭灯
SW2(PASS)旁路开关	上侧: 正常　下侧: 旁路	—	上侧

图 3-42　LAN 通信板

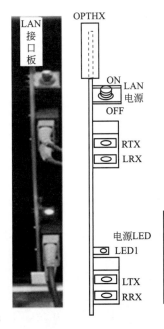

名称	内 容	颜色	正常状态
LED1(电源)	LAN传送器电源ON: 点灯	绿	点灯
SW1 (LAN电源)	上侧: LAN传送器电源ON	—	上侧
	下侧: LAN传送器电源OFF	—	—

图 3-43　LAN 接口板

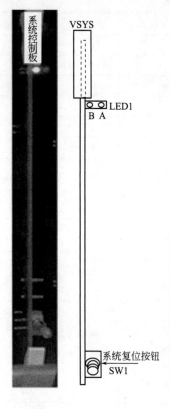

名称	内容	颜色	正常状态
LED1-A	动作状态异常时点稳红灯	红	灭灯
LED1-B	动作状态正常时点稳绿灯	绿	点灯
W1	系统复位按钮(复位时拉出此按钮向上松手系统复位后按钮自动恢复原状)	—	下侧

图 3-44 系统控制板

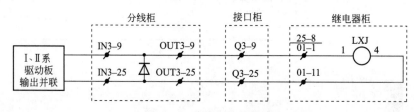

图 3-45 分线柜连接简图

⑤ 再现车站值班人员的操作、车站运行的情况。

⑥ 再现故障信息。

⑦ 远程诊断功能。可远程登录到车站的电务维修机，维修中心可以查看系统运行信息、车站运行情况、故障信息，帮助电务人员分析故障，迅速排除故障。

⑧ 为微机监测等提供接口。

三、EI32-JD 型计算机联锁与其他系统接口认知

在 CTCS-3 级下，计算机联锁系统通过交换机接入 RBC-IXL 安全通信网中。其结构如图 3-46 所示。

1. 与 RBC 的接口

计算机联锁系统与 RBC 的通信采用双以太网通信接口方式，双网互为冗余。采用专用光纤网，通过交换机将设备接入 RBC-IXL 安全通信网中，通信机设置在综合机柜内。联锁

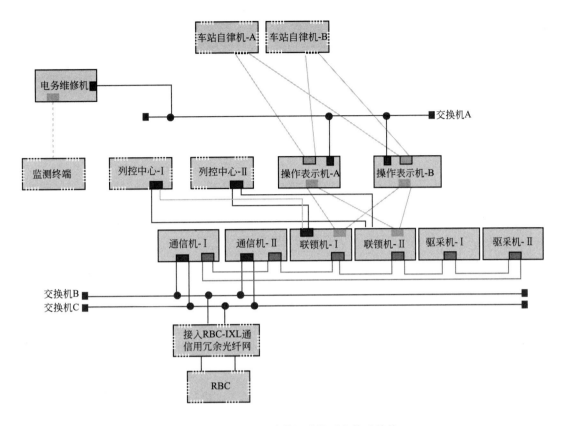

图 3-46 CTCS-3 级计算机联锁系统体系结构

系统发送给 RBC 系统的信息有站内轨道电路信息、闭塞区间轨道电路状态、区间闭塞方向、列车进路信息。

由于大多数区间轨道电路由列控中心采集后送到联锁系统，所以目前联锁系统仅采集站内和进站信号机外方一个区段的信息。

RBC 不向联锁系统发送有效信息，仅发送心跳信息以监视 RBC 的状态，这意味着逻辑上联锁系统与 RBC 之间是单向通信。

2. 与 TCC 的接口

计算机联锁系统与列控中心的通信，是通过以太网经联锁机进行交叉互联实现的，而既有线列控是通过操作表示机串口连接实现的。接口示意图如图 3-47 所示。

联锁系统发送给 TCC 系统的信息有接发列车进路信息（包括进路号、信号显示、进路状态）和发车请求信息。向区间办理发车进路后，向列控中心发送请求发车信息和区间方向控制命令。

联锁系统接收的 TCC 系统的信息有区间运行方向表示信息（接车方向、发车方向）、闭塞分区轨道电路状态信息、允许发车信息、临时限速信号（USU）降级显示命令信息。

3. 与 CTC 的接口

计算机联锁系统与 CTC 系统的通信是通过带光电隔离的 RS-422 标准串口进行交叉互联

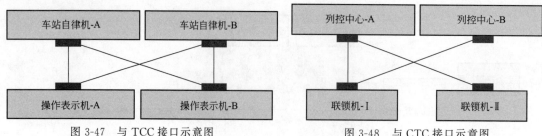

图 3-47　与 TCC 接口示意图　　　　图 3-48　与 CTC 接口示意图

实现的。接口示意图如图 3-48 所示。

联锁系统发送给 CTC 系统的信息有站场表示信息、控制状态信息、心跳信息、控制模式转换信息。

联锁系统接收的 CTC 系统的信息有控制状态信息、控制命令信息、时钟信息、心跳信息、控制模式转换信息。

4. 与信号集中监测系统(CSM)的接口

计算机联锁系统与 CSM 的接口通过计算机联锁维修终端与信号集中监测系统终端设备采用串行通信（RS-232）的方式结合。

联锁系统送给 CSM 系统的信息有进路排列情况与相应时间的登记、关键继电器动作和铅封按钮动作与相应时间的登记、控制台表示信息记录、按钮操作信息记录、灯丝报警、熔丝报警。

任务二　EI32-JD 型计算机联锁设备操作使用

任务目标

1. 熟悉 EI32-JD 型计算机联锁控显机的显示及意义。
2. 能够熟练操作控显机。
3. 能够调看维修机的各种数据。

任务实施

一、EI32-JD 联锁系统控制台界面显示

图 3-49 所示是某车站的站场显示。控制台屏幕各种显示含义如下所示。

1. 绝缘节

绝缘节以白色短竖线（交叉渡线处以短横线）表示；侵限绝缘以红圆圈中的红色竖线表示。

2. 线路的显示颜色

轨道区段空闲且在解锁状态时呈青色；轨道区段空闲且在锁闭状态时呈白色；轨道区段有车或发生故障时呈红色。

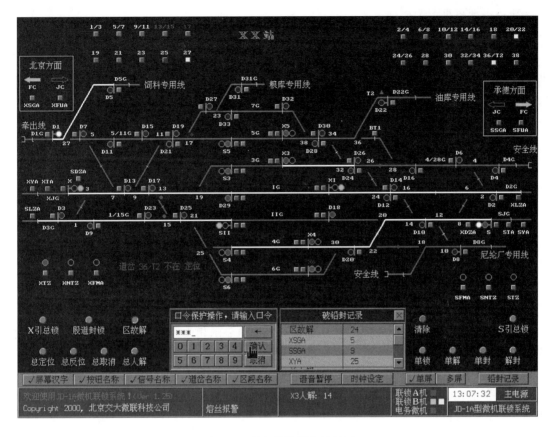

图 3-49 某车站控制台站场图

3. 信号复示器设置及其显示

列车信号复示器在信号机关闭时呈圆形红色；信号机开放时其圆形颜色与室外信号机显示一致；调车信号复示器在信号关闭时呈蓝色；信号开放时呈白色；灯泡断丝时闪蓝光。

4. 道岔状态显示

道岔的状态在站场图的相应道岔处和单设的道岔按钮处均有显示。

① 站场道岔处的显示　道岔的开口表示当前线路断开的一侧，经由道岔的线路以实线连接为当前开通方向，线路的开口（道岔开口）表示了当前道岔的开通方向；道岔暂时（如正在转换）失去表示时，线路断开；道岔挤岔时，线路上挤岔的岔心闪红光，并有语音报警；道岔单封时，道岔岔心处出现蓝色圆点；道岔单锁时，道岔岔心处出现红色圆点。

② 道岔按钮处的显示　道岔在定位时，按钮呈绿色；道岔在反位时，按钮呈黄色；道岔在转换时，按钮呈灰色；道岔挤岔时，按钮呈红色；道岔单封时道岔按钮名呈蓝色；道岔单锁时道岔按钮名呈红色。

5. 信息自动提示框

（1）操作或联锁出现异常的提示框（在屏幕左下角）

该框中能提供以下信息。

① 操作错误——按钮操作不符合规定或按钮配对有误。

② 操作无效——按钮操作符合规定，但因条件不满足而无法执行，例如办理敌对进路操作。

③ 进路选不出——在进路选排过程中，因条件不满足而选不出。

④ 进路不能锁闭——进路选排成功后因进路锁闭条件不满足而无法锁闭进路。

⑤ 信号不能开放——开放信号的条件不满足。

⑥ 信号不能保持——信号开放后因保持条件不满足而不能保持开放。

⑦ 命令不能执行——在进路或道岔锁闭期间，无法实现的操作命令。

⑧ 不能自动解锁——因某种故障使进路不能自动解锁。

（2）故障报警框

当发生联锁机故障、熔丝断丝、道岔挤岔、电源屏故障等，框内提供汉字报警信息，而且该框的底色为红、蓝交替闪烁。

（3）延时信息框

反映人工解锁、接近锁闭后的区段故障解锁、延续进路解锁、第一区段故障造成的开放引导信号或股道上道岔延时解锁时间变化情况。框内显示相应的信号名、区段名和倒计时信息。例如，"S3 人解：14"表示上行 3 股道发车进路人工解锁尚需延时 14s。

（4）联机信息框

反映操表机、联锁机、电务维修机以及操表机与联锁机之间的通信网的状态。例如对应两台上位机设有两个显示方块，左方块代表 A 机，右方块代表 B 机。绿色方块表示该机处于主控状态；黄色方块表示该机处于备机（热备）状态；红色方块表示该机处于脱机或停机状态。当方块的上半部分为红色时，表示与该机连接的第 1 通信网失效；下半部分为红色时，表示与该机连接的第 2 通信网失效。

联锁机：显示内容及方式与上位机一样。

电务维修机：设一个显示框。绿色表示该机正常运行；红色表示该机停止运行。

二、EI32-JD 联锁系统常用操作

控显机操作

1. 系统上电解锁

当系统恢复供电，联锁机、操作表示机重新供电或进行人工切换时，全站处在锁闭状态，在确认所有机车已停止运行时，可按下"上电解锁"按钮并输入正确的口令，系统自动解锁所有道岔区段后才能进行正常办理。平时有信号开放或有完整进路时不允许用上电解锁功能。

2. 办理列车进路和重复开放信号

（1）基本进路

操作：进路始端信号按钮＋进路终端信号按钮（对于接车进路来说，进路终端信号按钮实际上是接车股道反向出站信号复示器处的信号按钮）或专设的进路终端按钮。这里"＋"号左边的按钮为先按下的按钮，其右边的为后按下的按钮（下同）。

显示：按下始端按钮后，信号机名闪烁，进路建立过程中，屏幕显示出有关道岔的动作

情况。进路建立成功，进路呈白色光带，信号名呈白稳。信号开放后，复示器给出相应显示。

（2）变通进路

操作：始端信号按钮＋变通按钮（一个或一个以上）＋进路终端按钮。

显示：与基本进路相同。

（3）重复开放信号

操作：进路始端信号按钮。

显示：信号复示器显示开放信号。

（4）延续进路

操作：接车进路始端按钮＋接车进路终端按钮＋延续进路终端按钮（延续进路终端的列车、调车信号按钮，或专设的延续进路终端按钮）。

显示：接车进路进站信号机开放信号，延续进路的出站信号机开放信号。

（5）通过进路

操作：通过进路按钮（在通过进路始端）＋正线发车进路终端信号按钮或专设的进路终端按钮。

显示：接车进路进站信号机开放信号，发车进路的出站信号机开放信号。

3. 办理调车进路和重复开放信号

（1）基本进路

操作：调车进路始端信号按钮＋调车进路终端信号按钮（顺向单置信号机的信号按钮、并置或差置反向信号机的信号按钮、尽头线反向信号机按钮或专设的调车进路终端按钮）。

显示：类似于列车基本进路。

（2）变通进路

操作：进路始端按钮＋变通按钮（变通进路中反向单置调车信号机的信号按钮或专设的变通按钮）＋进路终端按钮。

显示：类似于基本进路。

（3）组合调车进路（长调车进路）

操作：组合进路始端按钮＋组合进路的终端按钮（当组合进路包括变通进路时，按下始端按钮后，需按下变通进路的变通按钮）。

显示：组合进路的调车信号由远及近地开放。

（4）重复开放信号

操作：进路始端信号按钮。

显示：信号开放。

4. 进路或轨道区段的解锁

（1）取消进路

操作：总取消按钮＋进路始端信号按钮。

主要条件：进路处于预先锁闭状态，进路空闲，轨道电路无故障，道岔位置正确。

显示：信号关闭，进路白光带消失。

(2) 人工解锁

操作：总人解＋输入口令＋进路始端按钮。

条件：进路处于接近锁闭状态，进路空闲，道岔表示正确。

显示：自信号关闭后，延迟到规定的时间（屏幕上有延时提示，正线进出站列车信号需延时 3min，侧线出站或调车信号需延时 30s 才能解锁），进路白光带消失。

(3) 轨道区段故障解锁

操作：区故解按钮＋输入口令＋待解锁的区段按钮。

条件：被解锁的区段不在列车或车列运行的前方而且该区段轨道电路无故障。

显示：在按压"区故解"按钮并输入口令后，该按钮呈红色，同时所有需要解锁的区段处呈红色区段名，该区段名就是区段按钮。点击区段按钮，相应区段的白光带消失。

(4) 调车组合进路解锁

调车组合进路是由若干条单元进路（基本进路或变通进路）组合而成。组合进路的解锁需按单元进路分别办理。

(5) 延续进路解锁

操作：总取消＋延续进路始端按钮。

5. 引导进路的办理与解锁

操作：引导按钮＋输入口令。

信号机内方第一轨道电路区段故障时的操作：引导按钮＋输入口令。此后必须断续地按下引导信号按钮。重复按下的间隔时间不应超过 15s，否则引导信号自动关闭。

解锁操作：总人解＋输入口令＋列车信号按钮。

6. 道岔的单操和单封、单锁与解锁

(1) 道岔单操

操作：总定位（总反位）按钮＋道岔按钮。

显示：按下总定位（反位）按钮后，该按钮闪绿（黄）色。道岔转换到指定位置后，总定位（反位）按钮恢复暗灰色，道岔按钮呈绿（黄）色。

(2) 道岔单封

操作：单封按钮＋道岔按钮。

显示：按下单封按钮后，该按钮闪蓝色。按下道岔按钮后，线路中相应道岔处出现蓝色圆点，道岔名称呈蓝色，单封按钮恢复原色。

(3) 道岔解除封锁

操作：解封按钮＋道岔按钮。

显示：按下解封按钮后，该按钮呈绿闪；按下道岔按钮后，线路中相应道岔处的蓝圆点消失，道岔按钮名及解封按钮恢复原色。

(4) 道岔单锁

操作：单封按钮＋道岔按钮。

显示：按下单锁按钮后该按钮呈绿闪，线路上相应道岔处出现红圆点，道岔名称呈红色，单锁按钮恢复原色。

(5) 道岔单解

操作：单解按钮＋道岔按钮。

显示：按下单解按钮后，该按钮呈绿闪；按下道岔按钮后，道岔处的红圆点消失，道岔按钮名和单解按钮恢复原色。

7. 站控/自律模式转换

"非常站控"灯——非常站控表示灯，平时灭灯，当前为非常站控模式时显示红灯。

"允许转为自控"灯——允许转为分散自律模式表示灯，平时灭灯，当允许由当前的非常站控模式转为自律模式时显示黄灯。

"自律模式"灯——分散自律模式表示灯，平时绿灯，表示当前为分散自律模式。

分散自律控制转非常站控是无条件的，破封按压"非常站控"（鼠标操作为单击"非常站控"，输入口令，此时按钮前打"√"）。

非常站控转分散自律控制是有条件的，即CTC设备正常，且非常站控下没有正在执行的按钮（"允许转为自控"灯亮黄灯）。破封按压"非常站控"（鼠标操作为单击"非常站控"，输入口令，此时按钮前"√"消失）。

三、维修机的使用

在EI32-JD联锁系统中，维修机是信号人员进行整套设备维护、故障处理的重要辅助设备。如图3-50所示是EI32-JD运用在某车站的显示界面。

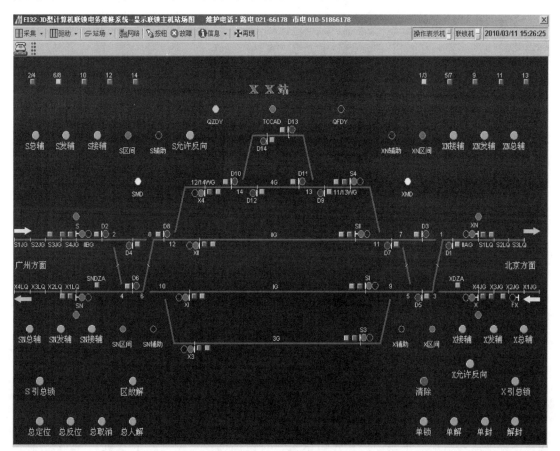

图3-50　某车站维修机界面显示

图 3-51　维修机鼠标
快捷方式

1. 一般操作

在屏幕空白处右击，在弹出的快捷菜单中可以找到需要显示的参数，如图 3-51 所示。

2. 系统菜单条

维修机屏幕上方的系统菜单条提供了系统常用功能的操作方式，用鼠标单击菜单条功能按钮，就可执行相应功能操作。系统菜单条如图 3-52 所示。

（1）信息查询功能

在系统菜单中单击 按钮，查看车站值班人员最近一个月按压按钮的时间、按钮名称等信息。

在系统菜单中单击 故障，可查看联锁机、操作表示机最近一个月发生故障的时间、原因等重要信息，供维修人员分析故障原因。

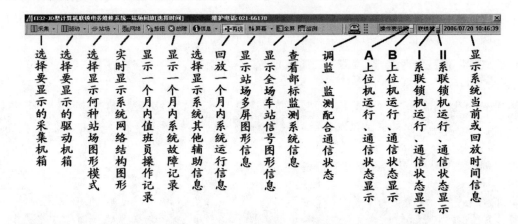

图 3-52　维修机系统菜单条

在系统菜单中单击 信息，通过选择，也可以实现上述功能，还可以实现显示操作信息提示框、继电器状态变化窗口、报警记录和采集/驱动信息表等功能。

如需调查值班员的操作，可通过系统菜单选择值班人员按钮记录 按钮，系统会弹出值班员按钮操作信息显示对话框，按照按钮按压时间的先后顺序列出了某天值班人员按压控制台按钮的详细记录情况，包括按钮名称、按钮类型（信号按钮、破封按钮、功能按钮）、按压时间等信息，列表框一行显示两条按钮信息。

（2）联锁系统故障记录

这是非常重要的信息支持，在系统菜单中单击 故障，系统弹出系统故障提示信息显示对话框。

图 3-53 中详细地列出了某天联锁系统的故障信息，信息按照发生时间的先后顺序排列。信息中详细地列出了发生故障的操作表示机、联锁机机号（A 机还是 B 机）、故障信息内容、根据故障内容系统建议的纠正措施、发生的时间以及故障源代码信息等内容。

维修人员能够利用故障信息，结合站场回放，分析故障原因，找出故障隐患，同时还可在系统不能自动恢复的情况下结合系统给出的建议措施，及时纠正错误。

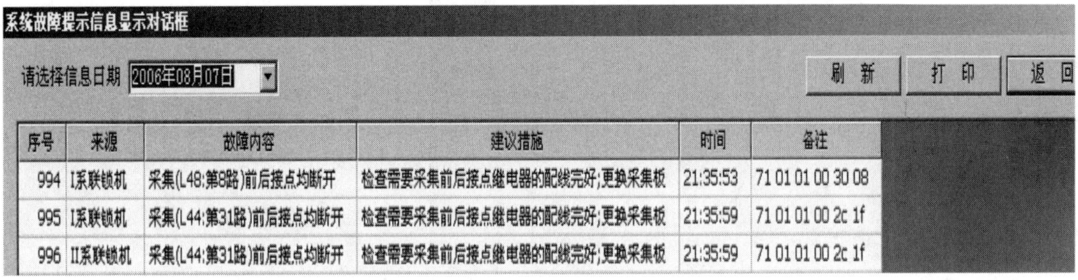

图 3-53　系统故障提示信息显示对话框

建议措施一栏中只列出了某故障的典型处理方法，由于发生故障的原因很多，因此具体情况要具体分析，然后结合建议措施解决问题。

备注栏内列出了故障信息的原始代码，它是提供给生产厂商分析故障的原始依据，因此在和生产厂商联系时，除详细提供故障发生前后的相关情况外，还需提供列表框中的故障原始代码。

（3）操作信息提示

在系统菜单中单击 信息 ，选择操作信息提示框后，系统弹出图 3-54 所示的窗口。

图 3-54　操作信息显示窗口

操作信息显示窗口实时显示值班人员的操作信息和联锁系统的提示信息。在进行回放作业时，操作信息显示窗口也会显示出回放时刻值班人员的操作信息和联锁系统提示信息。最后一列显示为红色"R"时为回放信息，否则为实时信息。

提示框分四列，第一列显示的是信息来源，分 A 机、B 机和Ⅰ系、Ⅱ系；第二列显示的是信息内容，包括提示信息和按钮信息；第三列显示的是信息时间；第四列显示是否为回放。

用户可以单击窗口右上角的关闭按钮来关闭（隐藏）窗口。如果在一段时间内没有提示信息出现，系统也会自动隐藏窗口。

用户可以通过选择 ✓ 自动弹出操作信息 来选择在有新的提示信息产生时是否自动显示（前提是提示框已关闭）提示信息框。打钩表示能够自动显示，否则表示不能自动显示，用户必须通过菜单选择才能显示。

（4）系统网络结构图显示

这项功能用于对联锁系统的通信状态进行监测。通过系统菜单选择查看系统网络结构图后，主界面显示系统的网络结构图和实时的系统网络状态、主机运行状态等信息如图 3-55 所示。

图 3-55 列出了 A、B 操作表示机，Ⅰ系、Ⅱ系联锁机，Ⅰ系、Ⅱ系驱采机和电务维修机本身。通过它们边框和文字的颜色来实时显示某机器当前的状态，具体颜色定义如下。

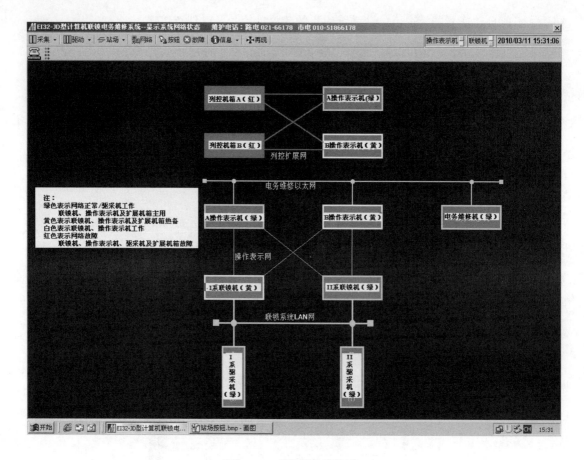

图 3-55　系统网络结构图

① 绿色。表示某操作表示机正在主控状态，某联锁机正在主控状态，Ⅰ系、Ⅱ系驱采机工作正常，扩展网机箱正在主控状态，电务维修机工作正常，网络通信正常。

② 黄色。表示某操作表示机正处于热备状态，某联锁机正处于热备状态，扩展网机箱正处于热备状态。

③ 白色。对于联锁机，表明它和主控操作表示机网络通信正常，但不处于主控和热备状态；对于操作表示机，表明它和电务维修机网络通信正常，但和主控操作表示机通信故障或不处于热备状态。

④ 红色。对于联锁机，表明它和主控操作表示机失去联系（网络通信中断）；对于操作表示机，表明它和电务维修机网络通信中断且和主控操作表示机通信中断。

四、高铁 EI32-JD 型计算机联锁设备与既有线的不同之处

高铁 EI32-JD 型计算机联锁设备与既有线 EI32-JD 型计算机联锁设备在按钮设置及操作上基本相同，下面介绍高铁 EI32-JD 型联锁设备的不同之处。

1. 屏幕显示

① 列车信号机若为点灯状态，显示与室外信号机保持一致，若为关灯状态，则在相应信号复示器上带 "X"，室外灭灯。

② 在联机信息框中增加了反映 RBC 设备与联锁机之间的通信状态。绿色方块表示该机

处于正常运行状态；红色方块表示该机处于脱机或停机状态。

③ 信号机降级表示灯：每架进站信号机设置一个降级信号表示灯；平时灭灯，当收到 TCC 的信号降级信息时显示红灯，此时如开放黄闪黄显示则降级为双黄显示。

2. 进路或轨道区段的解锁

与既有线不同的是，在高铁线路上当进路处于接近锁闭时，正线进、出站列车信号需延时 5min（既有线为显示 3min）解锁。

3. 按钮设置

由于高铁的地面信号平时处于关闭状态，只有当车载设备出现故障或开行未安装车载设备的列车时，才会开启信号机，所以高铁 EI32-JD 界面上增设了"点灯"和"开灯"按钮。

"点灯"按钮：用于对列车信号机进行开灯操作。需与列车按钮配合使用。

"关灯"按钮：用于对列车信号机进行关灯操作。需与列车按钮配合使用。

4. 按钮操作

① 信号机的点灯。常态为关灯状态，需要转为点灯状态时（如列控车载设备故障或开行未安装列控车载设备的列车时），按压"点灯"按钮＋"信号"按钮。

② 信号机的关灯。按压"关灯"按钮＋"输入口令"＋"信号"按钮。

任务三　EI32-JD 型计算机联锁设备检修维护

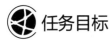

任务目标

1. 熟悉 EI32-JD 型计算机联锁系统的日常巡视项目。
2. 了解 EI32-JD 型计算机联锁系统的月检项目及标准。
3. 了解 EI32-JD 型计算机联锁系统的年检项目及标准。
4. 掌握 EI32-JD 型计算机联锁系统的维护注意项目。

任务实施

EI32-JD 型联锁设备在运用中应制订故障检修标准，故障动态继电器、故障驱动盒及故障电路板由各研制厂家负责检修，软件由各研制厂家负责终身保修。

放置在微机室的监控机、维修机的显示器，为延长使用寿命，要求平时关闭显示器，平时关闭打印机电源。信号人员进行联锁设备检修时，应遵守公司制订的设备维护规程、检修作业指导书、工艺卡等文本标准。

一、日常巡视检查项目及标准认知

EI32-JD 型计算机联锁系统的日常巡视检查项目及标准见表 3-13。

二、月检项目及标准认知

以某站联锁机为例，其月检项目及标准见表 3-14。

表 3-13　日常巡视检查项目及标准

序号	设备	巡视项目	周期	分析及处理
①	电务维修机	系统工作无异常	每日	检查维修机主机、显示器工作正常,浏览各项菜单功能齐全,运行状态良好
		查看系统有无故障报警信息	每日	通过维修机,查看系统给出的有关报警信息,并及时进行处理
		网络通信状态无异常	每日	查看联锁系统通信网络图,分析处理通信网络故障或不良系统故障
		利用回放功能查询有关信息	每日	可通过维修机进行历史信息的回放
②	通信机柜	检查各种面板指示灯工作状况	每日	如异常或不工作,及时进行处理
		检查通信机工作指示灯有无异常报警	每日	查看电源有无异常报警或声响,并进行处理
		双机热备系统定期切换主备机运用	每季	利用垂直天窗,每季进行1次人工切换,并记录
③	防雷	防雷监督板报警灯是否亮灯,蜂鸣器是否报警	每日	如报警灯点亮,且发出长鸣声音,说明有防雷管短路现象,并进行查找处理
④	运转室	查看显示器前、后台工作情况	每日	检查前、后台显示器电源、接口接触良好,显示正常
		询问值班员系统工作有无异常	每日	和值班员进行沟通,询问信号设备有无不良信息
		查看显示器上有无灯丝、区间、移频等报警信息	每日	查看显示器上灯丝、区间、移频等各种报警灯是否点亮和有无语音报警,并及时组织处理
		查看系统运行状态指示灯有无异常	每日	根据显示器上联锁机、操表机运行状态表示灯的颜色变化,查看联锁机、操表机的工作状态
		应急操作盘加封加锁设备检查	每日	检查加封加锁,如不良掌握原因后及时处理
⑤	联锁机柜	驱动、采集板指示灯是否正常	每日	
		联锁机指示灯工作无异常	每日	如异常或不工作,及时进行处理
		检查风扇运行情况,保持机箱通风良好	每日	检查联锁机、操表机风扇工作情况,如停止转动或声音异常,及时进行处理
		运行/测试开关位置是否正确	每日	利用垂直天窗,每季进行1次操表机、联锁机主备机间的人工切换,并记录
		双机热备系统定期切换主备机运用	每季	利用垂直天窗,每季进行1次操表机、联锁机主备机间的人工切换,并记录

表 3-14　月检项目及标准

××站联锁机月检工艺卡

作业性质:月检		编号:		设备编号:	
作业项目:联锁机月检作业					
作业条件	①召开班前会,明确施工范围、内容、人员分工以及注意事项				
	②检修工具准备齐全				
	③按规定办理请点手续				
	④按规定做好安全防护				
作业工器具	名　称		型　号		数　量
	组套工具		—		1套
	毛刷		40mm		1把

续表

作业材料	名　称	型　号	数　量
	抹布	—	0.5m

安全要点	①施工负责人与行车人员共同确认已批点、作业区域范围、作业内容和影响范围
	②防止触动各类开关、按钮、电源等设备
	③严禁影响设备正常工作状态的操作

检修项目	检修步骤及标准
①设备工作状态检查	①检查Ⅰ、Ⅱ系联锁、接口、驱采24V电源指示灯。标准:亮绿灯
	②检查分线柜防雷元件。标准:指示窗绿色
	③查看机柜前面和后面线缆安装状态。标准:无松脱现象,插接件完整
	④检查UPS指示灯。标准:输入、负载容量、电池容量显示灯亮绿灯(其他指示灯灭灯)
	⑤检查风扇工作状态。标准:通风良好,无异常噪声
②设备恢复及加锁加封检查	检查机柜加封加锁情况。标准:柜门关闭良好,加封良好
③收尾工作	①填写《××站设备月检记录表》
	②检修人员清点工具、材料,人员出清
	③施工负责人办理销点手续
	④召开班后会,填写作业工单

三、年检项目及标准认知

以某站联锁机为例,其年检项目及标准如表3-15。

表3-15　年检项目及标准

××站联锁机年检工艺卡			
作业性质:年检	编号:		设备编号:
作业项目:车辆段联锁机年检作业			
作业条件	①召开班前会,明确施工范围、内容、人员分工以及注意事项		
	②检修工具准备齐全		
	③按规定办理请点手续		
	④按规定做好安全防护		
作业工器具	名　称	型　号	数　量
	数字万用表	FLUKE17B	1块
	电台	400M	2部
	防静电手环	—	1个
	组套工具	—	1套
	吸尘器	—	1台
作业材料	名　称	型　号	数　量
	清洁布	—	适量
	清洁剂	—	适量
	毛刷	25mm	1个

续表

安全要点	①施工负责人与行车人员共同确认已批点、作业区域范围、作业内容和影响范围
	②检修机柜时必须佩戴防静电手环或防静电手套,插拔各种板卡
	③插拔板卡时,对板卡应做好标识
	④严禁使用潮湿的器具做机柜内部、板卡、芯片的清洁工作
	⑤操作道岔前,应做好现场安全防护
	⑥严禁扳动联锁机、驱采机机箱内 LAN 通信板和 LAN 接口板的板载二位非自复式钮开关。禁止扳动联锁机工作状态选择开关
	⑦更换板卡时佩戴防静电手环,设备断电并将板卡垂直于机箱母板拔插,检查板载跳线、板卡底部鉴别销和旧板卡一致
检修项目	检修步骤及标准
①设备工作状态检查	①检查Ⅰ、Ⅱ系联锁、接口、驱采 24V 电源指示灯。标准:亮绿灯 检查联锁机机箱和驱采机机箱内板卡指示灯。标准:工作灯点亮绿灯(故障灯灭灯)
	②检查分线柜防雷元件。标准:指示窗绿色
	③查看机柜前面和后面线缆安装状态。标准:无松脱现象,插接件完整
	④检查 UPS 状态。标准:输入、负载容量、电池容量显示灯亮绿灯(其他指示灯灭灯)
	⑤检查风扇工作状态。标准:通风良好,无异常噪声
	⑥机柜卫生清洁。标准:无灰尘
②设备功能检查	①测试联锁系统 24V 电源冗余功能。标准:关断单个电源,主用系联锁机或驱采机不得自动倒向备用系联锁机或驱采机
	②测试联锁机和驱采机倒机功能。标准:倒机后信号不得自动关闭
	③测试联锁机或驱采机冗余功能。标准:分别关断主用系联锁、驱采、LAN,信号不得自动关闭
	④测试 UPS 供、放电功能。标准:放电至电池容量显示 3 个绿色指示灯后恢复供电(供、放电期间联锁系统工作正常)
	⑤重启联锁机。标准:按流程进行重启,重启完毕双机自动同步工作
③电气特性测试	①测试联锁、驱采、接口 24V 电源。标准:DC22.8~25.2V
	②测试联锁机箱和驱采机箱内电源板载 5V 开关电源。标准:DC4.9~5.4V
④设备恢复试验,机柜加锁加封检查	①试验进路。标准:操纵全场道岔,排列进出运用库列车进路,进出段(联系正线)列车进路、长调车进路均正常
	②与调度中心试验。标准:操作台与调度中心显示一致
	③查看维修机信息。标准:无联锁机异常报警信息
	④检查机柜加封加锁情况。标准:柜门关闭良好,加封良好
⑤收尾工作	①填写《××站联锁机年检记录表》
	②确认设备工作状态和指示灯状态与作业前一致
	③检修人员清点工具、材料,人员出清
	④施工负责人办理销点手续
	⑤召开班后会,填写作业工单

四、UPS 电源电池维护

UPS 电源电池需要每三个月进行一次充放电。充放电方法如下。

① 确认哪台为热备 24V 开关电源。

② 把为热备 24V 开关电源供电的 UPS 电源输入插头拔下,UPS 电源发出报警声。此时 UPS 电源靠电池供电,电池开始放电。

③ 观察 UPS 电源前面板电池充电条形图,当 5 个发光管只亮 3 个格时(仅需要几分钟),电池放电到 60% 以下。

④ 插上 UPS 电源输入插头,电池开始充电。

按照上述方式维护的 UPS 电池的使用寿命可以延长,并且维护过程中不影响计算机联锁系统使用。UPS 电源本身免维护。电池需要更换时,UPS 电源前面板更换电池指示灯亮红灯,此时通知厂家更换电池。

五、设备维护注意事项

① 在维护或故障处理中,不得将表示盘的Ⅰ系检测开关、Ⅱ系检测开关置于"检测位置",否则联锁机不能正常工作,如图 3-56 所示。

图 3-56 Ⅰ/Ⅱ系检测开关

② 测试联锁柜的电源板输出电压不符合规定值时,可以通过电源板调节电位器进行适量调整,调整前应断开各个用电板卡连接,然后进行调整,确认输出正常后再连接用电板卡;如调整无效,则应更换电源模块。

③ 在雷雨季节应增加巡视次数,特别是强雷暴后,查看综合机柜内的防雷元件是否变红,有无受雷电影响等。

④ 控制台设备由于安装环境相对信号机械室较差,所以各种线缆和插接头需要进行加强防护,插接头(如显示器电源输入插头)视情况采取防止松脱措施。

⑤ 维修机、操表机主机的 USB 接口需要制定管理措施,禁止非授权各类 USB 设备插入,确保设备安全运行。

⑥ 联锁机、驱采机间通信靠的是光纤连接,光纤较为脆弱,应注意以下事项:不要用手触摸光纤接头的光端口;光纤的弯曲半径不能小于 5mm,否则将造成断裂;不可使光纤受到强烈的撞击、震动、挤压和拉扯;拆卸光纤连接须握住光纤接头的外壳插拔,不可拉拽光纤线;连接光纤接头要注意插头与插座的吻合。

⑦ 复位联锁机、驱采机时,需扳动系统控制板的系统复位开关时,用手复位开关柄轻轻向外拉出,然后再向上扳动,系统复位后该开关自动恢复原状,不可直接用力向上扳。

⑧ 系统中所有的电路板和电源模块严禁在带电的情况下插拔,否则将造成设备损坏。电路板更换时,要注意必须插在机箱内指定槽位,确定插接到位后,注意加装防松措施。

任务四 EI32-JD 型计算机联锁设备故障分析处理

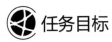 任务目标

1. 掌握 EI32-JD 型计算机联锁故障处理基础知识。

2. 理解 EI32-JD 型计算机联锁系统故障分析判断方法。
3. 熟悉 EI32-JD 型计算机联锁系统故障类型及处理方法。
4. 了解 EI32-JD 型计算机联锁系统典型案例。

任务实施

EI32-JD 型计算机联锁系统在设计时采用双系热备的动态冗余结构，并设计有专用的硬件诊断部件和诊断程序，提供了全面的软硬件自检测、互检测功能。I/O 故障可以精确定位到端口和数据位。诊断程序检测到的故障数据实时送往维修机显示、记录，并给出详细、清晰的故障报告，维修人员能很方便地从维修机中得到这些数据，然后根据这些数据迅速排除故障。

一、故障处理基础

1. 开关机和重启步骤

EI32-JD 型计算机联锁系统多数故障可通过复位或重启计算机的方式进行处理，所以开关机、重启操作是设备应急处理必须掌握的技能。

（1）系统开启步骤

① 检查分线柜底部电源板所有空气开关是否都在开启状态（开关在上位置），若有关闭请开启。

② 检查机柜后面所有空气开关是否都在开启状态（开关在上位置），若有关闭请开启。

③ 开启 AUPS 电源和 BUPS 电源，当两台 UPS 电源输入显示亮稳定绿灯后，UPS 电源输入/输出正常。

④ 开启操作表示机倒机单元的 24V 电源 1 和 24V 电源 2 的开关。

⑤ 开启 A/B 操作表示机（工控机前面板中的自复式开关）。

⑥ 开启两个联锁机电源开关。

⑦ 开启所有联锁机柜最上部两台驱采电源开关。

⑧ 开启两个接口电源开关。

⑨ 开启维修机电源。

（2）系统关闭步骤

① 退出维修机程序，选择"开始"菜单下的"关闭系统"选项关闭维修机。

② 关闭两个接口电源开关。

③ 关闭所有联锁机柜最上部两台驱采电源开关。

④ 关闭两个联锁机电源开关。

⑤ 关闭 A/B 操作表示机。

⑥ 关闭操作表示机倒机单元的 24V 电源 1 和 24V 电源 2 的开关。

⑦ 关闭 AUPS 电源和 BUPS 电源。

（3）系统重启

联锁机因故发生死机或其他特殊故障需要复位时，需要进行复位重启操作。

① 确认故障联锁机对应机笼位置。

② 找到系统控制板，拉出开关，往上扳动 2s 后松开。

③ 等待重启。
④ 重启成功：系统控制板亮绿灯，CPU 板亮绿灯，机柜中间指示灯面板上对应Ⅰ系或Ⅱ系的"微机正常""通信正常"灯亮绿灯。接着进行上电解锁操作。
⑤ 查看维修机联锁机有无异常信息。

2. EI32-JD 型计算机联锁系统更换板卡步骤

① 首先做好安全防护措施，包括穿戴好防静电手套、防静电手环、工装、劳保鞋。
② 更换板卡前关闭板卡所对应的Ⅰ系或Ⅱ系联锁系统电源箱，断开电源面板的空气开关。
③ 轻轻拔出板卡面板上所有线缆，并做好标记，线缆头需要特别注意防尘。
④ 使用螺钉旋具松开板卡固定螺钉。
⑤ 双手紧握把手轻轻拔出板卡。
⑥ 更换新板卡前确定新板卡与换下的板卡规格、型号一致。
⑦ 将新板卡插入机柜中。如无法插入，需要检查有无阻挡或板卡方向有无错误等。
⑧ 使用十字螺钉旋具紧固板卡固定螺钉。注意仅可使用 3 个指头捏紧螺钉旋具，适当施加力量紧固即可。
⑨ 根据标记将拔出的所有线缆插入板卡，并确认各线缆插入位置正确。
⑩ 闭合板卡对应的Ⅰ系或Ⅱ系电源的空气开关。
⑪ 系统启动，检查面板指示灯，确认联锁系统工作正常。

3. 采集/驱动接口电路测量方法

（1）EI32-JD 型计算机联锁系统控制电路组合内继电器设置

道岔组合：设有 FCJ、DCJ、DBJ、FBJ、SJ 五个继电器，采集 DBJ、FBJ、SJ 的前接点。

进站信号机组合：设有 LXJ、LUXJ、TXJ、ZXJ（正线继电器）、YXJ、1DJ、2DJ 七个继电器，采集 LXJ、TXJ、ZXJ、LUXJ、YXJ、1DJ、2DJ 的前接点。

出站信号机组合：设有 LXJ、DXJ、DJ、2DJ、ZXJ（正向继电器）、FXJ（反向继电器）六个继电器，采集 LXJ、DXJ、ZXJ、FXJ、DJ、2DJ 的前接点。

调车信号机组合：设有 DXJ、DJ 两个继电器，采集 DXJ、DJ 的前接点。

轨道区段组合：只采集每个区段的 GJ 的前后接点，GJ1、GJ2 等不采集。

（2）采集/驱动电路故障分析判断

EI32-JD 型计算机联锁系统采集/驱动电路见图 3-57。

方法一，根据前述继电器吸起和落下顺序，通过调看电务维修机驱动/采集指示灯来观察继电器的驱动采集过程，如图 3-58 和图 3-59 所示，再结合相应继电器的实际状态来判断是驱动故障还是采集故障。

方法二，根据前述继电器吸起和落下的顺序，通过调看电务维修机继电器状态变化窗口来观察继电器的驱动采集过程，如图 3-60 所示，再结合相应继电器的实际状态来判断是驱动故障还是采集故障。

（3）采集/驱动电路故障处理

① 采集电路故障。查采集电路使用借电源法查找故障。经分析采集电路（图 3-61）可知，在采集电路断线的情况下，接口电源－24V 通过采集板内部光耦可传至断点处，因

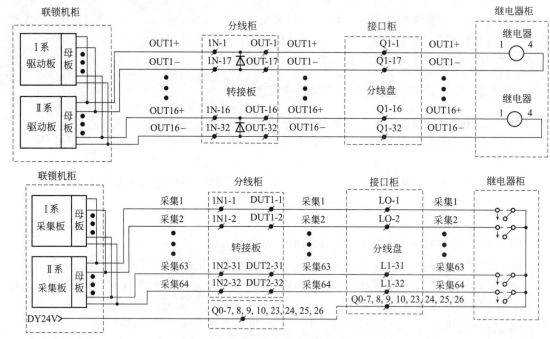

图 3-57　驱动、采集电路原理图

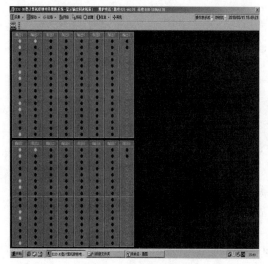

图 3-58　驱动状态信息

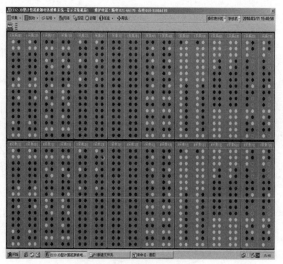

图 3-59　采集状态信息

此可在组合架、接口柜、分线柜等处借接口电源+24V 来查找,有电到无电之间即为断线点。

② 驱动电路故障。需要注意的是,在维修机里看到的继电器驱动状态只表示驱动命令已从联锁机送出,至于驱动板是否送出驱动电压,还要通过观察相应驱动板的驱动指示灯是否闪烁来确认。在办理操作时,驱动指示灯不闪亮,说明驱动板有问题,需重启驱采机或更换驱动板。如确认驱动板正常,则按照下面的方法处理。

电压法。在办理操作时，依次测量分线柜、接口架相应端子、组合侧面端子、继电器1-4线圈，是否有直流24V电压。

电阻法。在不办理操作或不能办理操作时，也可以用欧姆挡查找故障点。由驱动电路图可知，室内分线柜处二极管（电阻R×10挡，阻值为150Ω）将驱动电路单向短路，组合架处继电器线圈（阻值为1700Ω）将驱动电路短路，用电阻R×10挡测试组合架、接口柜、分线柜等处，在每一点正反表笔各测一次，正常情况下应测到150Ω和1700Ω各两个值，如果测不到150Ω的值，说明故障在二极管侧，如果测不到1700Ω的值，说明故障在继电器侧。

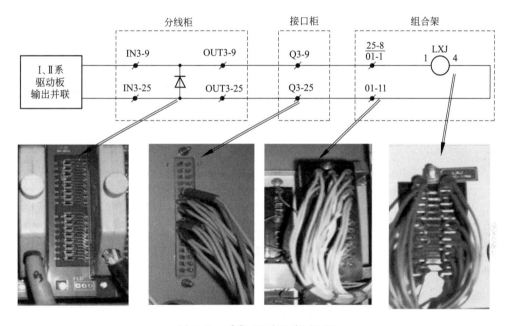

图 3-60 继电器变化显示窗口

图 3-61 采集/驱动电路原理图

二、故障分析判断

1. 故障类型

EI32-JD 联锁设备关键板卡工作可靠稳定，故障极少。主要故障类型有 UPS 电源故障、操作表示机故障、通信故障、联锁机故障、驱采机故障、鼠标故障等几个方面。

2. 故障处理信息对照表

维修机提供了联锁系统常见故障的信息提示，遇到故障首先要从维修机中查到故障数据，维护人员可以结合提示信息，按规章进行处理即可。故障处理对照见表 3-16。

表 3-16　EI32-JD 计算机联锁系统故障对照表

序号	故障信息	含义	可能的故障原因
①	采集（第××板第××路）前后接点混线	某个继电器的前后接点同时采集到为闭合状态	该继电器或配线有故障
②	道岔××室外混线（定反表都有）	某道岔 DBJ、FBJ 都采集到为前接点闭合状态	组合架配线或与联锁系统间配线有故障
③	调信××的 DXJ 室外混线	采集到 DXJ 吸起，实际上联锁机没有驱动它	
④	信号因故障关闭	开放信号条件不满足	如道岔断表示、轨道红光带、信号继电器电路故障
⑤	采集（第××板第××路）前后接点均断开	某个继电器的前后接点同时采集到为断开状态	组合架继电器或配线有故障
⑥	采集（第××板第××路）驱采机 B 有采集，驱采机 A 无采集	—	驱采机 A 中对应的采集板有故障
⑦	采集（第××板第××路）驱采机 A 有采集，驱采机 B 无采集	—	驱采机 B 中对应的采集板有故障
⑧	驱采机 A，第××块采集板故障	—	频繁出现该提示信息，表明该采集板故障
⑨	联锁机 A，系统控制板采集故障	—	频繁出现该提示信息，表明该系统控制板有故障
⑩	联锁机 A，系统控制板输出检查错误	—	频繁出现该提示信息，表明该系统控制板有故障
⑪	操作表示机倒机单元故障	—	倒机单元没有供电，配线存在断路
⑫	查询不到主控联锁机	—	两台联锁机同时故障
⑬	A 联锁机与 A 驱采机—LAN 通信中断	—	在 A 驱采机重启时，该提示属于正常信息
⑭	A 联锁机与 B 联锁机—LAN 通信中断	—	在 B 联锁机重启时，该提示属于正常信息
⑮	B 联锁机与 A 联锁机—LAN 通信中断	—	在 A 联锁机重启时，该提示属于正常信息
⑯	操作表示机与 A 联锁机—通信中断	—	在 A 联锁机重启时，该提示属于正常信息
⑰	操作表示机与 B 联锁机—通信中断	—	在 B 联锁机重启时，该提示属于正常信息

3. 分析判断

现在结合现场运用测试验证结果，列举部分故障现象、原因分析、处理方法。

（1）UPSA 或 UPSB 电源故障

① 特点。控制台断电黑屏。

② 分析判断。由于给控制台的供电不具备两路自动切换功能，所以当其中双向开关接通位置的 UPS 故障后，将导致控制台断电黑屏。

此时应注意显示器或视频放大器故障也会产生黑屏的区别，发生这种故障时，显示器的指示灯仍然点亮，UPS 故障后则显示器的指示灯熄灭。

查看 UPS 面板故障指示灯亮或者全部熄灭。

UPSA/B 故障不影响联锁机柜风扇运行。

在确认不是显示器及视频放大器故障后，应迅速对分线柜后面双向开关进行倒闸操作，恢复控制台的供电，系统保留断电黑屏前的所有操作，接着再处理 UPS 故障。

(2) 操作表示机故障

① 特点。单机故障不影响使用，双机故障后控制台黑屏。

② 分析判断。两台操作表示机同时工作，一台主用，一台热备，当主用操作表示机发生故障时，自动切换到备用操作表示机。

主用操作表示机运行时，接收鼠标操作，向联锁机发送车站值班人员的操作命令，播放语音提示信息。备用操作表示机运行时，不接收鼠标操作，不向联锁机发送值班人员的操作命令，不播放语音提示信息。但接收联锁机传来的站场状态信息，实时显示站场运行情况、系统运行情况等。

单机故障虽然不影响使用，但最大特点是：操表机的硬件除声卡故障（控制台右下角有打叉的小喇叭）以外，其他板卡故障都将导致操表机频繁自动重启直至修复为止，控制台每隔 20s 显示一次站场图形，传输给 OCC 的车辆段站场也每隔 20s 灰显。

双机故障后控制台将黑屏，概率较低，如电源中断或者双机与集线器网络中断。

由于操作表示机多数硬件故障将导致操作表示机频繁自动重启，降低了设备可用性，所以发生故障后需要根据故障机运行和显示状态查找出故障点并排除。

(3) 通信故障

① 特点。联锁系统中的通信为冗余配备，单系故障不影响使用，两系故障影响使用，如控制台黑屏、全场红光带。

② 分析判断。光纤通信出现故障时，控制台右下角机柜表示盘的工作系联锁故障灯亮红灯，工作系的通信灯闪光，该系联锁机或驱采机自动倒向与之同步的另一系联锁机或驱采机。

集线器至维修监测系统发生通信故障时，控制台右下角显示报警信息，联锁通信故障，但不影响正常使用，维修监测系统的网络框图连接线显示灰色，维修监测系统无法实时监测数据。

操作表示机与集线器网发生通信故障时，使用中的操作表示机将自动重启，控制台和 ATS 系统 HMI 隔 20s 显示一次站场图，随后重启。

操作表示机至联锁机（RS422）的串口发生通信故障时，操作表示机自动重启。

当联锁或驱采机的 LAN 通信板发生故障时，LAN 通信板点红灯，Ⅰ系主用时能自动倒向Ⅱ系，同时，表示盘显示Ⅰ系联锁故障灯亮红灯，Ⅰ系通信灯闪光，当故障消除后，重新复位该板的开关后能自动同步到热备状态。

(4) 联锁故障

① 特点。联锁计算机采用二乘二取二结构，单系故障不影响行车，也不影响设备的正常功能，两系故障影响行车。

② 分析判断。以Ⅰ系为例，联锁机故障主要分软件故障和机笼板卡硬件故障。

如Ⅰ系计算机正常灯亮、Ⅰ系联锁故障灯亮，则证明联锁机本身硬件没问题，只是联锁软件没有正常运转，需要办理手续后进行重启。

如Ⅰ系计算机正常灯灭，则证明联锁机本身存在硬件故障，具体哪块板子故障可依据各板子的相应指示灯及维修机信息来判断。

(5) 采集故障

① 特点。单机采集故障不影响设备的正常功能，如Ⅰ系采集不到，Ⅰ系将自动反复重启，此时自动倒向Ⅱ系，控制台黑屏时间为2s，此时需对Ⅰ系进行人工干预。双机采集故障影响联锁功能。

② 分析判断。单机采集故障首先应区分是联锁机内故障还是机外故障。采集板前面板上端指示灯表明采集板是否工作正常。如果绿灯点亮，则该板工作正常，可判断为机外故障，按照采集电路原理逐步排除；如果红灯点亮，则该板有故障，为机内故障，应更换板卡。

由于采集板没有对应采集指示灯，某个信息是否采集到，需要在维修机上查找。

双机采集故障重点在驱采机死机、驱采机与联锁机通信中断、电源中断方面。

(6) 驱动故障

① 特点。单机驱动故障不影响设备的正常功能。双机驱动故障则影响该设备正常功能，如道岔无法操纵。驱动故障会使控制台显示相应的设备命令不能执行，并伴有语音提示。

② 分析判断。联锁机通过驱动机箱的接口电路驱动组合架继电器，为双套驱动，即两路驱动电路的输出并联后再驱动继电器。这样一旦某路发生驱动故障，另一路仍可继续工作。

驱动故障判断也应区分机内故障、机外故障。驱动板前面板有两类指示灯，一类在前面板上端（1个绿灯、1个红灯），用以表明驱动板是否正常工作。如果绿灯点亮，则该板工作正常，如果红灯点亮，则该板故障。一类在前面板中端（16个绿灯），用以表明驱动电路是否有输出，如果有输出，则对应位的绿灯点亮，如果没有输出，则对应位的绿灯灭灯。所以通过驱动板的指示灯即可简单区分机内故障和机外故障。

三、典型故障案例分析

【案例一】

2011年5月27日××车站计算机联锁Ⅱ系驱采部故障处理报告

(1) 故障现象

2011年5月27日××车站微机联锁Ⅱ系驱采部故障报警。

(2) 处理过程

5月27日7时02分，车站值班人员发现计算机联锁机显示"联锁设备报警"，语音提示"备用设备故障"。

观察故障现象：故障现象为Ⅱ系驱采控制板、LAN通信板两个板卡亮红灯，驱采CPU板1、4、5、6、7、8、9黄灯常亮。怀疑驱采控制板软故障死机，在不影响正常行车情况下，7时40分对联锁Ⅱ系系统控制板进行重启，故障现象消除。

8时19分故障现象再次出现，车站信号值班员再次进行观察，实际故障点判断为驱采CPU板常亮黄灯，驱采CPU板死机，造成驱采信息无法传送到驱采控制板，也无法将驱采信息通过LAN通信板上传信息，故而引起Ⅱ系驱采控制板、LAN通信板两个板卡亮红灯。

8时42分现场将Ⅱ系驱采CPU板电源模块重启后故障现象消除。

8时55分办理销记手续。

(3) 设备监测分析报告

7时02分31秒Ⅱ系联锁机，驱采部故障；

8时19分17秒Ⅱ系联锁机，驱采部故障；

8时42分46秒Ⅱ系联锁机，采集L14，第17路，Ⅰ系驱采机有采集，Ⅱ系驱采机无采集。

（4）故障原因分析

Ⅱ系驱采CPU板死机。

（5）故障整改措施。

① 组织业务学习，提高处理故障能力，把故障延时压缩到最小。

② 加强对职工的应知、应会知识的教育，树立抢通意识，努力压缩故障延时。

【案例二】

2012年7月18日××车站计算机联锁网络通道故障处理报告

（1）故障概况

2012年7月18日20时38分—21时28分，××车站计算机联锁控制台显示"联锁报警"。

（2）处理过程

7月18日20时38分，车站信号值班人员发现控制台显示联锁报警。

信号值班员于20时40分登记停用Ⅱ系联锁设备。值班员进机械室后检查发现联锁维护终端显示Ⅱ系驱动故障，同时机柜内Ⅱ系联锁灯变红灯，Ⅱ系驱采单元中LAN通信板、接口板及第13、10、6号驱动板亮红灯，重启Ⅱ系联锁驱采单元中的系统控制板后恢复正常使用。厂家检查后，确定是传输信息过多，造成信息堵塞。

（3）故障原因分析

重启Ⅱ系联锁驱动单元中的系统控制板后恢复正常使用。厂家检查后，确定是联锁网络信息传输信息过多，造成Ⅱ系驱动采集单元信息堵塞。

（4）故障教训及整改措施

故障教训：新设备开通后发生故障，应急应变能力不强，故障处理能力较差。

整改措施：加强业务学习，提高处理故障能力，把故障延时压缩到最小；加强对职工的应知、应会知识的教育，树立抢通意识，努力压缩故障延时；加强和施工单位沟通协作。

【案例三】

2013年3月29日××车站计算机联锁通信板故障处理报告

（1）故障概况

2013年3月29日9时40分，××车站所CTC设备显示联锁设备故障报警，未影响行车。

（2）处理过程

4月29日9时44分，信号值班人员发现CTC设备显示联锁设备故障报警。

进入机械室内观察，发现为联锁柜驱采机Ⅰ系LAN通信板故障造成。信号值班人员及时与联锁厂家技术人员取得联系，对Ⅰ系LAN通信板进行了重启，重启后Ⅰ系LAN通信板恢复正常工作，联锁设备报警消除。

（3）设备监测分析报告

4月29日9时40分30秒，监测连接状态显示"计算机联锁"闪红报警。

4月29日10时20分33秒，监测连接状态显示"计算机联锁"恢复正常绿色。

(4) 故障原因分析

经检查为联锁柜驱采机Ⅰ系 LAN 通信板故障造成，重启后恢复。具体原因已配合联锁厂家北京技术部上传数据，需厂家进一步分析。

(5) 故障教训及整改措施

故障教训：加强信号集中监测察看力度，充分利用好信号集中监测设备，从中发现设备隐患，及时通知有关人员进行处理，消除故障隐患。

整改措施：加强业务学习，提高故障处理能力；加强对职工的应知、应会知识的传授，提高故障处理能力和应变能力，树立抢通意识，努力压缩故障延时。

思考题

1. EI32-JD 计算机联锁系统人机对话层、联锁运算层、执行层分别采用哪种冗余结构？
2. EI32-JD 计算机联锁系统的联锁机有几种工作状态？
3. EI32-JD 计算机联锁系统采集/驱动电路故障如何分析处理？
4. EI32-JD 计算机联锁系统电气特性测试有哪些项目？
5. 简述 UPS 电源电池充放电方法。

项目三
DS6-K5B 型计算机联锁设备维护及故障分析处理

项目导引

DS6-K5B 型计算机联锁系统是广泛应用于铁路车站的计算机实时控制系统。目前,在全国十几个铁路局及地方铁路的多个车站上日夜运行,为日益繁忙的铁路运输提供了安全、可靠的保障。

任务一 DS6-K5B 型计算机联锁设备认知

任务目标

1. 熟悉 DS6-K5B 型计算机联锁系统的整体结构。
2. 熟悉 DS6-K5B 型计算机联锁系统的硬件设备。
3. 熟悉 DS6-K5B 型计算机联锁系统的工作灯。

任务实施

DS6-K5B 型计算机联锁系统是中国通号与日本京三公司联合开发的新系统,本系统的联锁机和输入输出电路采用京三公司的 K5B 型产品,该产品所有涉及安全信息处理和传输的部件均按照"故障-安全"原则采取二重系结构设计。

联锁处理部件采取双 CPU 共用时钟,对数据母线信号执行同步比较,发生错误时输出倒向安全。联锁二重系为主从式热备冗余,通过高速通道进行数据交换,保证二重系同步运行,可实现不间断切换。输入输出电路采用京三公司生产的电子终端,电路为二重系并行工作。输入输出均采取静态方式。省去了"静态-动态"变换电路,简化继电器接口电路设计。DS6-K5B 系统内各微机之间的通信全部通过光缆连接,提高了系统抗干扰能力和防雷性能,保证系统具有较高的运行稳定性。

DS6-K5B 系统的联锁软件和控显软件,是在中国通号 DS6 系统联锁软件基础上移植生成,保留了通过铁道部计算机联锁检验站测试的联锁软件的核心程序和数据结构,保证新系统的联锁功能满足我国车站计算机联锁技术条件的要求。

一、系统结构认知

DS6-K5B 型计算机联锁系统由控制台、电务维护台、联锁机、输入输出接口（在 K5B 系统中，输入输出电路称作"电子终端"，用字符"ET"表示）、微机监测（可选）和电源六个部分组成。如图 3-62 所示。

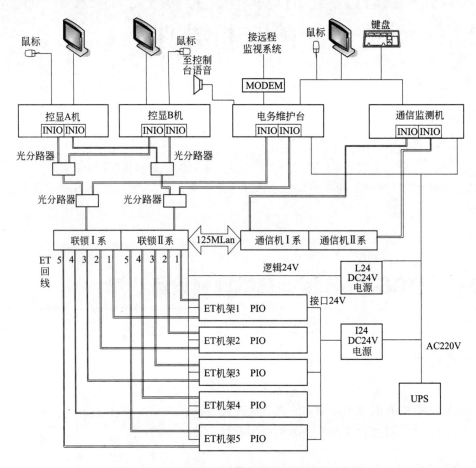

图 3-62　DS6-K5B 型计算机联锁系统配置示意图

控制台由控显双机和车站值班员办理行车作业的操作、表示设备组成。每一台控显机内安装了两个采用光缆连接的串行通信接口板 INIO 卡，用于同联锁机的二重系通信。控显双机互为备用。通过控显机软件控制功能实现控显双机之间的转换。

电务维护台设备包括：监测机、键盘、显示器、打印机。监测机内安装两个采用光缆连接串行通信接口板 INIO 卡，用于与联锁机 2 重系通信，从联锁双机取得联锁系统维护信息。监测机通过串行通信接口从微机检测前置机取得模拟量检测信息。电务维护人员可以通过键盘、显示器、打印机查询或打印输出各类监测信息。

联锁机由 2 重系组成，以主从方式并行运行。两系之间通过并行接口建立的高速通道交换信息，实现 2 重系的同步和切换。联锁机每一系各用一对光缆经过光分路器与控显双机相连，使联锁的每一系都能够分别与两台控显机通信。联锁机每一系用一对光缆分别与监测机的两个光通信接口相连，联锁机每一系的维护信息分别送到监测机。联锁机每一系有 5

个连接电子终端的通信接口,称 ET 回线 1~5。每个通信接口可连接一个电子终端机架。

K5B 的电源由两套 UPS 和两路直流 24V 稳压电源组成。UPS 的输入由信号电源屏单独提供的一路交流 220V 电源供给。两路直流 24V 电源中的一路称为逻辑 24V。(用符号 L24 表示),经联锁机和电子终端内部的 DC-DC 转换电路产生 5V 电压,供逻辑电路工作。另一路直流 24V 称作接口 24V(用符号 I24 表示),供电子终端的输出电路驱动继电器和输入电路采集表示信息。

二、机柜设备认知

在日常维修中,需要对 DS6-K5B 型计算机联锁系统的硬件连接方式和连接线型非常清楚,这样才能在出现故障后迅速处理。DS6-K5B 计算机联锁系统由电源柜、监控柜、联锁机柜、电子终端柜(根据站场规模的不同可以不配或配置多个)组成,各个机柜按照功能的不同内部安装有不同的设备,下面按照机柜详细介绍其功能、组成。

1. 电源柜认知

电源机柜提供两种类型的电源,分别为交流 220V (AC220V),直流 24V (DC24V) 两种类型的电源。电源屏送入 AC220V 微机电源,经过电源柜内的两台 UPS、一台冗余转换器、一个电源控制箱(或电源控制装板)完成三重冗余供电,保证系统供电的高可靠性,供电原理如图 3-63 所示。DC24V 部分:四台 24V 直流稳压电源,按照其承担负载性质的不同分为逻辑电源和接口电源,两类电源分别由两台直流稳压电源并联供电(站场规模大时采用三台逻辑电源并联供电),保证每一类电源有一台发生故障时不影响该类电源所带负载的供电。

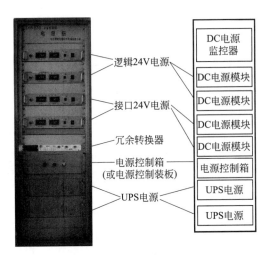

图 3-63 电源机柜结构示意图

① 逻辑 24V 电源:为本系统中联锁逻辑部及电子终端机笼中逻辑电路部分供电,本电源不出微机室,如图 3-64 所示。

② 接口 24V 电源:用于继电器状态的采集和驱动联锁设备控制的继电器,接口 24V 电源接入电子终端机笼的每一对 PIO 板的同时,还需要送到机械室,如图 3-64 所示。

③ 冗余转换器:完成两台 UPS 之间的切换,切换时间小于 6ms。

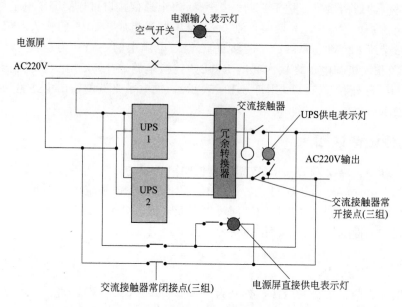

图 3-64　电源柜 AC220V 供电原理图

④ 电源控制箱（或电源控制装板）：完成 UPS 供电与直接供电之间的切换。

⑤ UPS 电源：UPS 无故障时，微机设备由一台 UPS 供电，另一台 UPS 处于热备状态，当两台 UPS 故障时，通过电源控制箱切换到电源屏直接供电。供电网络图如图 3-65 所示。

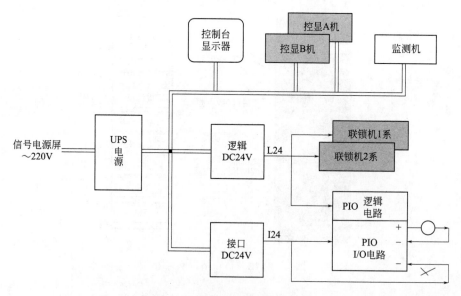

图 3-65　电源机柜供电网络图

2. 监控柜

监控柜安装有两台控显机、一台控显转换箱和光分路器，完成控制台的操作和显示功能。如图 3-66 所示。两台控显机按照先入为主的原则先开机运行的成为主控机，后投入运行的成为热备机，控显双机通过控显转换箱连接到运转室的同一套操作显示设备上，当主机故障退出时，自动切换到备机工作.两台控显机通过光缆和光分路器分别同时与联锁双系连通，控制台的按钮操作信息通过控显主机发送给联锁双系由联锁进行选路和联锁运算。

图 3-66　监控柜

控显 A 机：完成控制台的操作显示功能，与控显 B 机构成双机热备方式工作，当主控机故障退出时自动切换到备机工作。

控显转换箱：完成控显双机的自动切换功能，日常维护中可以通过其前面右侧的六个表示灯确认控显双机工作状态和主备关系。

控显 B 机：完成控制台的操作显示功能，与控显 A 机构成双机热备方式工作，当主控机故障退出时自动切换到备机工作.

光分路器：通过它实现控显双机及电务维修机与联锁双系的光缆连接。

3. 联锁柜

联锁柜中安装有联锁联锁机，包括Ⅰ系联锁机、Ⅱ系联锁机及 ET 架，如图 3-67 所示，接下来主要介绍联锁机的构成。

联锁机包括联锁逻辑部和前置通信机两部分硬件设备，两部分之间通过光纤连接进行数据交换；K5B 的联锁双机（1 系和 2 系）安装在一个 800mm×330mm 的机架内，如图 3-68 所示。两系的组成完全相同。每一系由 F486-4 联锁 CPU 板、FSIO1 电子终端及上位机接口板、FSIO2 电子终端通信扩展接口板和 VHSC26 125M LAN 通信扩展板五块电路板组成。每一系的机架有两个空闲插槽，需要时可插入与其他系统通信的接口板（如与 CTC 系统通信用 OPU 板等，在本系统中不用）。各板之间通过机架底板的 VME 总线互连。

图 3-67 联锁柜

图 3-68 联锁逻辑部正面

联锁 1 系电源和联锁 2 系电源是两个输入直流 24V，输出直流 5V 的 DC/DC 电源。分别向联锁 1 系和联锁 2 系的逻辑电路提供 5V 电源。联锁机架（前视图）如图 3-69 所示，联锁机架（后视图）如图 3-70 所示。在联锁机架的背面，每系各有两块光电转换板：EXT FIO7P 和 FIO7（P）。EXT107P 板是 FSIO2 的光电转换板，用于联锁机与电子终端之间的光缆连接。FIO7（P）板是 FSIO1 板的光电转换板，用于联锁机与电子终端之间的光缆连接以及联锁机与控显机和监测机之间的光缆连接。

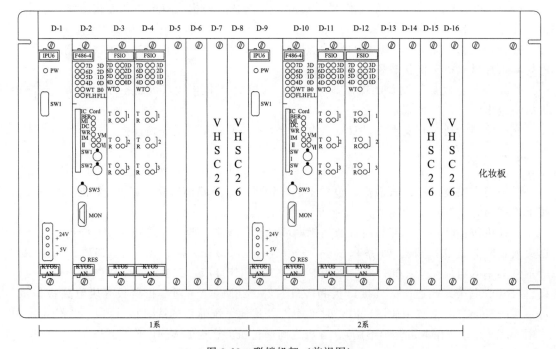

图 3-69 联锁机架（前视图）

项目三 DS6-K5B 型计算机联锁设备维护及故障分析处理

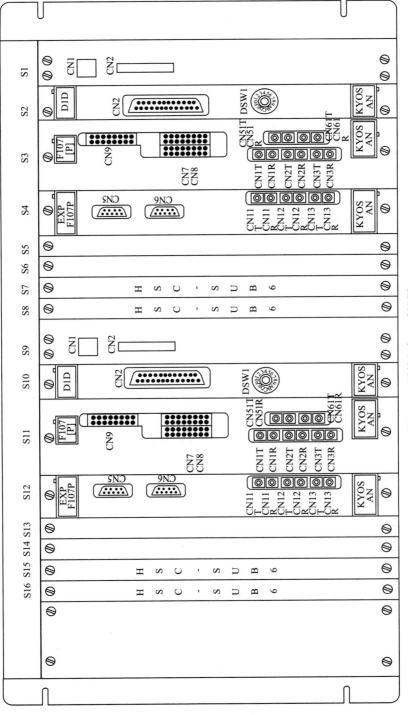

图 3-70 联锁机架（后视图）

(1) F486-4I 板

F486-4I 是联锁机的主 CPU 板。两重系每一系各有一块 F486-4 板，安装在联锁机架每一系左边第一个槽位（正面）。如图 3-71 所示。

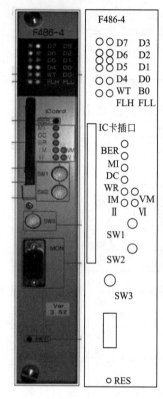

F486-4 板面板指示灯及开关的功能说明如下。

D7=灭：系统运行正常；D7=亮：系统停机；
在 D7 灭灯的情况下，D0～D6 状态定义：
D0=亮：本板为1系，D0=灭：本板为2系；
D1=亮：本板为主系，D1=灭：本板为从系；
D2=亮：两系不同步，D2=灭：两系同步；
D3=亮：执行控制功能，D3=灭：控制功能停止；
D4=亮：APL开始执行，D4=灭：APL停止执行；
APL：应用程序逻辑，D5=预留
D6=亮：数据连接成功，D6=灭：数据连接失败；
在 D7 亮灯情况下，D0～D6 表示错误代码。说明见表1。
WT=闪光：看门狗状态；
B0=灭：VME总线出错，B0=亮：无错；
FLH，FLL=闪光：总线时钟状态；
BER=亮：外部RAM访问总线出错
MI, DC, WR, IM, VM, II, VI：表示硬件工作状态，说明见表2。
SW1, SW2：运行方式设置开关，两个开关必须设置成相同状态。
SW1, SW2=1：正常方式，SW1, SW2=F：调试方式；SW1, SW2不容许设置其他状态。
SW3：总输入开关，必须设置为0。
MON：9针D型插座，调试用接口 RES：系统复位开关

图 3-71 F486-4I 面板

F486-4I 的功能主要包括：完成联锁逻辑运算；两重系间通信及切换控制；两重系一致性检查；系统的故障检测及报警，异常时停止动作，输出倒向安全。

系统管理程序存储在 ROM 中。联锁程序和站场数据存储在 RAM 中。联锁机每次停电后，需将存储有联锁程序和站场数据的 IC 卡插入 IC 卡插槽，从 IC 卡重新读入联锁程序和数据，然后系统才能投入运行。硬件工作状态指示灯说明见表 3-17 所示。

表 3-17 F486-4I 硬件工作状态指示灯说明

序号	功能	M1	DC	WR	IM	VM	II	VI
1	ROM Pe-fetch	X	O	O	O	X	—	—
2	ROM/IC 读	X	X	O	O	X	—	—
3	IC 卡写	X	X	X	O	X	—	—
4	内部 IO 读	O	X	O	—	—	O	X
5	内部 IO 写	O	X	X	—	—	O	X
6	中断响应（ACK）	O	O	O	—	—	—	—
7	VME（A24）读	X	X	X	O	O	—	—
8	VME（A24）写	X	X	X	O	O	—	—
9	VME（A16）读	O	X	O	—	—	X	O

续表

序号	功能	M1	DC	WR	IM	VM	II	VI
10	VME（A16）写	O	X	X	—	—	X	O

注：O：表示亮灯；X：表示灭灯；—：表示无关。

（2）FSIO

FSIO 板是联锁机与控显机、监控机以及电子终端之间的通信接口板。安装在联锁机的第三个槽位，每块 FSIO 板只有三条与电子终端连接的回线，如不够可以在第四个插槽位再插入一块 FSIO 板，但板内地址设置与第一块板不同。板上 ROM 固化有通信程序。如图 3-72 所示为 FSIO 板卡正面图，图 3-73 所示为 FSIO 板卡背面图，软件指示灯见表 3-18 所示：

表 3-18 FSIO 板卡软件指示灯定义

LED	信息	正常状态	故障状态
D0	LED 输出	亮	灭（在向 LED 输出之前停止）
D1	初始化完成	亮	灭（初始化完成前停止）
D2	中断（Interrupt）ASK OK	亮	灭（F486 中断不正确）
D3	发送停止命令	灭	亮（接收到来自 F486 的停止命令）
D4	DPRAN 初始化	灭	亮（DPRAM 初始化未完成）
D5	运行停止命令	灭	亮（收到来自 F486 的停止命令）
D6	DPRAM 写故障	闪	亮或灭（DPRAM 写故障）
D7	DPRAM 读故障	闪	亮或灭（DPRAM 读故障）

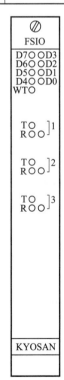

图 3-72 FSIO 板卡正面图

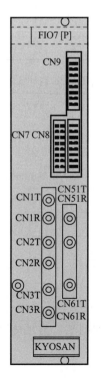

图 3-73 FSIO 板卡背面图

注：T：闪光＝正在发送数据；灭＝没有发送；R：闪光＝正在接收数据，灭＝没有接收；

(3) LAN 通信扩展板

实现列控主机与其他以 K5B 之间编码数据及状态数据的交换。有 2 路 CAN 总线通信接口。由 VHSC26 板、以太网板、HSC-SUB6 板组成。

① VHSC26 板。VHSC26 板如图 3-74 所示,板面上有 FSV 灯、PWL 灯、ND 灯、ST 灯及 SV 灯组成,每个灯的含义见表 3-19 所示。VHSC26 软件指示灯说明见表 3-20 所示。

表 3-19 VHSC26 指示灯含义

左侧	含义	右侧	含义
FSV（绿灯）	机笼正常表示：正常时点灯	PWL（绿灯）	LAN 电源开状态：正常时点灯
ND（黄灯）	设定节点 D7	ND（黄灯）	设定节点 D6
ND（黄灯）	设定节点 D5	ND（黄灯）	设定节点 D4
ND（黄灯）	设定节点 D3	ND（黄灯）	设定节点 D2
ND（黄灯）	设定节点 D1	ND（黄灯）	设定节点 D0
ST（绿灯）	RX_RLED：接收中时点灯	ST（绿灯）	TX_TLED：发送中时点灯
ST（绿灯）	RX_RMLED：单位数据接收中时点灯	ST（绿灯）	TX_TMLED：单位数据发送中时点灯
ST（红灯）	RX_RERR：接收存储器出错时点灯	ST（红灯）	TX_BLED：备份发送时点灯
ST（红灯）	TX_TMER：发送存储器出错时点灯	ST（红灯）	RX_RSER：接收中断出错时点灯
ST（黄灯）	—	ST（黄灯）	LNKLD：没有光纤接收时点灯
SV（黄灯）	软件状态 D7	SV（黄灯）	软件状态 D6
SV（黄灯）	软件状态 D5	SV（黄灯）	软件状态 D4
SV（黄灯）	软件状态 D3	SV（黄灯）	软件状态 D2

表 3-20 VHSC26 软件状态指示灯说明

灯	表示含义	正确表示	故障表示
D0	LAN 发送启动	闪	亮或灭
D1	LAN 发送结束	闪	亮或灭
D2	LAN 境界 NODE 设定	与境界设定一致	与境界设定不一致
D3	LAN 发送错误	亮或灭	闪（每次电灯状态变化时错误发生）
D4	LAN 接收单位数据有	闪	亮或灭
D5	LAN 接收单位数据检查正常	闪	亮或灭
D6	LAN 接收单位数据 CRC1/2 异常	亮或灭	闪（每次电灯状态变化时错误发生）
D7	LAN 接收单位数据异常	亮或灭	闪（每次电灯状态变化时错误发生）

② 以太网板、HSC-SUB6 板,如图 3-75、图 3-76 所示。

4. 电子终端柜

电子终端柜中放置两层 ET 机架,如图 3-77 所示。K5B 的表示信息输入和控制输出接口电路称为电子终端（Electronic Terminal,简称 ET）。下面介绍 ET 架的构成。

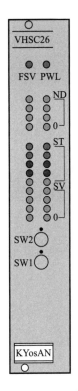
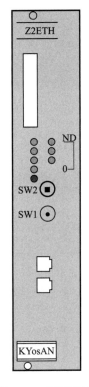
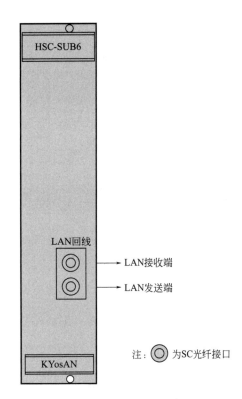

图 3-74　VHSC26 板图　　图 3-75　Z2ETH 板　　图 3-76　HSC-SUB6 板

ET 电路安装在 ET 机架内。一个 ET 机架内有 12 个插槽。机架正面左边的两个插槽用于安装两个 ET-LINE 板。其余的 10 个插槽用于安装 PIO 板，如图 3-78 所示。ET LINE 板上有 ET 与联锁机的通信接口和 DC24V-DC5V 电源。ET 为两重系并列结构。在一个 ET 机架内必须安装两个 ET LINE 模块。一个与联锁机 1 系连接。另一个一联锁机 2 系相连。ET 与联锁机的通信采用光纤连接。在 ET 机架内的 PIO 板必须从机架正面左起第三个插槽起相邻成对安装。在每对 PIO 中，位置在左边的为 1 系 PIO 板，右边的为 2 系 PIO 板。一个 ET 机架内最多可安装 5 对 PIO 板。

（1）功能

ET-LINE 板：ET 机笼的通信模块，完成电子终端和联锁双系的通信功能。

ET-PIO 板：通过采集接口电缆采集继电器的状态，并将采集到的设备状态通过 ET-LINE 模块和光缆送给联锁逻辑部进行联锁运算。通过 ET-LINE 模块接收联锁的驱动命令，经驱动接口电缆对机械室内的继电器进行控制。

（2）面板指示灯

LINE 和 PIO 面板指示灯：

NORMAL、SYSTEM：亮＝运行；灭灯＝停止；

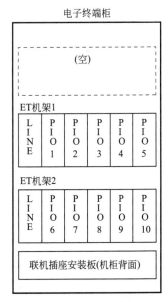

图 3-77　电子终端柜

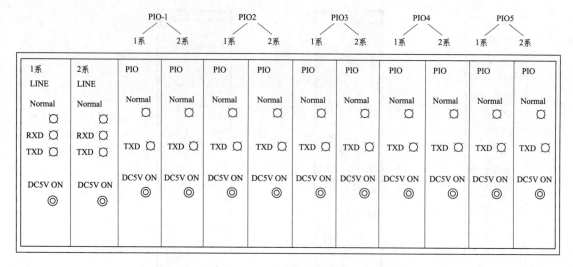

图 3-78 电子终端正面图

RXD：闪＝接收；灭＝无接收；TXD：闪＝发送；灭＝无发送；

DC5V ON：5V 电源开关向上＝电源开，向下＝电源关；

（3）ET—PIO 联机插座说明

ET-PIO 通过后面的联机插座与联锁机、机械室设备相连，背面图如图 3-79 所示。

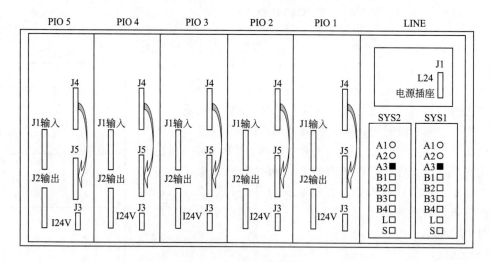

图 3-79 电子终端背面图

① 机笼背面右上角的 J1 插座。是本机笼内各板卡所用的逻辑 24V 电源的引入端，通过 ET-LINE 模块的板载 DC-DC 电源模块变成逻辑 5V 电源。该电源仅供各板逻辑电路工作使用。

② 光缆插座。ET-LINE 模块背面 SYS1 和 SYS2 的 A3 光缆插座分别是电子终端与联锁 1、2 系连接的光缆接口插座。B1 是扩展回线长度的光缆接口插座，每条回线最多可以扩展到三个电子终端机笼。

③ 每对 PIO 背面的 J3 插座。是该对 PIO 所用的接口 24V 电源的引如端，通过 PIO 的

输出端口驱动继电器或通过 PIO 的采集端口采集设备状态。

④ 每对 PIO 背面的 J4 和 J5 插座：机笼内部底板的跨接线，与外部无关。

⑤ 每对 PIO 背面的 J1 插座：采集电缆插座。

⑥ 每对 PIO 背面的 J2 插座：驱动电缆插座。

（4）电子终端的输入信号连接图

PIO 输入信号电源从微机电源柜的接口 24V（IB24）的"＋"引出，通过采集继电器的接点到接口架的 CS-TX19-36T/Z 型插头/插座，经过信号电缆连到 PIO 的 J1，进入 PIO 模块内部的输入电路，经 J4、J5 回到接口 24V 电源的负极，如图 3-80 所示。

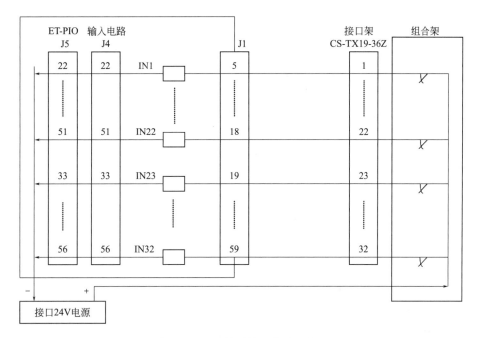

图 3-80　电子终端输入信号连接图

（5）电子终端的输出信号连接图

电子终端 PIO 的输出驱动信号电压为 24V，输出信号极性为"＋"。电子终端输出驱动信号从 PIO 模块的 J2 引出，经过信号电缆连到接口架的 CS-TX19-36T/Z 型插头/插座，通过组合架间配线连接到被控继电器。电器线圈的负极通过公共回线返回到接口 24V 电源的负极（IC24），如图 3-81 所示。

（6）联锁机与电子终端之间的连接

K5B 系统联锁机和电子终端均采用了二重系设计。联锁每一系都要接收电子终端二重系的输入信息，经过"或"处理后，作为联锁运算的输入。

联锁机与电子终端之间的物理连接通过 ET NET 光缆实现。联锁机的 FSIO 模块是联锁机与电子终端及监测、控显机的通信接口，一个 FSIO 模块上有 3 个 ET NET 通道。通过 FIOP 光电转换板引出 3 对光缆，可连接 3 个 ET 机架，再通过 EXTFIO7 可以另外连接两个 ET 机架。图 3-82 为联锁机与电子终端之间光缆连接示意图。

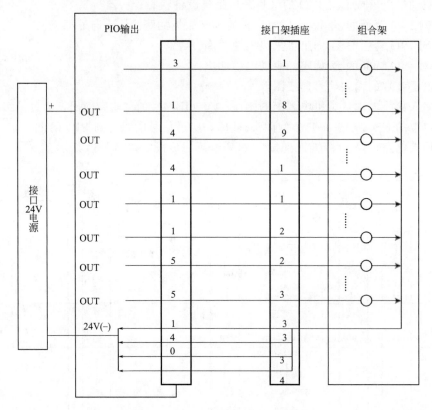

图 3-81 电子终端输出信号连接图

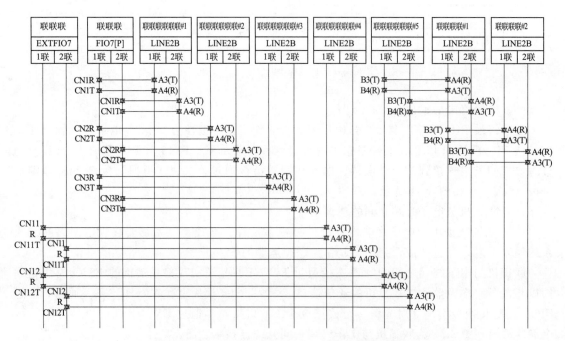

图 3-82 联锁机与电子终端之间光缆连接示意图

三、控制台设备认知

1. 控制台

K5B 系统的控制台采用 DS6 系列的传统结构。控显机采用 PC 总线工控机。

光分路器的作用是将一侧的输入信号分成两路输出，同时将另一侧两路输入的信号合并成一路输出。在 K5B 系统中用了四个光分路器，用于联锁双系与监测机及控显双机的光缆连接，每个光分路器由两块电路板组成。光分路器由接口 24V（I24V）供电。光分路器电源连接图如图 3-83 所示，光分路器端口图如图 3-84 所示。

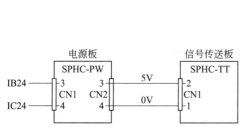

图 3-83　光分路器电源连接图

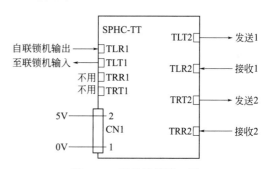

图 3-84　光分路器端口图

控显机采用双机互为备用，可以自动或人工切换，将控制台操作和表示设备切换到备用机。控显机双机与联锁机的两重系通过光分路器构成交叉互连的冗余关系。控显机和联锁机的连接如图 3-85 所示。

控显双机每一台内安装了两块 INIO 通信卡：INIO1、INIO2。分别用于同联锁机 1 系 2 系通信。联锁机的每一系有两个与控显机通信的接口。为了实现联锁的每一系都能够与控显双机同时或与其中的任意一台单独通信。在联锁机与控显机之间的通信线路上增设了光分路器（Optical Branch Unit）。

2. 电务维护台

电务维护台由监测机、显示器、键盘、打印机等组成。监测机采用 PC 总线工控机。机箱内安装两块带有光电转换的串行通信接口卡 INIO。监测机通过串行通信接口与微机检测设备的上位机通信，将开关量监测信息发送给微机检测设备。

四、DS6-K5B 计算机联锁系统软件

1. 联锁机软件

联锁机软件运行在 K5B 的联锁机上，由基本程序（系统管理程序）和联锁运算程序组成。联锁机的基本程序包括以下功能模块：

① 初始化模块：完成系统加电后硬件初始化、联锁运算参数文件的装载等工作。
② 系统周期管理模块：完成系统运行周期管理、周期超时和空闲时间的管理等。
③ 双重系管理模块：完成主、从系状态的检查及主系出现故障时系切换控制。
④ 输出程序模块：启动电子终端网络和人机界面网络驱动程序，完成向联锁机外部设

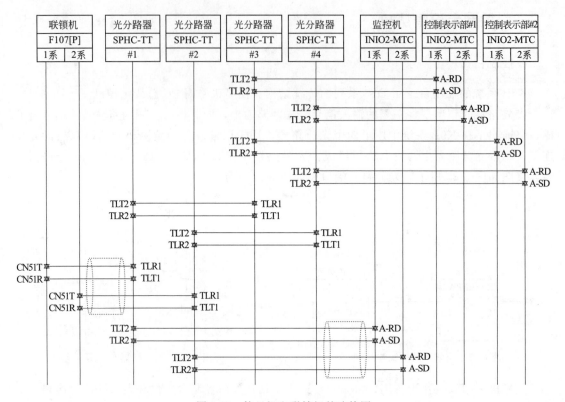

图 3-85 控显机和联锁机的连接图

备输出数据。

⑤ 输入程序模块：完成从电子终端和控制台设备的数据输入。

⑥ 系间传送程序模块：完成二重系间数据交换。联锁运算程序完成车站信号联锁控制功能。

联锁运算程序和系统基本程序通过一个称为"联锁演算区"的特定内存区进行数据交换。系统基本程序的输入程序模块将从电子终端、控显机和监测机取得输入信息，以约定的数据格式放入联锁演算区的输入数据区。

联锁程序从该区取得输入数据进行联锁运算。联锁程序将运算结果生成的电子终端输出命令，控制台显示信息和监测信息以约定的数据格式放入联锁演算区的输出数据区。系统基本程序的输出程序模块从输出数据区取得输出数据发送到相应的外部设备。

2. 控显机软件

控显机软件是供车务值班人员办理行车作业的人机界面软件。主要功能有：与联锁机通信，从联锁机接收站场实时变化信息、操作提示和报警信息；向联锁机发送按钮命令信息；完成控制台的站场图形显示、操作提示和报警信息的文字和语音输出；鼠标操作和按钮信息处理等。

3. 监测机软件

监测机软件是在 WINDOWS 操作平台上开发的，供电务维护人员进行设备监视和故障诊断的人机界面程序，其主要功能有：与联锁机通信，接收联锁机发送的站场实时信息和

K5B 系统的工作状态信息和系统自诊断信息。监测程序将所有的信息记录到实时数据库中。维护人员可以通过屏幕菜单操作查询、显示或打印输出各类信息。

任务二　DS6-K5B 型计算机联锁设备操作使用

任务目标

1. 熟悉 DS6-K5B 型计算机联锁设备界面的显示意义。
2. 能够熟练进行 DS6-K5B 型计算机联锁设备操作使用。
3. 掌握 DS6-K5B 型计算机联锁设备的驱动、采集原理。

任务实施

一、DS6-K5B 联锁系统控制台界面显示

图 3-86 是某车站的站场显示。

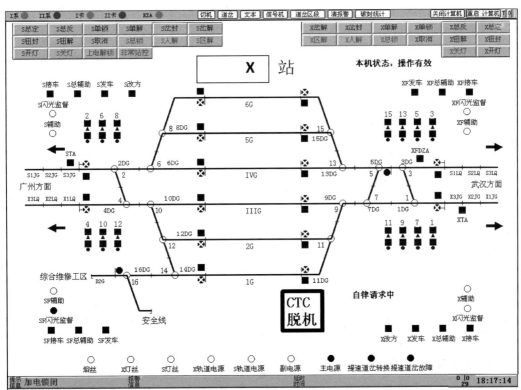

图 3-86　X 站站场图

1. 信号机显示

列车信号机关闭状态显示红灯，开放时显示相应的允许信号。若室内信号点灯，则与室外信号机显示一致，若室外信号灭灯，则信号机显示带有×。调车信号机关闭状态显示蓝灯

(或红灯），开放时显示白灯。信号机的名称用拼音字母与阿拉伯数字组合表示。排列进路时，点击"列车"按钮，绿色文字闪烁，同时信号机名称后加 LA 或 A 字符；点击"调车"按钮，白色文字闪烁，同时信号机名称后加 DA 或 A 字符。进路锁闭后按钮名称恢复原状。

2. 轨道区段显示

轨道区段空闲状态显示为蓝色光带，区段锁闭显示白色光带，区段占用显示红色光带。无岔区段名称固定显示在轨道区段附近。

3. 道岔表示

道岔通过所在轨道区段断开和连接的状态表示当前开通位置。道岔名称用道岔号的数字表示。道岔在定位时，道岔名显示绿色；道岔在反位时，道岔名显示黄色；道岔发生挤岔故障时，道岔名显示红色并闪烁。道岔单独或总锁闭时，在道岔岔尖处显示一个圆圈。道岔锁闭在定位，圆圈为绿色；道岔锁闭在反位，圆圈为黄色；道岔解锁后圆圈消失。道岔封闭时，道岔名称上显示一个方框，颜色同当前道岔名称颜色，道岔解封后，方框消失。

4. 按钮封闭显示

列车按钮封闭后，对应信号机灯外画一方框；调车按钮封闭后，其对应信号机名称显示红色。对于出站信号机，无论封闭列车按钮还是封闭调车按钮，其对应信号机名称显示红色。无对应信号的按钮封闭后，按钮名称显示红色。

5. 铅封按钮的计数显示

名称	破封次数
X总人解	3
S总人解	1
X事故解锁	2
S事故解锁	0
X引导总锁	1
S引导总锁	0
加电解锁	0
倒机解锁	1

图 3-87 铅封计数界面

铅封按钮的操作次数由控显机自动累计计数。计数值不能被维护人员人工消除或修改。计数值平时不显示。破封次数查看通过系统按钮区中"破封统计"按钮，弹出如图 3-87 所示的对话框；点击系统按钮区中"取消统计"，破封统计框消失。

需要注意的是，控显机采用 A、B 双机互为备用。A 机中的按钮计数值只记录 A 机工作时铅封按钮的操作次数，B 机中的按钮计数值只记录 B 机工作时铅封按钮的操作次数。因此，A 机和 B 机中的按钮计数值是不同的。

A 机工作时，图形显示器上显示的是 A 机中的计数。B 机工作时，图形显示器上显示的是 B 机中的计数。当 A 机和 B 机主备交换工作时，会出现显示的按钮计数值不连续的现象。因此，在控制台上调出按钮计数显示进行登记时，须注意并在记录中注明当前是 A 机工作，记录的是 A 机中的计数，还是当前是 B 机工作，记录的是 B 机中的计数。

6. 操作报警和提示

图形显示器屏幕的下方状态栏是操作提示显示区。如图 3-88 所示。

图 3-88 操作提示显示区

左边是提示信息，用红色汉字显示当前办理的作业。当前操作提示覆盖先前的操作提示。上电锁闭提示用红闪效果显示，以便引起注意，在加电锁闭状态下，不可以对车站进行任何操作。上电解锁操作完成后，闪烁自动消失，并提示上电解锁。操作提示显示区中间偏左为报警提示区。操作提示显示区中间偏右是解锁延时时间显示区。操作提示显示区最右边左侧是系统状态情况：左边三个数字，上边左侧是本进程的 CPU 占用率，上边右侧是整个系统（包括操作系统及其他运行在本机上的软件）的 CPU 占用率，下面是整个系统的内存使用率。正常情况下，上述数值保持在一个稳定的变动范围内，如果出现持续上升现象，说明系统有问题，应及时联系维护人员。

7. 破铅封功能显示

用鼠标点击一个"铅封"按钮之后，屏幕弹出密码输入方框。如果不想进行破封操作，可连续点击同一个"铅封"按钮两次，以取消前一次的操作，使屏幕上该破封框消失。"铅封"按钮完成一次破铅封操作后，自动恢复铅封状态（即操作一次有效）。下次操作必须重复上述破铅封过程。系统计数器对铅封按钮的破封操作次数自动累计。

8. 系统信息提示

在菜单栏的左边是系统状态表示信息。

主备状态显示：通过指示灯表明联锁和控显的主备机是 A 机还是 B 机以及工作状态。Ⅰ/Ⅱ系：①指示灯绿色：联锁 A 机是主机，工作状态正常；②指示灯黄色：联锁 A 机是备机，工作状态正常；③指示灯红色：联锁 A 机工作发生故障。

KXA、KXB：指示灯表示同上，控显机除了显示灯表示外，还有提示字。如果当前机器是主机，则显示绿色"本机状态：操作有效"；如果是备机，则显示黄色"本机状态：操作无效"。

网络状态显示：通过Ⅰ卡、Ⅱ卡指示灯表示当前网络状态。绿灯表示网络正常，红灯表示网络故障。

注意：如果控显机与两台联锁机的通信都中断时，控显机会给出"联锁通信故障"的闪烁，红字提示，表明控显机已经失去与两台联锁机的联系，应及时处理。联锁双机若因故障导致无主控制时，CRT 提示红色"联锁脱机"印章。发生上述情况时，值班员应立即通知电务维修人员排除故障。

9. CTC 状态信息提示

控显机通过非常站控按钮控制与 CTC 的通信，其对应状态如下：

缺省情况下，控显机启动后，非常站控按钮处于抬起状态，此时视图区显示"自律请求中"文字；

若 0 通道与 CTC 通信中断，则显示闪烁"CTC-0 通道故障"；若 1 通道与 CTC 通信中断，则显示闪烁"CTC-1 通道故障"；

通信正常情况下，CTC 同意自律请求后，控显主机"自律请求中"文字首先转变为"自律模式"，备机随后转为"自律模式"；

在控显主机上点击非常站控按钮，联锁确认后，此按钮按下，此时显示文字为"站控模式"；

如果在自律模式下，CTC 脱机，则文字显示仍然为"自律模式"；CTC 通道恢复正常后，不需要重新发送请求自律命令，控显与 CTC 自动恢复正常通信处理。

注意：若 CTC 两通道均不通，则显示闪烁"CTC-双通道故障"，CTC 若因故障出现无主控制时，CRT 提示红色"CTC 脱机"印章。

发生上述情况时，值班员应立即通知电务维修人员排除故障。

10. 切机过程中信息提示

如果在主机操作，点击"切机"按钮确认后，控显表示灯变为红色，原绿色的"本机状态：操作有效"文字立即改变为黄色"本机状态：操作无效"；稍后，备机表示灯变为绿色，原黄色的"本机状态：操作无效"文字改变为绿色"本机状态：操作有效"文字。

如果在备机操作，点击"切机"按钮确认后，控显表示灯变为绿色，黄色"本机状态：操作无效"文字立即改变为绿色"本机状态：操作有效"文字；稍后，主机绿色"本机状态：操作有效"文字改变为黄色"本机状态：操作无效"，控显表示灯变为红色。注意：在上述过程中，会出现短暂的两台机器都显示为主机状态，此时用户不要进行操作，等切机完成后再进行操作。

如果主机与 CTC 或联锁通信中断，备机会自动切为主机，主机降为备机。

二、DS6-K5B 联锁系统操作

1. 排列进路

排列一般进路：顺序点击进路的始端信号按钮和终端信号按钮。

排列变更进路：顺序点击始端信号按钮、变更按钮和终端信号按钮。

本操作方法适用于办理列车进路（包括基本进路、通过进路和变通进路）和办理调车进路。

操作过程：

① 鼠标移动到要排列的进路始端信号机灯或信号机名称上，当光标变成小手形状时点击左键。按压按钮后，信号机名闪烁。

② 按照以上方法完成对进路始端信号按钮、变通按钮（如果存在）、终端按钮的操作，即可完成进路排列。

操作后对应显示：按压始端按钮后，信号机名闪烁，进路建立过程中，屏幕显示出有关道岔的动作情况。进路呈白色光带，信号机名称呈白色稳定显示，信号复式器给出相应显示。

2. 取消进路

本操作方法同时适用于取消调车进路和取消列车进路（包括基本进路和变通进路）。

操作过程：鼠标移动到"总取消"功能按钮上，光标会变成小手状，点击鼠标左键，"总取消"功能按钮会处于按下状态，并且开始 10 秒延时。在延时期间移动鼠标到取消进路的始端信号机按钮处，光标会变成小手状，点击鼠标左键，完成进路取消操作。

操作后对应显示：信号关闭，进路白光带消失。若点击"总取消"按钮后 10 秒之内，没有点击进路的始端信号按钮，"总取消"按钮自动恢复抬起状态。此后再点击进路的始端信号按钮无效。

对于通过进路，需针对组成通过进路的每条基本进路进行取消操作。

3. 人工解锁进路

本操作方法同时适用于列车进路（包括基本进路、通过进路和变通进路）和调车进路。

操作过程：鼠标移动到"总人解"功能按钮上，光标会变成小手状，点击鼠标左键，将弹出密码确认框，确认密码后"总人解"功能按钮会处于按下状态，并且开始 10 秒延时。在延时期间移动鼠标到人解进路的始端信号机名称（用于人解列车进路）或信号灯（用于人解调车进路）上，光标会变成小手状，点击鼠标左键，完成进路人解操作。若在"总人解"按钮按下后 10 秒之内，没有点击进路的始端信号按钮，"总人解"按钮自动恢复抬起状态。

操作后对应显示：自信号关闭后，在信号灯后显示黄色延迟倒计时数字，延迟到规定时间后，进路白光带消失。

4. 重开信号

信号因故关闭，但开放条件仍然满足，可以通过点击"进路始端"按钮完成信号重开。

操作过程：

鼠标移动到要排列的进路的始端信号机灯上，当光标变成小手形状时点击左键，完成重开操作。

操作后对应显示：信号复式器显示开放信号。

5. 道岔操作

道岔单独操纵：首先点击"道岔总定"或"道岔总反"按钮，在其 10 秒延时时间内点击需要操纵的"道岔"按钮，完成道岔单操定位或反位的操作。在 10 秒延时时间内点击"道岔"按钮后，命令生效，道岔单操按钮随之抬起。超过 10 秒不点击"道岔"按钮，总定或总反按钮自动抬起，再点击"道岔"按钮无效。因此点击一次"道岔"单操按钮只能操纵一个道岔。

移动鼠标到如图 3-89 所示的功能按钮，当光标变成小手状时点击"总定（反）位"按钮，开始 10 秒延时。在延时期间移动鼠标到待单操的道岔名称上，当光标变成小手状时点击鼠标左键，完成道岔单操操作。

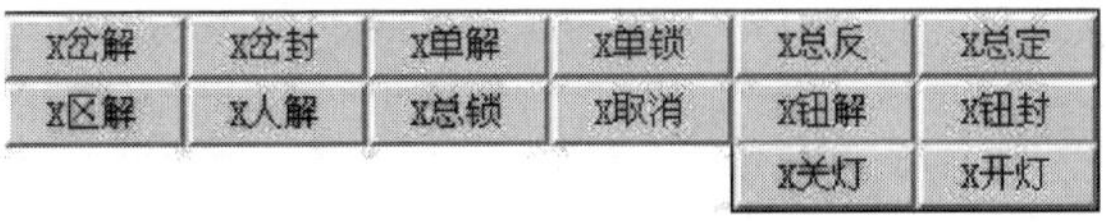

x岔解	x岔封	x单解	x单锁	x总反	x总定
x区解	x人解	x总锁	x取消	x钮解	x钮封
				x关灯	x开灯

图 3-89 功能按钮

（1）道岔单封

道岔封闭或解封：首先点击道岔封闭或道岔解封按钮，在 10 秒延时时间内点击道岔按钮，完成道岔封闭或解封的操作。在 10 秒延时时间内点击道岔按钮后，命令生效，道岔封闭或道岔解封按钮随之抬起。超过 10 秒不点击道岔按钮，道岔封闭或道岔解封按钮自动抬起，再点击道岔按钮无效。因此点击一次道岔封闭或道岔解封按钮只能封闭或解封一个道岔。

移动鼠标到功能按钮的单封按钮上，当光标变成小手状时点击鼠标左键，单封按钮会处于按下状态并且开始 10 秒延时。在延时期间移动鼠标到待单封的道岔名称上，当光标变成小手状时点击鼠标左键。完成道岔单封操作。

（2）道岔解封

移动鼠标到功能按钮区的解封按钮上，当光标变成小手状时点击鼠标左键，解封按钮会处于按下状态，开始 10 秒延时。在延时期间移动鼠标到待解封的道岔名称上，当光标变成小手状时点击鼠标左键。完成道岔解封操作。

（3）道岔单锁

道岔单独锁闭或单独解锁：首先点击道岔单锁或道岔单解按钮，在 10 秒延时时间内点击道岔按钮，完成道岔单锁或单解的操作。在 10 秒延时时间内点击道岔按钮后，命令生效，道岔单锁或道岔单解按钮随之抬起。超过 10 秒不点击道岔按钮，道岔单锁或道岔单解按钮自动抬起，再点击道岔按钮无效。因此点击一次道岔单锁或道岔单解按钮只能单锁或单解一个道岔。

移动鼠标到功能按钮区的单锁按钮上，当光标变成小手状时点击鼠标左键，单锁按钮会处于按下状态，开始 10 秒延时。在延时期间移动鼠标到待单锁的道岔名称上，当光标变成小手状时点击鼠标左键。完成道岔单锁操作。

（4）道岔单解

移动鼠标到功能按钮区的单解按钮上，当光标变成小手状时点击鼠标左键，单解按钮会处于按下状态，开始 10 秒延时。在延时期间移动鼠标到待单解的道岔名称上，当光标变成小手状时点击鼠标左键。完成道岔单解操作。

6. 区段事故解锁

计算机联锁系统不设区段事故解锁盘。在屏幕的左、右上方分设两个咽喉区的区段事故解锁按钮。

移动鼠标到功能按钮区的区段事故解锁按钮上，当光标变成小手状时点击鼠标左键，将弹出确认框，确认后开始 10 秒延时。在延时期间移动鼠标到待解的区段名称上，当光标变成小手状时点击鼠标左键。完成区故解操作。

注意：为安全起见，信号开放且列车接近后，如因故信号故障关闭，则自信号故障关闭起，进站信号机及正线出站信号机需 3 分钟、其他信号机需 30 秒延时，然后才能进行区段事故解锁操作。如在延时期间内进行区段事故解锁操作，操作无效，CRT 上同时显示事故解锁延时操作剩余等待时间。

7. 钮封操作

为了防止误操作，可以采取对信号机进行戴帽处理，来完成对信号机按钮的封锁。

操作步骤：

移动鼠标到功能按钮区的"钮封"按钮上，当光标变成小手状时点击鼠标左键，"钮封"按钮被按下，开始 10 秒延时。在延时时间内移动鼠标到待钮封的信号机名称上，当光标变成小手状时点击鼠标左键。此后除了钮解操作，其他对该信号机按钮的操作都将失效，同时信号机名称呈红色，完成钮封操作。同理点击"钮解"按钮，完成解封操作，信号机操作和显示都恢复原样。

8. 引导按钮的延时抬起

引导按钮是自复式按钮。在进、出站信号机内方第一区段故障情况下办理进路引导时，必须人工保持引导按钮在按下状态，使引导信号保持开放。由于鼠标操作方式不能实现按钮的保持点击状态，因此本系统设计采取引导按钮延时抬起的方法。

在进、出站信号机内方第一区段故障情况下办理进路引导时，首先点击引导按钮，输入密码后点击确认按钮，引导信号开放，引导按钮倒计时开始，保持按下状态 15 秒。在此倒计时内，必须重复点击引导按钮（不需再输入密码及确认），使引导按钮连续保持按下状态，引导信号保持开放，直到列车进入进站信号机内方。否则，倒计时结束，引导按钮自动抬起，引导信号随之关闭。

在进、出站信号机内方第一区段正常情况下办理进路引导时，首先点击"引导"按钮，输入密码后点击"确认"按钮，引导信号即可开放。引导按钮自动抬起，引导信号保持开放。列车压入信号机内方后，引导信号随之关闭。

办理引导进路作业完毕后，解锁引导进路须先点击人解按钮，出现密码框后输入密码（888）并点击"确认"按钮，人解按钮按下延时 10 秒。在延时时间内点击该引导按钮或其对应信号机列车按钮，出现密码框后输入密码（888）并点击"确认"按钮，此时引导进路解锁。

当列车进路信号开放且列车接近后，如果进路内方区段故障，信号员将列车进路转为引导进路后，这条引导进路不能立即取消。如果要取消这条引导进路，在办理了取消引导进路的操作后，需要延时 3 分钟，进路方可解锁，以保证行车安全。

引导进路延时解锁期间，CRT 上显示其人工解锁倒计时。

9. 改方按钮的操作

在办理反方向发车时，需先按压改方按钮；改方按钮是铅封非自复式按钮，使用时移动鼠标到如图 3-90 所示的改方按钮上，当光标变成小手状时点击鼠标左键，出现密码框后输入密码（888）并点击"确认"按钮，此时改方按钮会处于按下状态，并在其按钮旁显示黄闪灯光，如图 3-90 所示，此时表明可以办理反方向发车。

当使用完毕后，再次按压改方按钮，改方按钮转为抬起状态，则不能办理反向发车进路，如图 3-91 所示。

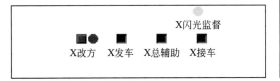
图 3-90　改方按钮

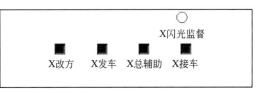
图 3-91　改方按钮状态

10. 点灯、关灯操作

车站联锁设备在每个车站咽喉设置两个自复式按钮，分别为"X 点灯""X 关灯"和为"S 点灯"和"S 关灯"，下面以"X 点灯"和"X 关灯"进行操作说明。

当按压"X 点灯"＋对应进站信号机列车按钮，对应进站信号机室外灯光点亮。

① 未办理接车进路，进站室外信号机点亮一个红色灯光。

② 已存在一条接车进路，室外进站信号机点亮红色灯光，再次按压此进站信号机列车（或引导）按钮，可以开放允许灯光。

③ 按压"X 关灯"＋对应进站信号机列车按钮，可使点亮红灯的进站信号机灯光熄灭。

列车越过点亮的进站信号机，进站信号机点亮红灯，其防护的进路内方第一区段解锁后进站信号机灯光熄灭。

当按压"X 开灯"＋对应出站信号机列车按钮，对应出站信号机室外灯光点亮。

① 未办理发车进路，出站室外信号机点亮一个红色灯光。

② 已存在一条发车进路，室外进站信号机点亮红色灯光，再次按压此出站信号机列车（或引导）按钮，可以开放允许灯光。

③ 按压"X 关灯"＋对应出站信号机列车按钮，可使点亮红灯的出站信号机灯光熄灭。

列车越过已点亮允许信号的出站信号机，出站信号机点亮红灯，其防护的进路内方第一区段解锁后信号机灯光熄灭。

进站信号机室外点亮时，未办理对应接车进路或调车进路的顺向出站信号机自动点亮红灯。

11. 操作终端信号机显示

① 地面信号机处于灭灯状态时，相关显示器在原信号机图形基础上增加"×"进行显示。

② 当地面信号出于点亮时，室内与室外保持显示一致。

③ 地面信号机应点亮，但有灯丝断丝报警时，对应信号机为闪烁状态。

三、DS6-K5B 计算机联锁系统接口电路

K5B 计算机联锁与室外信号设备之间的结合采用继电电路。主要有信号点灯电路，道岔控制电路，轨道电路，64D 半自动闭塞或自动闭塞电路，及其他结合电路。

① 信号电路保留的继电器有 LXJ、DXJ、YXJ、TXJ、ZXJ、FXJ、DJ 等；

② 道岔控制电路保留的继电器有 DCJ，FCJ，YCJ，1DQJ，2DQJ，DBJ，FBJ；

③ 轨道电路保留 GJ。

以上继电器中，XJ、DCJ、FCJ，YCJ 由微机输出的控制命令驱动。

64D 半自动闭塞电路中，保留 JSBJ、FSBJ、BSAJ、FUAJ、SGAJ；在复线双方向改变运行方向电路中，保留 ZFAJ、JFAJ、FFAJ、FAJ、FSJ、CFJ 由微机输出控制。其他保留原有电路不变。

本系统每组道岔设一个道岔允许操纵继电器 YCJ（双动道岔按一组道岔处理设一个 YCJ）。用 YCJ 的一组前接点接在道岔启动电路的 KZ 回路中。YCJ 平时处于落下状态。转换道岔时，若该道岔区段在解锁状态，微机在输出道岔操纵命令的同时输出 YCJ 吸起命令。道岔转换到位后，微机停止输出，YCJ 落下。道岔因故在规定转换时间内不能转换到位时，微机在取消定操或反操命令输出的同时，取消 YCJ 的输出命令，YCJ 落下。

K5B 计算机的输出采用静态输出方式。所有受计算机驱动的继电器全部采用直流安全型继电器。继电器工作所需的 24V 电源由微机系统给出，不用信号电源屏的 KZ24V。继电器线圈的负端连到公共回线，回到电源的负极。不受微机控制的继电器仍然用信号电源屏的 KZ24V。

K5B 系统的输入采用静态方式。采集电压为 24V。电源由微机系统供给。计算机通过输入采集电缆的电源线送出 24V 正电压，接到被采集接点组的中间接点。经前接点或后接点返回的计算机的输入口，经过计算机接口电路内部回到电源负极。

微机采集信号电路的 XJ 和 DJ，道岔电路的 DBJ 和 FBJ，轨道电路的 GJ 的状态信息。

微机从 64D 电路采集 JSBJ、FSBJ、KTJ、XZJ、SGAJ、BSAJ、FUAJ 和 64D 表示灯电路的状态；自动闭塞车站，微机采集 1LQJ、2LQJ、1JGJ、2JGJ 的状态；复线双方向改变运行方向电路中采集 ZFAJ、JFAJ、FFAJ、FAJ、FSJ、CFJ、FJ、DJ、JQJ；其他需要计算机采集的零散条件由具体站场决定。

为了完成控制台上的有关表示功能，需要采集移频故障、灯丝断丝、轨道停电、熔丝报警、主副电源等状态信息。

1. 表示信息采集接口

本系统从继电器的接点取得输入信息。每个被采集的继电器只占用一组接点。采集电压为 KZ24V。KZ24V 接在被采集接点组的中间接点。从故障安全考虑，不同继电器采集的接点条件不同。用继电器接点的闭合条件（对于计算机的输入接口有电流输入）表示信号处于安全侧状态，即用输入电路有电流通过证明设备在安全状态，输入信息的逻辑值为"1"。用继电器接点的断开条件（对于计算机的输入接口没有电流输入）表示信号处于危险侧状态，输入信息的逻辑值为"0"。例如对于本站照查继电器 ZCJ，取其后接点输入，后接点闭合，证明本站照查继电器落下，信号机可开放。ZCJ 的后接点断开，信号机不许开放。接口开路出现故障或接口断线时，照查继电器为吸起状态。

对于轨道继电器 GJ，取其前接点输入，用前接点闭合条件证明轨道区段空闲。前接点断开或接口开路故障及接口断线，均视轨道区段为占用。

其他继电器的采集原则同上。对于安全态为落下的继电器，如本站 ZCJ 等，取后接点输入，如图 3-92 所示。

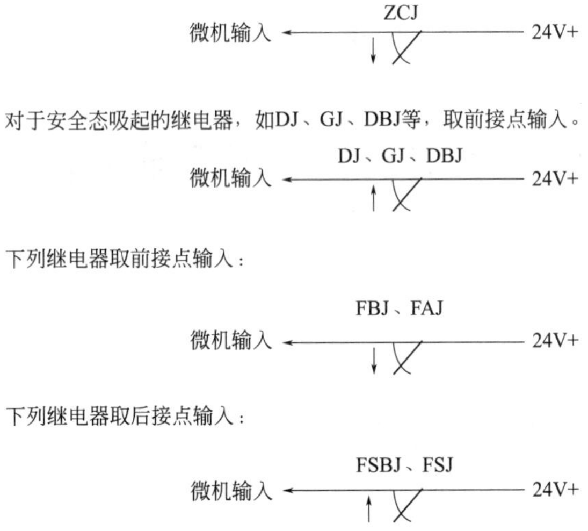

微机输入 ←— ZCJ ↓⨯ —— 24V+

对于安全态吸起的继电器，如 DJ、GJ、DBJ 等，取前接点输入。

微机输入 ←— DJ、GJ、DBJ ↑⨯ —— 24V+

下列继电器取前接点输入：

微机输入 ←— FBJ、FAJ ↓⨯ —— 24V+

下列继电器取后接点输入：

微机输入 ←— FSBJ、FSJ ↑⨯ —— 24V+

图 3-92 继电器采集图

2. 输出输入接口的配线

在计算机与继电器组合架之间设一"接口架"，作为计算机与继电器电路之间的连接界面。在接口架上设 CS-TX19-5.08-36Z 型 36 线插座或 36 线的其他插座。每个插座配 32 根信号线。继电器电路一侧的连线焊接在插座上，计算机一侧的连线用插头连接。

在 ET 机架的背面，每一对 ET-PIO 有两个矩形插座。其中 J1 用于连接输入信号。J1 插座有 60 芯，用其中的 32 芯，引入 32 路输入信号。在接口架上，对应每一个 ET-PIO 的 32 路输入，设一个 CS-TX19-36Z 型插座。采用 36 芯信号电缆。电缆的一端用压接方式连接与 J1 对应的插头。电缆的另一端焊接 CS-TX19-36T 型插头。图 3-93 所示为输入输出电源连接图。

在 ET-PIO 背面的 J2 插座与 J1 型号相同，用于引入 32 路输出信号。连接电缆及两端的插头形式与输入电缆相同。输出电缆中有四根芯线用于连接输出信号的负极公共端。

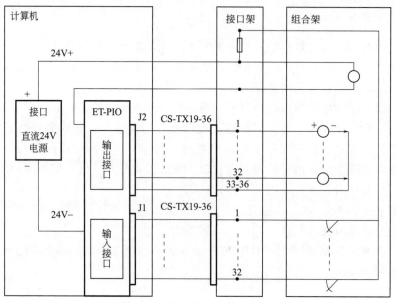

图 3-93　输入输出电源连接图

任务三　DS6-K5B 型计算机联锁设备检修维护及故障处理

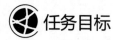 任务目标

1. 掌握 DS6-K5B 型计算机联锁设备日常巡视内容。
2. 掌握 DS6-K5B 型计算机联锁设备天窗点内的检修、测试内容。
3. 掌握 DS6-K5B 型计算机联锁设备常见故障处理流程。

任务实施

一、日常维护

1. 巡视并记录的内容

（1）联锁逻辑部
① 观察两系 F486-4I 板上 D1 指示灯，D1 亮灯的一系为主系，D1 灭灯的一系为从系。

确认并记录联锁Ⅰ、Ⅱ系的主从关系。交接班前与前一班比较两系主从关系有无变化。

② 观察从系 F486-4I 板上 D2 指示灯的状态，确认从系是否与主系同步。D2 灭灯两系同步，D2 亮灯两系不同步。

③ 观察 FSIO 板上指示回线通信状态的指示灯 RX、TX 灯的状态，确认联锁和电子终端之间的通信状态正常（闪亮正常，灭灯或稳定亮灯为异常），未使用的回线通信状态指示灯灭灯，如：本站只使用一条回线，则 2、3 对应的 RX、TX 指示灯为灭灯状态。

④ 检查机笼背面光缆连接是否牢固，未使用的光接口上是否扣好遮光罩。

(2) 电子终端

① 观察 ET-LINE 板的 Normal 灯是否稳定点亮，TXD、RXD 灯是否闪烁，如果是工作正常，如不是工作异常。

② 观察 ET-PIO 板的 Normal 灯是否稳定点亮，TXD 灯是否闪烁，如果是工作正常，如不是工作异常。

③ 检查 ET-LINE 板背面的光缆连接是否牢固，未使用的光接口上是否扣好遮光罩。

(3) 逻辑 24V 电源和接口 24V 电源

① 观察各直流稳压电源面板指示的电压值应为 24~26V，电流值宜小于 14A。

② 观察各直流稳压电源是否有声光报警。

(4) 监控机柜巡视内容

① 观察控显转换箱前面板或切换板（由冷备升级为热备时，未更换转换箱的，表示灯在切换板上）上 A 机脉冲、B 机脉冲指示灯是否闪烁，如果是说明控显 A 机、控显 B 机处于正常的运行状态。再进一步观察 A 机工作灯和 B 机工作灯的状态，哪一个灯点亮代表哪台控显机为工作机，另一台处于热备状态。

② 观察控显转换箱主电源模块、副电源模块上 5V 及正负 12V 电源指示灯是否点亮（点亮为正常，灭灯为故障），监控模块上有无声光报警。

③ 检查控显转换箱及控显双机背面的各种连接插头是否紧固。

(5) 电源柜巡视内容

① 观察 UPS 及冗余转换器面板指示灯是否正常（无黄灯和红灯点亮为正常），有无报警声音，冗余转换器前面板上 A 和 B 表示灯都应点亮。

② 观察系统是处于电源屏直接供电状态还是处于 UPS 供电状态，处于 UPS 供电状态为正常状态。

③ 观察各直流稳压电源面板指示的电压值，应为 24~26V，两台逻辑 24V 电源的电流值之和应小于 28A。

④ 观察各直流稳压电源是否有声光报警。

(6) 电务维修终端

① 检查电务维修机图形显示、实时信息、历史信息记录等功能是否可用。

② 定期（一季度或半年）与北京一级维护中心连通远程，确认远程功能完好。

2. 天窗点内进行的试验及检验内容

① 控显双机切换，确认备机操作显示功能完好。

② 鼠标主备切换，确认鼠标操作功能良好。

③ 联锁双系切换，确认备系控制功能完好。

④ 检查系统所有电源接线端子是否有松动、打火、焦糊等现象，一旦发现及时处理，

确保系统安全可靠运行。

二、常见故障处理

1. 联锁逻辑部故障

① Ⅰ系或Ⅱ系异常停机，F486-4I 板上异常红灯点亮。

处理办法：

a. 记录停机状态下 F486-4I、FSIO 面板指示灯状态反馈给一级维护中心。

b. 在 F486-4I 板插入 IC 卡的情况下，将故障机的电源开关扳下，再重新扳起加电，即可恢复正常。

c. 如不能启动，则需要更换该系板卡（通常是 F486-4I 板或 FSIO 板）。

② 从系与主系不同步，从系（2）F486-4I 板上 D2 灯点亮。

处理办法：

a. 在站场上无任何作业的情况下，重新启动从系。

b. 若仍不同步，重新启动主系和从系。

2. 电子终端故障

① 机笼内各板均不能开启，检查该机笼逻辑 24V 电源接线端子或插头。

② ET-LINE 板 Normal 灯不亮，RXD 灯不闪烁，检查 ET-LINE 板后面光缆接插是否牢固。

③ ET-PIO 板 Normal 指示灯灭灯，重新开启该 PIO 板电源开关，应可以正常启动，若不能启动则需用备用板更换该板。

④ 若某一对 PIO 对应的所有采集信息无表示，或对应的所有驱动位均不能驱动继电器，检查该对 PIO 背面的接口 24V 电源的接线端子、插头或保险。

3. 与外部通信故障

① 与列控中心通信故障：检查 Z2ETH 通信板是否正常。

② 与 RBC 系统通信故障。

4. 控显单机或电务维护机故障

① 无法开机，机器内置电源风扇不转，前面电源指示灯不亮，该机电源故障，需更换电源。

② 开机后，机器内发出"嘀、嘀"间断的报警声，内存条或显卡接触不良，需打开机箱盖，重新拔插内存条及显卡即可恢复。

③ 电源正常的情况下无法开机，也无报警声，可能是主板与机箱底板接触不良或主板故障，重新拔插主板若不能恢复则需更换主板。

思考题

1. 简述电源柜组成及各种类型的电源用于什么地方。
2. 画出联锁机与电子终端之间光缆连接示意图。

3. 简述 DS6-K5B 型计算机联锁设备如何排进路。

4. 简述 DS6-K5B 型计算机联锁设备日常维护时联锁逻辑部的巡视内容。

5. 简述 DS6-K5B 联锁逻辑部出现故障现象：Ⅰ系或Ⅱ系异常停机，F486-4Ⅰ板上异常红灯点亮时的处理方法。

项目四
iLOCK 计算机联锁设备维护及故障分析处理

项目导引

地铁正线计算机联锁系统与大铁计算机联锁系统差异较大,不同厂家的正线计算机联锁设备采用的硬件、软件也不尽相同,本项目以现场应用的 iLOCK 计算机联锁系统为例,讲解正线计算机联锁设备操作使用、设备检修维护及故障处理,为以后从事地铁信号设备的维护奠定基础。

任务一 iLOCK 计算机联锁设备认知

任务目标

1. 熟悉 iLOCK 计算机联锁系统整体结构。
2. 掌握 iLOCK 计算机联锁系统层次结构、冗余结构。
3. 熟悉 iLOCK 计算机联锁系统联锁机柜、电源机柜内各设备及功能。

任务实施

卡斯柯信号有限公司研发的 iLOCK 计算机联锁系统适用于轨道交通行业地铁正线、车辆段或停车场。目前,深圳地铁 2、5 号线,广州地铁 6 号线,上海地铁 10、13 和 16 号线及北京机场线等均使用此系统。

一、iLOCK 计算机联锁系统结构认知

1. 层次结构

如图 3-94 所示,iLOCK 计算机采用双系并行控制的双系热冗余系统结构,负责管辖区域内所有设备的联锁逻辑运算功能。通过安全型继电器接口电路实现管辖区域内的 LUE(线路编码单元)、屏蔽门、车站紧急停车、道岔、信号机、计轴及 IBP(综合后备盘)盘等设备接口功能。

操作人员通过 ATS(列车自动监控系统)系统人机操作终端(HMI)控制现场设备

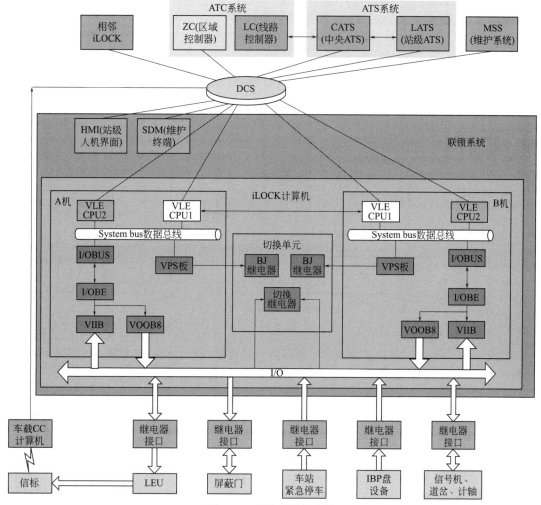

图 3-94 系统逻辑结构图

（如操纵道岔、办理进路等），控制指令经 DCS（数据通信系统）系统网络发送至 iLOCK 计算机，驱动相应设备动作。同时，iLOCK 计算机实时的监控（采集）现场设备状态，并经 DCS 系统网络反馈至 ATC（列车自动控制系统）系统或相邻区域 iLOCK 计算机。

通过 SDM（联锁机维护终端）和 MSS（维护系统）实时的记录 iLOCK 计算机工作状态、通信状态等。

2. 网络冗余结构

如图 3-95 所示，联锁机 A 机和 B 机均配置 2 层通信传输通道，分别为 ATS 子网（深灰网和浅灰网）和信号子网（红网和蓝网）。

① 联锁 A 机、联锁 B 机和 SDM（系统维护台）各提供 2 个网络接口，通过高速交换机设备接入 ATS 子网，ATS 子网的深灰网和浅灰网采用热冗余网络结构，并使用 TCP/IP 通信协议实现与本地 HMI（站级操作员工作站）和 LATS（站级）设备相互之间的信息交换。同时，经 SDH 节点（DCS 系统）接入骨干网络，实现与 CATS（中央）设备之间的信息交换。

② 联锁 A 机和联锁 B 机各提供 2 个网络接口，通过高速交换机设备接入信号子网，信号子网的红网和蓝网采用热冗余网络结构，并使用 FSFB2 通信协议，经 SDH 节点（DCS

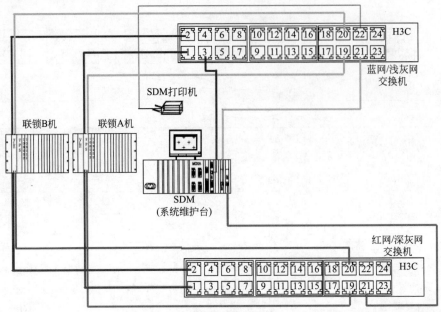

图 3-95 网络结构图

系统)接入骨干网络,实现与 ATC 系统、相邻区域联锁子系统设备相互之间信息交换。

③ SDM(系统维护台)提供 3 个网络接口直接连接至信号子网(红网或蓝网)和 ATS 子网,实现与联锁机通信,便于现场人员对联锁子系统运行情况进行查询和维护。

正常情况下,ATS 子网和信号子网均处于双网工作状态,各子系统设备之间经各自连接的网络进行发送或接收信息。一旦冗余网络中的任意一条网络发生故障时,各子系统仍可以通过另一条网络进行通信,并在 SDM(联锁系统维护台)中给出相应的故障信息,便于现场人员及时维护处理。

④ 信号子网络实现功能

a. 实现与相邻联锁区域 iLOCK 计算机之间的信息交换。

b. 实现与轨旁相应 ZC 计算机之间的安全信息交换。

c. 实现与车载 CC 计算机之间的安全信息交换。

d. 实现与本联锁区 SDM 和中心 MSS 子系统之间的信息传输。

⑤ ATS 子网络实现功能

a. 实现 iLOCK 计算机与站级 HMI 之间的信息交换。

b. 实现站级 HMI 与 LATS 之间的信息交换。

c. 实现联锁机与 SDM 之间的信息交换。

3. 计算机联系统结构

iLOCK 计算机 A 机和 B 机分别采用独立的驱动接口设备,A 机和 B 机之间可通过切换单元实现主、备机切换功能。如图 3-96 所示,联锁机(A 机或 B 机)使用双 CPU 处理器,两个 CPU 通过双口 RAM 进行数据通信和同步。

CPU1 处理器负责控制 I/O 数据总线的通道一,并控制采集总线(VIIB)及驱动(VOOB)正电的输出和检验。

CPU2 处理器负责控制 I/O 数据总线的通道二,并控制采集总线(VIIB)及驱动(VOOB)正电的输出和检验。

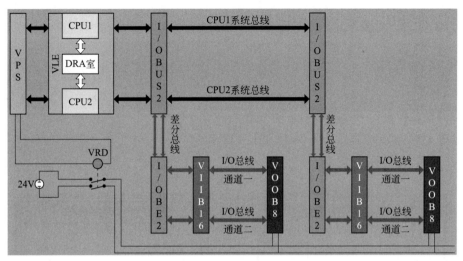

图 3-96 联锁机工作原理图

双 CPU 处理器对各自的内存、运行状态进行检查，并将检查的结果生成主校核字。同时，对输出端口的正电和负电进行检查，生成重校核字。CPU 处理器将主、重校核字发给 VPS 板，经安全校验确认主、重校核字正确后，驱动安全校验继电器（VRD）吸起为 VOOB 板提供输出电源。

iLOCK 计算机采用双系热冗余工作方式，A 机和 B 机互为主备，同时进行采集、联锁运算、驱动以及安全和非安全通信。备机通过安全和非安全通信保持与主机同步。同步情况下，主、备机之间可通过人工或自动无缝切换。

如图 3-97 所示，联锁 A 机和 B 机检查各自的硬件工作情况，软件及应用逻辑（包括相关通信、手动切换等条件），当符合要求时，均产生一个联锁计算机工作正常的输出条件（A-OUT 或 B-OUT），驱动 SYSA 或 SYSB 继电器吸起。两个系统继电器励磁电路之间采用互切功能，保证同一时间仅有一个系统继电器励磁吸起。

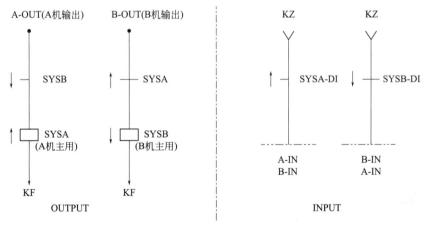

图 3-97 双机切换原理

联锁 A 机、B 机同时采集本机和另一台联锁机系统继电器（SYSB/SYSA）状态，以判断主机和备机。当主机发生故障、手动切换或其他条件不满足时，则切断 SYSA 或 SYSB 继电器驱动电源（A-OUT 或 B-OUT），相应系统继电器立即落下，备机系统继电器（SYSA 或 SYSB）随即吸起，从而实现 iLOCK 计算机的主、备机切换。

二、iLOCK 计算机联锁系统机柜设备认知

1. A/B 联锁机柜

如图 3-98 所示，根据站场设备数量，一般两套联锁机（A 机和 B 机）安装于同一机柜内。若站场设备数量较多，则 A 机和 B 机各自独立安装。

联锁机关键工作状态指示灯及与外部电源接口设备安装于同一机柜（通常称为"C机"）。如图 3-99 所示。

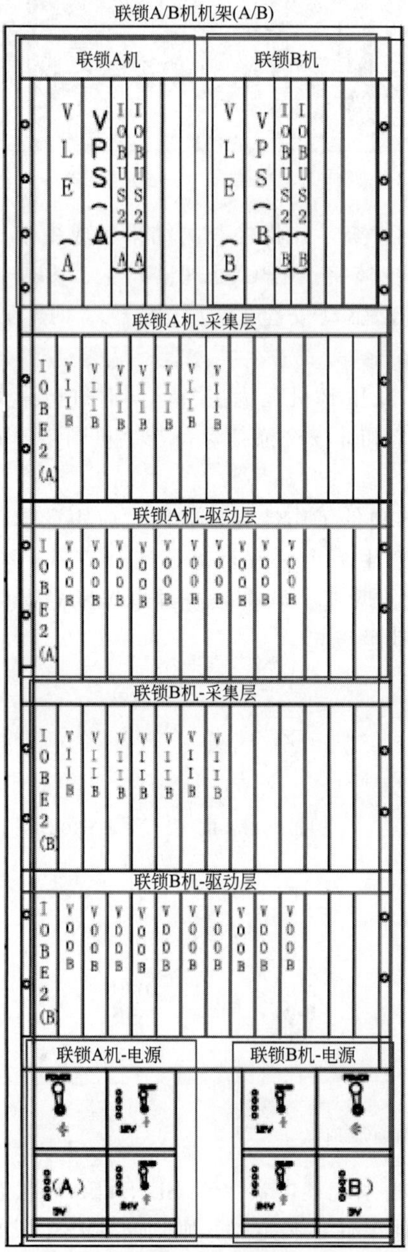

图 3-98 联锁机 A/B 机柜前视图

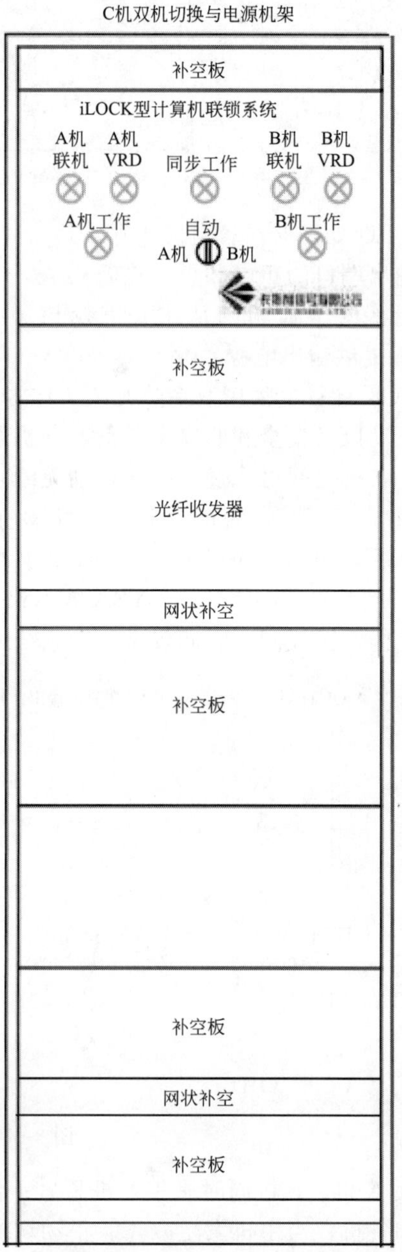

图 3-99 联锁 C 机柜前视图

(1) VLE 板（安全逻辑运算板）

VLE 板是整个联锁处理子系统的核心，采用双 CPU 处理器各自独立运算，并安装"系统软件"和"应用软件"芯片，实现联锁逻辑运算、I/O 选址读取输入/输出信息及与其他设备进行通信（如：MMI、SDM 等）。VLE 板见图 3-100。

图 3-100　VLE 板

VLE 板特点：
① 具有 8 个高速安全通信口、4 个网口、4 个 CAN 口和 4 个 RS-232 串口。
② 具有 1 个并行口用于仿真测试时，连接软件检查块（通常称为"软件狗"）。
③ 逻辑电路工作电压 DC 4.75～5.25V。
④ 逻辑电路最大电流 4A。

内部芯片名称命名方式，如图 3-101 所示，VLE 板内部芯片名称命名方式：

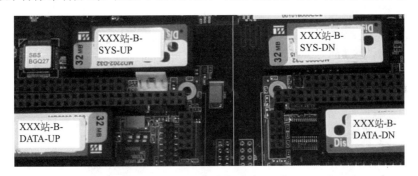

图 3-101　VLE 板内部芯片（B 机）

① "XXX 站"表示相应联锁站（集中站）的站名。
② "B"表示联锁 B 机；"A"表示联锁 A 机。
③ "SYS"表示系统软件（系统芯片）。
④ "DATA"表示联锁数据（应用芯片）。
⑤ "UP"表示上位机；"DN"表示下位机。

系统芯片或应用芯片必须与对应车站和对应板卡安装位置使用，如本站 A 机与 B 机 VLE 板整体对调，将会出现错误报警信息。

面板指示灯显示说明如图 3-102 所示。

(2) VPS 板（安全校验板）

VPS 板实现 iLOCK 计算机动态安全监视功能，并与 VLE 板构成 iLOCK 计算机的安全校验。主用机的 VPS 板在每间隔 50ms 内接收一组经编码的校验信息，当校验信息正确后，VPS 板输出一个安全数字信号，经调谐滤波器，驱动安全校验继电器（VRD）吸起，为 iL-

OCK 计算机的安全输出电源提供条件。当系统发生故障或错误时，在 90ms 内安全校验继电器（VRD）失磁落下，计算机切断安全输出电源，并自动的切换至另一台联锁机控制及监测设备，保证外部设备正常工作。

VPS 板特点：

① 逻辑电路供电电压 DC 4.75～5.25V。

② 逻辑电路工作电流 500mA。

③ 继电器驱动电路的输入电压 DC9～15V。

④ 继电器驱动电路的工作电流 40mA。

⑤ 继电器落下最大延时 90ms。

⑥ VPS 板驱动 VRD 继电器最小励磁电流 19.2mA。

面板指示灯显示说明如图 3-103 所示。

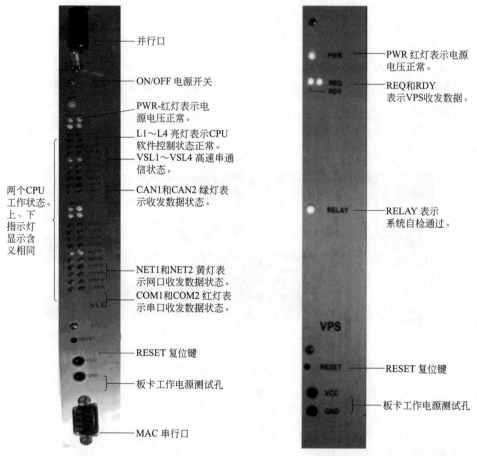

图 3-102　VLE 板面板指示灯　　　图 3-103　VPS 板面板指示灯

（3）I/O BUS2 板（输入/输出总线接口板）

I/O BUS2 板是 VLE 板与输入/输出板（VIIB 板/VOOB 板）交换信息的通道，I/O BUS2 板为输入板的测试数据和输出板的端口校验数据提供存储空间。同时，它也包含逻辑和时序电路，以控制输出端口的连续校验。每块 I/O BUS2 板上设置一块鉴别芯片，供 VLE 板正确识别。I/O BUS2 板特点：

① 逻辑电路工作电压 DC 4.75～5.25V。

② 逻辑电路最大电流 300mA。

面板指示灯显示说明如图 3-104 所示。

(4) I/O BE2 板（输入/输出总线扩展板）

I/O BUS2 板与 I/O BE2 板交换信息，通过 I/O BE2 板实现差分驱动和驱动双断输出板功能。每个输入/输出机箱设置 1 块 I/O BE2 板。

I/O BE2 板特点：

① 逻辑电路工作电压 DC 4.75～5.25V。

② 逻辑电路最大电流 300mA。

面板指示灯显示说明如图 3-105 所示。

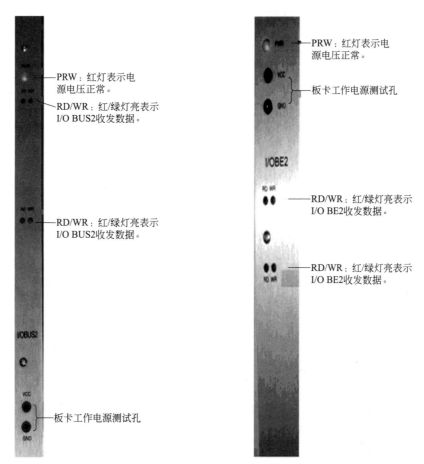

图 3-104　I/O BUS2 板面板指示灯　　图 3-105　I/O BE2 板面板指示灯

(5) VIIB 板（双采安全型输入板）

每块 VIIB 板有 16 个安全输入端口，每路输入均有一个 LED 指示灯，在输入接通时，相应面板指示灯点亮。每个输入有一个唯一的"校核字"，如电流在输入端连续存在，"校核字"能通过此输入端反馈至处理器。而且输入端设有浪涌防护电路，防止硬件受电流或电压冲击。

所谓"双采"即 VLE 板中的两个 CPU 处理器单独的对输入板的端口进行采集，提高系统的安全性和同步性能。

VIIB 板特点：

① 逻辑电路供电电压 DC 4.75～5.25V。

② 逻辑电路工作电流 500mA。
③ 采集电路的工作电压 DC 9～30V。
④ 输入电流 12.8～33.0mA。

面板指示灯显示说明如图 3-106 所示。

（6）VOOB 板（安全型双断输出板）

每块 VOOB 板有 8 个安全输出端口，并分成 2 组，每组有 4 个输出，均设有单独的隔离电路。每一个输出均设有指示灯，当某一个输出端口输出电源时，相应的指示灯点亮。

供给每一路输出的电源必须通过"VRD 继电器"的前接点条件。当 VRD 继电器落下时，就停止向双断输出板的输出口供电。因此，"输出"失效。

VOOB 板的每个输出端口都设有浪涌保护电路，防止硬件受电流或电压冲击。并设有无电流监测器，用以安全地检查，当有正确的输出信号时，才允许向输出电路供电。

所谓"双断"即对于一个输出码位的电源正、负极由各自一个 CPU 进行独立监控，提高了系统的安全性和接口电路的混线防护能力。

VOOB 板特点：
① 逻辑电路供电电压 DC 4.75～5.25V。
② 逻辑电路工作电流 500mA。
③ 驱动电路的工作电压 DC 9～30V。
④ 输入电流 12.8～33.0mA。

面板指示灯显示说明如图 3-107 所示。

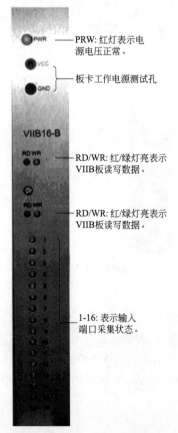

图 3-106　VIIB 板面板指示灯

图 3-107　VOOB 板面板指示灯

(7) MB（母板）

母板是 iLOCK 计算机各板卡之间连接的桥梁，实现 VLE 板 I/O 选址，并与输入、输出板交换数据。

MB 板特点：

① 逻辑电路工作电压 DC 4.75～5.25V。

② 逻辑电路最大电流：系统母板为 8A；输入/输出母板为 1A。

(8) 电源板

每台联锁机均配置 1 块 5V 电源板和 12/24V 电源板，为计算机正常工作提供电源。如图 3-108 所示。

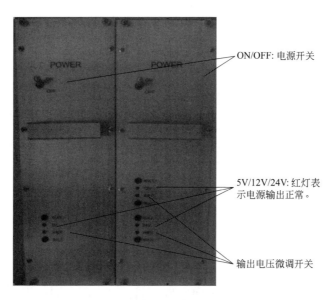

图 3-108　电源板

接头或插口说明如图 3-109 所示。

2. C 机双机切换和电源机柜

C 机柜由切换机箱和配电箱组成。

(1) 切换机箱

切换机箱由 A/B 机 VRD（A/B 机安全校验继电器）、TBJ（同步继电器）、A/B 机联机指示灯、A/B 机 VRD 指示灯、A/B 机工作指示灯、同步工作指示灯、手动切换开关等部件组成。见图 3-110。

① VRD（安全校验继电器）。当 iLOCK 计算机上电，系统自检通过后各自驱动 VRD 继电器（安全校验继电器）吸起，相应 VRD 指示灯点亮，系统驱动板（第一块板）第 2 灯位"AGREE"应点亮。

② TBJ（同步继电器）。A 机和 B 机通信正常，且采集信息一致后，系统驱动 TBJ（同步继电器）吸起，同步工作指示灯点亮。

③ 联机指示灯。A 机和 B 机系统自检正常（VRD 指示灯点亮），且与 HMI（ATS 系统操作台）通信正常，相应联锁机的联机指示灯点亮。如联机指示灯闪烁表示联锁机与 HMI 通信中断。

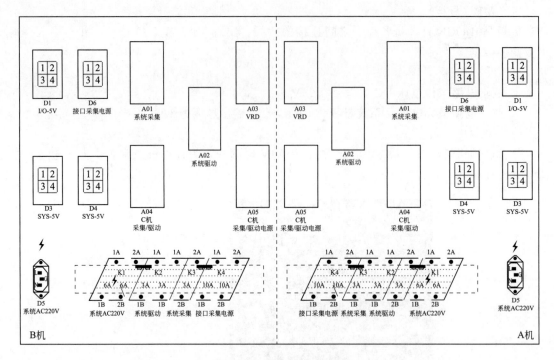

图 3-109　接头或插口说明

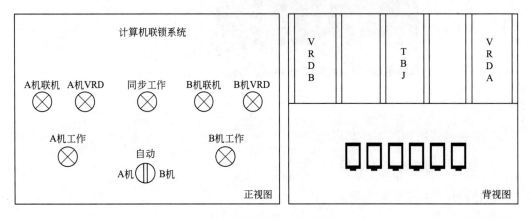

图 3-110　C 机柜切换机箱

④ 工作指示灯。A/B 机工作指示灯点亮表示该联锁机处于主机状态，主机"A/B 机工作"灯点亮，对应工作继电器吸起，系统驱动板（第一块板）第 1 和 5 灯位点亮。

⑤ 手动切换开关：可通过手动切换开关进行主、备机切换。如手动切换开关在"自动"，当主机发生故障或双机采集不同步时，系统将自动的切换。

(2) 配电箱

配电箱主要实现 iLOCK 计算机与外部设备电源接口汇集和分配，如图 3-111 所示。

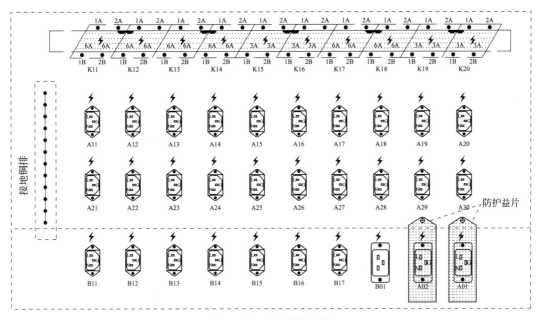

图 3-111　C 机柜配电箱

三、iLOCK 计算机联锁系统与其他系统接口认知

1. 单体设备硬件接口

（1）计轴设备接口

如图 3-112 所示，iLOCK 计算机通过采集 DGJ（轨道继电器）前接点条件，实现实时监控计轴区段状态。当 iLOCK 计算机采集到 DC24 正电（高电平为"1"），系统认为该计轴区段空闲。否则，为占用或故障状态。

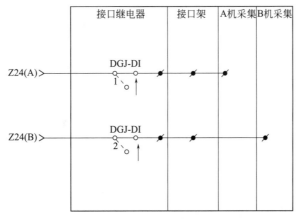

图 3-112　联锁机与计轴采集接口电路原理图

如图 3-113 所示，操作人员在 HMI 上取得站控权且正确选择控制区域，操作"功能按钮"，点击"计轴复位按钮"后，iLOCK 计算机驱动（60s 内有效）YFWJ（预复位继电器）吸起。操作人员操作 IBP 盘计轴复位按钮，DC24V 电源经 YFWJ 前接点使 FLAJ（复零继电器）吸起，从而接通计轴复零板复零电路，实现计轴设备计入或计出轴数清零。

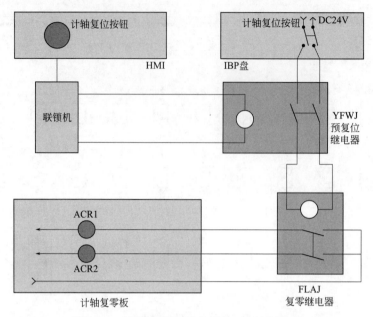

图 3-113　联锁机与计轴复零接口电路原理图

（2）信号机接口

如图 3-114 所示，联锁计算机通过采集 DJ（灯丝）或 2DJ（2 灯丝）继电器前接点条件，实现实时监控信号机点灯电路工作状态。当联锁计算机机采集到 DC24 正电（高电平为"1"），系统认为该信号机点灯电路工作正常，否则为故障状态。

备注：2DJ（2 灯丝继电器）用于信号机开放引导信号（红灯＋黄灯）。

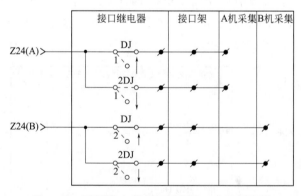

图 3-114　联锁机与信号机采集接口电路原理图

SDM 通过串口采集 LED 灯丝报警仪信息，实现对信号机主/副灯丝的监控，如图 3-115 所示，当排列进路满足联锁关系时，iLOCK 计算机将输出条件电源，驱动相应继电器动作。

DDJ 继电器常态处于落下状态，当 CBTC 列车接近信号机时（信息来自轨旁 ZC 计算机），iLOCK 计算机驱动 DDJ 继电器吸起，断开信号机点灯电路。此时，室外信号机处于灭灯状态。

LXJ 继电器常态处于落下状态，当办理进路满足信号开放条件，iLOCK 计算机驱动 LXJ 继电器吸起，接通信号机点灯电路。此时，室外信号机处于点亮允许信号。

三显示进路信号机设置 ZXJ 继电器，用于区分信号机点绿灯和黄灯。ZXJ 继电器常态

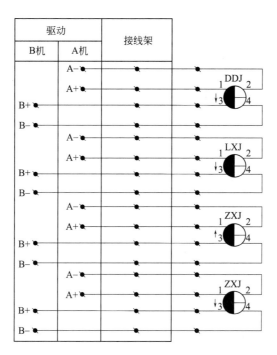

图 3-115　联锁机与信号机驱动接口电路原理图

处于落下状态,当办理经道岔定位(直股)进路后,且满足信号开放绿灯条件,iLOCK 计算机驱动 ZXJ 继电器吸起,接通信号机点灯电路。此时,室外信号机处于点亮绿灯。

YXJ 继电器常态处于落下状态,当办理引导进路后,且满足信号开放条件,iLOCK 计算机驱动 YXJ 继电器吸起,接通信号机点灯电路。此时,室外信号机处于点亮"红灯+黄灯"。

(3) 道岔接口

如图 3-116 所示,iLOCK 计算机通过采集 DBJ(定位表示继电器)或 FBJ(反位表示继电器)前接点,实时监控道岔位置状态。当 iLOCK 计算机采集到高电平时,系统认为该道岔处于相应的位置(定位或反位),否则系统认为道岔故障并触发故障报警信息。

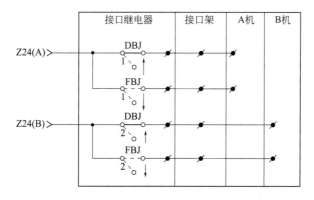

图 3-116　联锁机与道岔采集接口电路原理图

驱动接口电路原理如图 3-117 所示。SJ 继电器常态处于落下状态,当转换道岔时,iLOCK 计算机检测到条件满足时驱动 SJ 继电器吸起,接通道岔启动电路。

DCJ 和 FCJ 继电器常态处于落下状态，当操作人员操纵道岔或排列进路需改变道岔当前位置时，iLOCK 计算机驱动 DCJ 或 FCJ 继电器吸起，接通道岔启动电路。

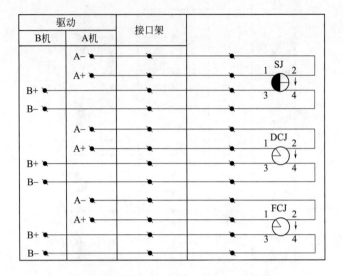

图 3-117　联锁机与道岔驱动接口电路原理图

（4）屏蔽门接口

如图 3-118 所示，DC24V 电源串接屏蔽门 PDKJ（屏蔽门关闭锁紧）或 PDQCJ（屏蔽门互锁解除）继电器，使 PDKJ 或 PDQCJ 继电器励磁吸起，iLOCK 计算机采集其前接点条件，从而实现实时监控屏蔽门状态，屏蔽门状态信息经轨旁 ZC 计算机反馈给列车。

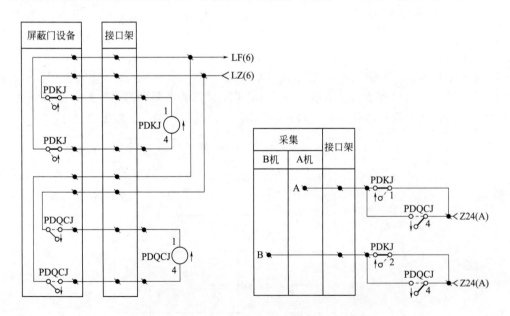

图 3-118　联锁机与屏蔽门采集接口电路原理图

当 iLOCK 计算机接收到列车（车载 CC 计算机）发送的开、关屏蔽门指令后，iLOCK 计算机驱动相应的 KMJ（开门）或 GMJ（关门）继电器动作。

如图 3-119 所示，DC 24V 电源串接 KMJ（开门）或 GMJ（关门）继电器，使开门或关门继电器励磁吸起，从而实现控制屏蔽门动作。

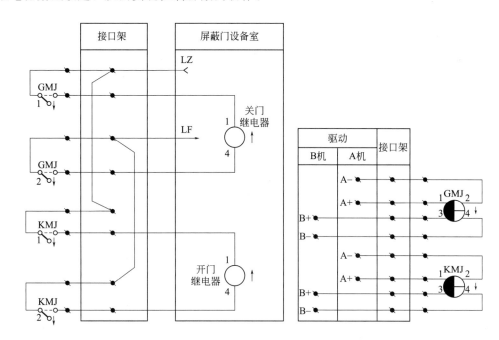

图 3-119　联锁机与屏蔽门驱动接口电路原理图

(5) ESP（紧急停车）接口

如图 3-120 所示，ESP（紧急停车）继电器常态处于吸起状态，iLOCK 计算机通过采集 ESP 继电器前接点条件实时监控车站紧急停车状态。若 ESP（紧急停车）继电器失磁落下，iLOCK 计算机认为车站操作紧急停车按钮或故障，并将该信息发送到轨旁 ZC 计算机反馈至列车（车载 CC 计算机）。同时，车站 IBP 盘、HMI 和中央 MMI 给出声光报警信息。

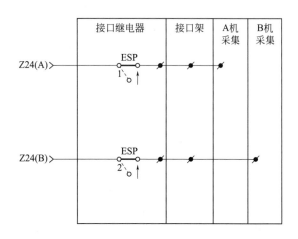

图 3-120　联锁机与 ESP 采集接口电路原理图

(6) 其他设备接口

① IBP 盘接口。每个车站上、下行分别配置 1 个 KCJ（扣车）、QKCJ（取消扣车）和

KCOKJ（扣车成功）继电器。如图 3-121 所示，iLOCK 计算机通过采集 KCJ（扣车）和 QKCJ（取消扣车）继电器前接点条件，实现实时监控车站扣车和取消扣车状态。当站级操作人员操作扣车按钮后，iLOCK 计算机采集到 DC24 正电（高电平为"1"），同时，iLOCK 计算机驱动 KCOKJ 继电器吸起。系统扣车成功，并在车站 IBP 盘、HMI 和中央 MMI 给出报警信息。

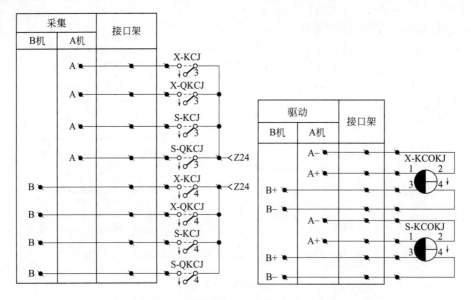

图 3-121　联锁机与 IBP 接口电路原理图

② 熔丝报警采集接口。如图 3-122 所示，iLOCK 计算机通过采集 RSBJ（熔丝报警）继电器前接点条件，实现实时监控柜架（组合架）的电源开关或保险。

③ 自动折返按钮采集接口。当列车进行无人自动折返时，司机操作站台的 ATB（自动折返）按钮，ATBAJ（自动折返按钮继电器）吸起，iLOCK 计算机通过采集该继电器前接点条件，并将其状态信息发送给轨旁 ZC 计算机，由轨旁 ZC 计算机反馈至列车（车载 CC 计算机），启动无人自动折返。

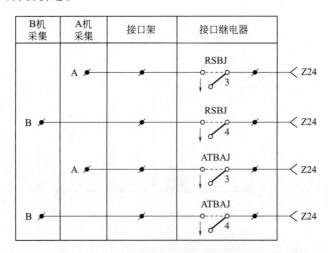

图 3-122　联锁机与 RSBJ 和 ATBAJ 接口电路原理图

2. 与其他系统软件接口

如图 3-123 所示，联锁系统（CI/CBI）与轨旁 ZC/LC、列车自动保护和驾驶系统（CC）、列车自动监控系统（ATS）等设备之间都可直接进行通信。

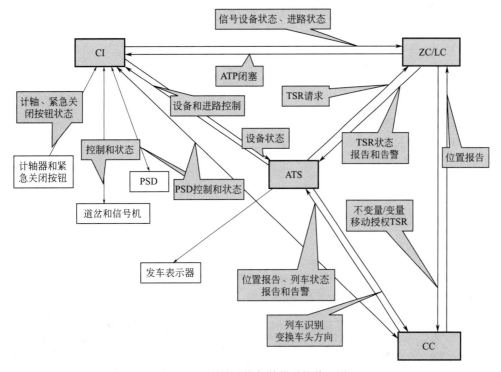

图 3-123　联锁系统与其他系统接口图

（1）CBI 与 ATS 之间交换的信息

① CBI 向 ATS 系统发送的信息：

◆单体设备状态：计轴、道岔位置、信号机显示、紧急停车按钮状态等；

◆联锁状态：进路、子进路、行车方向。

② ATS 向 CBI 系统发送的信息：

◆信号设备控制：进路、道岔、信号机等。

（2）CBI 与 CC 之间交换的信息

① CBI 向 CC 系统发送的信息：

◆PSD（屏蔽门）状态：PSD 关闭且锁闭信息。

② CC 向 CBI 系统发送的信息：

◆PSD 开门和关门命令：控制 PSD 开关。

（3）CBI 与 ZC 系统之间交换的信息：

① CBI 向 ZC 发送的信息：

◆设备状态：道岔位置、信号机显示、轨道占用、紧急停车按钮、屏蔽门等；

◆设备内部状态：进路、子进路、行车方向。

② ZC 向 CBI 发送的信息：

◆ATP 闭塞状态；

◆计轴可用和不可用状态；
◆CBTC（基于无线通信列车）列车车头越过信号机。

任务二　iLOCK 计算机联锁设备操作

任务目标

1. 了解 HMI 工作站的显示意义。
2. 熟悉 IBP 盘的布局及 SDM 维修终端的设置。
3. 掌握 iLOCK 计算机联锁设备常用操作。

任务实施

一、iLOCK 计算机联锁系统 HMI 工作站认知

界面显示状态如图 3-124 所示。

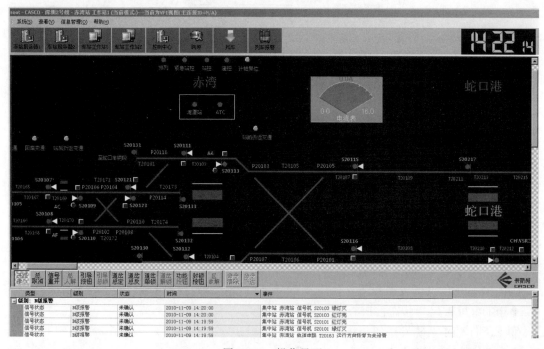

图 3-124　操作界面

ATS 系统设备状态显示如图 3-125 所示。

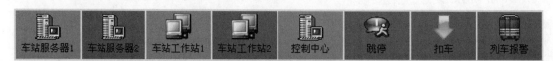

图 3-125　设备状态栏

时间显示如图 3-126 所示。

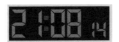

图 3-126 时钟

站场主界面显示如图 3-127 所示。

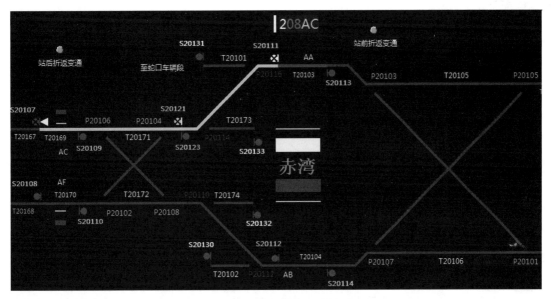

图 2-127 站场设备显示界面

工具条及联锁机工作状态显示界面如图 3-128 所示。

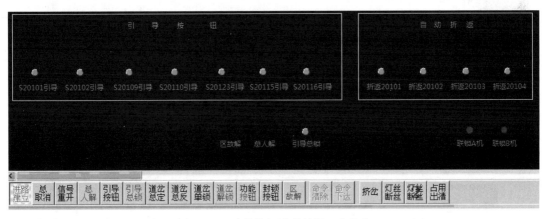

图 3-128 功能按钮及联锁机工作状态

报警或操作命令显示如图 3-129 所示。

类型	级别	状态	时间	事件
级别：B级报警				
信号状态	B级报警	未确认	2010-11-09 14:20:00	集中站 赤湾站 信号机 S20103 绿灯灭
信号状态	B级报警	未确认	2010-11-09 14:20:00	集中站 赤湾站 信号机 S20103 红灯亮
信号状态	B级报警	未确认	2010-11-09 14:19:59	集中站 赤湾站 信号机 S20101 红灯亮
信号状态	B级报警	未确认	2010-11-09 14:19:59	集中站 赤湾站 信号机 S20101 绿灯灭
信号状态	B级报警	未确认	2010-11-09 14:19:59	集中站 赤湾站 轨道电路 T20163 运行方向恢复为未设置

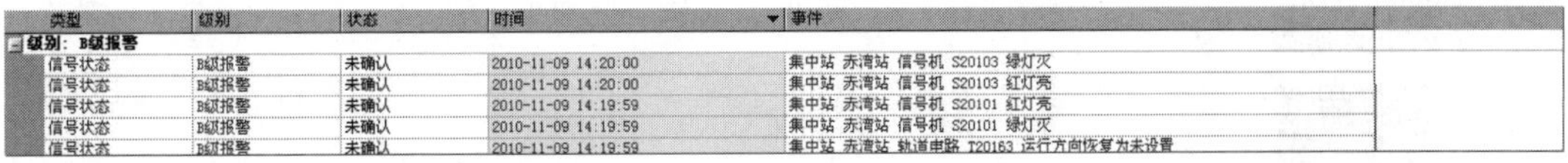

图 3-129 报警或操作命令界面

信号机显示含义见表 3-21。

表 3-21　信号机显示含义

显示状态	含义
	信号关闭，列车应在信号机前停车，禁止越过信号机
	CBTC 模式列车接近或超过信号机瞬间处于灭灯状态
	信号开放，表示道岔已锁闭，并开通直向，准许列车按规定速度运行
	信号开放，表示道岔已锁闭，并开通侧向，准许列车按规定的限制速度运行
	开放引导信号，准许列车以不大于一个规定的速度（如 25km/h）越过该架信号机并随时准备停车（出站信号机无引导信号功能）
	信号关闭，该信号机设置了自动通过进路
	信号开放，该信号机设置了自动通过进路
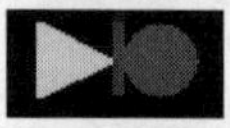	信号关闭，该信号机自动进路中至少一条被禁止
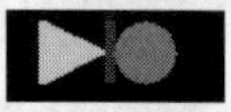	信号开放，该信号机自动进路中至少一条被禁止
	黄色 Y 显示表示该信号机为始端的进路正在非 CBTC 模式下延时解锁
	绿色 Y 显示表示该信号机为始端的进路正在 CBTC 模式下延时解锁
	信号机灯位闪烁表示断丝报警

计轴显示见表 3-22。

表 3-22　计轴显示含义

显示状态	含义
 T20105	浅蓝色表示正常显示状态（计轴处于出清状态或未被进路征用）
 T20105	深灰色表示计轴区段正被进路征用（选路过程）
 T20105	绿色表示计轴区段未占用状态，且被进路锁闭
 T20105	浅绿色表示计轴区段未占用状态，且被防护进路锁闭（Overlap）
 T20105	红色表示计轴区段被 CBTC 列车（位置报告）占用
 T20105	粉红色表示计轴区段处于占用状态或故障

续表

显示状态	含义
T20105	棕色表示计轴区段被 ATC 切换状态
T20105	白色表示计轴区段处于出清状态，且故障锁闭
T20208 T20208-1<->T20200-7 TSR=20km/	表示计轴区段被设置临时速度
闪烁	计轴区段被 ATS 切除跟踪，以当前颜色闪烁

道岔显示见表 3-23 和图 3-130。

表 3-23　道岔显示含义

显示状态	含义
道岔编号显示绿色	表示道岔处于定位
道岔编号显示黄色	表示道岔处于反位
道岔编号显示白色	表示道岔无位置数据信息（如转换道岔过程中）
道岔编号显示红色	表示道岔处于单锁状态
道岔编号及岔尖红闪	表示道岔处于故障状态

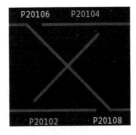

图 3-130　道岔显示

站台显示见表 3-24。

表 3-24　站台显示含义

名称	显示状态	含义
（1）站台矩形图标		稳定蓝色表示站台设置了跳停命令
		稳定黄色表示无跳停命令，列车在站台停站
		稳定浅蓝色表示无跳停命令，站台没有列车停站
		稳定红色表示站台紧急关闭
（2）站台旁菱形图标		红色表示站台触发紧急停车
		隐藏表示站台未触发紧急停车

续表

名称	显示状态	含义
（3）站台旁2根横线段		绿色分开表示-站台屏蔽门打开
		绿色合拢表示站台屏蔽门关闭
		红色合拢表示站台屏蔽门切除

列车识别号显示如图 3-131 所示，含义见表 3-25。

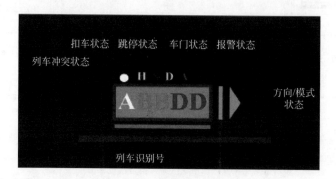

图 3-131　列车识别号显示

表 3-25　列车识别号显示含义

名称	显示状态	含义
（1）列车识别号 A	红色	标记 ATP 切除
	白色	标记 ATP 正常
（2）列车识别号 BB	白色	5 位列车识别号前三位代表列车服务号 5 位列车识别号后两位代表序列号
	粉红色	5 位列车识别号前三位代表列车车组号 5 位列车识别号后两位代表目的地号
（3）列车识别号 DD	白色	准点
	绿色	早点
	棕色 Brown	晚点
	蓝色	目的地车（非计划列车）或人工车
（4）扣车状态 H	黄色	列车处于扣车状态
	隐藏	列车未处于扣车状态或 CBTC 通信故障或非装备列车
（5）跳停状态 S	蓝色	列车处于跳停状态
	隐藏	列车未处于跳停状态 CBTC 通信故障或非装备列车 CBTC
（6）车门状态 D	黄色 yellow	车门未处于关并且锁闭状态
	隐藏 Hidden	非 CBTC 列车车门处于关并且锁闭状态 CBTC 通信故障或非装备列车 CBTC

续表

名称	显示状态	含义
（7）方向/模式状态		列车运动，方向向右
		列车停止，方向向右
		列车停止，方向不确定
		列车运动，方向向左
		列车停止，方向向左
（8）方向/模式状态颜色	深黄色	AMC-CBTC（CBTC 通信）
	黄色	MCS-CBTC（CBTC 通信）
	紫色	MCS-Block Mode（CBTC 通信）
	灰色	RMF 或 RMR
	红色	NDD 未知模式
	隐藏	CBTC 通信故障或非装备列车
（9）列车报警状态 A	红色	列车有报警信息
	隐藏	CBTC 通信故障或非装备列车
（10）列车冲突状态	白色闪烁	存在计划冲突
	隐藏	无计划冲突

二、iLOCK 计算机联锁设备 IBP 盘认知

1. IBP（综合控制工作台）盘布局

联锁站 IBP 盘布局如图 3-132 所示。

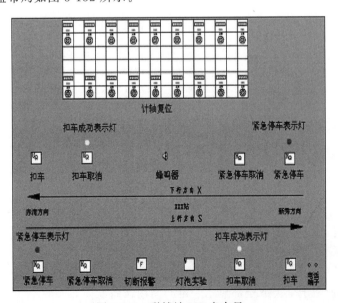

图 3-132　联锁站 IBP 盘布局

非联锁站 IBP 盘布局如图 3-133 所示。

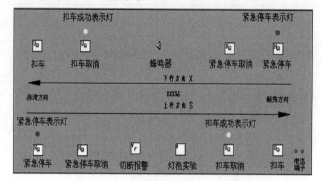

图 3-133　非联锁站 IBP 盘布局

2. 按钮及表示灯设置介绍

① 紧急停车按钮：上、下行各设置 1 个。
② 紧急停车取消按钮：上、下行各设置 1 个。
③ 紧急停车表示灯：上、下行各设置 1 个。
④ 扣车按钮：上、下行各设置 1 个。
⑤ 扣车取消按钮：上、下行各设置 1 个。
⑥ 扣车成功表示灯：上、下行各设置 1 个。
⑦ 计轴复位按钮：联锁站各计轴区段设置 1 个。
⑧ 切断报警按钮：设置 1 个（非自复式）。
⑨ 灯泡实验按钮：设置 1 个。
⑩ 蜂鸣器：设置 1 个。

三、iLOCK 计算机联锁设备 SDM 维修终端认知

工控机采用 Windows 操作系统，安装了联锁机维护应用软件，实现 iLOCK 计算机系统的诊断维护及接口设备的在线监测功能。

1. 菜单栏

菜单栏如图 3-134 所示。

图 3-134　菜单栏

① 网络状态：显示当前联锁系统及其外围设备的网络连接状态。
② 机架状态：显示当前联锁机的运行状态，监督各个机笼板卡的工作状态，查询采集板及驱动板码位采集与驱动情况。
③ 参数追踪：可以追踪联锁系统所有变量的高低电平，确定联锁机某些故障原因。
④ 数据记录：用于分类或全部显示一定时间内设备状态。
⑤ 记录分析：分类查询数据记录中某些变量跳变的原因。
⑥ 实时报警：查询数据记录中某些信号设备的实时报警信息。

⑦ 数据回放：单步或连续重现过去某个时间段内联锁机和 MMI 的站场变化信息，采集及驱动情况。

⑧ 远程诊断：暂未使用。

⑨ 版本校验：查询联锁系统软件、生成应用数据所需的输入文件及相关应用软件的版本号，校验联锁机运行的应用数据与 SDM 当前加载的应用数据是否一致，显示 MMI 运行的应用数据版本号。

⑩ 外部接口：联锁系统外部接口分为联锁机外部接口和 SDM/MMI 外部接口，见图 3-135 所示。

图 3-135　网络外部接口

⑪ 帮助：在帮助文件拷贝到当前 SDM 运行的目录情况下，单击该按钮可以查询联锁系统故障时的一些应急操作、联锁厂家的联系方式以及联系人。

⑫ 信息：查询确认联锁系统的一级报警信息。

⑬ 报警：记录的内容与"信息"相同。

⑭ 切换：用于站场显示与诊断界面间的切换。

2. 网络模式

维修终端（SDM）提供了二种基本网络连接模式（主模式和精简模式），这二种模式均能反映当前联锁系统的网络状态，如图 3-136 和图 3-137 所示。

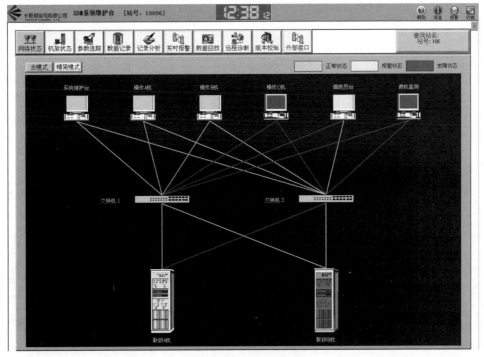

图 3-136　网络主模式

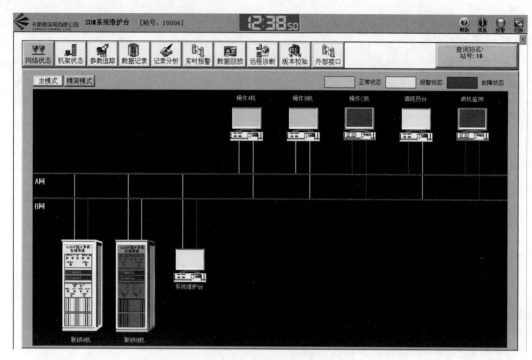

图 3-137　网络精简模式

3. 机架状态

通过机架状态选项能显示站场的机架、机笼、采集和驱动板的状态，如图 3-138 所示。双击机架图中某层机笼后，自动转入该层采集码位或驱动码位详细图，如图 3-139 所示。点击右侧的"上个机笼""下个机笼""机架图"按钮可分别转入该机笼的上层机笼、下层机笼或者是机架图。

图 3-138　机架状态 1

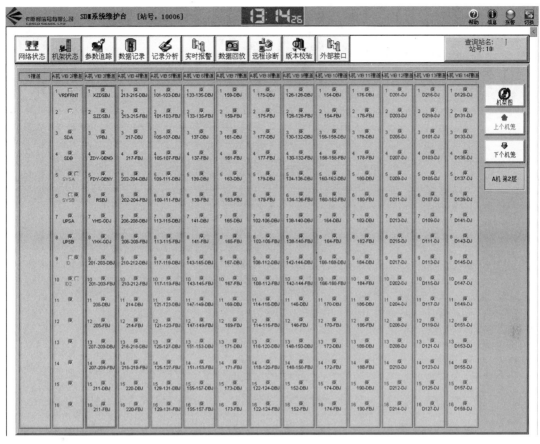

图 3-139　机架状态 2

4. 参数追踪

如图 3-140 所示,按下工具条上的"参数追踪"按钮即进入参数追踪界面,在该界面中可以分类选择变量进行追踪,变量追踪方法如下:

① 选择联锁机:SDM 提供单机或双机同时进行追踪的功能,点击"A 机""B 机""A/B 机"后便可分别追踪。若选择 A 机,变量的高低电平在其下方的左侧方框内显示;选择 B 机,变量电平在下方右侧方框内显示;选择 A/B 机,变量电平在二个方框内同时显示。

② 分类选择追踪变量:按压界面左侧的相应变量按钮后,所有该类型的变量即显示在上方白色方框内,双击变量后变量即可显示中间横条 1-13DG-D 内。选择结束按压 即可开始追踪。

③ 追踪过程中选择中间横条内 MMI-CHKBIT1 的变量,然后按压 按钮即可删除正在追踪的变量,变量停止追踪。按压 按钮可以一次删除所有正在追踪的变量,按压 按钮可以在最下方的空白处显示选中变量的布尔表达式。

5. 数据记录

该界面用于分类显示室内外信号设备的操作记录、显示记录、采集记录、驱动记录、联锁机状态及通信状态,如图 3-141 所示。

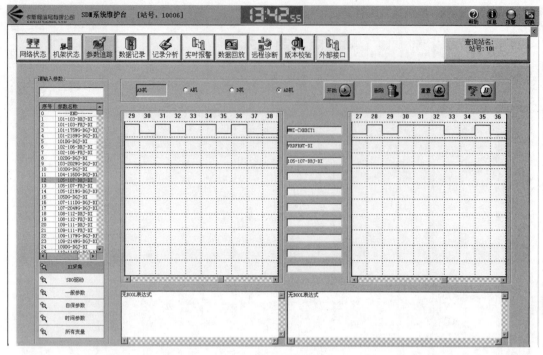

图 3-140 参数追踪

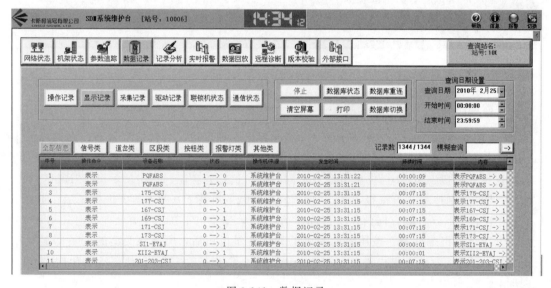

图 3-141 数据记录

以下分类说明数据记录的详细内容。

① 操作记录：按压界面的 操作记录 按钮后，便可在界面的下方表格中看到所有的操作记录，另外通过按压界面 全部信息 信号类 道岔类 区段类 系统按钮类 外部程序类 其他类 中相应的按钮也可分类查看相关操作记录。"信号类"记录对信号机的各种操作，如建立进路、总取消、总人解、重开信号、封锁信号、坡道解锁等；"道岔类"记录对道岔的各种操作，如定操、反操、单解、单锁、封锁；"区段类"记录对区段的各种操作，如区故解，封锁；"系统按钮类"记录对 MMI 操作界面

中对工具条的操作；"外部操作类"记录 MMI 以外并与联锁系统接口的其他设备的操作，如 CTC、ATS、综合控制盘等操作；"其他类"记录上述以外的各种操作；"全部信息"用于记录包括"信号类""道岔类""区段类""系统按钮类""其他类"的所有操作，如图3-142 所示。

图 3-142　操作记录

② 显示记录：按压界面的 显示记录 按钮后，便可在界面的下方表格中看到所有的显示记录，另外通过按压界面 全部信息 信号类 道岔类 区段类 按钮类 报警灯类 其他类 中相应的按钮也可分类查看相关显示记录。"信号类"记录信号机的各种显示变化，如：由红到黄、由黄到绿黄、由绿黄到红闪、由点灯到灭灯等；"道岔类"记录道岔位置的变化，如：由定位至反位、由反位至定位、道岔挤岔；"区段类"记录区段状态的变化，如占用、锁闭、故障锁闭、空闲；"按钮类"记录除系统按钮、调车/列车按钮外的所有按钮的显示变化情况；"报警灯类"记录各种 MMI 界面各种报警灯的表示变化；"其他类"记录除上述以外的站场元素状态变化。

③ 采集记录：按压界面的 采集记录 按钮后，便可在界面的下方表格中看到所有的采集记录，另外通过按压界面 全部信息 信号类 道岔类 区段类 其他类 中相应的按钮也可分类查看相关采集记录。"信号类"记录信号机 DJ、2DJ 的采集变化；"道岔类"记录 DBJ、FBJ 的采集变化；"区段类"记录 DGJ 的采集变化；"其他类"记录零散继电器的采集变化。

④ 驱动记录：按压界面的 驱动记录 按钮后，便可在界面的下方表格中看到所有的驱动记录，另外通过按压界面 全部信息 信号类 道岔类 其他类 中相应的按钮也可分类查看相关驱动记录。"信号类"记录信号机 LXJ、YXJ、ZXJ、DXJ、TXJ、LDJ、LUJ、XJ、DDJ 等继电器的驱动变化；"道岔类"记录 DCJ、FCJ、SJ 的驱动变化；"其他类"记录其他零散继电器的驱动变化情况。

⑤ 联锁机状态：按压界面的 联锁机状态 按钮后，便可在界面的下方表格中看到联锁机状态变化记录，如图 3-143 所示。

另外，可通过按压界面 全部信息 系统报告 系统报警 系统故障 硬件报警 硬件故障 中相应的按钮也可分类查看相关记录。

⑥ 通信状态：按压界面的 通信状态 按钮后，便可在界面的下方表格中看到网络通信情况，

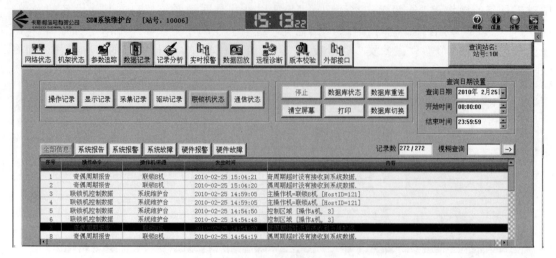

图 3-143 联锁机状态

见图 3-144 所示。另外，可通过按压界面 全部信息 网络状态 外部接口状态 中相应的按钮也可分类查看相关网络通信情况。"网络状态"记录基本联锁网络通信变化，如：主备机之间通信、联锁机与 SDM、联锁机与 MMI、联锁机与 SDM 与 MMI、MMI 与 MMI；"外部接口"记录基本联锁系统与其他子系统的通信变化情况，如：联锁机与 TCC（列控中心）、联锁机与 RBC（无线闭塞中心）、联锁机与 ATC、MMI 与 CTC、SDM 与 MMS、MMI 与 ATS、电流表、中心站与子站、相邻联锁区域等。

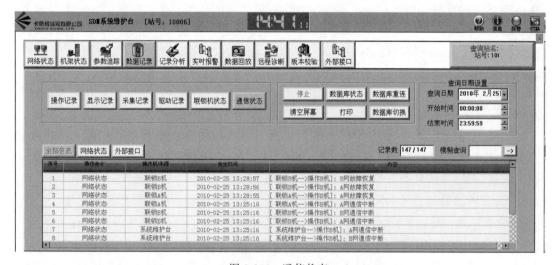

图 3-144 通信状态

⑦ 界面其他工具条，如图 3-145 所示。按下"数据库切换"按钮可以选择查询数据的来源，默认是"从默认数据库"中查询，当默认数据损坏时可以启动"备份数据库"；按下"数据库状态"按钮可以查看数据库连接状态，如图 3-146 所示。按下"打印"按钮可以打印 SDM 记录的数据；在数据库断开时，可以按下"数据库重连"按钮申请重新连接；按下"清空屏幕"按钮可以将当前记录一次性全部清除。

⑧ 从记录表格中查找同类数据的方法：选中表格中的某行数据双击，则表格中只显示与该行同类的所有数据，如：若双击"灯丝断丝"，则表格中只有灯丝断丝的数据。

图 3-145　其他工具条　　　　　图 3-146　数据库状态

6. 记录分析

记录分析主要是用来分析"数据记录"中部分元素发生变化的原因，以辅助用户快速查询和分析报警或故障原因，如图 3-147 所示。

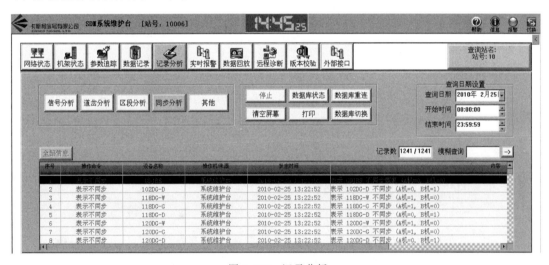

图 3-147　记录分析

在该界面中分类查找的方法与"数据记录"相同，以下叙述的主要是各子项分析内容。
① 信号分析：记录信号机灯丝断丝、非正常关闭。
② 道岔分析：记录道岔的挤岔。
③ 区段分析：记录区段非正常占用。
④ 同步分析：记录联锁机驱动不同步、采集不同步、表示不同步情况。
⑤ 界面其他工具条：其作用同"数据记录"里的"其他工具条"相同。

7. 实时报警

实时报警主要是提取"数据记录"或"记录分析"中部分关键数据加以报警，主要是方便用户查找报警记录，如图 3-148 所示。按压"实时报警"按钮即可查看记录的关键数据：信号机灯丝断丝、道岔挤岔、采集不同步、驱动不同步、表示不同步、控制不同步状态；如选中表格中的某行双击,再按压表格左侧的展开按钮"+"可以在展开后的表格中查看与该行同类的所有报警提示;按压表格下方的"采集同步状态"/"驱动同步状态"/"表示同步状态"/"控制同步状态"可以在展开的表格中显示与上述状态相关的实时报警信息,同时按钮设置相应表示灯用于提示联锁机当前是否处于同步状态,亮红灯表示不同步,亮绿灯表示同步。

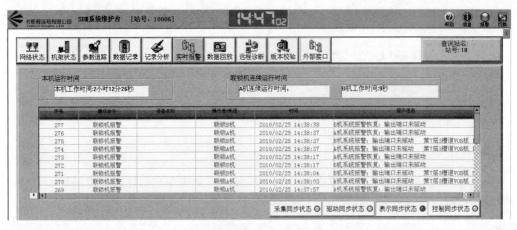

图 3-148　实时报警

8. 数据回放

数据回放用于重现联锁机以前一段时间内或者某个时刻的采集、驱动状态,MMI 的站场表示信息,如图 3-149 所示。

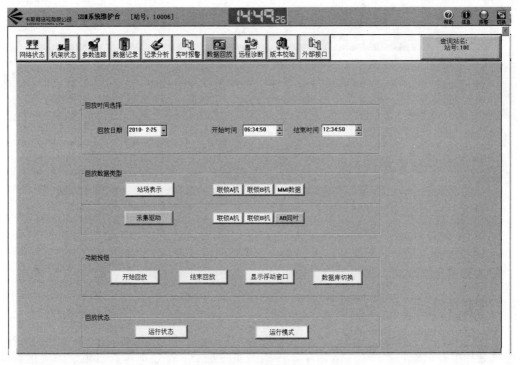

图 3-149　数据回放 1

数据回放步骤及方法如下：

① 由下拉列表选择回放日期、开始时间、结束时间；

② 通过按压按钮选择回放的数据类型及回放的联锁设备；

③ 点击功能按钮"开始回放"即开始回放，如图 3-150 所示。

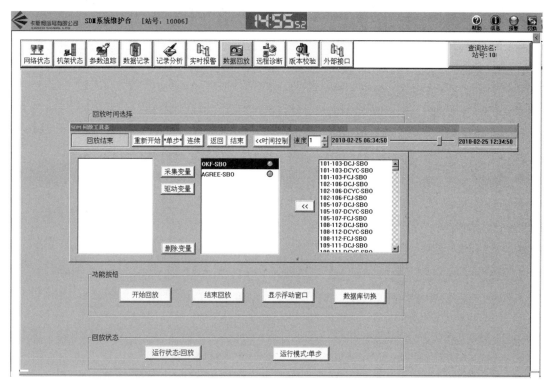

图 3-150　数据回放 2

④ 按下图中的变量按钮和列表中相应的变量；

⑤ 如想单步回放则按压 SDM 回放工具条中"单步"按钮，否则点击"连续"进行连续回放，此时可以在中间空白表中看到变量的变化情况。在连续回放过程中若想将变量定在某个状态单击"单步"按钮即可，若想重新开始回放，按压"重新开始"按钮，通过调节"速度"框可以随意调节回放的快慢。

⑥ 按压回放工具条中"返回"按钮可以返回到上级界面但并不结束回放，按压"结束"按钮则结束回放并返回至上级界面显示。

9. 版本校验

版本校验用于显示当前 SDM 运行的应用数据生成时间、识别码、CRC 校验码、SDM 软件版本号、生成 ADS 的各应用软件版本号及 CRC 校验码、A/B 机标志码；除此之外还可以显示联锁 A/B 机、MMI 运行数据的系统软件及应用数据的版本情况，如图 3-151 所示。

版本校验的操作方法如下：

① 按压"IPS 版本数据请求"按钮，则界面分别显示联锁机运行数据及软件的版本信息，以便于用户查看，请求 MMI 版本数据的方法与之相同。

② 按压"IPSA ADS 校验"则 SDM 主动将其运行的 ADS 与联锁 A 机运行 ADS 进行校验，若一致则提示一致，若不一致则在列表中列出不一致的地方。

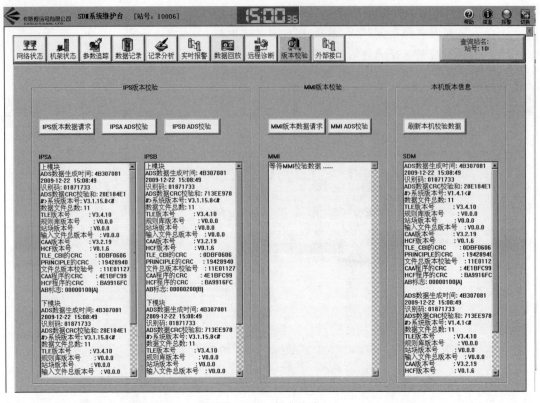

图 3-151 版本校验

③ IPSB ADS 校验和 MMI ADS 校验的方法与上述相同。

④ 通过按压"刷新本机校验数据"按钮,可以刷洗本 SDM 运行的数据版本。

四、iLOCK 计算机联锁设备常用操作

1. HMI 工作站登录和注销

(1) 登录

① HMI 工作站启动后,显示屏幕自动显示站场图形,操作人员选择菜单栏"系统(S)/登录",出现如下对话框图 3-152 所示。

② 操作人员需要输入正确的用户名和密码即可登录生效。

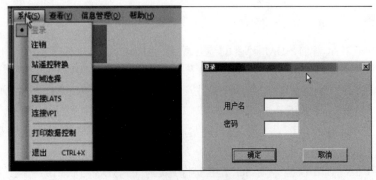

图 3-152 登录对话框

（2）注销

操作人员选择菜单栏"系统（S）/注销"后即可生效。

2. HMI工作站区域选择

① 操作人员选择菜单栏"系统（S）/区域选择"，出现如下对话框如图3-153所示。

② 进行区域选择，点击"应用"后，再点击"退出"。

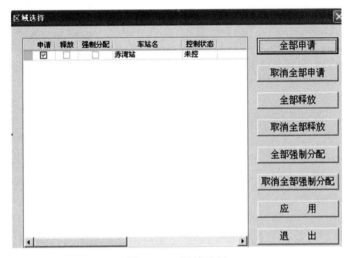

图3-153　区域选择

3. 进路操作

（1）设置进路

在进路始端信号机点击鼠标右键，选择"设置进路"，将弹出对话框，如图3-154所示。在对话框中"进路列表"选择相应进路，并点击"确定"。再点击"执行"，进路显示绿光带，进路始端的信号开放。

（2）取消进路

在进路始终信号机点击鼠标右键，选择"取消列车进路"。再点击"执行"，进路被取消。

图3-154　进路设置

（3）人工解锁进路

当需取消已处于接近锁闭状态（接近区段有车、信号开放、进路空闲）的进路或在办理取消引导接车进路时，使用"总人解"。

在命令工具条中选择"总人解"按钮，点击进路始端信号机按钮。最后点击命令工具条中"命令下达"按钮，进路被取消进入人工延时解锁状态。

（4）设置/取消通过进路

操作人员将鼠标选择站场图的信号机，并点击右键，在出现的菜单中选择该操作项，信号机及其车站属性将被自动弹出的对话框中，选择"执行"，将发出设置/取消通过模式命令，如图3-155所示。

（5）设置或取消自动折返进路

操作人员点击站场图自动折返按钮，点击右键菜单，选择"设置或取消"，弹出对话框显示操作内容，点击对话框"执行"按钮，如图 3-156 所示。

图 3-155　信号机控制

图 3-156　自动折返进路

（6）办理引导进路

当进站信号机（或接车进路信号机）因轨道电路故障不能正常开放，可采用引导锁闭进路方式开放引导信号。

在命令工具条中选择"引导按钮"，点击"进路始终信号机"按钮。最后点击命令工具条中"命令下达"按钮。

（7）信号机引导取消

在值班员确认列车完全进入股道后，可用人工解锁的方法解锁引导进路，具体方法可参看"总人解"。如果是进路信号机，则此时引导被取消，但进路不会被取消。只有按"人工解锁进路"操作，才能同时取消引导和进路。

4. 单体设备操作

（1）信号机

① 信号重开：

◆在进路始端信号机点击右键，选择"重开列车信号"。

◆点击对话框"确定"按钮，如图 3-157 所示。

② 信号机封锁：点击进路始端信号机右键菜单，选择"封锁"，然后弹出对话框显示操作内容，点击对话框"确定"按钮，此时被封锁的对象粉红色闪光。

图 3-157　信号重开

③ 信号机解除封锁：操作人员将鼠标选择进路始端信号机，并点击右键菜单，选择"封锁"，弹出对话框，第一步输入框内已显示操作内容，点击输入框内的"确定"按钮。

（2）计轴区段

① 区段故障解锁。由于故障区段未能正常解锁或需要通过区段解锁关闭信号时，使用"区故解"。进路中的某一区段如果不是依次顺序占用、出清，则该区段及后续区段均不能正常解锁，HMI 界面上对应区段显示白光带。

操作方法：

◆操作人员选定需区段故障解锁区段，点击鼠标右键菜单，选择操作"区故解"。

◆弹出对话框，选择相应区段故障解锁区段，点击"确定"。

② 区段切除跟踪：

◆操作人员将鼠标选择站场图的轨道区段，并点击右键，在菜单中选择该操作项，被点击的计轴所属车站和名称将自动弹出的对话框中，"功能"被自动选定为"切除"。如图

3-158 所示。

◆选择"确定"。

③ 区段激活跟踪：

◆操作人员将鼠标点击站场图上的轨道或道岔线段图标并在出现的菜单中选择该操作项，被点击的计轴所属车站和名称将自动列入弹出的对话框中。"功能"被自动选定为"激活"。如图 3-159 所示。

◆选择"确定"。

图 3-158　区段控制（切除）　　　　图 3-159　区段控制（激活）

④ 计轴预复位：

◆操作人员点击站场图"计轴复位"按钮右键菜单，点击"确定"，如图 3-160 所示。

◆按压 IBP 盘相应故障计轴区段"计轴复位"按钮。

图 3-160　计轴复位

（3）道岔操作

① 道岔单操：操作人员选定需操作的道岔设备，点击鼠标右键菜单，选择操作"定操或反操"。弹出对话框，点击"确定"。

② 道岔单锁：操作人员选定需操作的道岔设备，点击鼠标右键菜单，选择操作"单锁"。弹出对话框，点击"确定"。

③ 道岔单解：操作人员选定需操作的道岔设备，点击鼠标右键菜单，选择操作"解锁"。弹出对话框，点击"确定"。

5. IBP 盘设备操作

紧急停车操作见表 3-26。

表 3-26　紧急停车操作

名称	显示状态	备注
设置紧急停车	按压紧急停车按钮	紧急停车表示灯红灯点亮，HMI 出现紧急停车标记，蜂鸣器响铃
	按下切断报警按钮	蜂鸣器停止响铃

续表

名称	显示状态	备注
取消紧急停车	按压紧急停车取消按钮	紧急停车表示灯红灯灭灯，蜂鸣器响铃，HMI 紧急停车标记消失
	按下切断报警按钮	蜂鸣器停止响铃

扣车操作见表 3-27。

表 3-27　扣车操作

名称	显示状态	备注
设置扣车	按压扣车按钮	扣车成功表示灯亮黄灯，HMI 出现扣车标记
取消扣车	按压扣车取消按钮	扣车成功表示灯灭灯，HMI 扣车标记消失

灯泡实验操作见表 3-28。

表 3-28　灯泡实验操作

名称	显示状态	备注
灯泡测试操作	按压 IBP 盘"灯泡实验"按钮	IBP 盘表示灯点亮
	松开 IBP 盘"灯泡实验"按钮	IBP 盘表示灯灭灯

任务三　iLOCK 计算机联锁设备维护

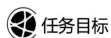

任务目标

1. 掌握 iLOCK 计算机联锁设备日常维护项目及标准。
2. 熟悉 iLOCK 计算机联锁设备集中检修项目及标准。

任务实施

iLOCK 计算机联锁设备在设备日常维护中，根据设备的特点，结合实际情况，通常划分为巡视、集中检修及状态维修模式。

① 设备巡视，指在不影响设备运行的前提下，对设备进行的检查和养护。
② 集中检修，指在运营结束后，对设备进行的检查和养护，影响设备运行或功能。
③ 状态维修，指设备发生故障或性能发生变化后，对设备进行修复。

一、iLOCK 计算机联锁设备月检修项目及标准

在日常设备维护中，联锁计算机设备巡视周期一般实行月检；集中检修周期实行年检，具体检修内容及标准如下。

① iLOCK 计算机月检检修内容及标准见表 3-29。

表 3-29　iLOCK 计算机月检检修内容及标准

iLOCK 计算机月检工艺卡			
作业性质：月检	编号：		设备编号：
作业项目：iLOCK 计算机月检作业			
作业条件	(1) 召开班前会，明确施工范围、内容、人员分工以及注意事项		
	(2) 检修工具准备齐全		
	(3) 按规定办理清点手续		
	(4) 按规定做好安全防护		
作业工器具	名　称	型　号	数　量
	万用表	—	1 台
	38 件套/42 件套	—	1 套
	通信工具（电台）	—	1 台
	手电筒	—	1 把
作业材料	名　称	型　号	数　量
	清洁布	—	适量
	手套	—	适量
	绝缘胶带	—	适量
	毛刷	—	1 把
安全要点	(1) 信号维护人员与行车人员共同确认已批点、作业区域范围、作业内容和影响范围		
	(2) 防止触动各类开关、按钮、电源等设备		
	(3) 严禁影响设备正常工作状态的操作		
检修项目	检修内容及标准		
1. 设备安装环境检查	(1) 检查温度和湿度。标准：根据不同区域确定（一般温度为 20～26℃，湿度为 50%～75%）		
	(2) 检查设备机房孔洞（防鼠防虫）。标准：孔洞封堵完好、标识清晰		
	(3) 检查防静电地板或地面。标准：无塌陷		
	(4) 检查柜体、柜架。标准：无歪斜、固定牢固		
2. 设备外观检查	(1) 检查柜门。标准：动作灵活、锁头完好		
	(2) 检查线缆、开关标识。标准：标识齐全、完整、清晰		
	(3) 检查机柜密封性。标准：密封良好、孔洞封堵完好		
3. 工作状态查看	(1) 查看 C 机柜面板 TBJ 指示灯。标准：点亮黄灯状态（见图 3-161）		
	(2) 查看 C 机柜面板 VRD 指示灯。标准：点亮绿灯状态		
	(3) 查看 C 机柜面板 A 机/B 机联机指示灯。标准：点亮黄灯状态		
	(4) 查看 C 机柜面板 A 机/B 机工作指示灯。标准：主机亮绿灯状态，备机灭灯		
	(5) 查看手动切换开关。标准：手动切换开关至"自动"		
	(6) 查看风扇。标准：通风良好，无异常噪声		

续表

收尾工作	(1) 填写设备检修记录表
	(2) 信号维护人员确认安全防护撤除、清理作业现场、人员出清
	(3) 销点前，确认设备工作状态和表示灯状态与作业前一致
	(4) 信号维护人员办理销点手续
	(5) 召开班后会，填写作业工单

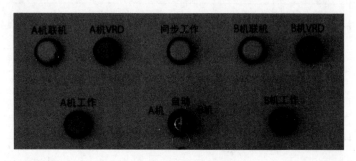

图 3-161　C 机机柜面板指示灯

② 维修终端（SDM）检修内容及标准见表 3-30。维修终端见图 3-162。

表 3-30　维修终端（SDM）检修内容及标准

维修终端（SDM）月检工艺卡			
作业性质：月检	编号：		设备编号：
作业项目：维修终端（SDM）月检作业			
作业条件	(1) 召开班前会，明确施工范围、内容、人员分工以及注意事项		
	(2) 检修工具准备齐全		
	(3) 按规定办理清点手续		
	(4) 按规定做好安全防护		
作业工器具	名　称	型　号	数　量
	万用表	—	1 台
	38 件套/42 件套	—	1 套
	通信工具（电台）	—	1 台
	手电筒	—	1 把
作业材料	名　称	型　号	数　量
	清洁布	—	适量
	手套	—	适量
	绝缘胶带	—	适量
	毛刷	—	1 把

续表

安全要点	(1) 信号维护人员与行车人员共同确认已批点、作业区域范围、作业内容和影响范围 (2) 防止触动各类开关、按钮、电源等设备 (3) 严禁影响设备正常工作状态的操作
检修项目	检修内容及标准
1.设备清洁	主机、显示器、键盘和防尘网清洁。标准：由上至下清扫，无积灰
2.线缆检查	检查电源线、视频线、网线、键盘等连接线。标准：插接牢固，无破损
3.维修终端（SDM）功能及状态检查	(1) 查看维修终端（SDM）回放功能。标准：功能正常 (2) 检查维修终端（SDM）时钟与中央时钟同步。标准：±10s (3) 检查磁盘空间，清理桌面及回收站临时文件。标准：各磁盘可用空间大于1GB
4.数据分析	(1) 分析维修终端（SDM）网络切换数据。标准：无异常切换 (2) 分析计算机硬件故障和联锁机切换告警信息。标准：无硬件故障，无异常切换
5.设备重启	重启维修终端（SDM）。标准：操作系统启动正常，应用系统启动正常
收尾工作	(1) 填写设备检修记录表 (2) 信号维护人员确认安全防护撤除、清理作业现场、人员出清 (3) 销点前，确认设备工作状态和表示灯状态与作业前一致 (4) 信号维护人员办理销点手续 (5) 召开班后会，填写作业工单

图 3-162 维修终端（SDM）

二、iLOCK 计算机联锁设备集中检修

iLOCK 计算机年检检修内容及标准见表 3-31。

表 3-31 iLOCK 计算机年检检修内容及标准

iLOCK 计算机年检工艺卡			
作业性质：年检	编号：		设备编号：
作业项目：iLOCK 计算机年检作业			
作业条件	(1) 召开班前会，明确施工范围、内容、人员分工以及注意事项 (2) 检修工具准备齐全 (3) 按规定办理清点手续 (4) 按规定做好安全防护		

续表

作业工器具	名 称	型 号	数 量
	万用表	—	1台
	38件套/42件套	—	1套
	通信工具（电台）	—	1台
	手电筒	—	1把

作业材料	名 称	型 号	数 量
	清洁布	—	适量
	手套	—	适量
	绝缘胶带	—	适量
	毛刷	—	1把

安全要点	（1）信号维护人员与行车人员共同确认已批点、作业区域范围、作业内容和影响范围 （2）防止触动各类开关、按钮、电源等设备 （3）严禁影响设备正常工作状态的操作

检修项目	检修内容及标准
1.紧固检查及清洁 （参考图3-163）	（1）紧固各板卡。标准：螺栓紧固，无滑丝，无"锈死" （2）检查线缆、电源和电缆插头。标准：安装牢固，无松动 （3）检查地线。标准：紧固，无断股，无破损 （4）清洁设备（含风扇）及防尘网。标准：由上至下清扫，无积灰
2.电气特性测量	（1）测量5V电源板输出电源。标准：DC5.1V～DC5.15V （2）测量12/24V电源板输出电源。标准：DC12/24±0.3/0.6V （3）测量VLE板工作电源。标准：DC5.0V～DC5.1V （4）测量VPS板工作电源。标准：DC5.0V～DC5.1V （5）测量I/OBUS2板工作电源。标准：DC5.0V～DC5.1V （6）测量I/OBE2板工作电源。标准：DC5.0V～DC5.1V （7）测量VIIB板工作电源。DC5.0V～DC5.1V （8）测量VOOB板工作电源。标准：DC5.0V～DC5.1V
3.功能检查	（1）检查主、备自动切换功能。标准：A机和B机同步工作，关断主机（5V和12/24V电源），系统自动切换至另一端计算机为主用状态，且排列进路、操纵道岔等功能正常 （2）检查主、备人工切换功能。标准：A机和B机同步工作，人工操作"手动切换开关"，主、备机切换功能正常，且排列进路、操纵道岔等功能正常。"手动切换开关"至A机或B机位时，相应的工作指示灯闪绿灯
收尾工作	（1）填写设备检修记录表 （2）信号维护人员确认安全防护撤除，清理作业现场、人员出清 （3）销点前，确认设备工作状态和表示灯状态与作业前一致 （4）信号维护人员办理销点手续 （5）召开班后会，填写作业工单

机柜设备见图 3-163。

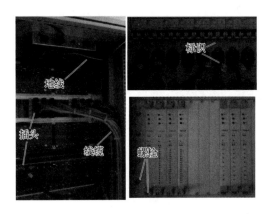

图 3-163　机柜设备

注意事项：
① 带电设备清洁时，严禁使用湿布或液体清洁剂，防止人身触电或损坏设备。
② 检修中，应做好静电防护，防止损坏电子板卡。
③ 电气测试前，应确认仪表选择挡位正确。
④ 设备紧固检查时，应正确使用工器具，防止损坏设备。

任务四　iLOCK 计算机联锁设备故障分析处理

任务目标

1. 了解 iLOCK 计算机联锁设备故障处理基础知识。
2. 掌握 iLOCK 计算机联锁设备故障处理流程。
3. 了解 iLOCK 计算机联锁设备典型故障案例处理过程。

任务实施

一、iLOCK 计算机联锁设备故障处理基础知识

1. 重启 iLOCK 联锁计算机步骤

① 关断联锁 A 机/B 机 5V 和 12/24V 输入电源。
② 合上联锁 A 机/B 机 5V 和 12/24V 输入电源。
③ 联锁机启动正常后，登录 HMI 工作站，并将 HMI 工作站转换至"站控"模式，再操作选择"连接 LATS"模式，完成"区域选择"（若无法转换至站控模式，则在紧急站控模式下操作"连接 VPI"模式）。
④ 执行取消"全站封锁"命令（若在联锁机重启成功后 240s 内未执行此命令，则"全站封锁"按钮消失，全站自动解封，无需再操作此命令）。

⑤ 在"全站封锁"红色按钮消失后，执行"上电解锁"命令（若在联锁机重启成功后480s内未执行此命令，则"上电解锁"按钮消失，需人工逐段解锁白光带）。

⑥ 在"上电解锁"红色按钮消失后，执行"引导总锁"。

2. 单台 iLOCK 联锁计算机故障处理步骤

① 确认单台 iLOCK 联锁计算机故障状态。

② 将"手动切换开关"扳至正常工作机。

3. 联锁设备板卡更换步骤

① 佩戴防静电手腕。

② 关断故障计算机 5V 和 12/24V 输入电源。

③ 将故障板卡面板固定螺栓拧松。如图 3-164 所示。

④ 用双手大拇指同时对板卡面板卡座向外轻微用力，板卡松脱后取出。如图 3-165 所示。

⑤ 插入板卡前，应将板卡母板上下边缘与机柜内上下卡槽对齐后插入板卡。如图 3-160 所示。

⑥ 拧紧板卡面板固定螺栓。

图 3-164　板卡固定螺栓图

图 3-165　板卡卡座图

图 3-166　机柜卡槽图

4. 板卡工作电压测量方法

① 佩戴防静电手腕。

② 将数字万用表选择合适挡位。

③ 使用数字万用表，将"正"表笔插入面板"VCC"测试孔，"负"表笔插入面板"GND"测试孔。

④ 读取数值。

二、iLOCK 计算机联锁设备故障分析判断

1. 故障类型

iLOCK 联锁机故障一般可以分为采集故障、驱动故障、电源故障、联锁计算机故障及通信故障五种类型。

(1) 采集故障

① 单机采集故障，不影响设备的正常功能。但会导致 A 机、B 机自动切换。

② 双机采集故障，影响相应设备或相关的联锁功能。如采集某道岔定位状态故障，则影响经该道岔定位所有进路排列。

(2) 驱动故障

① 单机驱动故障（道岔设备除外，其采用单驱双采），不影响设备的正常功能。

② 双机驱动故障，则影响该设备正常功能。

(3) 电源故障

联锁机采用两路独立的采集、驱动及工作电源。其中一路电源故障不影响设备的正常功能。

(4) 联锁计算机故障

① 联锁计算机采用双系热冗余结构，单机故障不影响设备的正常功能。

② 双机故障，则影响联锁区域内所有设备的联锁功能（通常称为"瘫痪"），站场图显示灰色。

(5) 通信故障

① 单机与其他系统通信故障，不影响设备的正常功能。

② 双机与 ATS 系统通信故障，则影响对所有设备的操作。车站 HMI 工作站站场图显示灰色，无法排列进路（含 ATS 系统自排功能）等操作。

③ 双机与 ATC 系统计算机通信故障，则影响列车 CBTC 模式运行等功能。

2. 故障处理流程

iLOCK 计算机联锁设备故障计算机联锁故障处理流程如图 3-167 所示。

3. 分析判断

(1) 采集故障

特点（以 A 机主用采集单个轨道区段故障为例）：

◆单机主采集故障，则自动切换至备机（备机升为主机状态）。

◆双机采集故障，则联锁计算机认为该设备故障状态。

分析判断：

◆查看 C 机柜面板指示灯状态，A/B 机联机灯、A/B 机 VRD 灯及同步工作灯均亮，且相应主机的工作灯点亮，则说明联锁计算机的工作状态及通信正常。

◆根据接报故障发生时间，查看维修终端（SDM）联锁机切换告警信息，确定准确故障发生时间。

◆通过维修终端（SDM）回放查看 A、B 机采集状态或查看故障告警信息，确定故障范围。

◆当 GJ 继电器在吸起状态时，用万用表采用"借负找正"方法，测量接口架相应的配线端子电压，若测量值为 DC24V，则检查接口架与联锁机柜之间电缆或更换采集板。若测量值为 0V，则检查接口架与 GJ 继电器接口电路电缆或更换 GJ 继电器。

(2) 驱动故障

特点：

◆道岔接口设备采用"双采单驱"的原理。若联锁计算机同步工作，且手动切换开关在

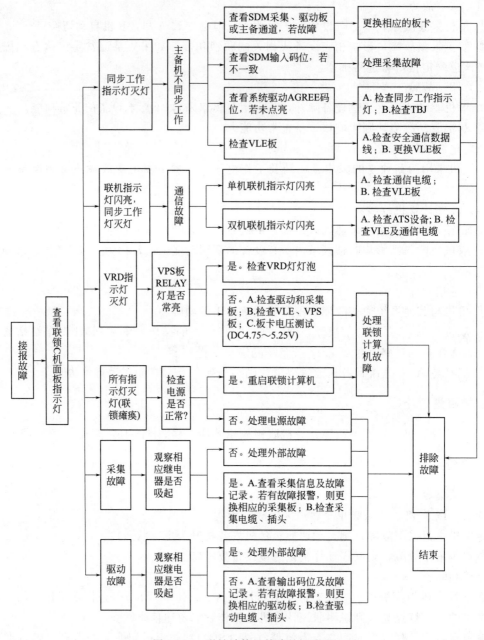

图 3-167　联锁计算机故障处理流程

"自动"位，主机出现驱动电路故障时，则出现道岔无法转换；若备机驱动电路故障，则无法直接的反映其故障现象。

◆联锁计算机同步工作，且手动切换开关在"自动"位，单机驱动故障（道岔接口设备除外），则不影响设备正常工作，也无法直接的反映其故障现象。

分析判断，以 A 机主用驱动道岔 DCJ 继电器故障为例：

◆根据接报故障发生时间，查看维修终端（SDM）道岔驱动信息，如图 3-168 所示。分析联锁计算机驱动指令持续时间和指令是否异常。若 DCJ 或 FCJ 驱动指令时间很短，初步判断故障原因为联锁计算机软件或内部板卡问题。

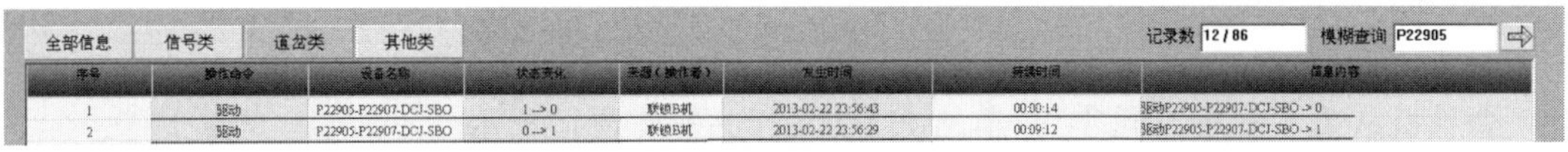

图 3-168 道岔操作指令

◆根据图 3-116，当操纵道岔定位时，DCJ 继电器吸起状态，用万用表测量接口架相应的配线端子电压，若测量值为 0V，则检查接口架与联锁机柜之间电缆或更换驱动板。若测量值为 DC 24V，则检查接口架与 DCJ 继电器接口电路电缆或更换 DCJ 继电器。

(3) 电源故障

特点：

◆单路电源故障，不影响设备正常工作。

◆两路采集电源故障，则影响联锁计算机采集全联锁区域设备的条件，且影响相邻联锁区之间进路办理。

◆两路驱动电源故障，则影响联锁计算机驱动全联锁区域设备的条件，且影响相邻联锁区之间进路办理。

◆A 机和 B 机工作电源故障，则全联锁区联锁瘫痪，且站场图灰显，影响相邻联锁区之间进路办理。

分析判断，以 A 机电源故障为例：

◆确认站场图灰显，查看 C 机柜面板指示灯状态，A/B 机联机灯、A/B 机 VRD 灯、A/B 机工作灯及同步工作灯均灭灯，则说明联锁计算机瘫痪。

◆查看 A 机和 B 机电源板面板指示灯状态。若电源输出指示灯灭灯状态，则使用万用表测量 A 机电源箱 K1 电压，若测量值为 0V，则依次排查电缆和插头（如图红色线所示）。若测量值为交流 220V，说明外电电源供电正常，则检查 K1 电源开关或更换电源板。A 机输入电源配线示意图见图 3-169。

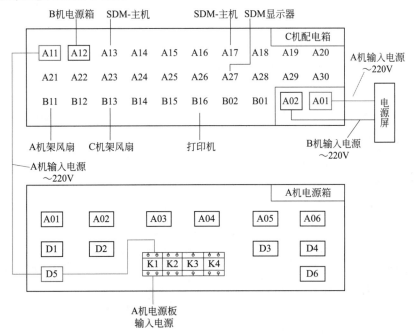

图 3-169 A 机输入电源配线示意图

(4) 联锁计算机故障

① 特点：

◆单机故障（双机不同步），车站 HMI 工作站操作界面显示"不同步"告警信息。

◆双机故障（联锁瘫痪），站场图显示灰色。

◆采集板、驱动板等故障，该联锁机会出现不断的自动重启表象（观察板卡状态）。若 VLE 板、VPS 板等故障，该联锁机将处于"死机"状态。

② 分析判断：

以 A 机单块采集板故障为例。

◆确认车站 HMI 工作站操作界面显示"不同步"告警信息。

◆查看 C 机柜面板指示灯状态，A 机联机灯、VRD 灯、工作灯及同步工作灯均灭灯，说明 A 机故障。B 机联机灯、VRD 灯和工作灯均点亮，则说明 B 机工作正常。

◆查看维修终端（SDM）"机架状态"，若相应板卡显示红框，说明该板卡故障状态，如图 3-170 所示，并测试采集板工作电压，确认故障后，进行更换。

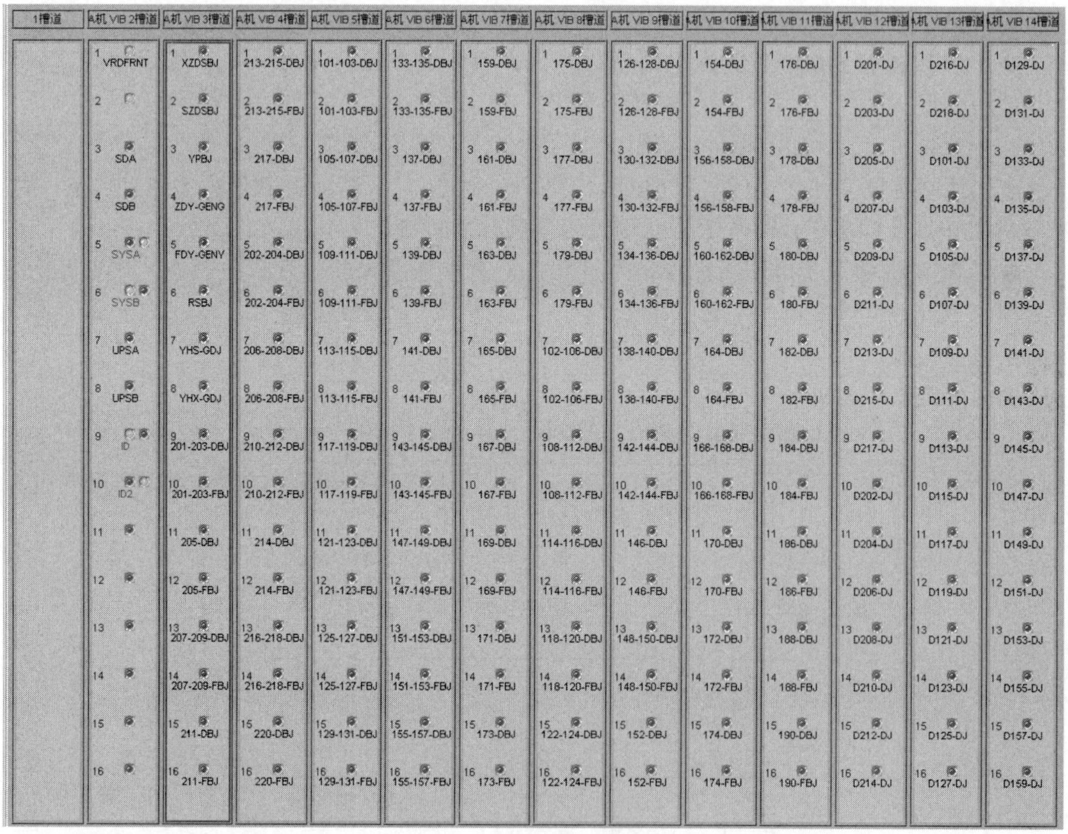

图 3-170 采集板故障

◆若无法通过查看维修终端（SDM）"机架状态"判断故障，则观察联锁计算机启动时，各板卡工作状态和次序，进行逐一排查故障。

(5) 通信故障

① 特点：

◆单机通信故障,车站 HMI 工作站操作界面显示"不同步"告警信息。

◆双机通信故障,若与 ATS 设备通信故障,影响相邻联锁区进路办理。若 DCS 设备通信故障,则影响本联锁区及相邻联锁区进路办理。

② 分析判断(以 A 机通信故障为例):

◆查看 C 机柜面板指示灯状态,A 机联机灯闪亮,说明联锁机与车站 HMI 工作站通信中断。

◆检查 ATS 和 DCS 接口设备,如接口设备工作正常,则检查通信电缆和 VLE 板,逐一排除故障。若硬件设备均正常,则为软件故障,需检查系统配置参数。

三、iLOCK 计算机联锁设备故障应急处理

1. 单机故障

① 将 C 机柜面板手动切换开关扳至正常工作机位(A 机或 B 机)。

② 查找故障,并排除。

2. 联锁瘫痪故障

联锁瘫痪,非通信类故障。

① 重启联锁计算机。

② 任意一台联锁计算机正常工作后,将 C 机柜面板手动切换开关扳至正常工作机位(A 机或 B 机)。

③ 登录 HMI 工作站,并将 HMI 工作站转换至"站控"模式,再操作选择"连接 LATS"模式,完成"区域选择"(若无法转换至站控模式,则在紧急站控模式下操作"连接 VPI"模式)。

④ 执行取消"全站封锁"命令(若在联锁机重启成功后 240s 内未执行此命令,则"全站封锁"按钮消失,全站自动解封,无需再操作此命令)。

⑤ 在"全站封锁"红色按钮消失后,执行"上电解锁"命令(若在联锁机重启成功后 480s 内未执行此命令,则"上电解锁"按钮消失,需人工逐段解锁白光带)。

⑥ 在"上电解锁"红色按钮消失后,执行"引导总锁"。

⑦ 查找故障,并排除。

3. 道岔接口驱动故障

① 操作 C 机柜面板手动切换开关扳,将主机切换备机工作状态。

② 查找故障,并排除。

四、iLOCK 计算机联锁设备典型故障案例分析

1. 案例 1

(1) 故障现象

维护人员接报某联锁站 HMI 显示 iLOCK 计算机"不同步报警"灯点亮灯,主机为"B 机"。

(2) 故障分析及处理

① 根据故障现象，初步确定为 iLOCK 计算机不同步故障。

② 查看 C 机柜面板指示灯状态，同步工作指示灯灭灯，B 机的 VRD 灯、联机指示灯、工作指示灯均点亮。而且 A 机的 VRD 灯、联机指示灯、工作指示灯均灭灯。因此，初步确定故障范围是 A 机故障。

③ 将手动切换开关扳至"B 机"位。

④ 查看 A 机工作状态，发现 A 机不断的自动重启，而且当采集层 I/O BE2 板正常工作后突然又出现不工作状态。

⑤ 检查采集层的采集板第 5 块面板 PRW 指示灯不亮，并测试板卡工作电压为 0V，且 SDM 数据记录该板卡硬件故障报警。

⑥ 更换 A 机采集层第 5 块采集板后，重新启动计算机，故障修复。

(3) 故障原因

因 A 机采集层第 5 板采集板硬件故障，导致 A 机无法正常工作。

2. 案例 2

(1) 故障现象

维护人员日常巡检设备时，发现 iLOCK 计算机 C 机柜面板"B 机联机"指示灯闪亮，其他指示灯显示正常。

(2) 故障分析及处理

① 根据故障现象，初步确定为 iLOCK 计算机 B 机与 HMI（ATS 系统操作台）通信异常。

② 检查 B 机与 HMI 的通信线接触未发现异常，接触牢固。

③ 复位 B 机 VLE 板，故障仍在，更换 VLE 板后，故障恢复。

(3) 故障原因

因 B 机 VLE 板硬件故障，导致 iLOCK 计算机 B 机与 HMI（ATS 系统操作台）无法建立通信。

3. 案例 3

(1) 故障现象

维护人员接报某联锁站 HMI 显示 iLOCK 计算机"不同步报警"灯点亮灯，主机为"A 机"。

(2) 故障分析及处理

① 根据故障现象，初步确定为 iLOCK 计算机不同步故障。

② 查看 C 机柜面板指示灯状态，同步工作指示灯灭灯，A 机和 B 机的 VRD 灯、联机指示灯、工作指示灯均点亮。因此，初步确定故障范围是 A 机与 B 机安全通信故障。

③ 检查 A 机和 B 机背后的安全通信数据插头，发现 A 机安全通信数据插头存在接触不良现象，经重新插接后，故障排除。如图 3-171 所示。

(3) 故障原因

因 A 机安全通信数据插头接触不良，导致两台 iLOCK 计算机不同步故障。

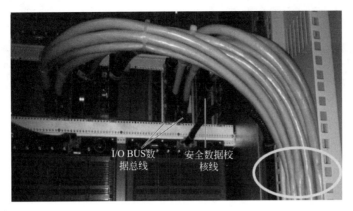

图 3-171　安全通信数据插头

思考题

1. iLOCK 计算机联锁系统硬件结构如何保证其可靠性和安全性？
2. 画出 iLOCK 计算机联锁系统结构图。
3. iLOCK 计算机联锁系统的常用操作有哪些？
4. iLOCK 计算机联锁系统月检修和集中检修有哪些项目？
5. iLOCK 计算机联锁设备故障类型有哪些？如何处理？

项目五
计算机联锁试验

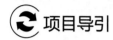 项目导引

信号联锁关系试验的基本依据是信号联锁技术规范、技术条件和信号联锁图表等，具体每条进路中检查的联锁功能、应符合这些规范、条件及联锁图表的要求。试验过程中应对各项要求进行逐项试验，核对其正确性。

任务一　基本联锁试验

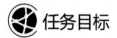 任务目标

1. 掌握基本联锁试验方法。
2. 能够按照联锁表，进行基本联锁试验。
3. 能够根据联锁试验结果，判断联锁关系是否正确。

任务实施

基本联锁试验包括进路联锁试验、进路解锁试验、敌对信号与敌对照查试验、防护道岔与带动道岔试验、侵限绝缘试验、调车中途折返解锁试验。

一、进路联锁试验

按进路表给定的进路号码，核对联锁进路号与所排进路的一致性。在进路表中，对通过进路等组合进路以接车进路号加发车进路号组合填写，不单独计入进路总数中。在试验组合进路时，特别要注意黄闪黄显示或 1/18 号及以上大道岔进路，检查是否存在与该进路平行或变通的条件而信号显示不符合黄闪黄显示要求的进路，如存在上述进路，则组合进路编号应与大号码组合进路相区别，信号显示和发码条件也应按普通道岔进路处理。

1. 进路变通

指在站场中存在着与基本进路平行或"八字"迂回条件时，通过变通方法而办理的进路。办理变通进路时需要按压进路始终端之间相应的变通或调车信号按钮。当站场中存在

"小八字"或因运营要求禁止使用的迂回进路，在试验中应检查不能排出。如果在试验中发现存在多条变通进路情况，若确有需要，应对进路表进行补充完善，请设计单位签认变通进路，并对每条变通进路进行试验。

选取表 1-1 中进路号码 3 的东郊方面至Ⅲ股道接车进路的变通进路作为举例进路进行试验，在"进路方式"一栏中标注有"2"（在本项目后续的试验过程中如无特殊说明，均选取该进路进行试验说明）。其具体试验操作步骤如下：依次按下始端按钮 $X_D LA$、变通按钮 $D_{13} A$ 和终端按钮 $S_{Ⅲ} LA$。在满足联锁条件下，应能选出经 13/15 道岔反位以及 23/25 道岔反位的 X_D 至ⅢG 的"八字"变通进路。

2. 信号开放前试验内容

① 道岔位置不对信号不能开放。将所办进路上的所有道岔逐组置于不符要求的位置并单锁，试排该条进路，其信号应不能开放。举例进路具体试验步骤见表 3-32。

表 3-32　道岔位置不对信号不能开放试验

步骤	操作	现象及说明	备注
1	按压总反操作按钮和 5/7 道岔	5/7 道岔转换至反位，显示反位表示状态（黄）	继电集中联锁，同时按压道岔总反和 5/7 道岔单独操纵按钮
2	按压单独锁闭按钮和 5/7 道岔	5/7 道岔单锁锁闭，控显机显示器出现道岔单独锁闭符号	继电集中联锁，将 5/7 道岔单操按钮拉出
3	依次按压始端按钮 $X_D LA$、变通按钮 $D_{13} A$ 和终端按钮 $S_{Ⅲ} LA$	因为 5/7 道岔被锁闭在反位位置，不能转换至定位，无法给出正确表示，不满足信号开放的联锁条件，进路不能选出且 X_D 进站信号机不能开放	
4	按压单锁解锁按钮和 5/7 道岔	5/7 道岔解锁	继电集中联锁，将 5/7 道岔单操按钮按压恢复
5	按照步骤 1~4 操作过程依次试验 13/15、17/19 以及 23/25 号道岔，其中 13/15 与 23/25 号道岔应单独锁闭在定位位置，而 17/19 号道岔应单锁闭在反位位置进行试验。每组道岔试验时，均不得开放 X_D 进站信号机；试验时，严禁将多组道岔同时锁闭在不符合要求的位置。这是因为当有任意一组道岔不能给出表示时，信号均不能开放。多组同时试验不能够验证每一组道岔不能给出表示时，均会造成信号不能开放		

② 区段占用不能开放信号。模拟区段占用后办理进路，此时进路应不能锁闭（引导进路和调车进路的无岔区段除外）。试验时，必须对进路内各区段逐个进行试验。

举例进路经过的区段由始端依次为 7DG、11-13DG、9-15DG、17-23DG、25DG 和ⅢG，可参看附图 1。若为 25HZ 相敏轨道电路，需在室外用 0.06Ω 的标准分路灵敏线将各区段短路，模拟列车占用；若为 ZPW2000 无绝缘移频自动闭塞电路，需在室外用 0.15Ω 的标准分路灵敏线将各区段短路，模拟列车占用。具体试验步骤见表 3-33。

表 3-33　区段占用信号不能开放试验

步骤	操作	现象及说明	备注
1	确认 5/7 道岔在定位，给出正确表示	7DG 模拟占用后，会导致 5/7 道岔构成进路锁闭，5/7 道岔不能转换位置。道岔位置不正确，同样会不能开放信号	7/×

步骤	操作	现象及说明	备注
2	模拟占用 7DG	室内控显机界面上 7DG 红光带	7⃫
3	排列进路：依次按下 $X_D LA$、$D_{13}A$ 和 $S_{Ⅲ}LA$	轨道区段占用不满足联锁基本条件，进路不能选出且 X_D 进站信号机不能开放	
4	按照步骤 1~3 过程依次试验 11-13DG、9-15DG、17-23DG、25DG 和ⅢG。每次占用轨道区段，X_D 进站信号机均不能开放； 试验时，严禁将多组区段同时分路一起试验。这是因为当有任意一组轨道区段处于分路状态时，信号均不能开放。多个轨道区段同时试验不能够验证每一个轨道区段红光带时，均会造成信号不能开放		

如果 X_D 进站信号机开放引导信号时，上述区段出现红光带不影响引导信号开放。

注意对于调车进路来说，其无岔区段出现红光带是不会影响信号开放的。例如图 3-172 所示，D_1 至 D_{15} 的调车进路经过的区段为 1DG 和 1/19WG。当 1DG 红光带时 D_1 信号机不能开放白灯，但是 1/19WG 红光带时 D_1 信号机可以开放白灯。

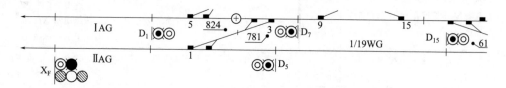

图 3-172 调车进路示意图

3. 信号开放后试验内容

① 道岔无表示信号关闭。办理进路并开放信号后，将与进路有关的所有道岔表示逐组断开（可采用断开室内道岔表示电路熔丝或断路器的方法），每次应能关闭信号。

举例进路具体试验步骤见表 3-34。

表 3-34 道岔无表示信号关闭试验

步骤	操作	现象及说明	备注
1	排列进路：依次按下 $X_D LA$、$D_{13}A$ 和 $S_{Ⅲ}LA$	选出进路并锁闭，X_D 进站信号机显双黄灯	
2	将 5/7 号道岔表示电路断路器断开	5/7 号道岔失去表示。观察 X_D 进站信号机，发现 X_D 进站信号机双黄灯灭，转为点红灯，但是进路依然处于进路锁闭状态	
3	将 5/7 号道岔表示断路器恢复	5/7 号道岔恢复正常	
4	按压进路始端按钮 $X_D LA$	X_D 进站信号机重新开放双黄灯	重复开放信号
5	依次按上述步骤 2~4 依次试验 13/15、17/19 以及 23/25 号道岔，每次道岔失去表示后，X_D 进站信号机都应关闭信号； 注意在断开道岔表示之前，一定要确认信号机处于开放状态（X_D 进站信号机点双黄灯）		

② 区段占用信号关闭。模拟占用列车进路内的任一轨道区段，列车信号机应立即关闭；模拟占用调车进路内的道岔轨道区段时（有白灯保留电路的进路内方第一轨道区段除外），调车信号机亦应立即关闭。试验时，必须对进路内各区段逐个进行试验。

举例进路具体试验步骤见表 3-35。

表 3-35　区段占用信号关闭试验

步骤	操作	现象及说明	备注
1	排列进路：依次按下 $X_D LA$、$D_{13}A$ 和 $S_{Ⅲ}LA$	选出进路并锁闭，X_D 进站信号机显双黄灯	
2	模拟占用 7DG	室内控显机界面上 7DG 红光带。同时观察 X_D 进站信号机双黄灯灭，转为点红灯	
3	将 7DG 取消分路状态	控显机显示屏上 7DG 恢复正常无红光带，但是区段依然处于进路锁闭状态	
4	按压进路始端按钮 $X_D LA$	X_D 进站信号机重新开放双黄灯	重复开放信号
5	照上述步骤 2~4 依次试验 11-13DG、9-15DG、17-23DG、25DG 和 ⅢG。每次占用轨道电路区段，X_D 进站信号机均应关闭信号； 注意在模拟轨道电路区段占用之前，一定要确认信号机处于开放状态（X_D 进站信号机点双黄灯）		

对于调车进路，只有道岔区段红光带时会关闭调车信号机。如果调车进路上无岔区段红光带时，则不会关闭调车信号机。如图 3-172 所示，排列 D_1 至 D_{15} 的调车进路（按下始端按钮 D_1A 和终端按钮 D_5A），进路锁闭，D_1 信号机开放白灯。室外短路 1/19WG，1/19WG 红光带，D1 信号机依旧点亮白灯。

③ 信号开放后锁闭道岔。办理某条进路开放信号后，逐组单独操纵与该进路有关的道岔（包括进路上的所有道岔、不在进路上但与该进路上某组道岔同一个区段的其他道岔、防护道岔等），这些道岔均应处于锁闭状态。

举例进路具体试验步骤见表 3-36。

表 3-36　信号开放后道岔锁闭试验

步骤	操作	现象及说明	备注
1	排列进路：依次按下 $X_D LA$、$D_{13}A$ 和 $S_{Ⅲ}LA$	选出进路并锁闭，X_D 进站信号机显双黄灯	—
2	向反位单独操纵 5/7：按压道岔总反按钮和 5/7 道岔	5/7 道岔不得转换位置	继电集中联锁，同时按压道岔总反和 5/7 道岔单独操纵按钮
3	依次单独操纵 13/15、17/19 以及 23/25 号道岔。其中 13/15 和 23/25 道岔向定位操纵，17/19 道岔向反位操纵，所有道岔均不得转换位置		

④ 调车信号白灯保留。调车信号开放后，车列由接近区段压入信号机内方时，调车信号机的白灯必须保留在开放状态（机走线和机务段出口处以及机待线上的调车信号机除外），直到车列出清接近区段（接近区段留有车辆时，检查车列出清进路内方第一个轨道区段）或退出进路内方所有区段时白灯方可关闭。以由 D_{11} 至 ⅢG 的调车进路为例，其试验过程见表 3-37。

表 3-37　调车白灯保留试验

步骤	操作	现象及说明	备注
1	排列进路：依次按下 D_{11}L、$S_{Ⅲ}$DA	选出进路并锁闭，D_{11} 信号机显白灯	出清接近区段
2	模拟占用 D_{11} 的接近区段 7DG	控显机显示屏 7DG 红光带	
3	模拟占用 11-13DG	控显机显示屏 7DG 与 11-13DG 红光带，观察 D_{11} 信号机白灯依旧点亮，不关信号	
4	出清 7DG	控显机 7DG 无红光带，观察观察 D_{11} 信号机白灯灭，蓝灯亮	
5	依次模拟占用 21DG、25DG、ⅢG	控显机 21DG、25DG、ⅢG 红光带	
6	依次出清 11-13DG、21DG、25DG、ⅢG	进路按行车顺序解锁 11-13DG、21DG、25DG、ⅢG	
7	排列进路：依次按下 D_{11}L、$S_{Ⅲ}$DA	选出进路并锁闭，D_{11} 信号机显白灯	接近区段留车
8	模拟占用 D_{11} 的接近区段 7DG	控显机显示屏 7DG 红光带	
9	依次模拟占用 11-13DG、21DG	控显机显示屏 7DG、11-13DG、21DG 红光带，观察 D_{11} 信号机白灯依旧点亮，不关信号	
10	接近区段 7DG 不出清，出清 11-13DG	控显机显示屏 7DG 和 21DG 红光带。当 11-13DG 红光带消失瞬间，观察 D_{11} 信号机白灯灭，蓝灯点亮。11-13DG 解锁	
11	依次模拟占用 25DG、ⅢG	控显机 21DG、25DG、ⅢG 红光带，接近区段 7DG 红光带	
12	依次出清 21DG、25DG、ⅢG	进路按行车顺序 21DG、25DG、ⅢG	
13	出清接近区段 7DG	7DG 红光带解除，解除区段锁闭	

4. 重复开放信号

信号开放，在列车或车列尚未进入其防护的进路时，信号因故关闭后，在造成信号关闭的因素消除之后，再次按压进路始端按钮，信号机应能重复开放。

信号开放，列车、车列通过后整条进路未解锁时应不得自动重复开放（办理自动通过除外）。具体操作过程参见表 3-34 和表 3-35。

二、进路解锁试验

1. 取消进路解锁

办理进路并锁闭，但信号未开放，或信号已开放但未构成接近锁闭时，采取按压总取消按钮和进路始端按钮的方式办理取消进路手续，进路应能立即解锁。计算机联锁办理取消进路的方式以联锁厂家提供的使用说明书为准。具体操作过程见表 3-38。

进路联锁实验

表 3-38　取消进路解锁与人工延时解锁试验

步骤	操作	现象及说明	备注
1	排列进路：依次按下 X_DLA、D_{13}A 和 $S_{Ⅲ}$LA	选出进路并锁闭，X_D 进站信号机显双黄灯	总取消解锁
2	观察接近区段 X_DJG，不得模拟占用构成接近锁闭	—	总取消解锁
3	按压总取消按钮和 X_DLA	X_D 进站信号机双黄灯灭，红灯点亮，进路解锁	总取消解锁
4	排列进路：依次按下 X_DLA、D_{13}A 和 $S_{Ⅲ}$LA	选出进路并锁闭，X_D 进站信号机显双黄灯	人工延时解锁
5	模拟占用接近区段 X_DJG	接近区段 X_DJG 红光带，构成接近锁闭	人工延时解锁
6	按压总取消按钮和 X_DLA	X_D 进站信号机双黄灯灭，红灯点亮，进路不解锁	人工延时解锁
7	按压总人工解锁按钮和 X_DLA	进路延时 180s 解锁	人工延时解锁

2. 人工延时解锁

开放信号并人工模拟占用接近区段，采取按压总人工解锁按钮和进路始端按钮的方式取消进路，此时信号应立即关闭并按规定延时后解锁。试验时，按开放信号、人工短路接近区段（接近区段由多个区段组成时应分别短路）、办理总人工解锁的步骤，记录自按压进路始端按钮和总人工解锁按钮起至进路上第一个区段解锁止所用的时间，应符合各种进路解锁的延时要求（普速车站进站、接车进路及正线出站信号机的延迟解锁时间为 3min，侧线出站及调车信号机的延迟解锁时间为 30s，高速车站的延迟解锁时间根据列车运行速度及规定分别适当增加）。举例进路具体试验过程见表 3-38。

在接近区段出现瞬间红光带时，电气集中电路在红光带消失后可按取消进路方式解锁进路；对于计算机联锁来说，当列车进路的接近区段出现瞬间红光带时，考虑接近区段分路不良的影响，对接近锁闭的解锁方式采取了防护处理，即接近区段闪过红光带后，即使红光带消失也应按人工延时解锁方式解锁进路。

某些计算机联锁设备在确认由于轨道电路瞬间故障造成红光带时，可通过二次办理的方式来解锁进路，即先按压总取消和进路始端按钮来取消进路始端，此时进路仍不能解锁；补开信号后再办理第二次取消方可将进路解锁，这种方法是为提高作业效率设置的保留措施。

3. 进路正常解锁

采用模拟列车或车列走行条件进行三点检查（占用本区段、出清前一区段、占用后一区段并出清本区段，进站内方第一区段等特殊情况除外），进路自始端起，各区段在出清后延时 3s，依次向终端解锁。年度联锁关系检查试验时结合列车或车列走行进行试验。举例进路正常解锁试验见表 3-39。

表 3-39　进路正常解锁试验

步骤	操作	现象及说明	备注
1	排列进路：依次按下 X_DLA、D_{13}A 和 $S_{Ⅲ}$LA	选出进路并锁闭，X_D 进站信号机显双黄灯	务必要由接近区段开始模拟行车，不然不符合三点检查要求，进路不能正常解锁
2	模拟占用接近区段 X_DJG	接近区段 X_DJG 红光带，构成接近锁闭	务必要由接近区段开始模拟行车，不然不符合三点检查要求，进路不能正常解锁
3	依次模拟占用 7DG	控显机 7DG 红光带，X_D 双黄灯灭，红灯亮	务必要由接近区段开始模拟行车，不然不符合三点检查要求，进路不能正常解锁

续表

步骤	操作	现象及说明	备注
4	依次模拟占用 11-13DG、9-15DG、17-23DG、25DG 和 ⅢG	控显机 11-13DG、9-15DG、17-23DG、25DG 和 ⅢG 依次红光带	
5	依次取消占用 X_DJG、7DG、11-13DG、9-15DG、17-23DG、25DG 和 ⅢG	控显机上由 X_DJG、7DG、11-13DG、9-15DG、17-23DG、25DG 和 ⅢG 红光带消失。进路由始端向终端方向逐个区段依次解锁	

4. 区段人工解锁

在 6502 电气集中电路中，列车或车列经过进路、办理总取消或总人工解锁手续后，当整条进路或部分区段未能解锁时，在区段空闲条件下，应能办理故障解锁（当进站信号机内方设有无岔区段并在开放进站信号后，如该无岔区段故障使信号关闭，将不能采取任何人工方式解锁进路，必须办理一次引导接车进路，待列车接入后才能进行区段故障解锁）。试验时，应分别试验区段空闲和占用两种情况，按压总人工解锁按钮和该区段的故障解锁按钮，空闲时应能解锁（列车或车列占用进路时，运行前方区段虽然空闲，但不论采用何种操作方法均应不得解锁），占用时应不能解锁。计算机联锁办理区段人工解锁的方式以联锁厂家提供的使用说明书为准。

举例进路（列车经过进路后部分进路未解锁情况）区段人工解锁试验见表 3-40。

表 3-40 区段人工解锁试验

步骤	操作	现象及说明	备注
1	排列进路：依次按下 X_DLA、$D_{13}A$ 和 $S_ⅢLA$	选出进路并锁闭，X_D 进站信号机显双黄灯	
2	模拟占用接近区段 X_DJG	接近区段 X_DJG 红光带，构成接近锁闭	
3	依次模拟占用 7DG、11-13DG、9-15DG、17-23DG、25DG 和 ⅢG	控显机 X_D 双黄灯灭，红灯亮。控显机 7DG、11-13DG、9-15DG、17-23DG、25DG 和 ⅢG 依次红光带	
4	依次取消占用 X_DJG、7DG	控显机上由 X_DJG、7DG 红光带消失。7DG 正常解锁	
5	保留 11-13DG 区段占用，依次取消 9-15DG、17-23DG、25DG 和 ⅢG 占用	控显机上 11-13DG 红光带保留，9-15DG、17-23DG、25DG 和 ⅢG 红光带消失。但是 9-15DG、17-23DG、25DG 和 ⅢG 区段未能正常解锁	由 11-13DG 开始，不符合三点检查要求，故之后 9-15DG 等区段虽然出清，但不得解锁
6	取消 7DG 占用状态	控显机上 7DG 红光带消失，但不得解锁	
7	按压"区故解"按钮，点击道岔区段 9-15DG（如无道岔区段名称，点击该道岔区段道岔编号）	控显机上 9-15DG 解锁	
8	按照步骤 8，区段人工解锁 7DG、17-23DG、25DG	控显机 7DG、17-23DG 解锁，25DG 与 ⅢG 同时解锁	无岔区段随着相邻的道岔区段人工解锁而解锁

5. 随时关闭信号

在任何情况下，已开放的信号应能进行人工关闭。试验方法如下。

① 同时按压总取消按钮及进路始端按钮，信号应能及时关闭，参见表 3-38；

② 同时按压总人工解锁按钮及进路始端按钮，信号应能及时关闭，参见表 3-38；

③ 同时按压总人工解锁按钮和进路上任一区段故障解锁按钮（紧急关闭信号），信号应能及时关闭，参见表 3-40。

实际使用中如已用前两种方法关闭信号，严禁再同时按压总人工解锁按钮和故障解锁按钮，否则将使该区段立即解锁。计算机联锁车站的操作方法以联锁厂家使用说明为准。

紧急关闭信号后的进路解锁方法：在 6502 电气集中采用紧急关闭信号的方法关闭信号后，应确认接近区段无车，或有车但已与司机联系确认车已停妥，且进路空闲后，进行解锁进路，当未接近锁闭时，可按总取消解锁进路，当接近锁闭时可按人工解锁方法解锁进路，当出现进路内方异常造成的非正常关闭信号需要解锁进路，可按先办理进路总取消再按区段故障解锁方法进行操作。

在某些计算机联锁电路中对关闭后的进路解锁方法的要求，如铁科研系列的计算机联锁电路，在始端未解锁时必须以人工延时方式解锁始端，若始端解锁而终端未解锁，必须按压人工解锁按钮和进路终端按钮方式经 30s 延时后解锁进路终端（TR-9 及 ADX 联锁的控制台终端未解锁时始端按钮上加有方框标记，始端解锁后转为终端按钮上加方框标记，始、终端均无方框标记说明始终端均已解锁），只有进路始、终端均不存在时，才能按压事故解锁按钮和区段按钮来解锁进路。由于联锁电路制式不同，相关解锁方式以联锁厂家提供的使用说明书为准。不论何种制式的车站联锁，列车或车列进入进路内方后，其运行前方区段不论采用何种操作方法均不得解锁。

6. 防止迎面解锁

在列车运行前方的道岔区段提前错误解锁，称为列车迎面错误解锁。试验时模拟列车或车列按正常方式运行，从轧入信号机内方第一个区段起，对前方未占用进行故障解锁，这些区段应不能解锁。举例进路防止迎面解锁试验见表 3-41。

表 3-41 防止迎面解锁试验

步骤	操作	现象及说明	备注
1	排列进路：依次按下 X_DLA、$D_{13}A$ 和 $S_{III}LA$	选出进路并锁闭，X_D 进站信号机显双黄灯	
2	模拟占用接近区段 X_DJG	接近区段 X_DJG 红光带，构成接近锁闭	
3	模拟占用 7DG	控显机 7DG 依次红光带，X_D 双黄灯灭，红灯亮	
4	按压"区故解"按钮，点击道岔区段 11-13DG（如无道岔区段名称，点击该道岔区段道岔编号）	控显机上 11-13DG 不得解锁。有车占用时，列车或车列前方区段虽然空闲，但不得解锁。防止区段解锁后，使用该已解锁区段建立新的进路或转换道岔位置，造成事故隐患	
5	按照步骤 4，依次区段人工解锁 9-15DG、17-23DG、25DG	控显机 7DG、17-23DG、25DG 与 IIIG 不得解锁	

7. 全站轨道停电恢复

办理进路后，如发生全站轨道电路供电电源停电再恢复时，应防止进路中轨道继电器的上电励磁顺序与列车出清顺序相一致而造成提前错误解锁。试验时，将能排列的所有调车或列车进路办好，断开轨道电源并恢复，此时进路不应错误解锁。

三、敌对信号、敌对照查试验

1. 敌对进路概念

同时行车会危及行车安全的任意两条进路是敌对进路。下列进路规定为敌对进路：

① 同一到发线上对向的列车进路与列车进路；
② 同一到发线上对向的列车进路与调车进路；
③ 同一咽喉区内对向重叠的列车进路或调车进路；
④ 同一咽喉区内对向重叠或顺向重叠的列车进路与调车进路。重叠进路指两条方向相同、互相间有部分或全部重合的进路；
⑤ 进站信号机外方制动距离内接车方向为超过6‰下坡道，而在该下坡道方向的接车线末端未设有线路隔开设备时，该下坡道方向的接车进路与另一端咽喉的接车进路、非同一到发线顺向的发车进路以及另一端咽喉的调车进路；
⑥ 防护进路的信号机设在侵限绝缘处禁止同时开通的进路。

同一到发线上对向的调车进路允许同时建立，但对于调车作业较少的中间站，当同一到发线上对向的调车进路无必要同时开通时，也可作为敌对进路。股道、无岔区段有车占用时允许向其排列调车进路，便于取车，但不允许两端同时向无岔区段办理调车进路。

敌对进路必须互相照查，不得同时建立。

2. 敌对进路试验方法

① 敌对信号：先办理某条进路后，再办理所有与其有关的敌对进路，敌对信号均应不能开放。查阅表1-1，举例进路敌对信号包括 D_{11}、D_{13}、$S_{Ⅲ}$，其具体试验过程见表3-42。

表3-42 敌对信号试验

步骤	操作	现象及说明	备注
1	排列进路：依次按下 X_DLA、$D_{13}A$ 和 $S_ⅢLA$	选出进路并锁闭，X_D 进站信号机显双黄灯	
2	以 D_{11} 为始端排列调车进路：依次按下 $D_{11}A$、$D_{13}A$	D_{11} 信号机不得开放信号	需经13/15道岔的反位进路
3	以 D_{13} 为始端排列调车进路：依次按下 $D_{13}A$、$S_ⅢDA$	D_{13} 信号机不得开放信号	需经17道岔定位，23/25道岔的反位进路
4	以 $S_Ⅲ$ 为始端排列调车进路：依次按下 $S_ⅢDA$、$D_{13}A$（变通按钮）、$D_{11}A$	$S_Ⅲ$ 信号机不得开放信号	需经23/25道岔和13/15道岔的反位进路

续表

步骤	操作	现象及说明	备注
5	以 $S_Ⅲ$ 为始端排列列车进路：依次按下 $S_Ⅲ LA$、$D_{13}A$（变通按钮）、$X_D LA$	$S_Ⅲ$ 信号机不得开放信号	需经 23/25 道岔和 13/15 道岔的反位进路

② 敌对照查：向某一股道办理列车进路时，必须检查该股道另一端未办理列车及调车进路的条件；向某一股道办理调车进路时，必须检查该股道另一端未办理列车进路的条件。如另一端已办理有关进路，则所办进路不应锁闭。查阅表 1-1，举例进路敌对照查ⅢG 包括列车进路与调车进路，其具体试验过程见表 3-43。

表 3-43 敌对照查试验

步骤	操作	现象及说明	备注
1	排列进路：依次按下 $X_D LA$、$D_{13}A$ 和 $S_Ⅲ LA$	选出进路并锁闭，X_D 进站信号机显双黄灯	
2	排列上行咽喉至ⅢG 的接车进路： (1) 依次按压 SLA、$X_Ⅲ LA$； (2) 依次按压 $S_F LA$、$X_Ⅲ LA$	(1) S 进站信号机不得开放信号 (2) S_F 进站信号机不得开放信号	上行咽喉所有至ⅢG 的接车进路
3	排列上行咽喉至ⅢG 的调车进路：依次按压 $D_{12}A$、$X_Ⅲ DA$	D_{12} 信号机不得开放信号	上行咽喉所有至ⅢG 的调车进路

四、防护道岔和带动道岔试验

为了防止侧面冲突，有时需要将不在所排进路上的道岔置于防护位置并予以锁闭，这种道岔称为防护道岔。

1. 常见的防护道岔

防护带动道岔
侵限绝缘试验

① 如图 3-173 所示，排列 D_3 至 D_9 的进路，尽管 1 号道岔不在该进路上，但仍然要将 1 号道岔锁闭在反位，防止 1 号道岔在定位时，下行列车在长大下坡道运行失控而冒进下行进站信号机，在 5 号道岔处造成侧面冲突。将 1 号道岔锁闭在反位，该失控列车最多进入 1 号道岔侧向，不致造成侧面冲突。

② 如图 3-174 所示，下行经 3/5 号道岔反位接车时，1 号道岔不在该进路上，专用线方面也无长大坡道，但因 1 号道岔是引向专用线的道岔，应使其锁闭在定位，开通安全线方向，以免专用线方面调车车列闯入 D_1 信号机在 5 号道岔处造成侧面冲突。

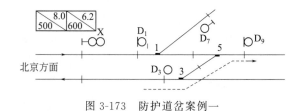

图 3-173 防护道岔案例一

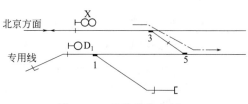

图 3-174 防护道岔案例二

③ 经由交叉渡线的一组双动道岔反位排列进路时，应使与其交叉的另一组双动道岔防护在定位。

在实现进路锁闭时，是把同一道岔区段内的所有道岔都锁闭了，但为了满足平行作业的需要，排列进路时需把某些不在进路上的道岔带动至规定位置，并对其锁闭。这种道岔称为带动道岔。

如图 3-175 所示，排列经 1/3 道岔反位接发车进路时，需要把不在所选进路上的 5/7 道岔带动到定位。因 5/7 道岔的 5 与 1/3 道岔的 1 同属 1-5DG 区段，若 5/7 道岔反位时锁闭了下行 Ⅱ 道接车进路，它就被锁在反位，不能再排经 5/7 号道岔定位的进路。如东郊方面至 3G 的接车进路须等 1-5DG 解锁后才能建立，这就影响了平行作业的进行，降低了效率。

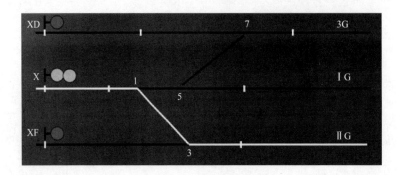

图 3-175　带动道岔案例

对防护道岔必须进行联锁条件的检查，防护道岔不在防护位置，进路不能建立。对带动道岔则无需进行联锁条件检查，能带动到规定位置就带动，带动不到（若它还被锁闭）也不影响进路的建立，它不涉及安全，只是影响效率。

2. 防护道岔和带动道岔的联锁试验

① 防护道岔：进路表中防护道岔用中括号标注。办理某条进路时，按进路表规定的所有防护道岔应被带到规定位置，并被锁闭在该位置，信号开放后将连续检查防护道岔的位置，通常称为"带、查、锁"。防护道岔因故不能被带到规定位置时（试验时可将该道岔单锁于不符要求的位置），该进路应不能锁闭；进路锁闭后，操作防护道岔应不能转换；信号开放后，如防护道岔失去表示，该信号应自动关闭。

查阅表 1-1，举例进路防护道岔为 9/11 号，其具体试验操作可参考表 3-32、表 3-34 及表 3-36。

② 带动道岔：进路表中带动道岔用大括号标注。办理某条进路时，按进路表规定所有带动的道岔应被带到规定位置；若带动道岔未带动到规定位置或被带动的道岔失去表示时，不影响进路排列和信号开放，已开放的信号不应关闭。试验时可将带动道岔置于需要带动的相反位置，进行排路试验，确认带动到规定位置；信号开放后，断开带动道岔表示，确认信号不关闭；单独操纵带动道岔，若该带动道岔与进路中其他道岔不在同一区段时，应可以操纵。将带动道岔置于需要带动的相反位置并进行单独锁闭，进行排路试验，确认道岔不能带动，信号可以正常开放；信号开放后，去除带动道岔的单锁条件，确认道岔仍在原位置。

以 X_D 至 Ⅱ G 接车进路为例，查阅表 1-1 可知，该进路带动道岔为 23/25 道岔，其具体带动道岔试验方法见表 3-44。

表 3-44 带动道岔试验过程

步骤	操作	现象及说明	备注
1	按压总反操作按钮，点击 23/25 道岔	23/25 道岔转换至反位，显示反位表示状态（黄）	继电集中联锁，同时按压道岔总反和 5/7 道岔单独操纵按钮
2	按压单独锁闭按钮和 23/25 道岔	23/25 道岔单锁锁闭，控显机显示器出现道岔单独锁闭符号	继电集中联锁，将 5/7 道岔单操按钮拉出
3	依次按压始端按钮 $X_D LA$、变通按钮 $D_{13}A$ 和终端按钮 $S_{III}LA$	因为 5/7 道岔被锁闭在反位位置，不能转换至定位，无法给出正确表示，不满足信号开放的联锁条件，进路不能选出且 X_D 进站信号机不能开放	
4	按压单锁解锁按钮和 5/7 道岔	5/7 道岔解锁	继电集中联锁，将 5/7 道岔单操按钮按压恢复
5	按照步骤 1~4 操作过程依次试验 13/15、17/19 以及 23/25 号道岔，其中 13/15 与 23/25 号道岔应单独锁闭在定位位置，而 17/19 道岔应单独锁闭在反位位置进行试验。每组道岔试验时，均不得开放 X_D 进站信号机。 试验时，严禁将多组道岔同时锁闭在不符合要求的位置。这是因为当有任意一组道岔不能给出表示时，信号均不能开放。多组同时试验不能够验证每一组道岔不能给出表示时，均会造成信号不能开放		

五、侵限绝缘试验

在道岔区段设于警冲标内方的钢轨绝缘除双动道岔渡线的绝缘外，其安装位置距警冲标不得少于 3.5m，当不得已必须装于警冲标内方小于 3.5m 处时，应按照侵入限界考虑。侵限绝缘的情况比较复杂，要根据站场平面进行仔细分析。

1. 常见的侵限绝缘

① 当某一道岔区段与相邻轨道区段的绝缘节到该道岔警冲标距离小于 3.5m 时，此绝缘节为侵限绝缘。如图 3-176 中经 235 号道岔反位办理进路时，必须检查 255DG 区段的空闲条件。在联锁表中与进路相关的侵限绝缘在轨道区段栏内标注。

② 某一道岔区段与相邻道岔区段的绝缘节到该道岔警冲标距离小于 3.5m，当相邻区段的道岔开通本道岔区段或相邻道岔失去位置表示时，该绝缘节为侵限绝缘；当道岔不开通本区段时，该绝缘节就不是侵限绝缘，即根据相邻道岔位置条件来决定，称为条件侵限绝缘。在联锁表中条件侵限绝缘在轨道区段检查栏内附加道岔位置条件标注。在图 3-177 中，经过 36/38 号道岔反位进路的轨道区段栏内填写〈22/24〉22DG，表示 22/24 号道岔在定位时需检查 22DG 的空闲条件，反之 22/24 号道岔在反位时就不需要检查 22DG 的空闲。

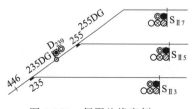

图 3-176 侵限绝缘案例一

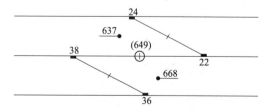

图 3-177 侵限绝缘案例二

③ 交叉渡线中间两道岔定位的岔心位置设置的绝缘一般为侵限绝缘，如图 3-178 所示。当该侵限绝缘处设有单置调车信号机，经道岔定位排列以该调车信号机为终端（图中 D_{15}）

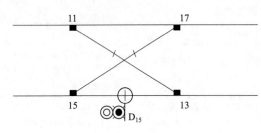

图 3-178 侵限绝缘案例三

的调车信号时，与经交叉渡线（图中 15/17）反位的进路按敌对处理，此时不再单独检查侵限绝缘条件；而经另一渡线道岔（图中 11/13）反位的进路对绝缘节相邻区段按侵限进行检查。

④ 当道岔区段的相邻区段轨道电路虽然处于条件侵限状态，但该区段是道岔区段，且该相邻道岔在排列进路中是作为防护道岔处理的，若防护道岔带动并锁闭在规定位置，则该侵限绝缘就不成立，因此在排列进路过程中以检查防护道岔位置为主，该侵限绝缘节在进路中不需要检查，可以视为假侵限，如图 3-179 所示。

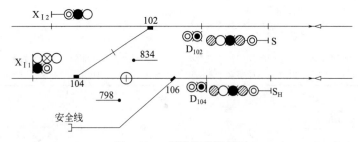

图 3-179 侵限绝缘案例四

2. 侵限绝缘试验方法

① 在办理经某一区段的进路前，将该区段侵限绝缘处相邻区段人为短路，此时办理该条进路应不能锁闭。

② 办理进路并开放信号后，将侵限绝缘处相邻轨道区段人为短路，此时防护该进路的信号应及时关闭。

举例进路中侵限区段为"〈21〉21DG"，其为条件侵限，试验具体过程见表 3-45。

表 3-45 侵限绝缘试验

步骤	操作	现象及说明	备注
1	单独操纵 21 道岔至定位	控显机显示 21 道岔处于定位（绿）	
2	在室外用 0.06Ω 的标准分路灵敏线将 21DG 短路	室内控显机界面上 21DG 红光带	／ 21
3	排列进路：依次按下 X_DLA、$D_{13}A$ 和 $S_{III}LA$	21DG 轨道区段占用不满足联锁基本条件，进路不能出且 X_D 进站信号机不能开放	
4	取消 21DG 区段模拟占用	室内控显机界面上 21DG 红光带消失	
5	单独操纵 21 道岔至反位	道岔转换完毕后，控显机显示 21 道岔处于反位（黄）	
6	在室外用 0.06Ω 的标准分路灵敏线将 21DG 短路	室内控显机界面上 21DG 红光带	／ 21
7	排列进路：依次按下 X_DLA、$D_{13}A$ 和 $S_{III}LA$	进路所办且 X_D 进站信号机开放双黄灯	

续表

步骤	操作	现象及说明	备注
8	取消 21DG 区段模拟占用	室内控显机界面上 21DG 红光带消失	
9	单独操纵 21 道岔至定位	道岔转换完毕后，控显机显示 21 道岔处于定位（绿）	
10	在室外用 0.06Ω 的标准分路灵敏线将 21DG 短路	21DG 轨道区段占用，X_D 进站信号机关闭（双黄灯灭，红灯亮）	
11	取消 21DG 区段模拟占用 取消进路	进路解锁	

六、引导信号试验

开放引导信号有引导进路锁闭和引导总锁闭两种方式。

1. 引导进路锁闭方式

引导进路锁闭方式主要适用于进路内轨道区段故障（故障区段上的道岔无需转换时）或部分信号开放条件不满足的情况（如需要显示的灯泡断丝、延续进路不能建立等）。按引导进路锁闭方式开放信号时，先将进路上所有道岔操纵到规定位置，再按压引导信号按钮，开放引导信号（计算机联锁车站操作方式以联锁厂家提供的使用说明书为准），控制台或显示器上的信号复示器显示一个红色灯光和一个白色灯光。

接车进路上道岔（包括中岔）无表示或位置不符，进路锁闭式引导信号应不能开放。

当进路中某轨道区段故障而进路引导方式开放引导信号后，如轨道电路故障恢复，应立即使该区段由区段锁闭转为进路锁闭状态，试验时单操该区段的道岔应不能转换。

进站（接车进路）内方第一轨道区段故障，开放引导信号时，应长时间按压引导信号按钮至列车占用该轨道区段时止。计算机锁车站进站内方第一个区段故障时，鼠标点击生效后显示 15s 的倒计时，在此时间内重复点击可保证引导信号不被关闭。

当进站（接车进路）信号正常开放后，进路内方出现红光带时，均可直接按压引导按钮开放引导信号，使进路锁闭转为引导进路锁闭。

办理引导解锁需同时按压进路始端按钮和总人工解锁按钮。继电式电气集中采用按压总人解和进路始端按钮的方式一次解锁，有些计算机联锁把上述进路作为两条进路储存起来，解锁时需办理两次解锁操作，操作方式以联锁厂家提供的使用说明书为准。

举例进路引导进路锁闭方式开放引导信号试验见表 3-46。

表 3-46 引导信号试验（引导进路锁闭）

步骤	操作	现象及说明	备注
1	单独操纵 5/7、9/11、17/19 道岔至定位，单操 13/15、23/25 道岔至反位	确认 5/7、9/11、17/19、（13/15）、（23/25）道岔均处于规定位置	
2	模拟占用 11-13DG（或进路上其他区段）	室内控显机界面上 11-13DG 红光带	以引导进路锁闭方式开放引导信号
3	按压 X_D 引导按钮	进路锁闭，X_D 进站信号机开放引导信号红白灯	

续表

步骤	操作	现象及说明	备注
4	取消 11-13DG 区段模拟占用，单操 13/15 道岔	室内控显机界面上 11-13DG 红光带消失，13/15 道岔不得转换，由区段锁闭转为进路锁闭	故障区段恢复不得解锁
5	按压"总人解"按钮，按压进路始端按钮 X_DLA	X_D 信号机引导信号关闭，点红灯，进路解锁	引导信号取消
6	模拟占用 7DG，按压 X_D 引导按钮	X_D 引导信号开放，但是有 15s 倒计时提示	进路内方第一个轨道区段故障，开放引导信号要在 15 秒内需要再次按压 X_D 引导按钮
7	按压"总人解"按钮，按压进路始端按钮 X_DLA	X_D 信号机引导信号关闭，点红灯，进路解锁	
8	设置 5/7 道岔失去表示（断表示断路器）	5/7 道岔无表示	道岔无表示，不能以引导进路锁闭方式开放引导信号
9	按压 X_D 引导按钮	X_D 引导信号不能开放	
10	恢复 5/7 道岔表示（闭环表示断路器）	5/7 道岔表示恢复正常	
11	设置 X_D 信号机红灯灭灯（拔灯泡）	控显机显示 XD 红灯灭灯	红灯灭灯不能开放引导信号
12	按压 X_D 引导按钮	X_D 引导信号不能开放	

2. 引导总锁闭方式

引导总锁闭方式主要用于进路中道岔无表示或其他条件不满足时开放引导信号。试验时，按下引导总锁闭按钮，使本咽喉所有道岔处于锁闭状态后，再按压引导信号按钮，应可开引导信号。取消引导总锁闭可人工拉出引导总锁闭按钮来解锁全咽喉的道岔。（计算机联锁车站操作方式以联锁厂家提供的使用说明书为准）

进站（接车进路）信号机红灯灭灯时，引导信号应不能开放。进路式锁闭或引导总锁闭方式开放引导信号，列车压上进站（接车进路）内方第一轨道区段时，引导信号应自动关闭。举例进路引导总锁闭方式开放引导信号试验见表 3-47。

表 3-47 引导信号试验过程（引导总锁闭）

步骤	操作	现象及说明	备注
1	单独操纵 5/7、9/11、17/19 道岔至定位，单操 13/15、23/25 道岔至反位	确认 5/7、9/11、17/19、（13/15）、（23/25）道岔均处于规定位置	
2	设置 5/7 道岔失去表示（断表示断路器）	5/7 道岔无表示	
3	按压下行咽喉引导总锁闭按钮	全咽喉道岔锁闭	
4	按压 X_D 引导按钮	X_D 引导信号开放红白灯，但是没有进路	
5	按压总人解按钮，按压进路始端按钮 X_DLA	X_D 信号机引导信号关闭，点红灯，进路解锁	
6	拉出下行咽喉引导总锁闭按钮	全咽喉道岔解锁，X_D 信号机引导信号关闭，点红灯	

七、调车中途返回解锁试验

调车中途返回解锁是调车进路的一种自动解锁方式。通常在转线调车作业时涉及这种解锁。

1. 调车中途返回作业

转线调车作业时,整个调车作业过程包括牵出作业和返回作业两个阶段。为牵出作业建立的进路称为牵出进路,为返回作业建立的进路称为返回进路,也叫折返进路。牵出进路可能一条短调车进路,也可能是一条长调车进路。当转线的调车车列被牵出时,往往走不完牵出进路的全程,就根据反向的调车信号折返了。如图 3-180 中,由 IG 转线到 IIG 去的调车作业,因为调车车列较长,牵出时开放了出站信号机 S_1D 和 D_7,调车车列牵出越过反向的调车信号机 D_{13} 后停车,其占用了 3DG 区段,但没有占用 5DG 区段。停车后,根据 D_{13} 的白灯显示,车转到 IIG 去。在牵出作业过程中,无论牵出进路是短调车进路还是长调车进路,只要被调车车列占用过而又没有沿牵出方向通过,就不符合正常解锁的条件,不能按照正常解锁方式解锁,需要采取解锁方式,这种特殊解锁方式称作调车中途返回解锁。而返回进路是能够正常解锁的。

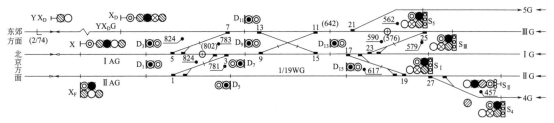

图 3-180 调车中途返回站场图

牵出进路不能正常解锁时可能有两种情况:一是牵出进路全部区段都没有解锁;二是牵出进路有一部分区段已经解锁,还留有一部分区段没有解锁。在上例中,由 IG 牵出作业时,办理的牵出进路是一条长调车进路,包括 S_1 至 D_7 和 D_7 向 D_3 的两条短调车进路。中途返回解锁的两种情况是按短调车进路进行分析的。由 IG 向 IIG 的转线调车作业中,S_1D 所防护的牵出进路有两个区段,17-23DG 和 9-15DG。只有 17-23DG 区段解锁,以 D_{13} 为折返信号的返回进路才能建立。而 9-15DG 区段就不同了,虽然车牵出时顺序占用过 17-23DG、9-15DG 和 3DG,但并没有出清 9-15DG 区段,当调车车列折返时,先出清 3DG 区段,后出清 9-15DG 区段,这不符合正常解锁的条件,所以,9-15DG 区段不能正常解锁。这是牵出进路不能正常解锁的第二种情况,即:牵出进路一部分区段解锁,一部分区段没有解锁。D_7 所防护的牵出进路也有两个区段,3DG 和 5DG 区段。对 3DG 区段来说,因为车没有占有过 5DG 区段,缺少第三点检查,当车退出后不能正常解锁。就 5DG 区段而言,车根本就没有占用过,第二点和第三点检查都没有,更不能正常解锁。这就是牵出进路不能正常解锁的第一种情况,即牵出进路全部区段都没有解锁。

2. 调车中途返回解锁试验

(1) 整条牵出进路未解锁时试验内容
① 车列根据折返信号全部退出牵出进路时,整条牵出进路应能自动解锁。
② 原牵出进路存车,车列退出接近区段时,原牵出进路不应解锁。试验时可人工模拟

调车占用接近区段和牵出进路后，去掉接近区段的占用条件，核对进路解锁情况。

③ 原牵出进路无折返信号时，车列退出牵出进路，接近区段仍占用，牵出进路不应解锁。试验时可人工模拟调车占用接近区段和牵出进路后，去掉牵出进路占用条件，核对进路解锁情况。

④ 出站兼调车信号机防护的进路不得按中途返回方式解锁，即车列占用牵出进路并未出清接近区段（股道）时，牵出进路出现分路不良，即牵出进路上第一个区段红光带出现后又消失，随后车列全部进入牵出进路（牵出进路无红光带），此时整条牵出进路不应解锁。试验时，可人工模拟调车占用接近区段和牵出进路内方的第一区段且其余区段未占用时，先去掉牵出进路第一区段占用条件，后去掉接近区段占用条件，牵出进路不应解锁。调车中途返回解锁试验见表3-48。

表 3-48 调车中途返回解锁试验

步骤	操作	现象及说明
1	按压始端 $S_I DA$、终端 $D_3 A$	办理长调车，进路锁闭（17-23DG、9-15DG、3DG、5DG、ⅠAG），S_I 开放白灯，D_7 开放白灯
2	由 IG 开始模拟行车，最终车列压留 3DG 和 9-15DG	控显机 IG、17-23DG、9-15DG、3DG 依次红光带。SI 白灯灭，蓝灯亮。IG、17-23DG 红光带消失，17-23DG 解锁
3	排列进路：依次按下 $D_{13}A$ 和 $S_{II}DA$	17-19 道岔转换至反位，折返进路锁闭（17-23DG、19-27DG、ⅡG），D_{13} 信号机开放白灯
4	按照 D_{13} 信号机运行方向模拟占用 17-23DG，依次退出 3DG、9-15DG	17-23DG 红光带，3DG、9-15DG 红光带消失，D_{13} 信号机关闭；9-15DG 解锁（部分未解锁原牵出进路）。原整条牵出进路解锁（由 D_7 信号机向 D_3 信号机，3DG、5DG、IAG），D_7 信号机关闭
5	折返进路模拟行车，解锁	折返进路正常解锁
6	重复步骤 1~3	—
7	模拟占用 17-23DG，再取消 9-15DG 区段模拟占用	17-23DG 红光带，9-15DG 红光带消失，3DG 红光带（原牵出进路存车），原牵出进路不能解锁
8	重复步骤 1~2	—
9	取消 3DG 区段模拟占用	3DG 红光带消失，9-15DG 红光带保留。原迁出进路不得解锁
10	取消 9-15DG 模拟占用，使用区段人工解锁方式解锁进路	—

（2）部分牵出进路未解锁时试验内容

① 当车列驶入调车进路后，全部出清作为折返点的信号机内方各区段，此时原牵出进路以折返信号机为界分为两段，折返信号机防护内方的牵出进路已解锁，折返信号机防护外方的原牵出进路未解锁，开放折返信号后模拟车列依次占用折返信号机内方区段并逐个退出原牵出进路未解锁的各区段的条件，检查车列确已根据开放的折返信号机驶入该信号机内方，且出清全部未解锁的区段后，该部分区段应自动解锁；

② 牵出进路部分未解锁的区段存车，车列退出该区段时不应解锁。试验时，可人工模拟调车占用折返信号机外方的区段，并办理折返进路，模拟车列进入折返进路，同时保留原牵出进路区段的占用条件，再按折返进路运行方向顺序去掉各轨道区段的占用条件，核对进路解锁情况；

③ 折返进路未占用，即使原牵出进路区段失去分路，该区段应不能解锁。试验时，可

人工模拟调车占用至牵出进路的区段后，未办理折返进路或办理折返进路但未占用时，模拟原牵出进路逐个退出各区段的占用条件，核对进路解锁情况。

根据举例由 IG 转线到 IIG 去的调车作业，其具体调车中途返回解锁试验见表 3-48。

原牵出进路出现"走过"现象时，折返后原未解锁进路仍不允许解锁。"走过"是指原牵出进路以折返信号机为界，若车列在原牵出进路走行时已出清了折返信号防护外方的某一个（或多个）道岔区段使得该区段已经解锁，则再排列折返信号时，原牵出进路未解锁区段与折返信号机之间存在着已经解锁的轨道区段，在车列折返过程中将经过这些解锁的区段，这在调车作业中是十分危险的，因此调车作业时应严格禁止"走过"现象。当出现"走过"现象时，即使车列按折返顺序出清原牵出进路，原牵出进路上未解锁的区段也不能按中途折返方式解锁。

原牵出进路的中途折返信号机外方有多个轨道区段的站场进行折返试验时，均需试验外方每个轨道区段为折返起始点的解锁情况。

八、与区间联系电路试验

1. 自动闭塞离去区段占用

自动闭塞区段的出站信号能否开放或开放时显示什么灯光，应检查离去区段的条件。一离去占用时，有关出站信号应不能开放；出站信号开放后，一旦一离去出现红光带，出站信号应立即关闭（一离去区段设有通过信号机的特殊情况除外）。三显示自动闭塞一离去区段空闲时出站信号显示黄灯，一、二离去区段空闲时出站信号显示绿灯；四显示自动闭塞区段一离去区段空闲时出站信号显示黄灯，一、二离去区段空闲时显示绿黄灯，一、二、三离去区段空闲时显示绿灯。有特殊运营要求或两站场间距离较近时，离去条件由邻站的站联条件提供。

① 当两站间仅有一个闭塞分区未设通过信号机时，该闭塞分区作为一离去条件，邻站的进站信号开放正线接车信号作为二离去空闲条件，邻站的下一列车（进路或出站）信号机开放正线信号作为三离去空闲条件。

② 当两站间设有两个闭塞分区即区间含有一架通过信号机时，该通过信号机外方闭塞分区作为一离去条件，通过信号机防护内方闭塞分区作为二离去条件，邻站进站信号开放正线接车信号作为三离去空闲条件；试验时按相关设计文件进行。

2. 半自动闭塞

试验内容包括半自动闭塞设备电路和与车站联锁结合电路的所有技术条件。以 64D 单线半自动闭塞为例，其试验要求如下。

① 接、发车站正常办理及各种表示灯显示，按设计技术要求进行试验。发车站按压闭塞按钮请求闭塞时发车表示灯亮黄灯，接车站接车表示灯亮黄灯；接车站按压闭塞按钮同意接车后，接车站接车表示灯亮绿灯，发车站发车表示灯亮绿灯；列车出站压入进路内方最末轨道区段（该区段为半自动闭塞轨道区段）时，发车站发车表示灯亮红灯，接车站接车表示灯亮红灯；列车到达接车站接车进路内方第一区段（该区段为半自动闭塞轨道区段）时，接车站接、发车表示灯均亮红灯；接车进路解锁后，接车站按压复原按钮，接车站接车表示红灯熄灭，发车站发车表示红灯熄灭，闭塞机复原。某些计算机联锁以方向箭头代替接、车表示灯，箭头向站内时表示接车，箭头向站外时表示发车，箭头的颜色含义与表示灯的颜色含

义是一致的。在试验过程中，应同时注意电铃或语音音响提示。

② 未办妥半自动闭塞，办理发车进路时，信号不应开放。

③ 发车站半自动闭塞区段轨道电路故障，闭塞不能办理。

④ 出站信号开放后，发车站轨道电路故障，出站信号应立即关闭，接车站接车表示灯和发车站发车表示灯亮红灯；故障恢复时，闭塞应不能自动复原，需由发车站经人工办理事故复原。

⑤ 发车站列车出发后，接车站半自动闭塞轨道电路故障，闭塞应不能自动复原，需由接车站办理事故复原。

⑥ 引导接车时，需由接车站采用事故复原方法办理复原。

⑦ 发车站办理取消时应先取消发车进路再办理取消闭塞手续。

⑧ 办理闭塞并在列车出发后，接车站在列车未到达时应不能办理闭塞复原。

⑨ 办理闭塞后，如未办理发车进路，发车站可利用发车轨道区段进行调车。

任务二　特殊联锁试验

任务目标

1. 掌握特殊联锁试验方法。
2. 能够根据联锁试验结果，判断联锁关系是否正确。

任务实施

一、6‰下坡道试验

进站信号机外方制动距离内有大于6‰的下坡道时，所有能办理接车的股道必须设有延续进路。

1. 排列延续进路

延续进路的始端为同方向出站信号机，终端为安全线上的车挡、牵出线或专用线入口处的调车信号机、进出站口的进站信号机或站界标等。

办理方式为顺序按压接车进路始、终端按钮和延续进路终端按钮。

2. 延续进路的进路联锁试验

（1）道岔位置不对延续进路不能排列

指延续进路上的有关道岔位置不符规定要求或无表示时，延续进路不能建立；试验时可人为将道岔置于不符要求的位置并单锁或断开道岔表示，检查延续进路能否锁闭。

（2）延续进路区段占用进路不能排列

指延续进路上的有关区段被占用时，延续进路不能建立；可人为模拟占用延续进路上的有关区段，检查延续进路能否锁闭。延续进路锁闭后，可不始终检查延续进路上的轨道区段空闲。

（3）延续进路未建立进站信号不能开放

延续进路建立是指道岔位置正确、进路空闲、没有建立敌对进路、道岔和延续进路已经锁闭好等，即延续进路上这些条件完全具备后，方可开放进站信号（引导信号除外）；试验时，应对上述条件逐项缺失试验，检查进站信号应不能开放。

（4）信号开放后延续进路上道岔锁闭

有延续进路的进站信号开放后（不含引导信号），延续进路上的道岔应处于锁闭状态；试验时可单操有关道岔进行检查。

（5）接车进路未锁闭延续进路不锁闭

此要求主要是为了减少对延续进路一端作业效率的影响；试验排列接车进路后进路未锁闭时，检查延续进路应不锁闭。

3. 延续进路的敌对信号

与延续进路重叠的对向接车和调车信号、顺向重叠的调车信号等均属延续进路的敌对信号。试验时，在开放敌对信号后，检查延续进路应不能建立；在办理延续进路并锁闭后，检查敌对信号应不能开放。

4. 延续进路解锁试验

（1）正常接车延续进路 3min 解锁

在正常接车情况下，须在列车占用股道 3min 后，才准许延续进路自动解锁；当列车占用延续进路后，延续进路不得解锁。

（2）取消解锁及人工解锁

解锁顺序应为接车进路先解锁，延续进路才能解锁；在接车进路未解锁时，延续进路应不得解锁（包括故障解锁）。试验方法：模拟列车占用接近区段，办理接车进路人工解锁，在 3min 延时解锁时间内办理延续进路取消、人工解锁及故障解锁手续，检查延续进路应不能解锁。

（3）延续进路不限时解锁

在列车头部进入股道 3min 且接车进路最末道岔区段解锁后，因故障导致延续进路不能正常解锁时，可采用按压坡道解锁按钮的方法使延续进路立即解锁。

5. 办理延续进路的出发信号

指延续进路转为发车进路后，出站信号应能开放。可能有两种情况：一是接车进路未解锁；二是接车进路已解锁，但延续进路还未解锁。在此两种情况下，先办理闭塞条件，之后只要单独按压延续进路的始端列车按钮，延续进路将转为正常发车进路，出站信号应能开放。

二、到发线出岔试验

到发线出岔电路又称中岔电路，在股道中间的道岔称为中岔，中岔的技术条件既要满足调车作业的方便，同时又要保证接、发列车的安全。

1. 中岔的进路联锁试验

（1）正常开放信号

包括中岔所在股道办理所有接、发车进路时，在具备开放条件时信号应能正常开放。

(2) 带动中岔

办理中岔所在的股道接、发列车进路时，有关中岔应能被自动带到规定位置。试验时，将有关中岔先置于不符要求的位置，再办理接、发列车进路，检查有关中岔应被带到规定位置。

(3) 中岔位置不正确不能开放信号

如中岔因故不能被带到规定位置或无表示时，有关接、发列车（包括进路式引导）信号应不能开放。试验时，可将中岔单锁在不符要求的位置或人工切断中岔表示，检查有关信号应不能开放。

(4) 锁闭中岔

办理中岔所有的股道接、发列车进路时（包括进路式引导信号），有关中岔应被锁闭在规定位置，方可开放信号。信号开放后，单操有关中岔，应不能动作。

2. 中岔部分的敌对信号

当防护中岔的调车信号机开放时，通向该到发线的接车进路不得建立，但发车进路可以建立。

3. 中岔的解锁试验

(1) 取消和人工解锁

① 接车进路：办理接车进路取消解锁和人工解锁时，中岔区段应在咽喉区接车进路解锁后自动解锁；咽喉区最后一个道岔区段未解锁时，中岔不允许解锁。试验时，接车进路办理人工解锁，在进站信号关闭但接车进路未解锁的延时时间内，单操中岔应不能动作。

② 发车进路：取消发车进路时，中岔与发车进路同时解锁。办理发车进路人工解锁在出站信号关闭但发车进路未解锁的延时时间内，单操中岔应不能动作。

(2) 股道不留车发车正常解锁

分别试验岔前、中岔及岔后区段被列车占用并办理发车进路，在列车占用咽喉区第一个道岔区段并全部出清股道后，才准许中岔解锁；模拟发车，人工确认。

(3) 股道留车发车正常解锁

发车时如股道留有车辆，需在咽喉区第一个道岔区段解锁后，才准许中岔解锁（如中岔区段留车，则转为对中岔进行区段锁闭）。试验时模拟发车，分别在岔前、中岔及岔后区段留车及第一个区段解锁前、后，检查中岔是否解锁。

(4) 接车未占用中岔解锁

接车时，如列车未占用中岔区段，在咽喉区最后一个道岔区段正常解锁后，经延时3min后中岔自动解锁。

(5) 接车压留中岔解锁

接车时如列车停留在中岔区段，咽喉区道岔区段正常解锁后，中岔区段不应解锁。试验时，采用人工模拟列车运行并停留在中岔区段，单操道岔应不能动作。

(6) 接车出清中岔解锁

列车占用并按顺序出清中岔区段后，该区段应能按三点检查方法正常解锁；列车停留中岔区段，在间隔一段时间后再出清，停留车列如沿原接车方向发车或调车，出清中岔区段后应自动解锁；如停留车列向原接车相反方向发车或调车，在出清中岔区段后，应办理故障解锁手续使中岔区段解锁；试验时模拟列车运行来确认解锁时机。计算机联锁车站的中岔，经

3min 延时并出清区段后自动解锁。

(7) 停电恢复故障解锁

当发生停电恢复时,6502 电气集中车站在先解锁中岔股道两端的咽喉区道岔区段后,方可采用故障解锁方式解锁中岔。在停电恢复试验时,在咽喉区道岔未解锁时以区段故障解锁方式(按压中岔所在咽喉的总人工解锁按钮和中岔区段故障按钮),确认中岔应不能解锁;在咽喉区道岔解锁后,以区段故障解锁方式解锁中岔,使 SJ 和 FSJ 吸起,这时除该区段白光带应消失外,还需试验操纵中岔应能转换,以确认 SJ 和 FSJ 确已吸起。计算机联锁车站的解锁方式以联锁厂家提供的使用说明书为准。

三、非进路调车试验

非进路调车作业是为了满足推送线向调车区固定进路反复取送车辆而设计的调车作业方式。

1. 非进路调车的进路联锁试验

(1) 信号开放

指推送线上办理非进路调车并在条件满足后,不论是正向还是反向信号机均应自动处于开放状态。

(2) 带动道岔

按压非进路调车按钮后,与推送线有关的道岔均应被自动带到规定位置。试验时,预先将道岔置于相反位置,按压非进路调车按钮,检查确认道岔均已被自动带到规定位置。

(3) 道岔位置不正确不能开放信号

办理非进路调车时,如该推送线上的道岔无表示或表示位置不符合规定要求,所以有关信号不能开放。试验时,可将与该推送线有关的道岔逐组单锁在与进路要求不符的位置,办理非进路调车,信号应均不能开放。

(4) 锁闭道岔

非进路调车信号开放后,与该推送线有关的道岔应全部被锁闭。试验时,可在开放非进路调车信号后,单独操纵与该推送线有关的道岔,应不能转换。

(5) 道岔区段占用不能开放信号

与推送线有关的任何一个区段如被占用,办理非进路调车时信号应均不能开放。

2. 非进路调车的敌对信号试验

指与非进路调车相敌对的信号。试验时,先开放敌对信号后,有关非进路调车应不能办理,或先办理非进路调车后,有关敌对进路应不能办理。

3. 非进路调车的解锁试验

(1) 正常调车不关闭信号

指办理非进路调车后推送线上的调车信号不随正常调车而关闭。试验时,在办理了非进路调车后的推送线上人工模拟调车,检查有关调车信号应不关闭。

(2) 取消进路经 30s 延时解锁

办理了取消非进路调车手续后,推送线上所有调车信号应及时关闭,但有关道岔处于进路锁闭状态,需经延时 30s 后自动解锁。试验时,在办理取消进路的延时解锁时间内(非进路表示灯闪光），操纵道岔不应转换。

（3）区段占用不能解锁

办理取消非进路调车手续后，需推送线上所有道岔区段均处于空闲状态（无岔区段或前后有调车信号机防护的道岔区段除外），非进路调车进路经延时 30s 后能解锁（有车占用道岔区段此时转为区段锁闭）。试验时，逐个区段进行人工分路，办理取消非进路调车，检查非进路调车进路是否能解锁。

（4）区段故障人工解锁

办理非进路调车后，当发生该推送线上有关区段故障时，拉出非进路调车按钮，然后按压非进路调车故障复原按钮后，应能使非进路调车设备复原。

四、局部控制试验

把集中控制的联锁道岔改为调车员现场操纵称为局部控制道岔。

未经信号楼值班员同意（操作方式为按下局部控制按钮 JA）时，现场调车员应不能局部控制道岔；一旦值班员将道岔控制权交给现场调车员，未经调车员同意（操作方式为拉出接受局部控制按钮 JSA），值班员应不能收回道岔控制权；试验时可分别在此两种情况下，由现场或信号楼内操纵道岔，应不得转换；调车信号的开放与否应由有关道岔的开通位置决定；其他联锁锁关系按按正常联锁电路试验。

五、机务段同意试验

机车由集中联锁区进入机务段时，必须得到机务段的同意才能开放有关调车信号。一旦机务段按压同意按钮（JTA）后，除机车进入自动取消同意外，机务段无权人工取消同意，此时信号楼控制台的机务段同意表示灯应点亮白灯。

试验方法为：机务段未按压同意按钮，检查进入机务段的有关调车信号应不能开放；开通机务段的调车信号开放且机车未进入时，检查机务段应不能取消同意；每次办理"机务段同意"仅一次有效。

👥 思考题

1. 进路的解锁方式有哪几种？进路解锁试验如何完成？
2. 防护道岔与带动道岔有何相同点、不同点？如何进行防护道岔或带动道岔的联锁试验？
3. 什么是敌对信号和敌对照查？其试验如何完成？
4. 侵限绝缘如何试验？
5. 开放引导信号有哪几种方式？每种方式适用于哪些情况？

模块四
接口设备维护及故障分析处理

信号联锁系统室外接口设备包括道岔控制电路、信号机点灯电路以及列车检测设备。道岔控制电路，既有线侧线多采用 ZD6 型道岔，既有线的正线及高速铁路、地铁采用提速道岔。信号机点灯电路，既有线多采用透镜式色灯信号机，高速铁路及地铁采用 LED 信号机。列车检测设备，25Hz 轨道电路多用于铁路站内，计轴设备主要用于地铁。

项目一
道岔控制电路维护及故障分析处理

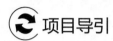 **项目导引**

道岔控制电路用来控制道岔的转换及表示，常用的有 ZD6 型四线制道岔控制电路和 ZDJ9、S700K 型五线制道岔控制电路。本项目以 ZD6、ZDJ9 单动道岔控制电路为例进行介绍。

任务一　ZD6 型道岔控制电路维护及故障分析处理

 任务目标

1. 熟悉 ZD6 型道岔控制电路技术要求。
2. 跑通 ZD6 型道岔控制电路。
3. 会按照作业标准检修 ZD6 型道岔设备。
4. 会测试 ZD6 型道岔技术参数。
5. 能够按照故障处理程序，结合控制台表示灯和继电器状态，在 20min 内找出道岔控制电路断线故障点。

 任务实施

道岔控制电路分为启动电路和表示电路两部分。道岔启动电路作用是根据操作意图接通电机电路，带动尖轨转换至规定位置；道岔表示电路是在道岔转换完毕并锁闭后给出道岔的实际位置表示。现以四线制单动道岔控制电路为例进行介绍。

一、道岔控制电路技术条件认知

1. 启动电路技术条件

为了保证行车安全，道岔启动电路必须满足以下技术要求。

① 道岔区段有车占用，或道岔区段轨道电路发生故障时，该区段内道岔不能转换，对道岔此种锁闭称为区段锁闭。

② 进路在锁闭状态时，进路上的道岔不能再转换，对道岔的此种

技术条件

锁闭称为进路锁闭。

③ 道岔一经启动，就应转换到底，不受车辆进入的影响，也不受车站值班人员的控制。否则，若在车辆进入道岔区段时道岔停转或受车站值班人员的控制而回转，很有可能造成脱轨或挤岔事故。

④ 道岔启动电路接通后，若由于电路故障（如自动开闭器接点、电动机炭刷接触不良）道岔未转动，应能自动断开启动电路，避免因邻线列车震动等造成道岔自行转换。

⑤ 道岔转换途中受阻（如尖轨与基本轨的轨缝夹有道砟等）使道岔不能转换到底时，应保证经车站值班人员的操纵能使道岔转回原位。

⑥ 道岔转换完毕应能自动断开启动电路。

上述的技术条件可以简单概括为：有车不能转，解锁才能转，要转转到底，不转就别转，遇阻向回转，转完切电源。

2. 表示电路技术条件

道岔表示电路必须是故障—安全电路，应满足以下技术要求：

① 用道岔表示继电器的吸起状态和道岔的正确位置相对应，不准用一个继电器的吸起和落下表示道岔的两种位置。即只能用 DBJ 的吸起表示道岔在定位，用 FBJ 的吸起表示道岔在反位。

② 当电路发生混线或混入其他电源时，必须保证 DBJ 和 FBJ 不会错误励磁。

③ 当道岔在转换过程中，或发生挤岔、停电、断线等故障时，应保证 DBJ 和 FBJ 落下。

二、道岔控制电路设备认知

道岔控制电路设备按位置分为室内设备和室外设备。室内设备只有一个 DD 组合，即单动道岔组合；室外设备主要由转辙机自动开闭器接点组、安全接点、移位接触器、接线端子、二极管、电缆盒等组成。

1. 室内电路设备认知

ZD6 型道岔控制电路室内设备采用 DD 组合，组合设备排列及规格见表 4-1。

表 4-1　DD 组合设备排列及规格

组合类型	0	1	2	3	4	5	6	7	8	9	10
DD	$\frac{D_1 D_2 R}{2CP_{21} RX}$ YC-40-1000-1 $\frac{D_2 D_4 R}{2CP_{21} CZ}$ M-L-4-400	3A 5A 3A 0.5A	BB BD-10	1DQJ JWJXC-H125/0.44	SJ JWXC-1700	2DQJ JYJXC-135220	AJ JWXC-1700	DCJ JWXC-1700	FCJ JWXC-1700	DBJ JPXC-1000	FBJ JPXC-1000	

DD 单动道岔组合设备名称见表 4-2。

表 4-2 DD 单动道岔组合设备名称

序号	缩写	名称	序号	缩写	名称
1	BB	表示变压器	6	DCJ	定位操纵继电器
2	1DQJ	第一启动继电器	7	FCJ	反位操纵继电器
3	SJ	锁闭继电器	8	DBJ	定位表示继电器
4	2DQJ	第二启动继电器	9	FBJ	反位表示继电器
5	AJ	单独操纵按钮继电器			

2. 室外电路设备认知

① 道岔电缆盒　如图 4-1 所示，道岔电缆盒内部配线和接点排列规则：从基础侧开始，按顺时针方向依次命名为端 1、端 2……端 24。

如图 4-2 所示为 ZD6 转辙机箱盒内部结构图。

图 4-1 道岔电缆盒

图 4-2 ZD6 箱盒内部结构

② 转辙机自动开闭器接点组　ZD6 型转辙机自动开闭器接点组构通道岔的启动和表示电路，内部配线和接点排列规则（图 2-73）：站在转辙机开盖方向，从右至左为第 1 排、第 2 排、第 3 排、第 4 排，每排接点从上往下编号，如第 1 排从上往下为 11、12、13、14、15、16。

③ 安全接点组　安全接点主要用于维护人员检修作业、行车人员手摇转换道岔时切断道岔启动电路，保障人身安全。安全接点组即串接在启动电路中的 05-06 接点组。

④ 移位接触器　道岔发生挤岔时，将移位接触器的顶销顶起，断开它的接点 01-02 或者 03-04，从而断开道岔表示电路，控制台给出报警提示。

三、道岔控制电路识读及分析

1. 道岔控制电路识读

四线制单动道岔控制电路（定位一、三排接点闭合，2DQJ 在定位；反位二、四排接点闭合，2DQJ 在反位）如图 4-3 所示。启动电路采用分

启动电路识读（一）

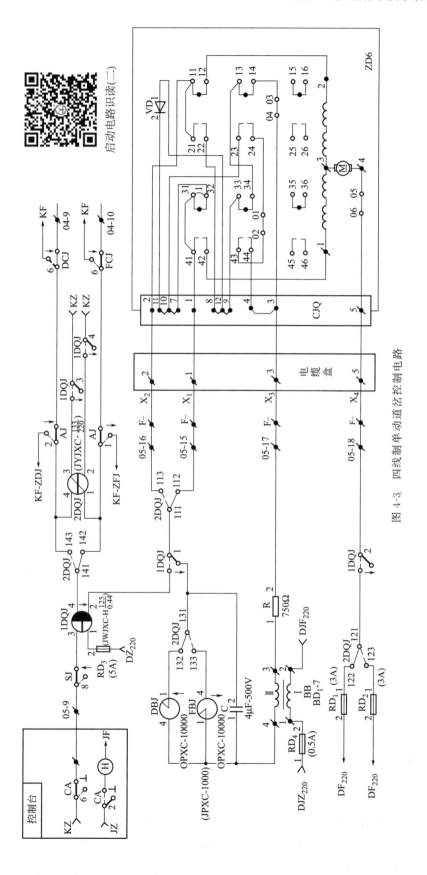

图 4-3 四线制单动道岔控制电路

级控制方式，首先由第一道岔启动继电器 1DQJ 检查联锁条件，然后由第二道岔启动继电器 2DQJ 控制电动机的旋转方向，最后由直流电动机转换道岔。

(1) 道岔启动电路识读

道岔控制分为进路操纵和单独操纵两种方式。

① 进路操纵　进路操纵通过办理进路，使选岔网络中 DCJ 或 FCJ 吸起，接通道岔启动电路，转换道岔至规定位置。图 4-3 中的道岔处于定位状态，按进路操纵使道岔由定位向反位转换时，道岔启动电路的第一段为 1DQJ 的励磁电路：KZ—CA_{61-62}—SJ_{81-82}—$1DQJ_{3-4}$—$2DQJ_{141-142}$—AJ_{11-13}—FCJ_{61-62}—KF。

第二段为 2DQJ 转极电路：KZ—$1DQJ_{41-42}$—$2DQJ_{2-1}$—AJ_{11-13}—FCJ_{61-62}—KF。

第三段为 1DQJ 自闭电路：DZ_{220}—RD_3—$1DQJ_{1-2}$—$1DQJ_{12-11}$—$2DQJ_{111-113}$—自动开闭器 11-12—电动机定子绕组 2-3—电动机转子绕组 3-4—安全接点 05-06—$1DQJ_{21-22}$—$2DQJ_{121-123}$—RD_2—DF_{220}。

当道岔转至反位后，自动开闭器 11-12 接点断开，使电动机停转，同时断开 1DQJ 的 1-2 线圈自闭电路，使 1DQJ 缓放落下，接通道岔表示电路。若再将道岔转回定位，办理进路后 DCJ 吸起，重新接通道岔启动电路。

② 单独操纵　单独操纵道岔使其从定位转向反位，按下道岔按钮，同时按下本咽喉道岔总反位按钮 ZFA，道岔按钮继电器 AJ 和道岔总反位继电器 ZFJ 吸起，条件电源 KF-ZFJ 有电，接通道岔启动电路的第一段，即 1DQJ 的励磁电路：KZ—CA_{61-62}—SJ_{81-82}—$1DQJ_{3-4}$—$2DQJ_{141-142}$—AJ_{11-12}—KF-ZFJ。

第二段为 2DQJ 转极电路：KZ—$1DQJ_{41-42}$—$2DQJ_{2-1}$—AJ_{11-12}—KF-ZFJ。

第三段为 1DQJ 自闭电路（即电动机电路）：DZ_{220}—RD_3—$1DQJ_{1-2}$—$1DQJ_{12-11}$—$2DQJ_{111-113}$—自动开闭器 11-12—电动机定子绕组 2-3—电动机转子绕组 3-4—安全接点 05-06—$1DQJ_{21-22}$—$2DQJ_{121-123}$—RD_2—DF_{220}。

单独操纵道岔时启动电路动作和进路操纵动作基本相同，只不过电源是条件电源 KF-ZFJ 或 KF-ZDJ，并由 AJ 的前接点将其接入 1DQJ 或 2DQJ 的电路中。

(2) 道岔表示电路识读

在道岔控制电路中，道岔启动电路动作完毕后应接通道岔表示电路，将道岔的实际位置反映到信号楼内，以便车站值班人员对信号设备进行控制和监督。用电动转辙机的自动开闭器接点接通道岔表示电路，用定位表示接点接通道岔定位表示继电器 DBJ 电路，用反位表示接点接通道岔反位表示继电器 FBJ 电路。DBJ 和 FBJ 不仅是道岔位置表示灯的控制条件，而且是执行组电路的重要联锁条件。

表示电路识读

道岔表示电路（定位一、三排接点闭合，2DQJ 在定位；反位二、四排接点闭合，2DQJ 在反位）如图 4-3 所示。DBJ 和 FBJ 均采用 JPXC-1000 型偏极继电器。道岔表示电路所用电源由变压器 BB 供给，该变压器是变压比为 2∶1 的 BD_1-7 型道岔表示变压器，其输入电压为交流 220V，输出电压为 110V。DBJ 和 FBJ 线圈并联有 $4\mu F/500V$ 的电容器 C。电路中还串接有二极管 VD。

当道岔转换到定位或反位后，自动开闭器动作接点断开 $1DQJ_{1-2}$ 线圈自闭电路，使 1DQJ 失磁，用 1DQJ 第 1 组后接点接通道岔表示电路。

当道岔在定位时，DBJ 的励磁电路为 BB_3—R_{1-2}—移位接触器 04-03—自动开闭器 14-13—自动开闭器 34-33—二极管 VD_{1-2}—自动开闭器 32-31—自动开闭器 41—$2DQJ_{112-111}$—

$1DQJ_{11-13}$—$2DQJ_{131-132}$—DBJ_{1-4}—BB_4。

从上述单独道岔表示电路中可以看出，通过电动转辙机自动开闭器的定位表示接点接通电路，经二极管 VD 将交流电进行半波整流，使 DBJ 吸起。在交流电负半周，由于电容器 C 的放电作用，DBJ 保持可靠吸起。

当道岔转换到反位后，自动开闭器反位表示接点接通，二极管反接在表示电路中，改变了半波整流后电流的方向，使 FBJ 吸起。当道岔在反位时，FBJ 的励磁电路为：

BB_3—R_{1-2}—自动开闭器 44-43—移位接触器 02-01—自动开闭器 24-23—二极管 VD_{2-1}—自动开闭器 22-21—自动开闭器 11—$2DQJ_{113-111}$—$1DQJ_{11-13}$—$2DQJ_{131-133}$—FBJ_{4-1}—BB_4。

2. 道岔控制电路分析

（1）道岔控制电路各线及转辙机接点作用

① 各线用途见表 4-3。

表 4-3 道岔控制电路各线用途

线序	启动电路中用途	表示电路中用途
X1	反→定启动线	定位表示线
X2	定→反启动线	反位表示线
X3	—	表示电路公共线
X4	启动电路公共线	—

② 启动电路使用线序及转辙机内接点。定位→反位使用 X2-X4 以及转辙机内自动开闭器 11-12 接点、定子绕组 2-3、转子绕组 3-4、安全接点 05-06。反位→定位使用 X1-X4 以及转辙机内自动开闭器 41-42 接点、定子绕组 1-3、转子绕组 3-4、安全接点 05-06。

③ 表示电路使用线序及转辙机内接点。定位表示使用 X1-X3 以及转辙机内自动开闭器 41-31-32、33-34、13-14 接点、移位接触器 03-04。反位表示使用 X2-X3 以及转辙机内自动开闭器 11-21-22、23-24、43-44 接点、移位接触器 01-02。

（2）道岔控制电路中设备作用分析

① SJ 采用 JWXC-1700 无极继电器，主要作用是检查区段空闲，起防护作用。

② 1DQJ 选用 JWJXC-H125/0.44 型，其 3-4 线圈的电阻值较大，用于检查联锁条件，其 1-2 线圈的电阻值很小，与电动机串联，监督电动机的动作。1DQJ 从励磁电路转换为自闭电路过程中有瞬间断电，为保证 1DQJ 可靠自闭，故选用缓放型。

③ 2DQJ 选用 JYJXC-135/220 型有极继电器。其两线圈分开使用，有利于构成接收道岔转换的两种控制命令，3-4 线圈接通正向电流，接收向定位转换的命令，1-2 线圈接通反向电流，接收向反位转换的命令；在表示电路中 DBJ 串接 2DQJ 的前接点，FBJ 串接 2DQJ 的后接点，以检查启动电路与表示电路动作的一致性。2DQJ 的接在电动机电路中的两组接点采用带有灭弧装置的加强接点，以防止接通或断开电路时产生电弧和火花。

④ DBJ、FBJ 采用 JPXC-1000 偏极继电器，主要作用是给出正确位置表示，同时检查电机绕组，鉴别极性，确保二极管未接反。

⑤ 在电动机电路中接入遮断接点（安全接点），有利于维修人员的安全。当维修人员打开转辙机机盖时，遮断接点 05-06 断开电动机电路，防止维修、清扫转辙机时电动机转动。

⑥ 在 DF_{220} 电源处分别设有定位熔丝 RD1（3A）和反位熔丝 RD2（3A）。一旦道岔转

换过程受阻，电动机空转，熔断一处熔丝，保证电动机转回原位。

⑦ 单独操纵道岔按钮 CA_{61-62} 接点。在维修电动转辙机或轨道电路区段时，拉出该按钮，断开道岔启动电路，对道岔实行单独锁闭。

⑧ 室外二极管与表示继电器各自分担半个周期的交流电流，电路中 R 为限流电阻，阻值为 750Ω。

⑨ 自动开闭器及接点实现对道岔位置的检测，反映尖轨密贴情况。启动过程中沟通启动电路及回转电路，转换到位后接通道岔表示电路，道岔尖轨被挤切断道岔表示电路。

⑩ ZD6 型电动转辙机是直流串激电动机，采用激磁线圈（定子线圈）分开使用方式。四线制道岔控制电路室内外有四根连线，X1 和 X2 为道岔启动电路和道岔表示电路共用线，X3 为表示电路专用线，X4 为启动电路专用线。为了方便维修、减少故障，转辙机采用配线定型化、连接插接化接线方式。

（3）道岔技术条件实现分析

以下为启动电路部分。

① $1DQJ_{3-4}$ 的励磁电路检查 SJ 吸起条件，通过 SJ 第 8 组前接点证明道岔既未被区段锁闭，又未被进路锁闭，实现技术条件"有车不能转"和技术条件"解锁才能转"。

② $1DQJ_{1-2}$ 线圈与电动机绕组串联构成电动机电路，使道岔启动后不受区段锁闭、进路锁闭及车站值班员控制，使电动机转动时脱离 SJ 和 CA 的控制条件，保证道岔启动后能转换到底，实现技术条件"要转转到底"；$1DQJ_{1-2}$ 线圈有较大电流流经时才能保持自闭，若启动后电路某处接触不良使电流减小，1DQJ 即落下断开电动机电路，实现技术条件"不转就别转"。

③ 在 $1DQJ_{3-4}$ 线圈励磁电路和 2DQJ 转极电路中，道岔按钮继电器 AJ 的接点在 DCJ 或 FCJ 的接点的前面，这样当进路操纵遇到道岔不能转换到底时，可及时采用单独操纵方式使道岔转回原位，即对道岔的单独操纵优先于进路操纵。但操纵时应注意，应首先按下按钮 ZQA，使电源 KZ-ZQJ-H 无电，将进路上的道岔操纵继电器复原，然后再单独操纵道岔，使道岔转回原位，实现技术条件"遇阻往回转"。

④ 当道岔转换完毕（如定位向反位转换），道岔尖轨与基本轨密贴后，自动开闭器 11-12 接点断开，自动切断电动机电路，使电动机停转，同时使线圈 $1DQJ_{1-2}$ 断电，1DQJ 落下接通道岔表示电路，实现技术要求"转完切电源"。自动开闭器的两组动接点动作时机受表示杆密贴检查缺口的控制。当道岔由定位向反位转换，电动机启动时自动开闭器第三排接点先打入第四排，41-42 首先接通反转电路，为车站值班人员随时单独操纵道岔，使道岔返回原位准备好条件；道岔转换到底后，自动开闭器 11-12 接点断开，切断电动机电路。

以下为表示电路部分。

① 在道岔表示电路中，DBJ 吸起是由自动开闭器定位表示接点接通的，FBJ 吸起是由自动开闭器反位表示接点接通的，这就使 DBJ 和 FBJ 的吸起和道岔的位置相对应。为了确切反映道岔位置，对一、三排接点定位闭合的转辙机而言，DBJ 励磁电路不仅检查自动开闭器第一排定位表示接点 13-14 的接通，而且检查第三排定位表示接点 31-32、33-34 的接通，确认接点接触良好及定位表示接点的动作一致后 DBJ 吸起。同样，FBJ 的吸起也检查了自动开闭器第二排和第四排反位表示接点动作的一致。对二、四排接点定位闭合的转辙机来说，DBJ 电路检查二、四排定位接点，FBJ 电路检查一、三排接点。

② 当电动转辙机外线混线时，设在室外的二极管 VD 被短路而失去作用，线圈 DBJ 或 FBJ 只有交流电流通过，不会励磁。对每组道岔还设置了表示变压器 BB，用以降低电源电压，并对电路起到隔离作用。当混入其他电源时，因不能构成闭合回路，DBJ 或 FBJ 也不会错误吸起。

③ 当道岔在转换过程中，1DQJ 第 1 组的前接点断开表示电路，使 DBJ 或 FBJ 落下。由于在表示电路中串接有移位接触器接点，当发生挤岔时，移位接触器接点被动作杆向上顶住而断开，使 DBJ 和 FBJ 均落下，挤岔报警电路被接通而发出报警。当电容器 C 被击穿时，线圈 DBJ 和 FBJ 被短路而不会吸起；当电容器引接线断线时，失去滤波作用，DBJ 或 FBJ 将会颤动而不能可靠吸起。当自动开闭器接点发生断裂或松脱时，也会将表示电路断开，从而可及时发现故障。

四、日常维护及故障处理

道岔控制电路采用了成熟稳定的继电接口，在运用中维护少，故障率低。

1. 日常维护要点

（1）室内部分

日常维护

关键点是加强接点继电器检查测试。如 1DQJ（JWJXC-H125/80）、2DQJ（JYJXC-135/220 或 JYJXC-160/260），这些继电器加强接点直接接通或断开电动机电路，通过的电流较大，接通或断开容易产生火花或电弧，烧损接点，久而久之会造成接触不良，因此加强接点继电器更易产生故障。

为了降低故障发生的概率，一方面需要进行巡视检查，发现加强接点继电器接点火花或电弧严重时及时测试、更换，另一方面应适当缩短加强接点继电器轮修周期。维护人员在日常运用中需要特别注意加强接点继电器的使用状况，因为它是道岔控制电路室内部分的薄弱环节，建议每个月对接点进行观察记录，发现拉弧较大时应进行检查排除。

（2）室外部分

在道岔电路的室外部分维护中，重点关注转辙机接点（含安全器）、二极管和电阻组合。

① 转辙机接点维护　动接点打入静接点的深度不小于 4mm，距离静接点座不小于 2mm，用手扳动静接点，其旷动量不大于 3mm；静接点的磨耗不大于其厚度的 1/2；动接点环与静接点片间无间隙，呈面接触状态；动接点与静接点无锈蚀或氧化层，清除接点上的金属粉末和油污。

② 二极管维护　二极管属于易损件。正常情况表示电压为交流 70V 左右、直流 60V 左右。由于二极管对过电流过电压敏感（如道岔控制线混线造成动作电源长时间流经二极管、雷电影响等），所以在维护中可做以下工作。

• 测量表示电压，与正常值比较，如有偏差应进一步查找原因直至排除。

• 测量二极管两端压降，正常二极管的压降应为 0.6~0.8V，如有异常则需进一步测试，确定性能不良后应予更换。

• 由于容易受雷击，但二极管可能处于半击穿或"软击穿"状态，并不马上表现出故障，所以在维护中可适当缩短检查测试周期，尽早发现隐患。

• 有微机监测设备的，通过查看曲线和报表数据，判断表示电路工作状态，及时处理不良部件。

2. 故障分析处理

故障处理

要快速准确处理好道岔控制电路故障，需要熟悉室内外电路的工作原理、设备运用特点、道岔机械特性等，掌握正常使用时和出现故障时的现象和参数，才能在故障发生后快速、稳妥、有效地处理好故障。

道岔故障按类型分启动电路故障和表示电路故障，按位置分室内故障和室外故障。在故障分析判断中，不论是启动电路还是表示电路故障，正确判断故障点在室内还是室外至关重要，一旦错误判断，处理时间将大幅延误。因此，维护人员平时应多思考、多动手练习，并在此过程中不断总结巩固，提高故障分析处理能力。

（1）道岔控制电路故障判断分析

道岔控制电路动作程序：按下单操和 ZDA（ZFA）→1DQJ↑励磁→2DQJ 转极→1DQJ 自闭，构通道岔动作电路。电机转换完毕后，自动开闭器接点变位，之后 1DQJ↓、2DQJ 保持在转极后的状态，DBJ（FBJ）↑。

① 通过观察控制台电流表和道岔表示灯的变化来区分是控制电路、启动电路还是表示电路故障（表 4-4）。

表 4-4 故障判断分析表

控制台电流表	道岔定、反表示灯	1DQJ 状态	2DQJ 状态	故障判断
不摆动	绿灯不灭	未吸起	未转极	室内控制电路故障
不摆动	绿灯灭后又点亮	吸起	未转极	室内控制电路故障
不摆动	绿灯灭灯	吸起	转极	启动电路断线
摆动很大后回零	绿灯灭灯	吸起	转极	启动电路混线
正常摆动	绿灯灭灯	吸起	转极	表示电路故障

② 区分室内外故障。

• 启动电路室内外故障的判断分析。

启动电路
故障处理

方法一，测电压。操纵道岔时用万用表直流电压挡（高于 220V 挡位）测分线盘处瞬间电压（定位转反位测 X2 和 X4，即 F606-2 和 F606-4，反位转定位测 X1 和 X4，即 F606-1 和 F606-4），正常值为 220V 左右，若测得分线盘处两线间电压几乎为 0V，则说明为室内故障。若在分线盘处测得正常值电压，说明室内无故障，应属于室外故障。然后进行室外电缆盒测量（定位转反位测电缆盒端 2 和端 5，反位转定位测电缆盒端 1 和端 5），如果测得正常电压（220V 左右），则室内到室外电缆盒送电正常，如果无电压，则为分线盘到电缆盒电缆断线。

方法二，测电阻。定位转反位测 X2 和 X4，即 F606-2 和 F606-4，反位转定位测 X1 和 X4，即 F606-1 和 F606-4，有十几欧姆电阻（电缆电阻和电动机线圈电阻），说明是室内故障，电阻无穷大说明是室外故障。

• 表示电路室内外故障分析判断

表示电路
故障处理

利用电压法：定位无表示测 X3 和 X1，反位无表示测 X3 和 X2。无电压或电压很小说明是室内断线故障，否则为室外断线故障。

③ 通过测试数据进行判断分析（表 4-5）。

表 4-5　表示电路故障判断分析表

故障类别	表示继电器电压/V		分线盘电压/V		备 注
	交流	直流	交流	直流	
正常电压	40	32	70	60	定:X3 和 X1　反:X3 和 X2
室外断线	0	0	110	0	
室内与电容并联电路断线	155	145	155	145	定:DBJ_{1-4} 和 $2DQJ_{132-131}$ 反:FBJ_{1-4} 和 $2DQJ_{133-131}$
室内与电容串联电路断线			5-15	5-15	定:$1DQJ_{13-11}$ 和 $2DQJ_{111-112}$ 反:$1DQJ_{13-11}$ 和 $2DQJ_{111-113}$
电容击穿	0	0	55	45	
电容断路	80	7	10	8	电压表指针颤动

(2) ZD6 道岔控制电路断线故障处理

① 道岔启动电路故障处理。

• 控制电路故障处理（定→反）。

1DQJ 不励磁：

$KZ \rightarrow CA_{61-62} \rightarrow SJ_{81-82} \rightarrow 1DQJ_{3-4} \rightarrow 2DQJ_{141-142} \rightarrow AJ_{11-12} \rightarrow KF\text{-}ZFJ/AJ_{11-13} \rightarrow FCJ_{61-62} \rightarrow KF$

平时线圈 $1DQJ_3$ 一直有电源 KZ，借助 KF 可测得 KZ 是否正常；送到 $1DQJ_4$ 线圈的 KF 电源可以通过办理以 15# 道岔为反位的进路，这样 FCJ 吸起，电源 KF 应该一直送到线圈 $1DQJ_4$，这时进行测量不需要一直单操道岔。

2DQJ 不转极：

$KZ \rightarrow 1DQJ_{41-42} \rightarrow 2DQJ_{2-1} \rightarrow AJ_{11-12} \rightarrow KF\text{-}ZFJ/AJ_{11-13} \rightarrow FCJ_{61-62} \rightarrow KF$

因 1DQJ 已经励磁，故线圈 $2DQJ_1$ 的电源 KF 正常，故障点只有 $2DQJ_{2-1}$ 和 $1DQJ_{41-42}$。

• 启动电路断线分析及处理（定位→反位）。

注意：首先测最薄弱环节。

如图 4-4 所示，以道岔定位→反位道岔启动电路断线为例。

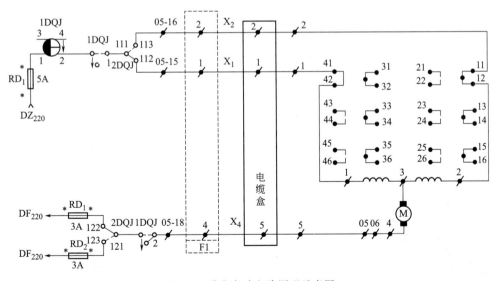

图 4-4　道岔启动电路原理示意图

通过对控制台现象的总结分析，可以准确地判断道岔定位→反位启动电路断线，并且在分线盘判断故障点在室内，此时应用万用表的直流 250V 挡测 $1DQJ_{12-22}$ 间是否有 220V 电压,此后按表 4-6 的方法查找室内断线故障。

表 4-6 启动电路室内断线查找方法

$1DQJ_{12-22}$ 间电压	故障查找方法
0V	黑(红)表笔不动,红(黑)表笔向 DZ(DF)端进一步查找,直到找出直流电压从无到有的故障点
220V	应使用万用表电阻挡,测 $1DQJ_{11-21}$ 间电阻,若电阻为 12Ω 左右,则是 1DQJ 的 1、2 组前接点故障(操纵时逐一判断);若电阻无穷大,则是 $1DQJ_{11-21}$ 到分线盘 1、4 间断线,继续移动表笔直到找出故障点

如果判断为启动电路室外断线,应按图 4-5 所示流程进行处理(以定位到反位操纵道岔为例)。

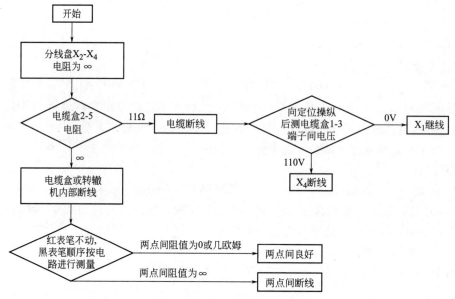

图 4-5 启动电路室外故障处理流程

② 道岔表示电路断线故障处理。道岔表示电路原理如图 4-6 所示。

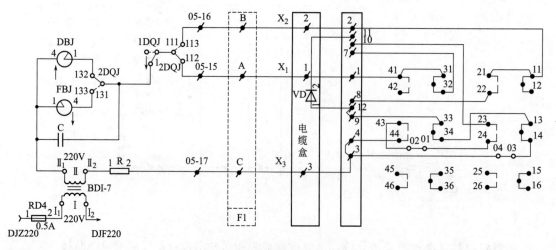

图 4-6 道岔表示电路原理示意图

通过在分线盘的测量可以准确地判断出表示电路的断线点在室内还是室外。如果在室内，则应测量 BD_1-7 型表示变压器 Ⅱ 次侧是否有 110V 电压。此后按表 4-7 的方法进行判断查找。

表 4-7 表示电路室内断线查找方法

变压器 Ⅱ 次电压	故障查找方法
0V	测变压器 Ⅰ 次电压，为 220V 则说明变压器故障，为 0V 则按电路顺序进行查找
110V	从变压器 Ⅱ 次到分线盘端子按电路顺序进一步查找

在分线盘判断出室外电路断线，则应按如图 4-7 所示的流程进行查找。

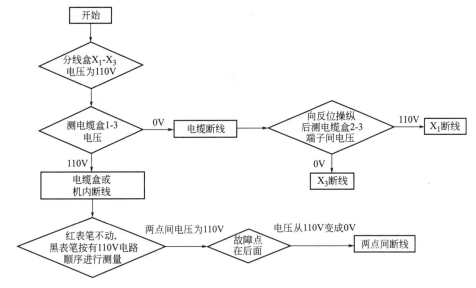

图 4-7 表示电路室外故障处理流程

3. 典型故障案例

（1）案例一 荣家湾站特别重大事故

发生地点：京广线荣家湾车站。

责任单位：长沙电务段。

事故概况：1997 年 4 月 29 日，长沙电务段汨罗电务车间荣家湾信号工区信号工郝××，未经联系要点，于 8 时 30 分打开京广线荣家湾车站 12 号道岔（四线制）变压器箱，断开 12 号道岔控制电路中的 X1 线，并用二极管封连 X1 和 X3 线端子，之后便开始整理 12 号变压器箱内端子配线。10 时 22 分，车站办理上行 4 道接车进路，12 号道岔转到反位，上行进站信号机开放双黄灯光，随后 818 次旅客列车进入 4 道。此时，负责室内联系的信号工擅自离开岗位。10 时 42 分，车站办理昆明开往郑州的 324 次旅客列车 Ⅱ 道（经 12 号道岔定位）通过进路，控制台显示 12 号道岔定位和 Ⅱ 道通过进站白色光带，进站信号机显示绿灯。10 时 48 分，本应从 Ⅱ 道通过的 324 次经过 12 号道岔反位进入 4 道，在京广线荣家湾站 1453km914m 处（以 110km/h 的速度）与停在 4 道的 818 次发生追尾冲撞（图 4-8）。324 次机后 1 至 9 位颠覆，10 至 11 位脱轨，818 次机后 15 至 17 位（尾部 3 辆）颠覆。本次事故造成人员死亡126人，重伤48人，轻伤182人；牵引324次东风型机车报废，客车报废11辆、中破1辆，直接经济损失415万元，中断上行正线29h12min，构成行车特别重大事故。

图4-8 荣家湾站事故现场

事故原因分析。

① 电路分析。荣家湾站平面布置图如4-9所示。

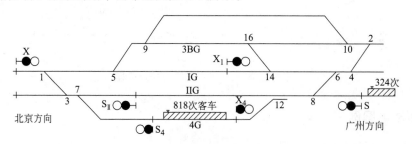

图4-9 荣家湾站平面布置示意图

8时30分，信号工人为切断X1线，在X1和X3间接入二极管（X1线接二极管负极，X3线接二极管正极），给出12号道岔定位假表示。在排列818次4道接车进路过程中，12号道岔2DQJ$_{111-113}$接通，反位启动和表示电路正常动作，使12号道岔正常转向反位并给出反位表示。818次进入股道后，排列324次Ⅱ道通过进路时，12号道岔2DQJ$_{111-112}$接通，由于X1被断开（图4-10），该道岔由反位向定位转换的动作电源被切断，使其未能转向定位，但定位表示通过X1、X3线间接入的二极管接通，使12号道岔表示与实际位置不一致，造成道岔联锁失效。由于12号道岔假表示，致使有车线（4道）接车进路被排出，进站信号机开放绿灯——如此一系列严重的联锁错误导致了事故的发生。

② 造成事故的根本原因是信号工未经联系登记，擅自检修正在使用中的信号设备，人为切断了12号道岔定位表示电路，并且使用二极管构成12号道岔定位假表示，使道岔联锁失效，造成行车特别重大事故。同时，负责室内联系的信号工擅离职守，未能将列车运行情

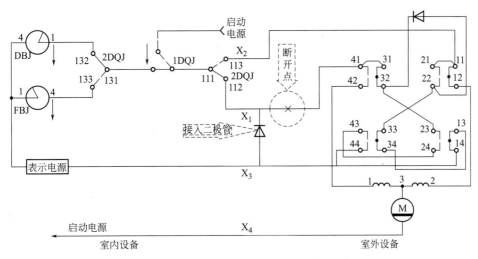

图 4-10 荣家湾站特别重大事故原因分析示意图

况及时通知室外，使可能避免的事故未能避免，也是导致事故的重要原因。

(2) 案例二 老田庵站重大事故

发生地点：京广线老田庵车站。

责任单位：新乡电务段。

事故概况：老田庵站平面布置图如图 4-11 所示。

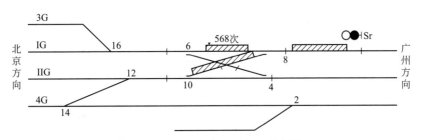

图 4-11 老田庵站平面布置示意图

1998 年 7 月 29 日，新乡电务段根据郑州铁路分局 52288 号调度命令，在京广线老田庵车站进行 4 号（与 6 号道岔为双动道岔）、10 号（与 8 号道岔为双动道岔）提速道岔（S700K）上道施工 6、8 号道岔被钉固在定位，同时拔掉了启动熔断器。8 时 40 分至 9 时 10 分为电务施工点。8 时 39 分，当汉中至北京西的 568 次旅客列车（反方向）凭 SF 信号机绿色灯光进站（Ⅰ道通过）行至 8 号道岔时，由于信号施工人员擅自操纵 8/10 号道岔进行试验，造成 8 号道岔四开，使 568 次在 8 号道岔处机后 12 至 15 位脱轨。本次事故造成客车小破 4 辆，钢轨损坏 50m，岔心损坏 1 个，轨枕损坏 187 根，中断下行正线 7 小时 21 分，构成行车重大事故。

事故原因分析。

① 施工过程的违章作业。

第一，施工开始时，违章用绳子捆绑 4/6、8/10 号道岔定位表示继电器 DBJ 衔铁，构成 4/6、8/10 号道岔定位假表示（图 4-12），使 SF 信号机通过假联锁条件显示绿色灯光。

第二，电务施工人员在未到施工点的情况下随意插上 8 号道岔启动熔断器，未经联系登

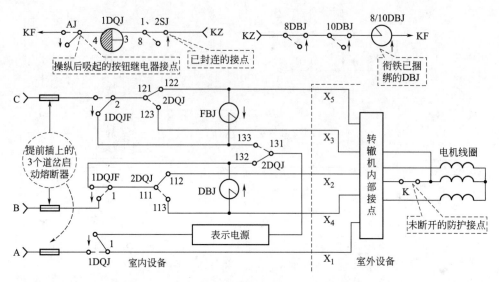

图 4-12 老田庵站特别重大事故原因分析示意图

记，违章于 8h39min 提前扳动 8/10 号道岔进行试验，使 8 号道岔中途转换，造成道岔四开。

第三，施工开始时，电务施工人员违章封连了 8/10 号道岔锁闭继电器 81、82 接点，使道岔联锁失效，造成在道岔区段有车占用的情况下，8/10 号道岔也能启动转换。

② 施工安全措施不落实，几个关键部位未设专人把关进行防护。

第一，电务室内施工人员在无人指挥、无人监督并且未到电务施工点的情况下，随意于 8h30min 提前将 8 号道岔三相电源的 3 个启动熔断器（5A）插上，接通了道岔的启动电源。

第二，8 号道岔转辙机安全遮断器接点未断开，也未设专人进行防护。

第三，施工组织混乱，未做到单一指挥。

第四，8 号道岔锁固措施失效，也是造成事故的重要因素。道岔钩锁器锁在离尖轨尖端 1.85m 处，起不到锁死尖轨的作用；混凝土岔枕间插入的木枕，未起到钉固道岔的作用。

③ 综合分析。由于 8/10 号道岔启动电路中的 1SJ、2SJ 的 81、82 接点被封连，前接点接通，三个启动熔断器被插上，遮断器接点 K 未断开，构成了在任何情况下通过单操均能转换道岔的条件，信号工单操该道岔后，AJ 吸起，道岔启动电路动作，使电机启动转换。同时由于锁固措施失效，在转辙机的作用下使密贴侧尖轨于基本轨之间产生间隙，致使车轮挤开道岔，造成四开，导致了事故的发生。

五、双动道岔控制电路识读

双动道岔中两个道岔的位置必须是一致的，当其中一个道岔在定位时另一个道岔也应在定位，其中一个道岔转换至反位时另一个道岔也必须转换至反位。当道岔启动电路控制电动转辙机转换两个道岔时，两个道岔必须按规定的顺序动作。先动作的道岔称为第一动道岔，后动作的道岔称为第二动道岔，双动道岔中距离信号楼近的为第一动道岔，距离信号楼远的为第二动道岔。这样做的目的是为了节省室外电缆芯线，避免迂回走线。

由于双动道岔的两个道岔位置总是一致的，动作也应一致，因此，双动道岔可共用一套道岔控制电路。如图 4-13 所示是四线制双动道岔控制电路。

双动道岔控制电路与单动道岔控制电路原理基本相同。双动道岔控制电路的控制对象是两个道岔，其启动电路和表示电路与单动道岔不同之处有以下几方面。

项目一 道岔控制电路维护及故障分析处理

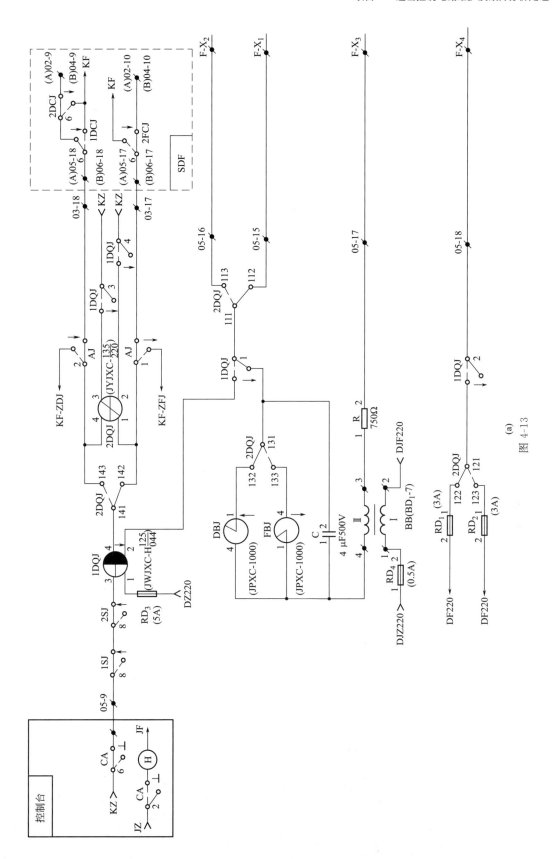

图 4-13 (a)

290　模块四　接口设备维护及故障分析处理

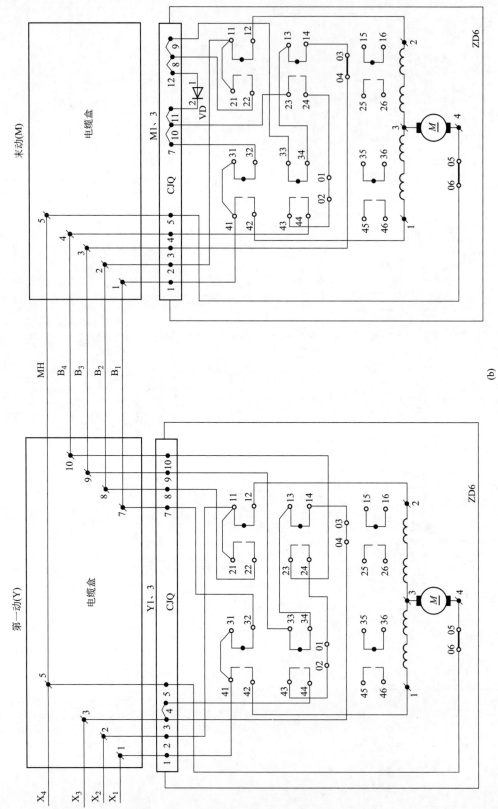

(b)

图 4-13　四线制双动道岔控制电路

① 在道岔启动电路的室内部分，$1DQJ_{3-4}$ 线圈励磁电路上串接有 1SJ 和 2SJ 两个锁闭继电器的第 8 组的前接点。这是因为双动道岔设有两个 SJ，而且 1SJ 和 2SJ 分属于不同的道岔区段，当任意一个道岔处于区段锁闭或进路锁闭状态时，1SJ 或 2SJ 落下，$1DQJ_{3-4}$ 线圈励磁电路被切断，该双动道岔不得转换。

② 在进路操纵的电路条件中，将单动道岔的 DCJ 接点换成双动道岔的 1DCJ 和 2DCJ 的第 6 组的接点并联，将单动道岔的 FCJ 接点用双动道岔的 2FCJ 第 6 组的接点代替。这是因为选双动道岔定位时，双动道岔的 1DCJ 和 2DCJ 分别在上、下两条平行网络中，它们不一定同时被选出，所以应将两个 DCJ 接点并联起来。而选双动道岔反位时，双动道岔的 1FCJ 和 2FCJ 动作一致，而且 2FCJ 总是后吸起，所以只需用 2FCJ 接点即可。

③ 在启动电路室外部分，由于两个道岔顺序动作，当第一动道岔转换完毕后，才能接通第二动道岔电动机电路。例如双动道岔由定位向反位转换时，第一动道岔转到反位后，第一动道岔的自动开闭器第一排接点 11-12 断开，切断第一动电动机电路，同时接通接点 21-22，经第一动道岔与第二动道岔之间的联线，将 DZ_{220} 电源经第二动道岔的自动开闭器第一排接点 11-12 送至第二动道岔的电动机定子绕组 2 端子。电源 DF_{220} 经 X4 及第一动道岔与第二动道岔之间的联线送至第二动道岔电动机转子绕组 4 端子，构成第二动道岔的电动机电路。当第二动道岔转换至反位后，自动开闭器第一排接点 11-12 断开，于是第二动道岔电动机停转，1DQJ 落下，断开双动道岔启动电路，由 1DQJ 第 1 组的后接点接通双动道岔表示电路。

④ 双动道岔表示电路是由两个道岔自动开闭器的表示接点串联起来组成，二极管 VD 设于第二动道岔处。当启动电路控制第一动道岔和第二动道岔转换完毕后接通道岔表示电路。检查两个道岔都在定位或反位后，使双动道岔的 DBJ 或 FBJ 吸起。

六、挤岔报警电路识读

当因道岔发生挤岔或尖轨与基本轨之间有障碍物致使道岔转换途中受阻时，为了使车站值班员和信号维修人员能及时发现，全站应设置一套挤岔报警电路。挤岔报警电路如图 4-14 所示。

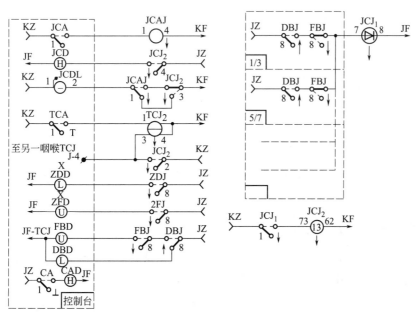

图 4-14 挤岔报警电路

全站设一个挤岔继电器，将全站各组道岔的 DBJ 和 FBJ 的第 8 组的后接点串联后，并联起来接入挤岔继电器 JCJ$_1$ 电路中。平时每组道岔的 DBJ 和 FBJ 总有一个吸起，JCJ$_1$ 电路不通。当某一道岔被挤后，该道岔的 DBJ 和 FBJ 都落下，接通 JCJ$_1$ 电路，使其吸起。

道岔在正常转换过程中，DBJ 和 FBJ 约有 3s 的时间也是处在同时失磁状态。为了区别道岔是在正常转换还是发生挤岔，又增设一个挤岔继电器 JCJ$_2$，它采用 JSBXC—850 型半导体时间继电器。发生挤岔时，JCJ$_1$ 吸起接通 JCJ$_2$ 电路，13s 后 JCJ$_2$ 吸起。JCJ$_2$ 吸起，用其第 4 组前接点接通接岔表示灯，又用 JCJ$_2$ 第 3 组的前接点接通挤岔电铃，使其鸣响，以引起车站值班人员的注意。当车站值班人员按下切断挤岔电铃按钮 JCA，使切断挤岔电铃按钮继电器 JCAJ 励磁，用其第 1 组的后接点切断电铃电路，使电铃停响。待被挤道岔修复后，由于 DBJ 或 FBJ 有一个吸起，使挤岔继电器 JCJ$_1$ 和 JCJ$_2$ 都复原，所以又接通电铃电路，挤岔电铃再次鸣响，通知车站值班人员道岔已修复。当拉出 JCA 后，电铃停止鸣响，至此挤岔报警电路复原。

当道岔尖轨与基本轨间有障碍物（例如夹有道砟）使道岔转换途中受阻而不能转换到底时，由于电动机空转，1DQJ 第 1 组的后接点不能接通表示电路，DBJ 和 FBJ 都落下，超过 13s 后，挤岔电铃也会报警鸣响。这种情况下，控制台电流表指针会摆动，车站值班人员在确认后可单独操纵道岔，使之转回原位，以免电动机长时间空转。

任务二　ZDJ9 型道岔控制电路维护及故障分析处理

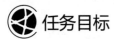任务目标

1. 熟悉 ZDJ9 型道岔控制电路的技术要求。
2. 跑通 ZDJ9 型道岔控制电路。
3. 会按照作业标准检修 ZDJ9 型道岔设备。
4. 会测试 ZDJ9 型道岔技术参数。
5. 能够按照故障处理程序，结合控制台表示灯和继电器状态，在 20min 内找出道岔控制电路断线故障点。

任务实施

在城市轨道交通中，道岔转换设备有 S700K、ZDJ9、ZYJ4 等类型的转辙机，但控制电路原理一致，都采用五线制的交流道岔控制电路。下面以 ZDJ9 单机牵引控制电路为例介绍道岔控制电路工作原理以及维护和故障处理知识。

一、道岔技术条件认知

道岔控制电路分为启动电路和表示电路两部分。道岔启动电路作用是根据操作意图接通电机电路，带动尖轨转换至规定位置；道岔表示电路是在道岔转换完毕并锁闭后给出道岔的实际位置表示。

由于道岔是行车安全的基础，其控制电路需要遵守以下技术条件。

1. 启动电路技术条件

① 道岔区段有车占用时，该区段内的道岔不应转换，即区段锁闭。
② 进路在锁闭状态时，进路上的道岔不能转换，即进路锁闭。
③ 道岔一经启动，就应转换到底，不受车辆进入影响，也不受值班人员的控制。
④ 道岔若未能转换，则自动切断启动电路，防止故障消失后道岔自行转换。
⑤ 道岔若转换过程中遇阻不能继续转换时，应保证在值班员的操纵下，可以转换回原位，不致停在四开位置。
⑥ 道岔转换完毕，自动断开启动电路电源。

2. 表示电路技术条件

① 用道岔表示继电器的吸起状态和道岔的正确位置相对应，不准用一个继电器的吸起和落下表示道岔的两个位置。
② 电路发生混线或混入其他电源时，必须保证 DBJ 和 FBJ 不错误励磁。
③ 道岔在转换过程中发生挤岔、停电、断线等故障时，DBJ 和 FBJ 应可靠落下。

二、道岔控制电路设备和工作原理分析

1. 道岔控制电路设备认知

设备认知

道岔控制电路设备按处所分为室内电路和室外电路两部分。

（1）室内电路部分

采用计算机联锁的道岔控制电路室内电路部分与传统 6502 电气集中联锁系统中的控制电路基本一致，计算机联锁控制的道岔电路取消了总定位继电器、总反位继电器、操纵按钮继电器。

每组道岔的室内设备主要由 1 个 JDZ（交流道岔主组合）、1 个 JDF（交流道岔辅助组合）组成。

室内外设备

① 道岔组合　图 4-15 所示是某地铁公司现场运用的单机牵引 ZDJ9 交流道岔组合，上层是 JDZ 组合，下层是 JDF 组合。

图 4-15　交流道岔组合

② ZDJ9 道岔组合设备排列及名称规格（表 4-8）。

表 4-8 道岔组合排列表

层	设备名称 组合类型	断路器排列				继电器位置							
		组合架(柜)											
		0			1	2	3	4	5	6	7	8	9	10
1	P50105 JDZ				SJ JWXC-H340	DCJ JPXC-1000	FCJ JPXC-1000						
2	P50105 JDF	DL1 RD1 5A	RD2 5A	DL2 RD3 5A	RD4 0.5A	BB BD1-7	1DQJ JWJXC-125/80	BHJ JWXC-1700	2DQJ JYJXC-160/260	1DQJF JWJXC-480	DBQ	DBJ JPXC-1000	FBJ JPXC-1000	TJ JSBXC-850	R1 RXYC-75W 1kΩ

③ 道岔组合内设备名称（表 4-9）。

表 4-9 道岔组合内设备名称

序号	缩写	名称	序号	缩写	名称
①	1DQJ	第一启动继电器	⑦	BHJ	保护继电器
②	1DQJF	第一启动复示继电器	⑧	DBQ	断相保护器
③	2DQJ	第二启动继电器	⑨	BB	表示变压器
④	DBJ	定位表示继电器	⑩	DCJ	定位操纵继电器
⑤	FBJ	反位表示继电器	⑪	FCJ	反位操纵继电器
⑥	TJ	时间继电器	⑫	SJ	锁闭继电器

(2) 室外电路部分

道岔室外电路设备主要有转辙机自动开闭器接点组、安全接点组、接线端子、电缆盒、二极管电阻组合组成。

① 道岔电缆盒 图 4-16 中左边是 ZDJ9 道岔电缆盒，安装有万可端子排，图中椭圆处为二极管电阻组合，内有 2 根引出线，其内部电路板为二极管与电阻串联电路板（图 4-16 中间），4 个元件为二极管，型号为 1N4007（可以采用性能更高的二极管），图中右边是线绕式电阻，规格 300Ω/25W。

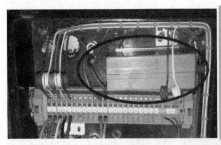

图 4-16 道岔电缆盒和二极管电阻

② 转辙机自动开闭器接点组 转辙机内电路分布如图 4-17 所示。

ZDJ9 转辙机的自动开闭器的接点结构与 ZD6 道岔相同，站在转辙机开盖方向，静接点从左至右为第 1 排、第 2 排、第 3 排、第 4 排，每排静接点编号从下往上排，动接点从左至右为第 1 排、第 2 排。

图 4-17 转辙机内电路分布图

③ 安全接点组 安全接点主要用于维护人员检修作业、行车人员手摇转换道岔时切断道岔启动电路,保障人身安全。

在早期设计的启动电路中,串入启动电路中的安全接点只有 1 组,也就是断单相,因此断开安全接点后,当误操纵道岔时,电动机仍然有短时间得电转动,这样对人身安全存在隐患。

为了消除断开单相电路存在的安全隐患,在地铁运用的道岔中,采用了 2 组安全接点来断开启动电路两相电源,即在原有 K01-02 基础上增加 K03-04 接点;为了在断开安全接点后不切断道岔表示,在 K03-04 接点上并联了 150Ω 电阻。

2. 道岔控制电路识读

道岔控制电路如图 4-18 所示。

(1) 启动电路识读

以定位第一、三排接点闭合,道岔由定位向反位动作为例。道岔启动电路采用分级控制方式控制道岔转换,由第一道岔启动继电器 1DQJ 检查联锁条件,符合要求后才能接通励磁电路,然后由第二道岔启动继电器 2DQJ 控制交流电动机的转换方向,以决定道岔转向定位还是反位。

启动电路识读(一)

① 室内继电器工作过程 当进路操纵(或人工单操,单操级别高于进路操纵)道岔由定位向反位转换时,使 1DQJ 吸起,电路为 KZ_{24}-SJ_{11-12}-$1DQJ_{3-4}$-$2DQJ_{141-142}$-FCJ_{11-12}-KF_{24V}。

1DQJ 自闭电路为 KZ_{24}-$1DQJ_{1-2}$-BHJ_{32-31}-TJ_{33-31}-$1DQJ_{31-32}$-KF_{24}。

1DQJ 吸起后,1DQJF 随之吸起,电路为 KZ_{24}-$1DQJF_{1-4}$-TJ_{33-31}-$1DQJ_{31-32}$-KF_{24}。

1DQJF 吸起后接通 2DQJ 转极电路,其电路为 KZ_{24}-$1DQJF_{31-32}$-$2DQJ_{2-1}$-FCJ_{11-12}-KF_{24}。

② 室外电动机得电工作过程 室内 1DQJ、1DQJF 吸起,2DQJ 转极后构成三相交流电动机电路。三相动作电源电流经 RD1-RD3 进入保护器 DBQ 及 1DQJ、1DQJF、2DQJ 接点,由 X1、X3、X4 线向室外送电,电动机开始转动,转辙机第三排接点断开,切断定位表示电路,接通第四排接点,其电路如下所示:

U 相—RD_1—DBQ_{11-21}—$1DQJ_{12-11}$—X1—电动机 A 绕组;

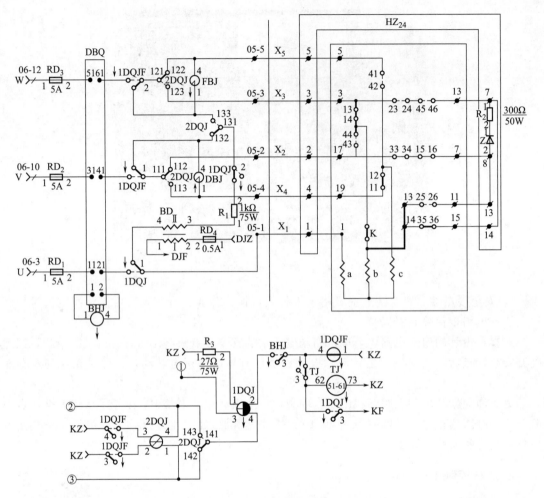

图 4-18 道岔控制电路

注：本图按照转辙机在定位时 1、3 排接点闭合设计，若转辙机在定位时 2、4 排接点闭合，需做如下改变：
X_1 与 X_2 交叉，X_4 与 X_5 交叉，即 F05-2—电缆盒端子 3，F05-3—电缆盒端子 2，F05-4—电缆盒端子 5，
F05-5—电缆盒端子 4，同时二极管颠倒极性。

V 相—RD_2—DBQ_{31-41}—$1DQJF_{12-11}$—$2DQJ_{111-113}$—X4—转辙机接点 11-12—电动机 C 绕组；

W 相—RD_3—DBQ_{51-61}—$1DQJF_{22-21}$—$2DQJ_{121-123}$—X3—转辙机接点 13-14—安全开关 K—电动机 B 绕组；

三相交流电相序为 U、W、V，电动机反转。在检测三相交流电流不缺相后，DBQ 输出直流电使 BHJ 吸起，接通 1DQJ 自闭电路。

启动电路
识读（二）

由于电动转辙机表示杆的作用，道岔刚启动时，自动开闭器第 2 排的动接点迅速转换，将 41-42、43-44 接通，给往回操纵电路提供了通路；待道岔转至反位时，自动开闭器第 1 排的动接点将 11-12、13-14 断开，接通第 2 排的接点，为接通反位表示做好准备。第 1 排的接点断开后，切断了动作电路，无电流流经 DBQ，BHJ 落下，1DQJ↓→1DQJF↓，用 $1DQJ_{13}$ 接点断开三相电源 U 相的输入端，$1DQJF_{13}$ 接点断开三相电源 V 相的输入端，$1DQJF_{23}$ 接点断开三相电源 W 相的输入端，同时接通反位表示。

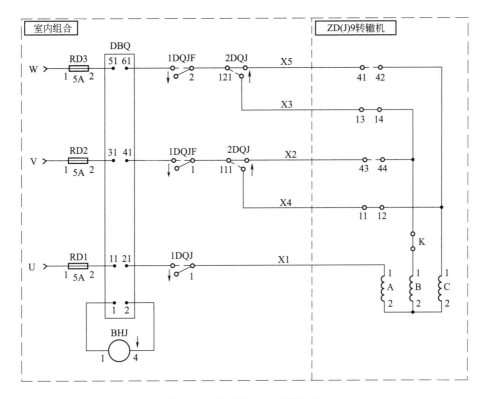

图 4-19 道岔启动电路简化图

道岔由反位向定位转换时原理同上，所不同的是使用 X1、X2、X5 线。
（2）表示电路原理
以定位第一、三排接点闭合为例，表示电路简化图如图 4-20 所示。
表示电路采用 BD1 型表示变压器，输出 110V 交流电源，工作原理按交流电正、负半波进行分析。

① 在正弦交流电正半周，假设变压器Ⅱ次侧 4 正、3 负，电流的流向为：Ⅱ4→1DQJ$_{13-11}$→X1 线→电机线圈 A→电机线圈 C→接点 12-11→X4→DBJ$_{1-4}$→2DQJ$_{132-131}$→1DQJ$_{21-23}$→R1→Ⅱ3，这时 DBJ 吸起；同时，与 DBJ 线圈并联的另一条支路中电流的流向为：Ⅱ4→1DQJ$_{13-11}$→电机线圈 A→电机线圈 B→接点 35-36→R2→二极管 VD→接点 16-15→接点 34-33→X2→2DQJ$_{112-111}$→1DQJF$_{11-13}$→2DQJ$_{132-131}$→1DQJ$_{21-23}$→R1→Ⅱ3，在这条支路中，整流二极管反向截止，电流基本为零。

表示电路
识读（一）

② 在正弦交流电负半周，变压器Ⅱ次侧 3 正、4 负，在 DBJ 及二极管这两条支路中，电流方向均相反，这时二极管呈正向导通状态，故该支路的阻抗要比 DBJ 支路阻抗小得多，此时电流绝大部分由二极管支路中流过，加上 DBJ 线圈的感抗大，具有一定的电流迟缓作用，因而 DBJ 能保持在吸起状态。

表示电路
识读（二）

③ 该表示电路与四线制道岔表示电路有较大区别。
- 表示电路由两条支路构成；

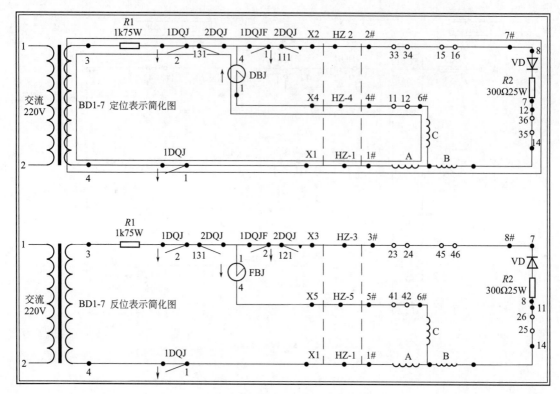

图 4-20 道岔表示电路简化图

- 表示继电器与整流二极管为并联关系，改变了以前的串联结构。当二极管截止时，半波电流流经表示继电器线圈，使 DBJ 或 FBJ 吸起；当二极管导通时，表示继电器两端电压接近于零，但线圈产生的自感电流使继电器保持吸起，这样可以取消在四线制道岔表示电路中与表示继电器线圈并联的电容，提高了表示电路的可靠性；
- 电路中串入了电动机线圈，可及时发现电动机线圈存在的问题。

3. 道岔控制电路动作顺序

综合电路原理分析，将道岔控制电路动作顺序梳理总结，画成动作框图形式，如图 4-21 所示。

4. 道岔控制电路各线及转辙机接点作用分析

① 各线在启动和表示电路中用途（表 4-10）。

表 4-10 道岔控制电路各线用途

线序	启动电路中用途	表示电路中用途
X1	电动机 A 绕组共用线	定反位表示共用线
X2	反—定时接电动机 B 绕组	定表二极管支路
X3	定—反时接电动机 C 绕组	反表二极管支路
X4	定—反时接电动机 B 绕组	定表继电器支路
X5	反—定时接电动机 C 绕组	反表继电器支路

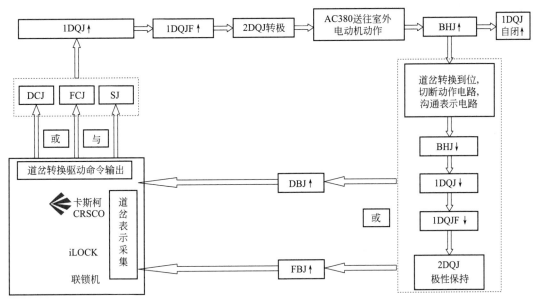

图 4-21 道岔控制电路动作顺序框图

② 启动电路使用线序及转辙机内接点 定位操纵至反位使用 X1-X3-X4，以及转辙机内 11-12、13-14 接点；反位操纵至定位使用 X1-X2-X5 以及转辙机内 41-42、43-44 接点。

③ 表示电路使用线序及转辙机内接点 定位表示使用 X1-X2-X4 以及转辙机内 11-12、15-16、33-34、35-36 接点；反位表示使用 X1-X3-X5 以及转辙机内 41-42、45-46、23-24、25-26 接点。

④ 本书默认定位为转辙机 1、3 排接点闭合，如现场转辙机的定位为 2、4 排接点闭合，则需要进行如下改变：电缆盒 2＃端子连接转辙机 3＃端子，电缆盒 3＃端子连接转辙机 2＃端子，电缆盒 4＃端子连接转辙机 5＃端子，电缆盒 5＃端子连接转辙机 4＃端子；二极管极性应倒换，进行倒换后必须进行道岔位置室内外一致性核对。

三、道岔控制电路中设备作用分析

① DCJ、FCJ 采用 JPXC-1000 偏极继电器，主要作用是在联锁机发出驱动命令时给后续电路提供动作条件，继电器本身还能对驱动电源极性鉴别。

② SJ 采用 JWXC-H340 无极缓放继电器，主要作用是检查区段空闲，起防护作用。

③ 1DQJF 采用 JWJXC-480 加强无极继电器，主要作用是复示 1DQJ。

④ 2DQJ 采用 JYJXC-135/220（或 JYJXC-160/260）加强有极继电器，2DQJ 的两组接点主要用来区分定、反位动作方向，对 V、W 相电源进行换相，使三相电动机正转或反转；在电路中 DBJ 检查 2DQJ 的前接点，FBJ 检查 2DQJ 的后接点，从检验启动电路与表示电路动作的一致性。

⑤ TJ 采用 JSBXC-850 时间继电器，当道岔电机空转超过 13s 后，TJ 吸起，断开 1DQJ 自闭电路和 1DQJF 励磁电路，使道岔电机停转，从而保护道岔电机。

⑥ DBJ、FBJ 采用 JPXC-1000 偏极继电器，主要作用是给出正确位置的表示，同时检查电动机绕组，并确保二极管未接反。

⑦ 安全开关用于保护作业人员的人身安全。在电动机的 V、W 相电路中串入了安全开关

K（安全接点组），在需要时可切断动作电路，使 BHJ 不能吸起或由原来的吸起转为落下，使道岔不能电动转换。

⑧ R1 的作用主要是防止室外负载短路时保护电源不被损坏。

⑨ 由于 1DQJ 具有缓放作用，在道岔转换到位时，在转辙机接点接通瞬间 380V 电压将会加至二极管上（反位→定位 X1、X2 线；定位→反位 X1、X3 线），接入 R2 可保护二极管不被击穿。

如 X4、X5 线发生短路，则当道岔转换到位后，电动机会发生反转（1DQJ 缓放时间内），易使道岔解锁，串入 R2 后，电动机 C 绕组电流减小，使三相不平衡，电动机不能转动，BHJ 失磁落下，起到保护作用。

⑩ 室外二极管　用于表示电路半波整流，与表示继电器各自分担交流的半个周期，维持继电器吸起。

⑪ 自动开闭器及接点　实现对道岔位置的检测，反映尖轨密贴情况。启动过程中沟通启动电路及回转电路，转换到位后连通道岔表示电路，道岔尖轨被挤切断道岔表示电路。

四、道岔技术条件实现分析

1. 启动电路部分

① 只有在 1DQJ 的励磁电路中检查了 SJ↑吸起条件，并且联锁机检查了区段锁闭、进路锁闭等条件后才能驱动 SJ 励磁，实现技术条件"有车不能转"和"锁闭不能转"。

1DQJ 采用 JWJXC-H125/80 加强无极缓放继电器。1DQJ 具有缓放特性，当 2DQJ 转极后，1DQJ 的励磁电路断开，在 BHJ 吸起之前由自身的缓放特性保持吸起状态，当 BHJ 吸起后沟通 1DQJ 的自闭电路，1DQJ 保持吸起，1DQJ 自闭后脱离了 SJ 的条件，此时即使有车占用道岔区段也不会停转，而 2DQJ 转极后其有极接点不会变动，使电动机向一个方向转换到底，直到自动开闭器动作切断其电动机电路为止，实现技术条件"要转转到底"。

② 采用 DBQ 动作 BHJ，既可在三相交流电断相情况下保护三相电动机，也能实现道岔停转断电。

电动机正常工作时，DBQ 输出 24V 给 BHJ 工作，沟通 1DQJ 的自闭电路。启动电路中存在缺相以及端子或转辙机接点接触不良等均会造成 DBQ 无输出，BHJ↓落下，1DQJ 跟随落下，切断启动电路，且不会自动接通，实现技术条件"不转就断电"。

当道岔转换到位，自动开闭器的 11-12、13-14 或 41-42、43-44 接点断开，使 DBQ 无输出，BHJ↓落下，1DQJ 自闭电路被切断跟随落下，从而切断启动电路，实现技术条件"转完断电源"。

③ 道岔启动后，转辙机内自动开闭器接点首先分开并接通向回转的电路，2DQJ 的接点也为 1DQJ 的励磁电路准备好；此外单独操纵优于进路操纵，若选进路时道岔因故转不到位，可用单独操纵方式将道岔转回来。这两点实现技术条件"遇阻向回转"。

2. 表示电路部分

道岔表示电路采用了独立电源法、位置法、偏极继电器安全防护措施防护。

① 表示电路分别设置了 DBJ 和 FBJ，2DQJ 检查表示继电器与实际位置的一致性才沟通回路，同时联锁机采集道岔表示条件时，使用继电器吸起接点表示正确位置，不允许用落下

接点表示位置，即 DBJ↑表示道岔在定位状态，FBJ↑表示道岔在反位状态。实现了表示电路技术条件 1。

② 表示电路中在室内采用独立电源法，单独设置变压器隔离，外线混入外电源均不能构成回路，防止误动；通过位置法将二极管支路置于室外，当外线混线短路时，偏极继电器中只有交流电不会吸起；当电源极性不正确、二极管短路或开路时，电路中只有交流电，偏极继电器也不会吸起。这两点实现了表示电路技术条件 2。

③ 由于 DBJ、FBJ 均为安全型继电器，在道岔转换或发生挤岔、停电、断线等故障时，DBJ 或 FBJ 均不会吸起，实现了技术条件 3。

五、与联锁接口电路分析

道岔控制电路与联锁机接口中，SJ、DCJ、FCJ 继电器由联锁机驱动，DBJ、FBJ 是联锁机采集的继电器。现在以采用 iLOCK 计算机联锁系统为例介绍道岔控制电路与联锁机的接口电路原理。

1. 道岔动作驱动电路

如图 4-22 所示，道岔控制电路与联锁设备接口处使用的继电器有 3 个，每个继电器的两个线圈分开使用，A 机输出直接驱动继电器 1-2 线圈，B 机输出直接驱动继电器 3-4 线圈。操纵道岔时，依据操作意图需要 DCJ 或 FCJ 当中一个励磁，SJ 必须励磁，即操纵定位时，需要 SJ 和 DCJ 均励磁，当这些继电器动作后，道岔控制电路才能工作。

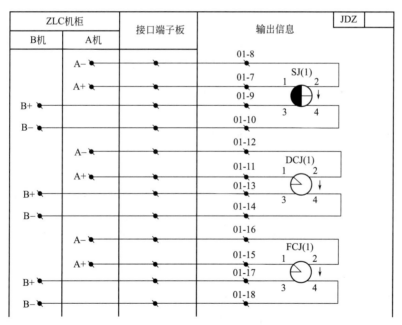

图 4-22 联锁机驱动的道岔组合继电器电路原理图
注：ZLC——iLOCK 联锁机

采用计算机联锁设备后，道岔单操按钮、按钮继电器和相应的实物电路被取消。

2. 道岔表示采集电路

如图 4-23 所示，联锁机双机都采集定表或反表继电器，而且在采集定位表示继电器的

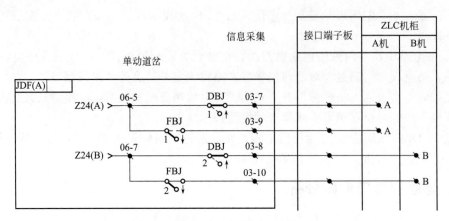

图 4-23 联锁机采集道岔表示原理图

前接点时,也采集了反表继电器的后接点,以监督道岔位置的正确性。

六、日常维护及故障处理

道岔控制电路采用了成熟稳定的继电接口,在运用中维护少、故障率低。在地铁运用中道岔电路维护要点和故障处理方法如下。

1. 日常维护要点

(1) 室内部分

关键点是加强接点继电器检查测试,如 1DQJ(JWJXC-H125/80)、1DQJF(JWJXC-480)、2DQJ(JYJXC-135/220 或 JYJXC-160/260),这些继电器加强接点直接通或断开电动机电路,由于电动机为感性负载,接通或断开容易产生火花或电弧,烧损接点,久而久之会造成接触不良,尤其是折返站关键道岔运用频繁,每天转换超过 300 余次,因此加强接点继电器更易产生故障。

为了降低故障发生的概率,一方面需要进行巡视检查,发现加强接点继电器接点火花或电弧严重时及时测试、更换,另一方面应适当缩短加强接点继电器轮修周期。目前各地铁运营企业对折返道岔使用的加强接点继电器轮修周期并不统一,有 3 个月、6 个月、1 年。为了降低故障发生概率,多数地铁公司制定的加强接点继电器轮修周期比较短,如 6 个月轮修 1 次。

不论轮换周期如何,维护人员在日常运用中需要特别注意加强接点继电器使用状况,它是道岔控制电路室内部分的薄弱环节,建议每个月对接点进行观察记录,发现拉弧较大时应进行检查排除。

(2) 室外部分

在道岔电路的室外部分维护中,重点关注转辙机接点(含安全接点)、二极管和电阻组合。

① 转辙机接点维护 主要标准包括动接点打入静接点深度不小于 4mm,距离静接点座不小于 2mm,用手扳动静接点,其旷动量不大于 3mm;静接点磨耗不大于其厚度的 1/2;动接点环与静接点片间无间隙,呈面接触状态;动接点与静接点无锈蚀或氧化层,清除接点上磨损的金属粉末和油污。折返站道岔由于操纵频繁,动接点与静接点磨耗快,在维护中应加强检查,若磨损超标或部分接点接触不良,应进行更换。

② 二极管和电阻组合维护 二极管属于易损件。正常情况下表示电压为交流 60V、直流 20V 左右(与连接道岔的信号电缆长度有关)。由于二极管对过电流、过电压敏感(如道岔

控制线混线造成动作电源长时间流经二极管、雷电影响等），所以在维护中可做以下工作。

• 测量表示电压，与正常值比较，如有偏差应进一步查找原因直至排除。

• 测量二极管两端压降，正常二极管压降应为 0.6~0.8V，如异常则需进一步测试，确定性能不良后应予更换。

• 对于露天段或是高架段由于容易受雷击，但二极管可能处于半击穿或"软击穿"状态，并不马上表现出故障，所以在维护中可适当缩短检查测试周期，尽早发现隐患。

• 有计算机监测设备的，通过查看曲线和报表数据，判断表示电路工作状态，及时处理不良部件。

2. 故障分析处理

要快速准确处理好道岔控制电路故障，需要熟悉室内外电路的工作原理，设备运用特点（如是否为折返道岔、是否在露天使用等），懂得道岔的机械特性等，掌握正常使用和故障时的现象和参数，才能在故障发生后快速、稳妥、有效地处理好故障。

道岔故障按类型分启动电路故障和表示电路故障，按位置分室内故障和室外故障。在故障分析判断中，不论是启动电路还是表示电路故障，正确判断故障点在室内还是室外至关重要，一旦错误判断，处理时间将大幅延误，尤其是地铁正线折返站的关键道岔，对行车影响很大，因此维护人员平时应多思考、多动手练习，并在此过程中不断总结巩固，提高故障分析处理能力。

下面是根据地铁公司现场道岔控制电路常见故障，通过多次模拟优化总结的处理指南，供学习参考。

（1）道岔启动电路故障分析处理

道岔启动电路故障分析处理分为室内部分故障和室外部分故障。

① 室内部分故障　道岔启动电路室内故障分为 5 种情况，分别进行原因分析、排查要点和处理措施，见表 4-11。

启动电路
故障处理

• 道岔操作不动，电流表不动。
• 道岔操作不动，电流表动一下又恢复。
• 道岔操作不动、熔丝报警。
• 道岔操作不动、道岔挤岔报警。
• 道岔操动瞬间即停止、道岔挤岔报警。

② 室外部分故障　道岔启动电路室外故障分为 3 种情况，分别进行原因分析、排查要点和处理措施，见表 4-12。

• 道岔操作不动、道岔挤岔报警。
• 道岔操动瞬间即停止、道岔挤岔报警。
• 道岔操动 13s 后停止、道岔挤岔报警。

（2）道岔表示电路故障分析处理

道岔表示电路故障分析处理分道岔表示电路正常和故障对照、道岔表示电路故障处理。

① 道岔表示电路正常和故障对照。道岔表示电路模拟了 6 种故障，分别与正常情况进行比较，见表 4-13。

• 断表示电源。
• 单纯二极管短路（击穿）。
• 二极管支路开路。

- 继电器支路开路。
- 继电器支路短路。
- 道岔四开（挤岔）。

表 4-11　启动电路故障室内部分处理对照表

故障现象	影响	原因	故障排查要点	处理措施
①道岔操作不动，电流表不动	该道岔无法操作到指定位置	① SJ、DCJ 或 FCJ 没有吸起	①SJ、DCJ 或 FCJ 线圈 1-4 端的工作电压是否正常；②SJ、DCJ 或 FCJ 是否吸起	①检查线圈配电回路；②更换 SJ、DCJ 或 FCJ
		②1DQJ 没有吸起	①1DQJ 线圈 3-4 端是否有直流 24V 工作电压；②工作电压正常时继电器是否吸起	①检查继电器 3-4 线圈励磁回路；②更换 1DQJ
		③1DQJF 没有吸起	①1DQJF 线圈 1-4 端是否有直流 24V 工作电压；②工作电压正常时继电器是否吸起	①检查继电器 1-4 线圈励磁回路；②更换 1DQJF
		④2DQJ 没有转极	①2DQJ 线圈 1-2(3-4)是否有直流 24V 电压；②工作电压正常时继电器是否转极	①检查继电器线圈相应回路；②更换 2DQJ
②道岔操作不动，电流表动一下又恢复	该道岔无法操作到指定位置	①1DQJF 没有吸起；②2DQJ 没有转极	①观察 1DQJF 是否吸起；②1DQJF 线圈 1-4 端是否有直流 24V 工作电压；③2DQJ 线圈 1-2(3-4)是否有直流 24V 电压	①检查 1DQJF 励磁回路；②更换 1DQJF；③检查 2DQJ 转极电路；④更换 2DQJ
③道岔操作不动、熔丝报警	该道岔无法操作到指定位置，室内断路器跳闸	①电缆或配线接地；②电缆或配线混线	①分线盘上甩线用兆欧表测量各线间绝缘；②用兆欧表测量各线间对地绝缘	①更换备用电缆芯线；②整理室内配线
④道岔操作不动、道岔挤岔报警	该道岔无法操作动、无表示，往回操时时，道岔不动但表示正常	①动作电源没有输出；②室内配线或室外断线	①操动道岔时在分线盘测量动作电压是否正常；②区分断点在室内还是在室外	①检查道岔动作电源电路；②整理室内配线；③根据室外故障处理流程进行室外断点查找
⑤道岔操动瞬间即停止、道岔挤岔报警	该道岔能瞬间操动、没有表示	①1DQJ 没有自闭；② DBQ 不工作；③BHJ 未吸起	①观察 BHJ 是否吸起；②检查 BHJ 励磁电路；③1DQJ 线圈 1-2 端是否有直流 24V 工作电压	①检查 1DQJ 自闭电路；②更换 DBQ；③检查 BHJ 励磁电路及其提供给 1DQJ 自闭电路接点是否接触良好

② 道岔表示电路故障处理。表 4-14 中分析了六种造成道岔表示电路故障的原因，列出故障排查的要点以及故障处理的措施。

- 室内 2DQJ 第三组接点接触不良。
- 二极管支路开路。
- 二极管支路击穿。
- 表示继电器支路开路。
- 表示继电器支路短路。
- 表示电源故障。

表示电路故障处理

表 4-12 启动电路故障室外部分处理对照表

故障现象	影响	原因	故障排查要点	处理措施
①道岔操作不动、道岔挤岔报警	该道岔无法操动、无表示,往回操时,道岔不动但表示正常	①室外电缆芯线断线; ②电缆盒及机内配线故障	①在分线盘上确认动作电源已经送出; ②在室外电缆盒或机内万可端子上区分故障点在机内还是机外; ③查找故障点时应与室内操纵道岔进行配合,在断开表示电源的情况下,可以使用万用表电阻挡测量启动电路回路是否正常	①更换备用电缆芯线; ②整理电缆盒配线; ③整理机内配线; ④如自动开闭器接点组磨损或变形严重,则应予更换
②道岔操动瞬间即停止、道岔挤岔报警	该道岔能瞬间操动、没有表示	①动作电源缺相; ②电动机故障; ③室外电缆芯线断线	①在分线盘上确认三相动作电源已经送出(电源缺相需要注意继电器接点烧损情况,不能误判); ②测量电动机 U、V、W 三相电源是否正常; ③查找故障点时应与室内操纵道岔进行配合	①更换备用电缆芯线; ②整理电缆盒和机内配线; ③更换三相电动机
③道岔操动 13s 后停止、道岔挤岔报警	道岔操动后无表示,再反操时表示正常	①室外尖轨卡异物; ②道岔密贴调整过紧; ③电动机有任两相反接	①取异物时应与室内联络员确认道岔不能操动; ②用 2/4mm 检查道岔的密贴情况; ③参照图样用电压法校核电动机配线(一般在工程阶段或更换转辙机后容易发生)	①取出异物后试验道岔; ②重新调整道岔密贴; ③在万可端子上调换电动机配线

表 4-13 道岔表示电路正常和故障对照表

表示电路情形	X1~X2 (X1~X3)		X1~X4 (X1~X5)		X2~X4 (X3~X5)		故障点 (室内外)	说明
	交流/V	直流/V	交流/V	直流/V	交流/V	直流/V		
正常情况	60	20.5	1.8	0	57	20.5	—	—
断表示电源	0	0	0	0	0	0	室内	检查断路器变压器
单纯二极管短路(击穿)	40	0	40	0	40	0	室外	无交流,建议带二极管电阻组合去处理
二极管支路开路	110	指针抖动	0	0	110	指针抖动	室外	MF14 表测试
继电器支路开路	70	36	56	36	0	0	室内	交直流电压偏高
继电器支路短路	0	0	0	0	0	0	室内	需要进一步拔继电器测试确定
道岔四开(挤岔)	0	0	0	0	0	0	室外	如所在区段伴有红光带,需综合其他信息判断是否挤岔
注:	二极管支路电压		电动机线圈压降		继电器端电压		—	—

表 4-14 道岔表示电路故障处理对照表

故障现象	影响	原因	故障排查要点	处理措施
道岔操作到位后,道岔挤岔报警	道岔操动后无表示,再反操时表示正常	①室内2DQJ第三组接点接触不良	①在分线盘上测量 X1—X2 或 X1—X3 交直流电压为 0; ②在分线盘上测量 X2—X4 或 X3—X5 交直流电压为 0; ③测量 BD2—7 的 3-4 线圈有交流 110V 电压; ④测量 1DQJ 的 11 与 2DQJ 的 131 是否有 110V 电压	①更换 2DQJ; ②检查整理 2DQJ 配线
		②二极管支路开路	①在分线盘上测量 X1—X2 或 X1—X3 交流电压为 110V; ②在电缆盒上测量 X1—X2 或 X1—X3 交流电压为 110V; ③用交流电压法查找故障点; ④必要时卸下二极管组件进行性能判断	①检查整理机内配线; ②调整自动开闭器接点; ③检查二极管组件是否反装或更换二极管组件(施工中容易发生)
		③二极管支路击穿	①在分线盘上测量 X1—X2 或 X1—X3 交流电压为 40V,直流为 0V; ②测量电缆盒二极管两端交流电压几乎为 0V	①检查二极管两端配线; ②更换二极管组件
		④表示继电器支路开路	①在分线盘上测量 X1—X2 或 X1—X3 交、直流电压均比正常值略高 10V 左右; ②在分线盘上测量 X1—X4 或 X1—X5 交、直流电压均接近正常值	①检查继电器支路配线; ②更换表示继电器
		⑤表示继电器支路短路	①在分线盘上测量 X1—X2 或 X1—X3 交直流电压为 0; ②在分线盘上测量 X2—X4 或 X3—X5 交直流电压为 0; ③测量 BD2—7 的 3-4 线圈无电压,在分线盘上甩开 X1,再测量时有交流 110V; ④必要时卸下表示继电器用电阻挡进行判断	①检查表示继电器配电电路; ②检查表示继电器性能是否完好; ③更换表示继电器
		⑥表示电源故障	①在分线盘上测量 X1—X2 或 X1—X3 交直流电压为 0; ②在分线盘上测量 X2—X4 或 X3—X5 交直流电压为 0; ③测量 BD2—7 的 3-4 线圈无电压,在分线盘上甩开 X1,再测量时还是无电压; ④必要时拔下表示变压器对其进行性能判断	①检查整理表示变压器配线,排除变压器插接片接触不良; ②更换 RD40.5A 熔丝; ③更换 BD1-7 变压器

3. 典型故障案例

【案例 1】

2010 年 6 月 19 日××车辆段 11# 道岔定反位无表示故障。

(1) 故障现象

19 时 49 分,信号值班人员接到车辆段信号楼行车值班员通知,11# 道岔定、反位无表示。

19 时 53 分,信号值班人员到信号楼查看时,行车值班员已经把 11# 道岔封闭。

19 时 57 分,操动 11# 道岔,定、反动作时间和工作电流表正常,但定反位均无表示。

(2) 故障处理过程

① 20 时 05 分,信号值班人员到达机械室,在分线盘测量 11# 道岔,定位 X1—X2 交流电压为 48V,直流电压为 13.62V。

② 20 时 09 分，支援人员到达机械室查找故障。

③ 20 时 10 分，支援人员在分线盘测得定位 X1—X2 交流电压为 48V，直流为 13.62V，反位 X2—X4 交流为 41V，直流为 11.2V。

④ 20 时 12 分，支援人员拔下定反位表示继电器，分线盘测量数据仍然是：X1—X2 交流电压为 48V，直流为 13.62V，反位 X2—X4 交流为 41V，直流为 11.2V，据此判断故障点在室外的二极管支路。

⑤ 20 时 23 分，支援人员准备好工器具，赶赴室外 11# 道岔现场进行处理。

⑥ 20 时 33 分，处理人员到达 11# 道岔现场，测量电缆盒内二极管的 11/12 端子，测得二极管交流为 41V，直流为 11.3V。

⑦ 20 时 38 分，更换二极管后，测得电缆盒内的 11/12 端子为 58.9V，直流为 20V，机械室内 11# 道岔定反位表示恢复。

⑧ 20 时 46 分，对 11# 道岔进行彻底复查以及进行道岔室内外位置和表示一致性试验。

⑨ 20 时 56 分，11# 道岔定反位表示正常，试验良好，交付使用。

(3) 故障原因分析

① 故障元件检查。更换下来的二极管和电阻组合电路板如图 4-24 所示，正面看到的 4 个是 IN4007 二极管，为两并两串，观察外观没有烧焦及其他异常现象。

② 参数分析及原因确定。

• 该道岔正常工作状态下表示电路室内分线盘处的参数（定位和反位相同，以定位为例）：二极管支路 X1—X2 交流为 60V，继电器支路 X2—X4 直流为 20V，道岔电路中表示继电器的工作值为直流 16V。

• 本次故障发生时在机械室内分线盘测量的数据是，定位 X1—X2 交流电压为 48V，直流为 13.62V，反位 X2—X4 交流为 41V，直流为 11.2V，将机械室内继电器拔下后，测得电压仍然是定位 X1—X2 交流电压 48V，直流 13.62V，反位 X2—X4 交流

图 4-24 故障道岔表示电路二极管组

为 41V，直流 11.2V，此外测试 X1—X5 电缆芯线对地绝缘均大于 50MΩ，据此可判断为室外二极管支路故障。

• 用 F17B 测量电阻为 306Ω，阻值正常；用 F17B 的二极管挡测量，一组 PN 结压降为 0.48V，另一组为 0.32V，再使用 MF14 表的×1k 挡测量，两组二极管的正反向电阻为 0Ω，用 MF14 表的×100 挡测量，两组二极管的正向电阻为 1kΩ，反向电阻为 2kΩ，说明二极管性能不良。

• 正常运用时道岔表示电路的电压和电流均较小，远不至于击穿二极管。由于该车辆段为露天，调查两周来天气状况，发现半个月内发生雷电暴雨天气达 9 天，所以判断 11# 道岔二极管性能不良原因与近期打雷有关，因为打雷时容易产生较高的感应电压串入室外表示电路，加上道岔电路没有安装防雷元件，致使二极管（IN4007）容易损坏。查阅之前故障记录，发现在 2007 年 5 月 13 日该车辆段的 13# 道岔也发生过同样故障。

(4) 预防措施

① 采用耐压更高的二极管。

② 定期测试道岔表示交直流电压，数值异常时及时检查排除原因。

③ 注意天气状况，遇雷暴天气后，及时在室内测试表示电压是否存在异常。

【案例 2】

2009 年 8 月 11 日××车辆段 4# 道岔定位闪烁故障。

(1) 故障现象

10 时 13 分，信号值班人员接到车辆段信号楼行车值班员通知，4# 道岔在列车运行时定位表示闪烁，但无挤岔报警。

10 时 16 分，信号值班人员操动 4# 道岔，定、反动作时间和工作电流表正常，但定位表示接通瞬间存在闪烁，在没有列车运行时表示灯稳定指示。

(2) 故障处理过程

① 10 时 18 分，信号值班人员到达机械室，在分线盘测量 4# 道岔定位 X1—X2 交流电压为 55V，直流电压 18V，比平时正常值略低。

② 10 时 20 分，信号值班人员检查与定位表示相关的室内加强接点继电器，未发现接点明显烧损，断电后测量接点电阻正常。

③ 10 时 24 分，信号值班人员联系行车值班员操纵道岔后，测试表示电压，发现存在波动，根据此现象，初步判断道岔室外电路存在接触不良现象。

④ 10 时 29 分，信号值班人员到达故障道岔，检查电缆盒端子和二极管电阻组合未发现异常，打开机盖后发现自动开闭器第一排接点生锈严重，动接点环锈蚀，存在接触不良现象，其他接点也存在类似现象，机壳底部有积水。

⑤ 10 时 30 分，信号值班人员对所有接点锈蚀部分进行清除。

⑥ 10 时 33 分，联系行车值班员操纵道岔试验，定位表示不闪烁，测试表示电压，恢复正常。

(3) 故障原因分析

经过检查测试，造成 4# 道岔定位表示闪烁的直接原因是自动开闭器第一排接点生锈严重，动接点环锈蚀，如图 4-25 所示。

图 4-25　自动开闭器接点生锈

而自动开闭器接点生锈，则是转辙机内进水引起的。进水路径：转辙机动作杆—表示杆伸出—拉入处的防水罩裂纹。由于南方下雨频繁，雨水落在动作杆、表示杆上面，随着道岔频繁操纵，雨水被动作杆、表示杆带入机内，导致了接点生锈。

(4) 预防措施

日常维护需要注意道岔辅助防护设备检查检修，如内外部螺钉防松、防尘防水罩完整状况，发现问题及时整改，避免小问题导致大故障。

思考题

1. 当以单独操纵的方式使道岔由反位向定位转换时，ZD6 型单动道岔启动电路是什么？
2. ZD6 型单动道岔控制电路是如何实现技术条件"遇阻往回转的"？
3. 双动道岔的动作顺序是什么？
4. 如何判断 25Hz 相敏轨道电路室外断路和短路故障？ZDJ9 型道岔控制电路与 ZD6 型道岔控制电路相比较，室内增加了哪些设备？
5. ZDJ9 型道岔控制电路中，TJ 的作用是什么？

项目二
信号机点灯电路维护及故障分析处理

 项目导引

铁路信号机点灯电路和地铁信号机点灯电路有比较大的区别，所以本项目设置两个任务分别来介绍。铁路信号机主要介绍进站信号机、出站兼调车信号机、调车信号机；地铁信号机主要介绍进路信号机。

任务一　铁路信号机点灯电路维护及故障分析处理

 任务目标

1. 了解进站信号机用信号辅助继电器的作用及电路熟悉信号机点灯电路的技术要求。
2. 跑通信号机点灯电路。
3. 会按照作业标准检修信号机点灯设备。
4. 会测试信号机点灯设备技术参数。
5. 能够按照故障处理程序，结合控制台表示灯和继电器状态，在20min内找出信号机点灯电路断线故障点。

 任务实施

信号机用来反映前方列车（调车）进路的状态，当地面信号为主体信号时，为司机提供行车凭证。控制信号机灯光显示的电路称为信号机点灯电路，包括进路信号机、调车信号机、阻挡信号机、复示信号机等。对于进站信号机和具有两个以上发车方向的出站信号机有多种显示，需要增设辅助信号显示用继电器，以便对允许灯光进行选择。

一、信号机点灯电路认知

1. 信号机点灯电源

6502电气集中联锁系统使用的信号机为色灯信号机，采用集中供电方式，由设在信号继电器室里的电源屏供给专用的交流220V点灯电源。信号机灯泡一般采用12V/25W双灯丝灯泡。由于点灯电源是220V，为此在信号机旁设变压

基础知识

器箱，箱内对每一个灯泡分别设有一台 BX1—34 型信号点灯变压器（矮型信号机可设在机构后盖内）初级电压为 220V，次级电压为 13～14V。

2. 信号机点灯电路断线防护

信号机点灯电路是故障-安全电路。

电路结构

① 允许灯光灭灯时信号显示降级，如绿灯或黄灯灭灯时，要自动改点红灯。

② 禁止灯光灭灯时，不允许信号机再开放（对进站信号机和正线出站信号机而言）。

③ 在点灯电路上串接灯丝继电器，用来监督灯丝的完整性，能同时点亮几个灯，就设几个灯丝继电器。

3. 信号机点灯电路混线防护

信号机点灯电路混线，将会点亮平时不应该点亮的灯光。在进站信号机上，同时点亮一红灯和一个月白灯是引导信号，因而月白灯因混线错误点灯是不允许的。红灯和绿灯或红灯和黄灯同时点亮是乱显示，乱显示被认为是禁止信号。这些情况必须采取混线防护措施。

4. 信号机主副灯丝转换

信号灯泡是双灯丝，在点灯电路中，灯泡的主灯丝电路都串接有一个灯丝转换继电器，当主灯丝断丝时，DZJ 落下，通过它的后接点将副灯丝接在电路中，使副灯丝点亮，继续给出信号显示。由于副灯丝的使用寿命比较短（约 200h），只有主灯丝的使用寿命的 1/5，所以主灯丝断丝报警后，应及时更换灯泡。

二、进站信号机用信号辅助继电器电路识读

进站信号机有 5 个灯：黄、绿、红、黄、白，要用 5 个灯组成 6 种显示，即绿、绿黄、黄、黄黄、红白、红。在有 18 号及 18 号以上道岔的车站，还要有黄闪和黄显示。只用一个具有两种状态的继电器 LXJ 是无法实现这些显示要求的，必须增设一些信号辅助继电器来控制进站信号机的显示。

当进站信号机有 7 种显示时，要设置列车信号继电器 LXJ、正线信号继电器 ZXJ、通过信号继电器 TXJ、绿黄信号继电器 LUXJ、引导信号继电器 YXJ、侧线通过信号继电器 CTXJ 和闪光继电器 SNJ。通过这些继电器的动作相互配合，可控制进站信号机的 7 种显示。其动作关系如下：

$$
\begin{array}{l}
\left.\begin{array}{l}LXJ\downarrow\rightarrow\\ YXJ\downarrow\rightarrow\end{array}\right| H \quad
\left.\begin{array}{l}LXJ\downarrow\rightarrow\\ YXJ\uparrow\rightarrow\end{array}\right| H、YB \quad
\left.\begin{array}{l}LXJ\uparrow\rightarrow\\ ZXJ\downarrow\rightarrow\end{array}\right| U、U \\[2ex]
\left.\begin{array}{l}LXJ\uparrow\rightarrow\\ ZXJ\uparrow\rightarrow\\ LUXJ\downarrow\rightarrow\\ TXJ\downarrow\rightarrow\end{array}\right| U \quad
\left.\begin{array}{l}LXJ\uparrow\rightarrow\\ ZXJ\uparrow\rightarrow\\ LUXJ\uparrow\rightarrow\\ TXJ\downarrow\rightarrow\end{array}\right| L、U \quad
\left.\begin{array}{l}LXJ\uparrow\rightarrow\\ ZXJ\uparrow\rightarrow\\ LUXJ\downarrow\rightarrow\\ TXJ\uparrow\rightarrow\end{array}\right| L \quad
\left.\begin{array}{l}LXJ\uparrow\rightarrow\\ ZXJ\downarrow\rightarrow\\ CTXJ\uparrow\rightarrow\\ SNJ\uparrow\rightarrow\end{array}\right| US、U
\end{array}
$$

进站信号机用辅助继电器电路如图 4-26 所示。

正线信号继电器 ZXJ 是用来区分进站信号机的黄与双黄显示的，ZXJ 吸起反映开通的是正线，ZXJ 落下反映开通的是站线。向正线接车还是向站线接车取决于站内正线上对向道

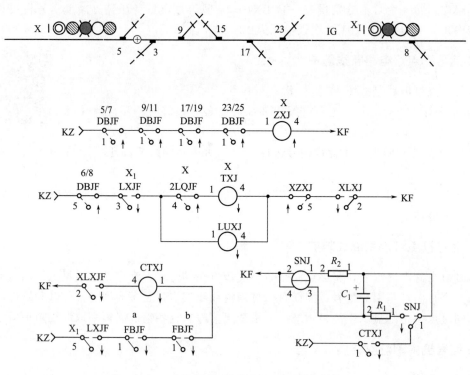

图 4-26 进站信号机用辅助继电器电路

岔的位置。例如 5/7、9/11、17/19 和 23/25 号对向道岔都在定位，即是向正线接车，只要其中有一个对向道岔在反位，则是向站线接车，因此正线上对向道岔都在定位时，ZXJ 就吸起，否则就落下。ZXJ 电路是由正线上对向道岔的 DBJ 或 DBJF 的前接点串接在电路中构成的。

LXJ 吸起和 ZXJ 落下是向站线接车，给出双黄显示；LXJ 吸起和 ZXJ 吸起是向正线接车，给出黄、绿黄或绿显示，究竟显示哪一种取决于 LUXJ 和 TXJ 的状态，当这两个继电器都落下时，就给出一个黄色灯光。

通过信号继电器 TXJ 是用来区分绿、黄、绿黄显示的。TXJ 吸起反映办理的是通过进路，它落下则说明不是通过进路（在四显示自动闭塞区段，显示绿灯不一定通过车站）。只有正线的接车进路排好，X 进站信号机的 LXJ 和 ZXJ 均吸起，并且与该正线同方向的发车进路也排好，检查了发车进路中关键的对向道岔 6/8 在定位，6/8DBJF 吸起，2LQ 区段空闲，X2LQJF 吸起，是直向发车进路，X_1LXJF 吸起时，才说明办理的是通过进路，TXJ 吸起，给出一个绿色灯光。

在四显示自动闭塞区段以及在有接车进路信号机的情况下，进站信号机要显示绿黄灯，这时排好的是正线接车进路，并且这条进路终端处的出站信号机或接车进路信号机也在开放。LUXJ 电路受 X 进站信号机的 LXJ 的前接点和 ZXJ 的前接点以及出站信号机或接车进路信号机的 LXJF 的前接点控制。当 TXJ 落下而 LUXJ 吸起时，进站信号机显示一个绿灯和一个黄灯。在四显示自动闭塞区段，根据列车驶离同方向 2LQ 区段的情况，分别有绿黄显示和绿灯显示。

当接车进路经过 18 号及以上道岔侧向位置时，进站信号机显示黄闪和黄色灯光。为了实现黄灯闪光，进站信号机应增设侧向通过继电器 CTXJ 和闪光继电器 SNJ。

在 CTXJ 电路中，XLXJF 第 2 组的前接点和 X_1LXJF 第 5 组的前接点证明进站信号机和同方向出站信号机开放。aFBJF 和 bFBJF 的第 1 组的前接点分别说明接车进路和发车进路经过 18 号及其以上道岔的侧向位置，这些条件使 CTXJ 励磁吸起。

在闪光继电器 SNJ 电路中，经由 CTXJ 第 1 组的前接点接通 SNJ 励磁电路，由于电路接有 C_1 和 R_2，使 SNJ 缓吸。当 SNJ 吸起后，其第 1 组的后接点断开 SNJ 励磁电路，但由于 C_1 放电而使其缓放。当 SNJ 落下后，其第 1 组的后接点再次接通其励磁电路，因此在 CTXJ 吸起的时间内，SNJ 处于脉动状态。

三、进站信号机点灯电路设备认知

以双线双向运行区段进站信号机为例，其点灯电路设备按位置分为室内设备和室外设备。室内电路设备有 1LXF、YX、和 LXZ 三个组合，即一方向列车信号辅助组合、引导信号组合和列车信号主组合；室外设备主要有高柱进站信号机、变压器箱等组成。

1. 室内点灯设备

进站信号机点灯电路室内设备采用 YX、1LXF、和 LXZ 三个组合，组合设备排列及规格见表 4-15。

表 4-15　YX、1LXF、和 LXZ 组合设备排列及规格

组合类型	0		1	2	3	4	5	6	7	8	9	10
YX	$\dfrac{K}{\dfrac{KXYC\text{-}25\text{-}51\text{-}1}{CD\text{-}100\text{-}50}}$ C	0.5A	AJ	XJ	JJ	1DJF	2DJ	ZXJ	LXJF	TXJ	LUXJ	LAJ
			JWXC －1700	JWXC －H340	JWXC －1700	JWXC －1700	JWXC －818	JWXC －1700	JWXC －1700	JWXC －1700	JWXC －1700	JWXC －H340
1LXF			DAJ	LAJ	ZJ	GJJ	ZCJ	GJ	GJF			
			JWXC －H340	JWXC －H340	JWXC －1700	JWXC －1700	JWXC －480	JWXC －1700	JWXC －1700			
LXZ	$\dfrac{K}{\dfrac{KXYC\text{-}25\text{-}51\text{-}1}{CD\text{-}200\text{-}50}}$ C	0.5A 0.5A	LKJ	JXJ	FKJ	KJ	LXJ	XJJ	DXJ	DJ	QJ	JYJ
			JWXC －H340	JWXC －1700	JWXC －H340	JWXC －H340	JWXC －1700	JWXC －H340	JWXC －H340	JWXC －H18	JWXC －1700	JWXC －1700

2. 室外点灯设备

室外设备包括高柱透镜式信号机、变压器箱等。

图 4-27 所示为高柱进站信号机，包括三个机构、五个灯位，从上至下分别为第一个机构的黄灯、绿灯，第二个机构的红灯、二黄灯，第三个机构的白灯。若信号机灯泡主灯丝断丝，则通过丝转换继电器（DZJ）改点副灯丝。对应每个灯位分别有一个灯丝转换继电器进站信号机的常态是红灯点亮，所以 HDZJ 常态吸起。若红灯主灯丝断丝，则 HDZJ 落下沟通副灯丝回路，其他 DZJ 常态落下。变压器箱接线端子的编号原则是站在变压器箱引线口侧，自右向左编号，箱壁侧为奇数，设备侧为偶数。

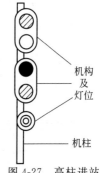

图 4-27　高柱进站信号机示意图

四、进站信号机点灯电路识读

如图 4-28 所示为进站信号机点灯电路，该电路有五个灯泡，灯位从上至下排列顺序为 U、L、H、2U、YB。这五个灯泡中的 U、L 和 H 是不会同时亮灯的，2U 和 YB 也不会同时亮灯，只有 L 和 U 或 U 和 2U 或 H 和 YB 能同时亮灯。对能同时亮灯的两个灯泡，不能用一个灯丝继电器进行监督，因为两个灯泡中坏一个，无法区分是哪一个坏了。对不能同时亮灯的几个灯泡，都可以用同一个灯丝继电器进行监督，因为它们可以用控制灯光的条件进行区分。根据上述分析，在进站信号机点灯电路中，U、L 和 H 用一个灯丝继电器（JZXC-H18）监督，称为第一灯丝继电器 DJ，而 2U 和 YB 用另一个灯丝继电器进行监督，称为第二灯丝继电器 2DJ。平时进站信号机点红灯，红灯点灯变压器 HB 次级有输出，因此在初级线圈中串接的 DJ 在吸起状态，表示灯泡完好。假如此时红灯主、副灯丝都烧断而灭灯，那么 DJ 将因 HB 的次级没有输出，初级电路中的电流大大减少而落下。用 DJ 的后接点使控制台相应的信号复示器闪红灯，及时反映出红灯灯丝断。在进站信号机开放时，LXJ 吸起，一方面断开红灯点

电路识读

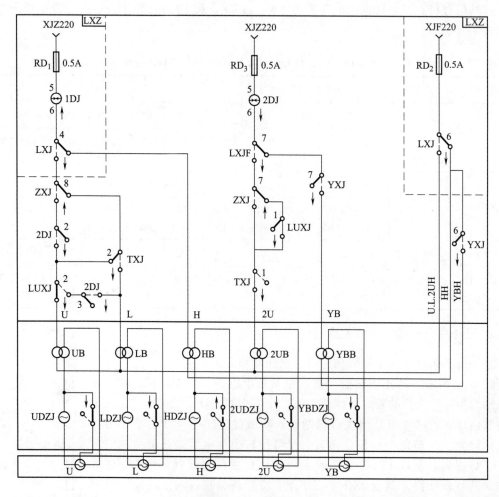

图 4-28 进站信号机点灯电路

灯变压器初级电路，另一方面把点灯电源接向允许灯。允许灯亮什么灯光取决于建立什么样的进路，由信号辅助继电器动作配合接通有关允许灯光点灯电路。

① 平时进站信号机显示红色灯光，电路为 XJZ_{220}—RD_1—DJ_{5-6}—LXJ_{41-43}—HB_{I1-2}—LXJ_{63-61}—RD_2—XJF_{220}。

② 正线通过时显示一个绿色灯光（在四显示自动闭塞区段，不一定表示通过车站），电路为 XJZ_{220}—RD_1—DJ_{5-6}—LXJ_{41-42}—ZXJ_{81-82}—TXJ_{21-22}—LB_{I1-I2}—LXJ_{62-61}—RD_2—XJF_{220}。

③ 正线接车时显示一个黄色灯光，电路为 XJZ_{220}—RD_1—DJ_{5-6}—LXJ_{41-42}—ZXJ_{81-82}—TXJ_{21-23}—$LUXJ_{21-23}$—UB_{I1-I2}—LXJ_{62-61}—RD_2—XJF_{220}。

电路中检查了 LXJ 和 ZXJ 的前接点、TXJ 和 LUXJ 的后接点。

④ 站线接车时，显示两个黄色灯光，首先接通第二黄灯电路，其电路为 XJZ_{220}—RD_3—$2DJ_{5-6}$—$LXJF_{71-72}$—ZXJ_{71-73}—TXJ_{11-13}—$2UB_{I1-I2}$—LXJ_{62-61}—RD_2—XJF_{220}。

该电路由 LXJ 前接点和 ZXJ、TXJ 后接点构成，电路中用 2DJ 吸起证明第二黄灯完好，同时构成第一黄灯点灯电路，其电路为 XJZ_{220}—RD_1—DJ_{5-6}—LXJ_{41-42}—ZXJ_{81-83}—$2DJ_{21-22}$—$LUXJ_{21-23}$—UB_{I1-I2}—LXJ_{62-61}—RD_2—XJF_{220}。

在电路中接有 2DJ 第 2 组的前接点，若第二黄灯灭灯，则用 2DJ 落下断开第一黄灯点灯电路，防止出现信号升级显示。

⑤ 当进站列车通过第一个车场到另一个车场去时，或在四显示自动闭塞区段通过车站但同方向出站信号机显示黄灯时，显示一绿一黄灯光，该点灯电路先接通第二黄灯电路，后接通绿灯电路，其第二黄灯电路为 XJZ_{220}—RD_3—$2DJ_{5-6}$—LXJ_{71-72}—ZXJ_{71-72}—$LUXJ_{11-12}$—TXJ_{11-13}—$2UB_{I1-I2}$—LXJ_{62-61}—RD_2—XJF_{220}。

电路由 LXJ、ZXJ、LUXJ 前接点，TXJ 后接点构成。用 2DJ 吸起沟通绿灯电路为 XJZ_{220}—RD_1—DJ_{5-6}—LXJ_{41-42}—ZXJ_{81-82}—TXJ_{21-23}—$LUXJ_{21-22}$—$2DJ_{31-32}$—LB_{I1-I2}—LXJ_{62-61}—RD_2—XJF_{220}。

⑥ 引导接车时进站信号机显示一个红色灯光和一个月白色灯光，红灯电路和平时一样，月白灯电路为 XJZ_{220}—RD_3—$2DJ_{5-6}$—$LXJF_{71-73}$—YXJ_{71-72}—YBB_{I1-I2}—YXJ_{62-61}—LXJ_{63-61}—RD_2—XJF_{220}。

在上述点灯电路中，同时点两个允许信号的灯光时，在接有 DJ 的灯光电路中都接有 2DJ 的前接点，其目的是当第二黄灯灭灯时，使绿灯或第一黄灯也随之灭灯，防止信号升级显示，用 DJ 的前接点断开进站信号机 LXJ 电路，使信号机自动改点红灯。

在进站信号机点灯电路中，电路控制条件均设置在电源与负载之间，满足对混线防护的位置法的要求。对于混线防护除采用位置法外，对允许灯光和月白灯光都采用了双断法。为了减少连线，简化电路，在点灯电路中 U、L 和 2U 灯共用一条回线。

五、两个发车方向的出站信号机用的信号辅助继电器电路识读

在具有两个发车方向出站信号机设有两个绿灯时（在双线单方向运行三显示自动闭塞区段，次要方向为半自动闭塞），出站信号机有 4 种显示，即绿、黄、绿绿、红。当具有两个发车方向的出站信号机设有进路表示器时，出站信号无双绿灯显示，向哪个线路方向发车，除出站信号机开放外，对应进路表示器应亮白灯，以区分不同发车方向。在双线双向自动闭塞区段，出站信号机上设一个进路表示器。正方向发车时，进路表示器不亮，反方向发车时，进路表示器点亮。

在设有两个绿灯时，出站信号机的 4 种信号显示可用 3 个继电器相互配合进行控制，但

是由于要满足故障—安全要求，LXJ 接点不够用，因此有两个发车方向时，为了对一个绿灯和两个绿灯进行选择，增设了 4 个继电器。这 4 个继电器是列车信号复示继电器 LXJF、主信号继电器 ZXJ、第二灯丝继电器 2DJ 和信号辅助继电器 XFJ。前 3 个继电器在 2LXF 组合里，XFJ 在零散组合里。

用 ZXJ 选择点一个绿灯还是两个绿灯，当向主要干线方向发车时点亮一个绿灯（或黄灯），向次要线路方向发车时点亮两个绿灯。XFJ 是作为 ZXJ 继电器断线防护用的。2DJ 用来监督第二绿灯灯丝的完整性。

对于有两个发车方向的出站信号机的四种信号显示，用三个继电器控制的动作关系如下：

$$
LXJ\downarrow \to H \quad
\begin{array}{l} LXJ\uparrow \to \\ ZXJ\uparrow \to \\ 2LQJ\downarrow \end{array} \bigg| U \quad
\begin{array}{l} LXJ\uparrow \to \\ ZXJ\downarrow \end{array} \bigg| L、L \quad
\begin{array}{l} LXJ\uparrow \to \\ ZXJ\uparrow \to \\ 2LQJ\uparrow \end{array} \bigg| L
$$

第二离去继电器 2LQJ 吸起反映第二离去区段空闲，落下反映该区段有车，是控制出站信号机开放的区间自动闭塞条件。

六、出站兼调车信号机点灯电路识读

图 4-29 所示是两方向出站兼调车信号机的点灯电路（用于三显示自动闭塞区段）。位于正线上的出站兼调车信号机采用高柱信号机，设有三个信号机构 5 个灯位。灯光由上至下排列为 U、L、H、2L 和 B。到发线出站兼调车信号机设置为矮型信号机，用两个信号机构并排设置。靠近线路侧用一个两显示信号机构，从上至下灯光为 B、H，并排设置另一个三显示信号机构，从上至下灯光为 L、U、2L。

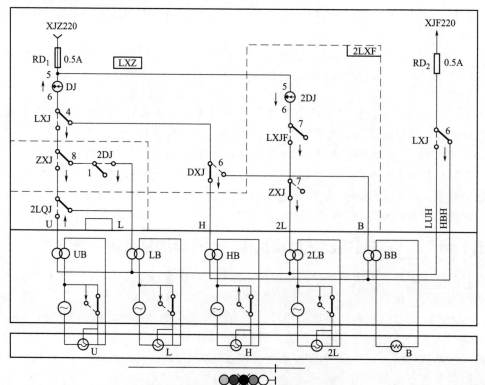

图 4-29　两方向出站兼调车信号机点灯电路

在电路中,用主信号继电器 ZXJ 区分点一个绿灯还是两个绿灯;用第二离去继电器 2LQJ 区分点一个黄灯还是点一个绿灯。ZXJ 吸起说明是向主要方向发车,显示一个绿灯(或黄灯);ZXJ 落下说明是向次要线路方向发车,显示两个绿灯。2LQJ 吸起说明前方至少有两个闭塞分区空闲,显示一个绿灯;2LQJ 落下说明前方只有一个闭塞分区空闲,显示一个黄灯。

出站兼调车信号机在各种情况下接通的点灯电路如下。

① 平时出站兼调车信号机显示红灯,其电路为 XJZ_{220}—RD_1—DJ_{5-6}—LXJ_{41-43}—DXJ_{61-63}—HB_{I1-I2}—LXJ_{63-61}—RD_2—XJF_{220}。

电路中检查了 LXJ 和 DXJ 均落下。

② 向主要方向发车,前方有两个闭塞分区空闲,显示一个绿灯,电路为 XJZ_{220}—RD_1—DJ_{5-6}—LXJ_{41-42}—ZXJ_{81-82}—2LQJ 前接点—$1LB_{I1-I2}$—LXJ_{62-61}—RD_2—XJF_{220}。

电路中检查了 LXJ、ZXJ 和 2LQJ 都吸起。

③ 向主要方向发车,前方有一个闭塞分区空闲,显示一个黄灯。电路为 XJZ_{220}—RD_1—DJ_{5-6}—LXJ_{41-42}—ZXJ_{81-82}—2LQJ 后接点—UB_{I1-I2}—LXJ_{62-61}—RD_2—XJF_{220}。

④ 向次要方向发车,显示两个绿灯,首先是第二绿灯的电路接通,其电路为 XJZ_{220}—RD_1—ZDJ_{5-6}—$LXJF_{71-72}$—ZXJ_{71-73}—$2LB_{I1-I2}$—LXJ_{62-61}—RD_2—XJF_{220}。

电路中检查了 LXJ(LXJF)吸起,ZXJ 落下,2DJ 吸起后接通第一绿灯电路,其电路为 XJZ_{220}—RD_1—DJ_{5-6}—LXJ_{41-42}—ZXJ_{81-83}—$2DJ_{11-12}$—$1LB_{I1-I2}$—LXJ_{61-62}—RD_2—XJF_{220}。

在第一绿灯点灯电路中,要检查 2DJ 的吸起,以证明第二绿灯的灯丝完好,防止在向主要线路方向发车而开放或关闭信号机时出现第二绿灯闪光的错误显示。

⑤ 办理调车进路时,出站兼调车信号机显示月白色灯光,其电路为 XJZ_{220}—RD_1—DJ_{5-6}—LXJ_{41-43}—DXJ_{61-62}—BB_{I1-I2}—LXJ_{63-61}—RD_2—XJF_{220}。

在出站兼调车信号机点灯电路中,也采用了位置法和双断法混线防护措施,但对调车信号的白灯电路没有采取电源双断的措施。

七、调车信号机点灯电路识读

调车信号机点灯电路如图 4-30 所示。平时调车信号机点亮蓝灯,当 DXJ 吸起后亮白灯。调车信号机一般采用矮型信号机,点灯信号变压器可安装在信号机的后盖里,即不需要设置信号变压器箱。

八、主灯丝断丝报警电路识读

为了监督列车信号灯泡主灯丝断丝并及时报警,防止因列车信号灭灯而影响接发列车作业,每个咽喉区设一套主灯丝断丝报警电路。列车信号采用双灯丝灯泡,当灯泡的主灯丝断丝后,虽然能立即接通副灯丝,继续保持亮灯,但副灯丝的使用寿命短,且副灯丝断丝后列车信号会中断信号显示,因此,当列车信号的主灯丝断丝后,要及时要换灯泡,确保列车信号连续显示。

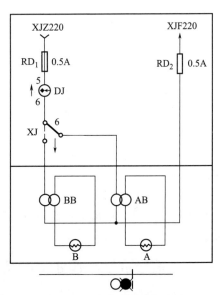

图 4-30 调车信号机点灯电路

如图 4-31 所示是下行咽喉的主灯丝断丝报警电路。在电路中设有断丝报警继电器 DSJ、灯丝断丝报警表示灯 DSD、灯丝断丝报警电铃 DSDL 和灯丝断丝报警按钮 DSA。电路组成原理是：本咽喉每架进站信号机和出站信号机的灯丝转换继电器 DZJ 的后接点串联，各信号机串联支路再并联，然后接入室内的 DSJ 电路中。如果该信号机同时点两个灯，再将第二个灯的 DZJ 的后接点和监督其状态的 2DJ 前接点串接后接入 DSJ 电路。主灯丝断丝报警继电器 DSJ 采用时间继电器，平时落下，当任何一架信号机点亮的灯泡主灯丝断丝时，该架信号机的 DZJ 都落下，接通 DSJ 电路，使 DSJ 延时 3s 后吸起。主灯丝断丝使 DSJ 吸起后，控制台上的下行咽喉主灯丝断丝表示灯 DSD 闪红灯，并使 DSDL 电铃鸣响。当确认是主灯丝断丝后，车站值班人员按下非自复式的灯丝断丝报警按钮 DSA，使电铃停响。等维修人员更换断丝的灯泡后，DZJ 吸起，使 DSJ 落下，断丝报警电铃再次鸣响，车站值班员拉出 DSA，电铃停响。至此主灯丝断丝报警电路复原。

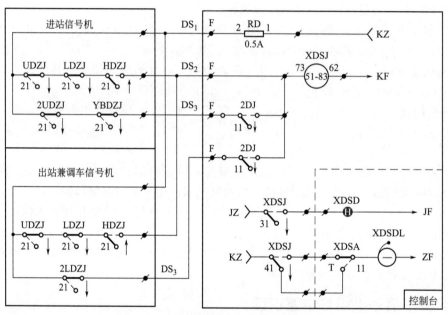

图 4-31　下行咽喉的主灯丝断丝报警电路

例如 X 进站信号机开放正线接车信号，黄灯灯泡主灯丝断丝，UDZJ 落下，接通 DSJ 电路，其励磁电路为 KZ—RD—UDZJ$_{21-23}$—LDZJ$_{21-23}$—HDZJ$_{21-23}$—XDSJ$_{73-62}$—KF。

对于同时点亮两个灯的信号机，例如出站信号机点亮两个绿灯，当第二个绿灯灯丝断丝时，2LDZJ 落下，接通 DSJ 电路，其励磁电路为 KZ—RD—2LDZJ$_{21-23}$—2DJ$_{11-12}$—XDSJ$_{73-62}$—KF。

在电路中，第二绿灯的主灯丝断丝后，副灯丝仍在点亮，2DJ 吸起，检查 2DJ 第 1 组的前接点后使 DSJ 吸起，发出第二绿灯的主灯丝断丝报警。

主灯丝断丝报警继电器 DSJ 之所以采用时间继电器，是为了在信号机改变信号显示，原点亮灯光的 DZJ 已落下，而即将点亮灯光的 DZJ 还未来得及吸起时，防止报警电路错误报警。

九、信号机检修作业程序及技术标准认知

信号机检修作业程序及质量标准如下所示。

1. 工作前准备

① 检修人员按规定着装；检查各防护用品、工具是否安全可靠；检修高柱信号机时要使用安全带，穿硬底防滑鞋。

② 准备工具、材料、仪表：笔、笔记本、测试表格、箱盒钥匙、对讲机、安全带（如果有高柱检修）、油壶、吹风鼓、手锤、活口扳手（450mm、300mm各一把）、各种管拧子、万用表、克丝钳、螺钉旋具（一字和十字）。

③ 携带材料。棉纱、白纱布、灯泡、毛刷等。

信号机检修

2. 作业程序

（1）室内联系登记

① 室内电务检修人员于天窗点前30min到车站，在行车设备检查登记簿上办理登记要点手续。

② 明白当日检修及配合内容、影响范围。

③ 天窗点给接触网停电后，及时通知室外作业人员。

④ 登、销记程序内容按照电务段要求严格执行。工作中严格执行联系登记要点制度，坚持复诵制度，联系用语简明规范，不讲与工作无关的话。做好排路、接近、邻线来车"三预告"。

（2）室外检修人员

① 检修人员应实行双人双岗作业并指定现场防护员，严禁单人上道作业。

② 检修人员到达现场后，与室内人员联系试验电话良好，将作业地点及本人姓名通知室内人员。

③ 接到室内电务人员通知给点的起止时间后，方可作业。

④ 检修高柱信号机严禁上下同时作业、上下抛递工具，必须使用安全带。需要开放信号测试时，室内电务人员需在值班员的同意后，方能办理接发车、调车进路。

3. 检修内容及作业标准

（1）设备外观及信号显示检查

① 平台整洁无杂物，设备无外界干扰，高柱信号机与接触网的距离是否超限。

② 基础、机柱、机构、梯子安装稳固。箱盒底部距地面不少于150mm，排水良好。

③ 水泥机柱不得有圆周裂纹，超过半周的应采取加固措施。纵向裂纹钢筋不得外露；任何部分不得侵入接近限界。目测机柱的倾斜度不超过36mm，机柱顶部不漏水。基础歪斜限度不超过10mm。

④ 梯子不弯曲，支架水平，梯子中心线与机柱中心线一致，安全地线接触良好，梯子各部螺钉紧固，无松动。

⑤ 箱盒、机构、梯子、蛇管无损伤，开口销齐全，螺栓紧固，各部位加锁装置良好。

⑥ 机构、遮檐挡板安装牢固，各部螺钉坚固。

⑦ 设备名称、限界打号清晰正确。

⑧ 信号显示距离符合《铁路信号维护规则》规定。

- 进站、通过、遮断、接近信号机，不得小于1000m。
- 高柱出站、高柱进路信号机，不得小于800m。

•预告、驼峰、驼峰辅助信号机,不得小于 400m。

•调车、矮型进站、矮型出站、矮型进路、复示信号机,容许、引导信号等各种表示器,不得小于 200m。

(2) 箱盒内部检修

① 锁子油润、灵活。

② 盘根良好,箱盒盖严密,无破损,无裂纹,不进雨雪,二次防尘作用良好。

③ 变压器灯丝转换器安装稳固,表面无过热现象,器材未超期。

④ 端子板和端子安装牢固,螺母、垫片齐全。

⑤ 配线整齐,绑扎牢固,无破皮老化;线环适当、不反上、不松动;套管齐全,无严重钳伤;无长线脖、压线皮现象。

⑥ 铭牌齐全、正确,字迹清晰。

⑦ 图样、资料保存完好,与实物相符,无涂改。

⑧ 内部清洁、防尘、防水设施良好。

清洁顺序为锁头—盘根—变压器—端子板配线—名牌资料—清扫。

(3) 机构检查

① 机构门密封良好,开启灵活,锁头油润。

② 蛇管无脱落,不脱节,无腐蚀、裂损,弯头安装牢固,孔口封堵严密。

③ 机构灯室之间不窜光,透镜安装牢固,无裂纹、破损和漏水。

④ 灯座、灯口安装牢固,弹片压力适当,接触良好。主副灯泡接触良好,灯丝无异状。配线、螺钉坚固,套管齐全。

⑤ 点灯单元器材固定良好,不发热、未超期,配线整齐,无破皮老化。各部位螺钉紧固,螺帽垫片齐全。

检查顺序为机构门密封及锁头—孔口—蛇管弯头—透镜—灯座灯口(发光盘)—点灯单元—配线螺钉。

(4) Ⅰ级测试

① 变压器一、二次电压。

•普通色灯信号机。一次、二次电压、灯端电压均用交流挡测试。

•站内 LED 信号机(FDZ 型)。一次用交流挡(176~235V),平时是 220V,二次直流挡(12±0.5)V、灯端电压(12±0.5)V(工作电流为 70~140mA;额定负载电流为 700mA)。

•站内普通信号机(XDZ 型)。一次用交流挡(176~235V),二次高柱:直流 10.7~11.9V;二次矮柱:直流 10.2~11.4V。副灯丝电压要求(10.0±0.5)V。

•区间 LED 信号机(BXZ-40 型)。输入额定电压:AC 102V;输出额定电流 162mA;输出额定电压:DC(46±2)V(适用电缆长度大于 5km)。

BXZ-40 型点灯单元当输入电压 V1 低于 60V 时,光源不能发光。

② 灯泡电压:列车信号主灯丝电压应保持在额定值的 85%~95%,调车信号为 75%~95%,容许信号为 65%~85%。LED 只有主灯丝电压(12±0.5)V。

③ 主副丝点灯电压(LED 不存在副丝)。

④ 主灯丝断丝时能自动转换到副丝,并且发出报警(LED 当发光二极管损坏数量达到 30%时不影响显示距离,并报警)。

⑤ 记录各测试数据,测试卡放在 XB 箱的右侧,没有 XB 箱的(如调车信号机)放在白

灯机构内右侧。
⑥ 复查各部良好。

4. 加锁销记

① 检查机构、箱盒内部无遗物，加锁。
② 室外作业人员通知室内联系人员作业完毕。
③ 室内电务联系人员在行车设备检修登记簿内销记，经值班员签认，通知室外作业人员已开通使用。

5. 收尾

清点工具、材料、仪表，防止遗漏丢失，向配合人员报告去向。

十、信号机点灯电路故障分析处理

1. 信号机点灯电路故障分析

信号点灯电路采用了双重系统，具有主灯丝断丝后自动转换副灯丝的功能，又有较完善的故障自诊功能。点灯电路故障可以通过控制台信号复示器的着灯状态以及电铃响铃报警发现。

① 控制台复示器闪光，且发生灯丝断丝报警，说明禁止信号点灯电路故障。对于进站或接车进路来说，虽然复示器闪光还包括 1DJF 因故障掉下的因素，但此时不会发生断丝报警。

先在分线盘处测试禁止信号的点灯电压，如果有交流，可断定故障点在室外；如电压为 0V 或较小，可初步确定室内开路，再看组合侧面的保险，如果是好的，则故障点在室内，如果保险断，且换上保险又烧断，说明线路混线，还需再次区分室内外。

在分线盘上拆下一根故障回路的电缆线，先测室内部分的回路电阻，如果有一定阻值，则室内混线；如果电阻为无穷大，则故障点在室外，再测室外回路的环阻，若阻值小于信号点灯变压器一次侧阻值，说明故障出在电缆和一次侧线圈上，若阻值约等于一次侧电阻与电缆线路电阻之和，说明故障出在点灯变压器二次侧回路上，此时，对于带预告的进站信号机来说，如果烧的是 XJF 的保险，还要考虑预告黄灯回路混线的因素。

BX-30 变压器一次侧电阻为 100Ω 左右，电缆回路电阻为 $23.5\Omega/cm$。

② 信号开放后自动关闭，复示器一直闪光，说明允许灯光点灯电路混线。可运用禁止信号混线时的查找办法区分室内外。此时，如主体信号机设有预告或复示信号，且烧的是 XJF 熔断器，还要考虑预告绿灯或复示信号点灯电路混线的因素。

③ 信号开放后，复示器闪几下光而自动关闭，说明允许灯光点灯电路故障。如开放的允许信号同时点亮两个灯，先要区分哪个灯位存在故障，然后，在分线盘上测故障灯位的环阻，若阻值为无穷大或大于点灯变压器一次侧电阻，则是室外故障；如环阻值正常（一次侧电阻加上线路电阻），说明不是室内开路就是室外点灯变压器二次侧回路故障，需再作区分。

将电表旋钮拧至交流 250V 挡，将表笔接在故障回路的端子上，同时联系纵人员重复开放一次，如果瞬间测到电压，则为室外故障，如果无电压或较小，则是室内故障。

为了方便起见，平时制作一套灯泡模拟试验装置，即准备一台 BX—30 变压器和一套信号点灯用的灯泡灯座，将灯座上点亮主灯丝的两个端子分别引出一根线接在变压器的次级上，再从变压器的初级引出两根线，分别焊上鳄鱼夹，将两个鳄鱼夹接在故障回路上，若灯泡能点亮或开放信号时能点亮，则为室外故障；反之为室内故障。

2. 信号机点灯电路故障处理程序

当信号机出现故障时，请按如图 4-32 所示的处理程序进行处理。

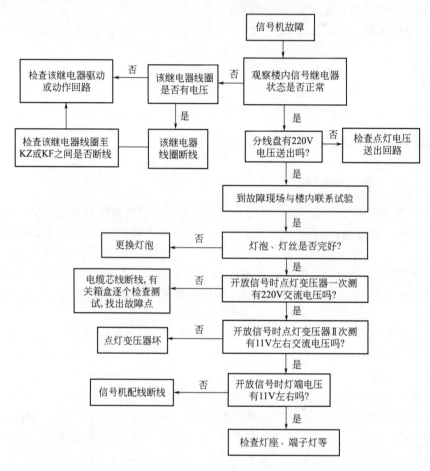

图 4-32　信号机故障处理程序

任务二　地铁信号机点灯接口电路维护及故障分析处理

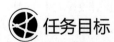任务目标

1. 熟悉信号机点灯设备。
2. 跑通信号机点灯电路。
3. 会按照作业标准检修信号机点灯设备。
4. 能够处理信号机点灯电路断线故障。

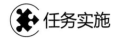 任务实施

信号机用来反映前方列车（调车）进路的状态，当地面信号为主体信号时，为司机提供行车凭证。控制信号机灯光显示的电路称为信号机点灯电路，包括进路信号机、调车信号机、阻挡信号机、复示信号机等。

一、信号机点灯设备认知

信号机点灯电路由室内和室外设备两部分组成。

1. 室内设备

室内设备包括继电器组合和灯丝报警仪。如图 4-33 所示。

图 4-33　信号机点灯室内设备

① 继电器组合　继电器组合应根据信号机功能配置相应的继电器，表 4-16 中列出了进路信号机（不同显示）、阻挡信号机的继电器组合，"●"表示有此项设备，"○"表示无此项设备。DJ 和 2DJ 继电器采用 JZXC-H18 型；LXJ、YXJ、ZXJ 和 DDJ 采用 JWXC-H340 型。

表 4-16　信号机点灯继电器组合

类型	LXJ （列信）	DJ （灯丝）	DDJ （灭灯）	ZXJ （正线）	YXJ （引导信号）	2DJ （2 灯丝）
进路信号机带引导信号	●	●	●	●	●	●
进路信号机（三显）	●	●	●	●	○	○
进路信号机（二显）	●	●	●	○	○	○
间隔信号机	●	●	●	○	○	○
阻挡信号机	○	●	○	○	○	○

② 灯丝报警仪　灯丝报警仪（HG-BJ-LED-56 型）通过监测信号机点灯电路回路电流变化，反映信号机点灯状态。每台灯丝报警仪可安装 7 块采集板，每块采集板可以采集 8 架（按每架点 3 个灯共 24 个灯位）信号机的点灯电流，如图 4-34 所示。

其面板指示灯显示说明，如图 4-35 所示。

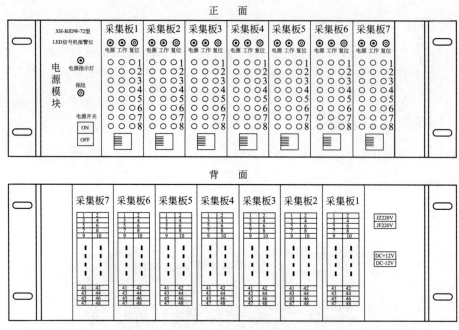

图 4-34 灯丝报警仪

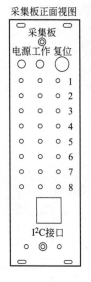

采集板面板说明：

① 工作指示灯：闪烁时，表示单片机工作正常。

② 电源指示灯：亮灯时，表示采集板工作电源正常。

③ 复位按钮：当LED信号机发光管部分损坏时，采集板面板报警指示灯亮，维护人员修复LED信号机后，须按复位按钮才能使报警复位。若不按复位按钮，仍然提示报警。

④ 灯位报警指示灯：正常时灭灯，当某架信号机报警时，相应的灯位指示灯亮，灯位1、灯位2、灯位3指示灯对应每个信号机灯位的报警提示。

⑤ 网线接口(I^2C接口)：连接报警仪单元控制器，用来设定每路是否工作、每块采集板的地址，测试每一路的工作电流，调整设定每路报警电流的上、下限值。

图 4-35 灯丝报警仪面板指示灯

2. 室外设备

室外设备包括信号机机构、LED发光盘和变压器，如图4-36所示。

3. 电气特性

（1）灯丝报警仪

① 输入电源：AC 180～220V，电流≤1.2A。

② 输出直流电压：DC 12V，额定电流3A。

③ 每块采集板的额定工作电压为DC 12V，额定工作电流为180mA。

④ 每块采集板接点容量：DC 24V/1A 或 AC 125V/0.5A。
（2）点灯单元（变压器和 LED 发光盘）
点灯变压器如图 4-37 所示。

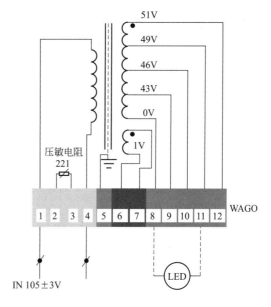

图 4-36 室外设备　　　　　　　图 4-37 点灯变压器

① 输入电源：额定电压为 AC 105V±3V，保证灯丝继电器（JZXC-H18 型）可靠吸起。
② LED 额定工作电流为 18~20mA。
③ 门限电压为 65V±5%，当信号机干扰电压小于门限电压时 LED 应灭灯。
④ 在 LED 正常工作时，灯丝继电器电流为 110~150mA。
⑤ LED 灭灯时，灯丝继电器回路电流小于 40mA，保证 JZXC-H18 型继电器可靠落下。

二、信号机点灯电路识读

1. 信号机点灯电路识读

以进路信号机带引导信号举例说明，如图 4-38 所示。

① 进路信号机定位状态点红灯。信号机点灯电路红灯回路沟通，DJ 吸起，点亮红灯。

② 若办理进路，且道岔开通直股，联锁计算机驱动 LXJ、ZXJ 吸起，信号机点灯电路绿灯回路沟通，DJ 吸起，点亮绿灯。

点灯电路识读（三）

③ 若办理进路，且道岔开通弯股，联锁计算机驱动 LXJ 吸起，由于道岔开通弯股，ZXJ 落下，信号机黄灯回路沟通，DJ 吸起，点亮黄灯。

④ 若办理引导进路，联锁计算机驱动 YXJ 吸起，信号机点灯电路的红灯和黄灯回路同时沟通，DJ 和 2DJ 均吸起，同时点亮红灯和黄灯。

⑤ CBTC 模式下，当列车接近信号机时，联锁计算机驱动 DDJ 继电器吸起，断开信号机点灯电路，信号机处于灭灯状态。

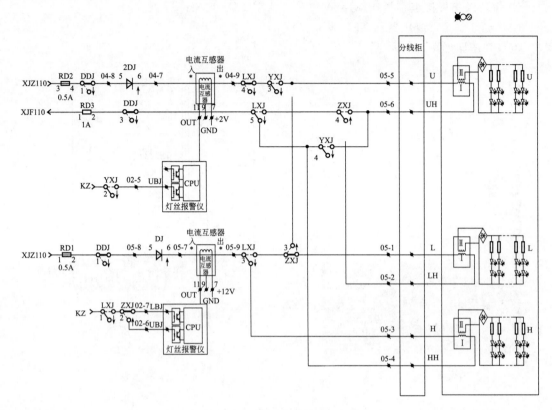

图 4-38 进路信号机点灯电路

2. 灯丝报警电路

灯丝报警电路如图 4-39 所示，在每架信号机点灯电路中串入电流互感器，互感器的输出供单片机采集、比较、运算使用。通过采集电压或继电器接点条件，实现对每架信号机每个灯位的电流检测和报警。

以三灯位显示的信号机为例。电压采集点与信号灯分配如下：

信号灯 1（常态）——无电压采集点；

信号灯 2——电压采集点 U1；

信号灯 3——电压采集点 L1。

灯丝报警仪通过采集继电器接点条件来对每架信号机点灯状态进行监测，如图 4-40 所示。

3. 与联锁系统接口

(1) 采集接口

① 灯丝继电器。灯丝继电器电路如图 4-41 所示。

联锁计算机 A 机、B 机通过采集 DJ 或 2DJ 继电器前接点条件实现对信号机点灯电路工作状态的实时监控。当联锁计算机采集到 DC24 正电源（高电平为"1"）时，系统认为该信号机点灯电路工作正常。否则为故障状态。

② 主灯丝报警继电器。联锁计算机维护终端 SDM 通过串口采集 LED 灯丝报警仪信息，实现对信号机主/副灯丝的监控。

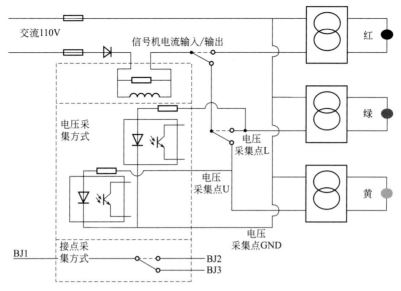

图 4-39　灯丝报警电路图

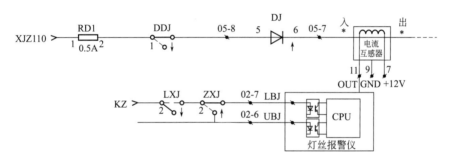

图 4-40　采集继电器接点条件

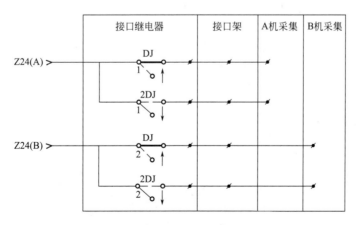

图 4-41　灯丝继电器电路原理图

（2）驱动接口

如图 4-42 所示，当排列进路满足联锁关系时，联锁计算机 A 机、B 机将输出条件电源，驱动相应继电器动作。

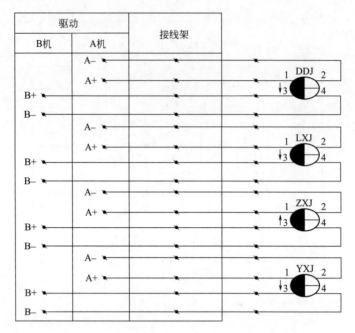

图 4-42　联锁机与信号机驱动接口电路原理图

① DDJ 继电器（灭灯继电器）。DDJ 继电器常态处于落下状态，当 CBTC 列车接近信号机时（信息来自轨旁 ZC 计算机），联锁计算机驱动 DDJ 继电器吸起，断开信号机点灯电路，室外信号机处于灭灯状态。

② LXJ 继电器（列信继电器）。LXJ 继电器常态处于落下状态，当办理进路满足信号开放条件时，联锁计算机驱动 LXJ 继电器吸起，沟通信号机点灯电路，室外信号机点亮允许信号。

③ ZXJ 继电器（正线继电器）。三显示进路信号机设置 ZXJ 继电器，用于区分信号机点绿灯和黄灯。ZXJ 继电器常态处于落下状态，办理经道岔定位（直股）的进路后，若满足信号开放绿灯条件，联锁计算机驱动 ZXJ 继电器吸起，沟通信号机点灯电路，室外信号机点亮绿灯。

④ YXJ 继电器（引导信号继电器）。YXJ 继电器常态处于落下状态，办理引导进路后，若满足信号开放条件，联锁计算机驱动 YXJ 继电器吸起，沟通信号机点灯电路，室外信号机同时点亮红灯和黄灯。

三、设备日常维护保养

在日常设备维护中，根据设备特点，结合实际情况，通常划分为巡视、集中检修及状态维修模式。

① 设备巡视，指在不影响设备运行的前提下，对设备进行的检查和养护。
② 集中检修，指在运营结束后，对设备进行的检查和养护，影响设备运行或功能。
③ 状态维修，指设备发生故障或性能发生变化后，对设备进行修复。

1. 检修项目及标准

信号机设备实行集中检修及状态维修模式，设备检修周期为年检，具体检修内容及标准如表 4-17 所示。

表 4-17 信号机年检内容及标准

信号机年检工艺卡						
作业性质:年检		编号:			设备编号:	
作业项目:信号机年检作业					
作业条件		① 召开班前会,明确施工范围、内容、人员分工以及注意事项。				
^^		② 检修工具准备齐全。				
^^		③ 按规定办理清点手续。				
^^		④ 按规定做好安全防护。				
作业工器具		名称		型号		数量
^^		数字万用表		—		1块
^^		扳手		250mm		2把
^^		手电筒		—		1把
^^		一字螺钉旋具		3×75mm		1把
^^		一字螺钉旋具		5×100mm		1把
^^		信号机钥匙		—		1把
^^		轨旁盒钥匙		—		1把
^^		套筒		6~14mm		各1把
^^		红闪灯		—		2个
^^		卷尺		5m		1把
作业材料		名称		型号		数量
^^		机油		—		适量
^^		毛刷		—		2把
^^		清洁布		—		适量
安全要点		① 施工负责人与行车人员共同确认已批点、作业区域范围及内容				
^^		② 按规定穿戴防护用品,设置防护设施				
^^		③ 作业完毕后,必须完全清理现场,严禁遗留任何工具材料在轨行区				
^^		④ 严禁外接电源和光源替代信号机显示				
检修项目		检修内容及标准				
① 外观检查及清洁		① 检查设备周围隧道壁或顶部有无漏水或积水。标准:不影响设备使用				
^^		② 检查外透镜面。标准:完好、清洁,干净明亮				
^^		③ 检查支架、箱盒和机构。标准:无破损,无腐蚀,无裂纹				
^^		④ 扳动机构盖板,检查锁耳。标准:盖板动作灵活,锁耳完好				
^^		⑤ 检查铭牌标识。标准:齐全、清晰				
^^		⑥ 清洁支柱(支架)、机构、电缆盒安装螺栓。标准:无污垢				

续表

② 设备安装紧固、密封、配线检查	① 检查配线。标准:整齐、牢固	
	② 紧固过轨金属管、防护胶管安装固定螺栓(防止牵引回流烧坏设备)。标准:紧固;过轨金属与钢轨底部间隙加装防护胶管	
	③ 检查电缆盒电缆标识标签。标准:齐全、清晰、正确	
	④ 紧固支柱(支架)安装螺栓(4颗)。标准:齐全、紧固、无滑丝	
	⑤ 紧固机构安装螺栓(6颗)。标准:齐全、紧固、无滑丝	
	⑥ 紧固电缆盒安装螺栓(2颗)。标准:齐全、紧固、无滑丝	
	⑦ 紧固过轨钢管和防护胶管安装固定螺栓。标准:紧固	
	⑧ 支柱(支架)、机构、电缆盒安装固定螺栓注油。标准:滑润良好(注:黄油)	
	⑨ 检查机构和电缆盒密封性。标准:密封性良好,无积水	
	⑩ 检查地线。标准:完好、紧固	
③ 电气特性测试	① 测量灯端Ⅱ次侧电压。标准:AC32～42V	
	② 测量灯端Ⅰ次侧电流。标准:110～150mA	
	③ 测量点灯单元Ⅰ次侧电压。标准:AC110V±10%	
④ 灯丝断丝报警功能检查	① 测试信号灯灯丝断丝30%。标准:灯丝报警仪报警功能正常	
	② 测试信号灯灯丝断丝70%。标准:灯丝报警仪报警功能正常	
⑤ 设备加封加锁、试验检查	① 检查机构盖板加锁状况。标准:加锁良好	
	② 检查锁头状况。标准:动作灵活,注油(注:润滑油)	
	③ 试验红灯显示、排列进路开放所有允许信号显示。标准:显示正确	
⑥ 收尾工作	① 填写设备检修记录表	
	② 信号维护人员确认安全防护撤除,清理作业现场、人员出清	
	③ 销点前,确认设备工作状态和表示灯状态与作业前一致	
	④ 信号维护人员办理销点手续	
	⑤ 召开班后会,填写作业工单	

备注:限界测量和显示距离应根据不同的运营线路确定,一般整体道床设备安装环境较好,不进行检查(更换设备除外)。

2. 注意事项

① 检修作业前,信号维护人员与行车人员共同确认检修作业是否已批准、作业区域范围、作业内容和影响范围。

② 进行带电设备清洁时,严禁使用湿布或液体清洁剂,防止人身触电或损坏设备。

③ 电气测试前,应确认仪表挡位选择正确。

④ 设备紧固检查时,应正确使用工器具,防止损坏设备。

⑤ 严禁外接电源和光源替代信号机显示。

⑥ 严禁擅自拆卸、调整设备。

⑦ 灯丝断丝报警功能和灯端电气特性测试中,应做好防护,防止芯线短路或错接。

四、故障处理

1. 故障处理基础知识

（1）电压测试

以点灯变压器为例：

① 数字万用表选择合适挡位（交流电压挡）。

② 将"正"表笔插入"1"端子，"负"表笔插入"4"端子。

③ 读取数值为变压器输入电压值。

（2）灯端电流测试

① 数字万用表选择合适挡位（交流电流挡）。

② 将变压器I次侧"1"端子线拆下，"正"表笔接"1"端子，"负"表笔接拆下的芯线。

③ 读取数值为灯端电流值。

2. 故障分析判断

（1）故障类型

信号机故障类型一般可分为五类。

① 电源故障，指供点灯单元工作的交流 110V 电源、保险管或开关故障。

② 继电器故障，指继电器自身机械或电气特性发生变化引起的故障。

③ 与联锁系统接口故障，指联锁系统驱动相关继电器条件未满足引起的故障。

④ 点灯单元（变压器和发光盘）故障，指点灯单元自身电气特性发生变化引起的故障。

⑤ 线缆故障，指线缆断线或接触不良故障（设备投入运营后，未进行相关的电路修改，一般不会发生混线或错线的故障）。

（2）分析判断

当列车（CBTC 模式）接近信号机时，联锁计算机驱动 DDJ 继电器吸起，从而断开点灯电路回路，信号机处于灭灯状态。以下分析基于无线通信列车（CBTC 模式）接近信号机。

① 电源故障。

• 信号机在常态下（点亮红灯）出现灭灯，且开放的其他灯位仍处于灭灯状态。

• 检查继电器组合交流 110V 电源。若交流 110V 电源正常，则逐一排除室内电路。

② 继电器故障。信号机某个灯位点灯时处于灭灯状态（DJ 继电器故障除外）。

• 检查信号机在常态下，点红灯无异常。

• 办理信号机开放绿灯的进路，点绿灯正常，说明点绿灯电路及相关部件正常。

• 若无法点亮绿灯，而办理信号机开放黄灯的进路，点黄灯正常，应测试分线架电压（L 和 LH 线），判断是室内 ZXJ 继电器或电路故障还是室外点灯单元或电路故障。

• 若无法点亮黄灯，应测试 LXJ 继电器工作电压，判断是联锁接口故障还是 LXJ 继电器或电路故障。

③ 与联锁系统接口故障　通过办理进路开放不同信号显示，初步判断为联锁系统接口故障。测量相关继电器工作电压，若无电压，则检查联锁计算机维护终端 SDM 或驱动板 VOOB 的指示灯状态，确定是联锁计算机故障还是接口电路故障，逐一排查故障。

④ 点灯单元（变压器和 LED 发光盘）故障。

信号机点灯正常，灯丝报警仪有故障告警信息，初步判断 LED 发光盘故障。在室外测试灯端电流，确定LED发光盘灯丝断丝（LED发光管故障）30%还是70%，并更换LED发光盘。

信号机某个灯位点灯时处于灭灯状态，在分线架测试交流110V电压正常，初步判断为室外故障。

- 在室外测试变压器输入电压。若正常，则测试输出电压，否则排查室内至室外线缆。
- 若测试输出电压正常，检查变压器至发光盘电路及部件，否则更换变压器。

⑤ 线缆故障。线缆故障可通过上述的分析方法进行排查。

3. 典型故障案例分析

【案例1】

（1）故障现象

如图4-43所示，信号维护人员接报，人工办理S21213~S21211进路后，S21213信号机未开放绿灯。

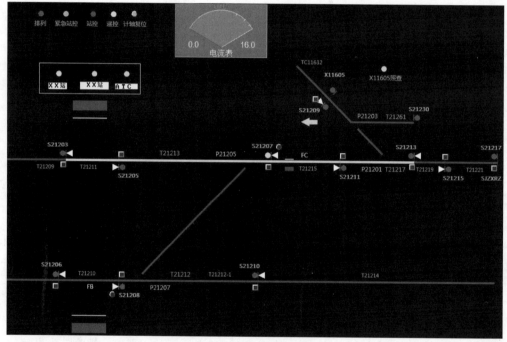

图4-43 故障现象1

（2）故障分析及处理

① 信号维护人员确认故障现象及设备状态。

② 查看继电器组合LXJ未吸起。

③ 查看联锁计算机维护终端SDM，相应的驱动板VOOB未输出驱动指令。

④ 查看联锁表"CT4-SIGNALS（信号机开放条件）"，在非CBTC模式需"O_S21207"进路建立，且查看联锁表"Overlap（延续防护进路）"，"O_S21207"进路建立条件由"T21301、T21221、T21219、T21217和T21215"其中一个计轴区段占用。

⑤ 经上述分析，人工办理S21213~S21211进路后，接近区段未占用时，S21213信号机不开放允许信号，属于正常功能，无需进行任何处理。

（3）故障原因

排列进路后信号机未开放原因为接近区段未占用。

【案例 2】
（1）故障现象

信号维护人员接报，某 CBTC 列车越过 S21207 信号机后，信号机一直处于灭灯状态，且提示灯丝告警信息，如图 4-44 所示。

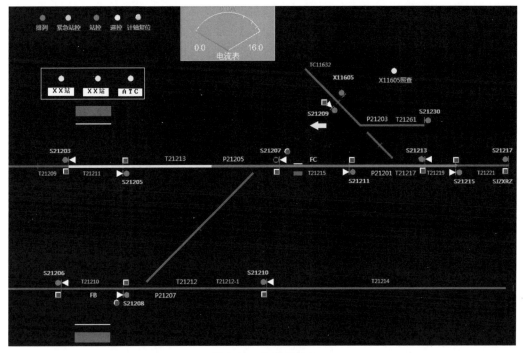

图 4-44　故障现象 2

（2）故障分析及处理

① 信号维护人员确认故障现象及设备状态。

② 根据故障现象分析，当列车越过 S21207 信号机瞬间时，信号机应处于灭灯状态，约 3s 后，信号机点亮红灯，但仍处于灭灯状态。初步判断为点灯电路故障。

③ 待运营列车离开 S21207～S21205 进路后，再次办理 S21207～S21205 进路，信号机仍显示灭灯状态（正常应点绿灯）。因此，排除红灯点灯单元故障，初步确定故障点为红灯和绿灯电路的公共部分。

④ 检查发现 DDJ 继电器第 1 组后接点存在交流 110V 电压差，说明接点开路故障。更换 DDJ 继电器，故障排除。

（3）故障原因

DDJ 继电器第 1 组的后接点故障。

思考题

1. 进站信号机点亮不同颜色灯光时，继电器的动作关系是什么？

2. 参照图 4-28，进站信号机站线接车时显示什么颜色灯光？首先接通的是哪个灯的点灯电路？为什么？

3. 参照图 4-29，出站兼调车信号机当向次要方向发车时显示什么颜色的灯？首先接通的是哪个灯的点灯电路？为什么？

4. 参照图 4-38,简述在什么情况下进路信号机点亮红灯、黄灯、绿灯,对应计算机联锁驱动什么继电器吸起。

5. 地铁信号机检修时需要对其电气特性进行测试,电气特性测试项目分别有哪些?测试标准是什么?

项目三
列车检测设备维护及故障分析处理

项目导引

列车检测设备用来监督线路的占用情况,并将列车运行与信号显示等联系起来,它的性能直接影响行车安全和运输效率。25Hz 轨道电路和计轴设备是现场常用的列车检测设备,信号现场工作人员在日常作业中会遇到各种各样的设备故障现象,本项目对设备组成和工作原理进行描述,并对故障进行分析,对于预防故障发生和及时处理故障具有积极意义。

任务一 25Hz 相敏轨道电路维护及故障分析处理

任务目标

1. 掌握 25Hz 相敏轨道电路的组成结构和电路原理。
2. 熟悉 25Hz 相敏轨道电路故障的应急处理程序。
3. 能进行 25Hz 相敏轨道电路故障的应急处理。

任务实施

25Hz 相敏轨道电路具有设备简单,工作稳定,应变速度快,便于维修,防雷性能良好等特点,目前在电气化铁路上有 90% 的车站采用 25Hz 相敏轨道电路,经常使用的有 97 型 25Hz 相敏轨道电路和微电子相敏轨道电路。

一、25Hz 相敏轨道电路设备认知

1. 扼流变压器

在电气化牵引区段,在轨道电路发送端、接收端设置扼流变压器,轨道电路设备通过扼流变压器接向轨道。相邻两个轨道电路的扼流变压器的线圈中心线相连接,保证 50Hz 牵引电流能顺利跨过绝缘节。图 4-45(a)所示为连接电路示意图,图 4-45(b)所示为连接实物图,图 4-45(c)为扼流变压器内部结构图。

扼流变压器对 50Hz 牵引电流阻抗很小,而对 25Hz 信号电流阻抗较大,沿着两根钢轨流过的牵引电流在轨道绝缘处通过扼流变压器的上部和下部线圈,再经过其中心线流向另一

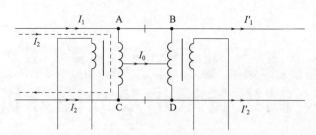

(a) 连接电路示意图

(b) 连接实物图

(c) 扼流变压器内部结构图

图 4-45　扼流变压器示意图

扼流变压器的上部和下部线圈，然后流向相邻轨道电路的两根钢轨中去。这样，牵引电流就越过了绝缘节。因为钢轨中的牵引电流大小相等，扼流变压器上、下部线圈的匝数也相同，因此牵引电流在上、下线圈中产生的磁通相等而方向相反，它们的总磁通等于零。所以对次级线线圈的信号设备没有影响。但若两钢轨中流过的牵引电流不平衡时，扼流变压器铁芯中总磁通不为零，在次级线圈中将产生干扰，影响信号设备使用，故需增设防护设备。

而信号电流因极性交叉，在两扼流变压器中点处电位相等，故不会越过绝缘节流向另一轨道电路区段，而流回本区段，在次级感应出信号电流。

25Hz 相敏轨道电路采用 BE 型扼流变压器及 BES 型抗干扰扼流变压器，97 型 25Hz 相敏轨道电路采用 BE-400/25、BE2-400/25、BE1-600/25、BE2-600/25、BE1-800/25 和 BE2-800/25 扼流变压器；移频轨道电路采用 BEP 型和 BE1 型扼流变压器。

2. 防护盒

防护盒有 HF2-25 型、HF3-25 型和 HF4-25 型，它们的电路如图 4-46 所示。

HF2-25 型防护盒，由电感、电容串联而成，线圈电感为 0.845H，电容为 12μF。它并接在轨道继电器的轨道线圈上，对 50Hz 牵引电流呈串联谐振，相当于 15Ω 电阻，以抑制干扰电流。对 25Hz 信号电流相当于 16μF 电容，对 25Hz 信号电流的无功分量进行补偿，起着减小轨道电路传输衰耗盒相移的作用。

HF3-25 型的电感线圈有两个中间抽头，可选择不同的电感量，实物后视图如图 4-47 所示。

HF4-25 型的电感线和电容器各有五挡供选择，可根据需要予以调整，实物前视图如图 4-48 所示。

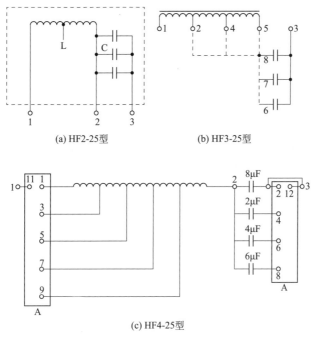

图 4-46　防护盒电路图

图 4-47　HF3-25 型防护盒后视图

图 4-48　HF4-25 型防护盒前视图

3. 防雷补偿器

防雷补偿器 QBF，有 FB-1 型和 FB-2 型，实物图如图 4-49 所示，使用继电器外观。FB-1 型内设两套防雷补偿单元，FB-2 型内设一套防雷补偿单元，FB-1 型补偿单元原理图如图 4-50 所示，即为对接的硒片盒电容器。硒片用来防雷。电容器 C 用来提高轨道电路局部线圈电路的功率因数，以减小变频器输出电流。

其电气特性应符合下列要求：局部耐压为 250V，接收工作电压为 90V。

(a) FB-1型防雷补偿器　　　　　　(b) FB-2型防雷补偿器

图 4-49　防雷补偿器实物图

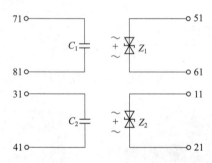

图 4-50　FB-1 型防雷补偿单元原理图

4. 25Hz 轨道变压器

25Hz 轨道变压器用于 25Hz 相敏轨道电压中作为供电电源和阻抗匹配用，送电端和受电端用的是同一型号。实物图如图 4-51 所示。

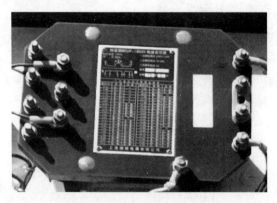

图 4-51　25Hz 轨道变压器

5. 微电子相敏轨道电路接收器

微电子相敏轨道电路接收器用来接收轨道电路信号，并驱动 JWXC-1700 安全型继电器。常用的有 JXW25 型接收器，外形为安全型继电器形式。内部板卡如图 4-52（a）所示，电路框图如图 4-52（b）所示，由输入部分、计算机部分、输出部分和电源等组成。

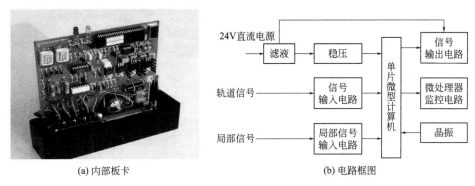

图 4-52　微电子相敏轨道电路接收器

（1）输入部分

输入部分由局部信号输入电路和轨道信号输入电路组成。局部信号输入电路是将局部信号经光电耦合输入给单片微机。轨道信号输入电路包括隔离变压器、轨道输入相位辨别电路和接口电路。隔离变压器对输入信号起隔离、输入阻抗匹配以及防雷电冲击保护微电子设备的作用。轨道输入信号相位辨别电路和接口电路将轨道输入的模拟信号转换为数字信号，然后送入单片机对信号进行数字处理。

（2）单片机部分

由单片微机、微处理器监控电路、晶体振荡电路组成，完成接收器的数字处理功能。单片机选用 MCS-51 系列芯片。微处理器监控电路的功能是有效检测单片机在不可预测的干扰作用下产生的程序执行紊乱和自动恢复，以提高单片机系统的可靠性和抗干扰能力。微处理器监控电路运行后，若单片微机在规定时间内访问它，单片机正常工作；若规定时间内未能访问它，则使单片机自动复位，使系统重新初始化。

（3）输出部分

输出部分由驱动电路、功放电路、隔离变压器等组成。单片机部分对其输出信号处理后，输出一高频信号至输出部分，经驱动电路送到功放电路中，通过放大输出给隔离变压器，再进行整流、滤波，控制轨道执行继电器工作。

（4）电源

由滤波电路和两个三端稳压器组成。电源屏提供的 24V 直流电，经滤波、稳压，输出 9V 供轨道输入电路，5V 供单片机电路，24V 供信号输出电路。

系统软件主要由主程序和 4 个中断服务子程序组成，完成系统初始化、信号采集与处理、信号延时和继电器控制等功能。软件采用结构化设计方法，用汇编语言编写，各功能程序实现模块化。

二、25Hz 相敏轨道电路原理

1. 97 型 25Hz 相敏轨道电路原理

97 型 25Hz 相敏轨道电路设备由电源部分、送电端、受电端、室内 GJ 组成。送电端实物图如图 4-53（a）所示，受电端实物图如图 4-53（b）所示。

340　模块四　接口设备维护及故障分析处理

(a) 送电端实物图

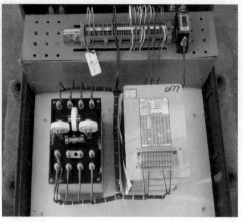
(b) 受电端实物图

图 4-53　97 型 25Hz 相敏轨道电路设备

电路原理如图 4-54 所示。25Hz 电源屏（轨道分频器和局部分频器）由室内分别供出 25Hz 轨道电源和局部电源。轨道电源由室内供出，通过电缆供向室外，经由送电端 25Hz 轨道电源变压器（BG25）、送电端限流电阻（Rx）、送电端 25Hz 扼流变压器（BE25）、钢轨线路、受电端 25Hz 扼流变压器（BE25）、受电端 25Hz 轨道中继变压器（BG25）、电缆线路，送回室内，经过防雷硒堆（Z，耐压值大于 100V）、25Hz 防护盒（HF）给交流二元轨道继电器（GJ）的轨道线圈供电。局部线圈的 25Hz 电源由室内供出，当轨道空闲，轨道线圈和局部线圈所得电源满足规定的相位和频率要求时，交流二元轨道继电器 GJ 吸起，轨道电路处于调整状态；列车占用时，轨道电源被分路，GJ 落下。若轨道断轨或电路断线故障时，造成频率、相位不符合要求，GJ 也会落下，认为轨道电路处于分路状态，控制防护信号机点亮红灯，将故障导向了安全。

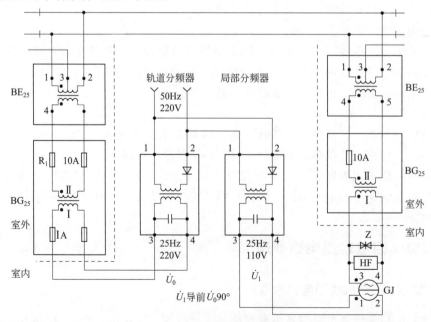

图 4-54　25Hz 相敏轨道电路原理

这样，25Hz 相敏轨道电路就具有相位鉴别能力，即相敏特性，抗干扰性能较高。25Hz 相敏轨道电路只能用以检测轨道电路区段是否空闲，不能传输其他信息。因电源频率较低，传输损耗较低，故传输距离长。

2. 微电子相敏轨道电路原理

25Hz 相敏轨道电路，接收设备为交流二元继电器，存在较多问题：

① 返还系数较低，约 50%，不利于提高轨道电路的传输性能。

② 由于其机械结构的原因，易发生接点卡阻，列车进入该轨道电路区段，轨道继电器不能可靠落下，曾造成多起重大行车事故。

③ 抗干扰能力差。当电力机车升弓、降弓、加速或减速时，在轨道电路中产生较大的 50Hz 脉冲干扰，可能造成继电器错误动作，直接危及行车安全。

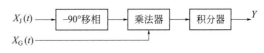

图 4-55 微电子相敏轨道电路接收器原理框图

微电子相敏轨道电路接收器的原理框图如图 4-55 所示。其中 $X_J(t)$ 是局部信号，$X_G(t)$ 是轨道信号。

微电子相敏轨道电路接收器保留了原相敏轨道电路的优点，克服其缺点，利用精密的电路设计，具有可靠的 90 度相位选择性和 25Hz 频率选择性，不仅可以防止 50Hz 牵引电流的干扰，而且对于其他高次谐波干扰也有同样的作用。成为具有高可靠、高抗干扰能力的一种新型相敏轨道电路。

微电子相敏轨道电路原理如图 4-56 所示。

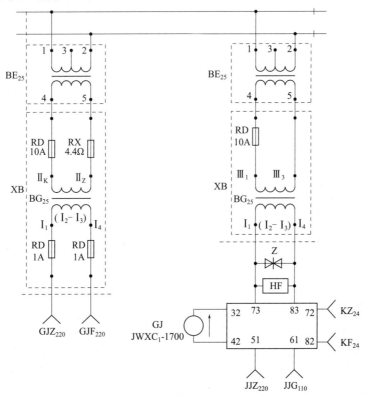

图 4-56 微电子相敏轨道电路原理图

局部电源和轨道电源分别由电源屏提供,并且局部电源超前轨道电源 90°。当 25Hz 微电子相敏轨道电路接收器接收到 25Hz 轨道信号,且局部电压超前轨道电压一定范围的角度时,微电子接收器使执行继电器吸起。在 $\theta=90°$ 时,处于最佳接收状态。当收到的信号不能完全满足以上条件时,执行继电器落下。

三、故障分析处理

1. 故障分析方法

轨道电路出现故障,电务维修人员应立即登记停用设备进行处理,初步判断短时间内不能恢复,建议车站立即启用非正常接发列车办法。故障分析方法如下。

（1）故障范围的区分方法

25Hz 相敏轨道电路故障的处理首先必须区分是室内还是室外故障,区分方法如下:在分线盘接收端上测量有无电压,若电压正常或较高,则为室内故障;若无电压或电压低,则应甩开电缆测电缆上的电压,若无电压或电压低,则为室外故障;若电压正常或稍高,则为室内故障且多半为短路故障。

注意:由于 25Hz 相敏轨道电路站内电码化采用的是叠加式发码,所以对其故障的处理,室内必须断开发码条件,以免误导室外故障处理者。

（2）故障性质的判断方法

由于 25Hz 相敏轨道电路送至钢轨的轨面电压一般在 0.5~1V 左右,电压较低,当发生开路或短路故障时轨面电压都可能降至零值。因此,对故障的处理要遵循以下注意事项:

第一,必须区分是开路还是短路故障。而测试送电端限流电阻上的电压值是迅速准确判断轨道电路是开路还是短路故障最有效的方法。当测得的数值比正常值低或为零,则为断线故障;当测得数值比正常值高或与送端轨道变压器二次侧电压大致相等时可判断为短路故障。

第二,若 25Hz 相敏轨道电路开路,开路点前的电压升高,开路点后电压降低或为零,而此时轨面电压则是区分是送电端、受电端还是通道开路故障的关键。若测得送电端轨面为零,则为送电端及其电源线开路故障;若比正常值高,可再测受电端处轨面电压,若还高,则可判断受电端部分及其电缆线开路,若电压很低或为零则为通道部分开路,此时可分段查找。

第三,若 25Hz 相敏轨道电路短路,轨面电压会大幅度下降甚至零值,而送电端限流电阻电压会显著上升。此时,可用 25Hz 故障测试仪测量轨面有无电流。有电流,则可判断送电端部分良好,为通道及受电端部分短路;无电流,可判断为送电部分有开路故障。对于通道短路,应着重测量检查钢轨绝缘、道岔安装装置、轨距杆绝缘、极性线等有无异物短路。通道部分正常时,可依次查找受电端设备,直至查出故障点。

2. 常见故障分析

（1）单个轨道电路出现红光带故障分析

单个轨道电路出现红光带故障,可在分线盘测试该轨道电路的受电端和轨道继电器的线圈两端电压,判断是室内故障还是室外故障。

① 如果在分线盘测到 0V 电压,则有可能是开路故障或短路故障。先拆下分线盘一根电缆测室外部分,如果电压高于平时值（18~24V）,说明室外到分线盘都正常,可以判断为

室内短路；如果仍为 0V，则是室外故障，可能是开路或者短路故障。

对于室外故障，到现场首先检查电压有没有送到送电端，如果送到了送电端，根据变压器的连接方式查看输出电压是否正确，对于电气化区段，还要检查扼流变压器输出是否正确。在正常的情况下，轨面电压为 0.4~0.8V 之间。如果送电端的电压到轨面都是正常的，再到受电端检查，首先检查受电端电压是否正常，如果电压明显下降，则可能是有短路或半短路故障，用万用表或轨道故障测试仪进行查找，在电压突然变化处，可能就是故障点。

② 当电压在允许的范围内时，轨道继电器仍不吸起。此种情况故障点一般在室内，首先检查受电端电压是否送到轨道继电器的 3-4 线圈，并且检查极性和相位角是否符合标准。如果电压基本正常，失调角严重超标（最大失调角超过 ±30°），就要调整防护盒的有关端子，使失调角达到规定值。如果电压没有送到轨道继电器的 3-4 线圈，查分线盘到继电器的配线和器材。

注意：轨道电路电压按标准要求调整后，应按照标准重新调整相位角，轨道电压应超前局部电压 90°，偏差为 10°。对超过标准的在防护盒上进行调整，最高挡位为 2-6-7-8，最低挡位为 5-8。对个别仍调整不好的，可在防护盒上并接 4MF 电容或更换新型防护盒。

③ 对于电码化轨道区段，由于叠加了移频信息，因此查找故障时要用移频表进行测试，判断是 25Hz 相敏轨道电路的电压还是移频电压。

注意：如果相邻两个轨道区段同时出现红光带，则很有可能是相邻轨道区段的绝缘节破损，单个绝缘节破损就会引起相邻轨道电路出现红光带。

（2）一送两受道岔轨道区段红光带故障分析

① 靠近送电端。先测轨面电压，如果电压较高，根据经验能判定为开路故障，可以直接向受电端查找，但一般情况下，无论电压是高还是低，应开箱测试 BG2 Ⅱ 次侧电压，与变阻器电压进行比较判断后再做出结论。若 Ⅱ 次侧电压不正常，可沿 Ⅰ 次侧至熔断器方向查找故障点。若 Ⅱ 次侧电压正常，再测变阻器电压，如果变阻器电压为零或明显低于平常值，表明轨道电路开路；如果变阻器电压接近 Ⅱ 次侧电压或明显高于平常值，表明轨道电路短路。判断是开路故障还是短路故障是处理轨道电路故障的关键所在。

② 靠近受电端。先测受电端轨面电压。根据现场经验，一送一受的受电端电压一般不应低于 0.6V（距离信号楼特别远的区段还会更高一些），这个电压经过受电端 BG2 变压后为 20V 左右，再送到室内继电器两端电压有效值大于或等于 18V（微电子接收器的室内电压有效值大于或等于 16V），能保证继电器可靠吸起。一送多受的受电端电压根据具体情况而定，但是，各受电端的电压都不能低于 0.6V。

当受电端轨面电压高于 0.6V 时，一送一受区段的轨道电路，故障点肯定在受电端至室内方面；一送多受区段要开箱检查平常值，只要所测电压高于平时值，故障范围与一送一受区段相同。为可靠起见，还要测另外几个受电端轨面电压进行比较后再确定。

当受电端轨面电压低于 0.6V，有四种情况：

ⅰ：BG2 短路；

ⅱ：轨道电路短路或半短路；

ⅲ：轨道电路开路或半开路；

ⅳ：受电端电缆混线。

若区分 BG2 短路，可测试 BG2 Ⅰ、Ⅱ 次侧电压是否成比例给予确定。区分轨道电路短路或半短路：在排除第 ⅰ 种情况的前提下，拆下 BG2 Ⅱ 次侧的一根线，如 Ⅱ 次侧电压升高幅度不大，属于第 ⅱ 种情况；如果 Ⅱ 次侧电压升高幅度较大，属于第 ⅲ、ⅳ 情况。对于受电端电缆混线，不要急于考虑，因为轨道电路开路或半开路的概率较高，先按开路故障查到送电端，如果中间某处电压突然升高，就是故障点的所在。如果电压无明显变化，开送电端变压器箱，按"靠近送电端"的处理方式查找。如果在送电端确定为短路故障，说明受电端混线。

3. 典型案例

（1）案例一

故障概况：1月31日13：49分，T6次过后桂林站4-8 DG第一次出现红光带，13：49：47分红光带自动消失。14：11分，车过后4-8DG第二次出现红光带。

故障原因：第一次红光带时测试送端轨道变压器Ⅰ次电压58V，Ⅱ次电压3.8V，限流电阻2.1V，扼流变压器电压1.65V，轨面0.55V。第二次红光带时测试4-8DG送端轨道变压器一次电压56V，二次电压3.7V，限流电阻2.9V，扼流变压器电压0.8V，轨面0.25V；受端测试轨面电压0.2V，两次红光带限流电阻电压都比正常值（1.8V）高，初步判断为短路故障。

14：50分利用轨道电路故障测试仪测试发现4#道岔岔后绝缘处（岔后弯股，下行右侧，胶接式绝缘）有0.8A电流通过，绝缘两端电压0.103V，判断为岔后绝缘不良造成故障，设备可能存在的故障点绝缘小短路，如图4-57所示回路。

处理方法：更换相关绝缘节。

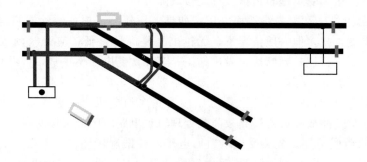

图4-57 轨道电路红光带故障

（2）案例二

故障概况：2月1日10：38分，4-8DG在无列车通过时出现红光带。

故障原因：在分线盘测试，送出电压82V，接收电压10.3V、相位47°，比正常接收电压为21V，相位91°低，判断故障点在室外。

25Hz相敏轨道电路轨道电源在传输过程中，轨道电压值随相位角变化而变化，轨道电路中能改变相位角的有室内防护盒、室外送受电端的扼流适配变压器和轨头绝缘破损导致两相邻区段短路。室内防护盒不良相位角为55°~70°，适配器回路开路相位角为40°~50°，轨头绝缘破损相位角为50°~60°，且相邻区段轨道电压及相位角发生同样变低或红光带。

根据接收电压10.3V、相位47°，只有4-8DG红光带，相邻区段正常，可判断为适配器回路开路。

处理方法：

2月1日11：40分，甩开4-8DG送端扼流适配器后，4-8DG送回室内电压21.5V，更换扼流适配器试验良好后于 12:00 分恢复设备正常使用。

2月2日 11:15 分，4-8DG 闪红光带，故障现象与 2 月 1 日相同。更换适配器回路中的空气开关，恢复 4-8DG 正常使用。

经进一步分解检查发现故障原因为扼流适配器回路中的空气开关内部接触不良问题。

任务二　计轴设备维护及故障分析处理

任务目标

1. 熟悉计轴设备及与联锁系统接口；
2. 能够进行计轴设备日常维护；
3. 能够处理计轴设备故障。

任务实施

计轴器是用于计算车辆进出区段的轮轴数，分析计算区段是否有车占用的一种技术装备，它具有检查区段占用与空闲的功能，而且不受轨道电路道床状况的影响。它采用轨道传感器、电子单元和计轴核算器来记录并比较驶入和驶出轨道区段的轴数，作为检查区段的安全设备，其作用和轨道电路等效。在采用 CBTC（基于无线通信的列车运行控制系统）的城轨线路，当无线传输设备发生故障时，可用计轴设备检查列车的位置，构成"降级"信号。下面以德国提芬巴赫 TAZ Ⅱ 型计轴设备为例，介绍其维护及故障处理。

一、TAZⅡ型计轴设备认知

计轴设备主要由室内计轴机柜和室外计轴磁头两大部分组成，构成计轴轨道电路，如图 4-58 所示。

（一）电路原理认知

TAZⅡ计轴系统结构如图 4-59 所示，由计轴磁头（传感器）DSS、放大板 BA、计轴板 AC、输出板 WST、复零板 ACR 和电源板 PWR 等部件组成。其中，计轴磁头（传感器）DSS 与放大板 BA 组成车轴检测单元，计轴板 AC 与输出板 WST 等组成计轴运算单元。

电源板输入交流 220V，输出直流 12V 或 24V，为其他板卡的工作提供工作电源。

车轮驶过计轴磁头（传感器）区域时，计轴磁头（传感器）产生轮轴脉冲信号，该信号经放大板进行放大和整形为数字信号，为计轴板的计轴运算提供数据支持。同时，放大板直接将该脉

图 4-58　TAZⅡ型计轴设备

冲信号传送至输出板。

计轴板提供两套独立的计轴运算电路，实现列车轮轴数计入和计出统计，当两套计轴运算电路计算结果完全相同时，才输出空闲信息给输出板，并对列车运行方向进行判断。

输出板实现计轴区段空闲或占用的条件输出，并传递至联锁系统。

计轴预复位时，通过复零板实现对计轴板记录轮轴数的清零，直到下一班次列车完整通过计轴区段后或人工划轴，输出板方可输出区段空闲信息。

1. 计轴磁头（传感器）

如图 4-60 所示，将铜垫装至钢轨轨腰安装孔内，通过两根螺栓等紧固件将计轴磁头（传感器）安装于轨腰处。

计轴磁头（传感器）的内部由两套（磁头 DSS-SⅠ 和 DSS-SⅡ）相互独立的高频 LC 有源振荡器和相应的附属电路构成，由室外提供直流恒流源。当列车车轮接近传感器时，车

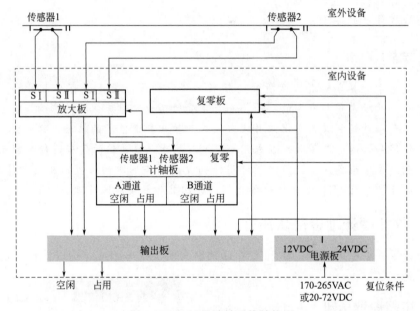

图 4-59　TAZⅡ计轴系统结构图

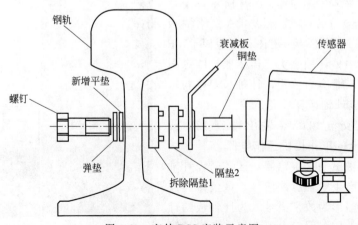

图 4-60　室外 DSS 安装示意图

轮的铁磁介质对内部 LC 电路产生阻尼作用，致使电路的工作状态发生变化，电路输出端的端电压将升高。另外，两路脉冲信号必须满足有先后有重叠的特征，才被认为是有效的车轮信号，系统通过识别两路脉冲信号的相位差来确定车轮的运动方向，如图 4-61 所示。

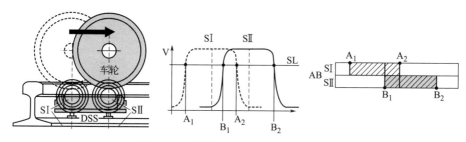

图 4-61 计轴磁头（传感器）示意图

2. 计数电路

如图 4-62 所示，室内放大板提供两套缓冲放大器电路与室外 DSS 的 SⅠ和 SⅡ感应磁头相连，轮轴经过 DSS 的 SⅠ和 SⅡ感应磁头产生脉冲信号，经放大板放大，转换为方波信号传送至计轴板。计轴板通过辨别放大板两路方波信号高电平的先后顺序来确定轮轴运行方向；当两路方波信号为高电平重叠时，计轴板记录轮轴的轴数，否则无效。

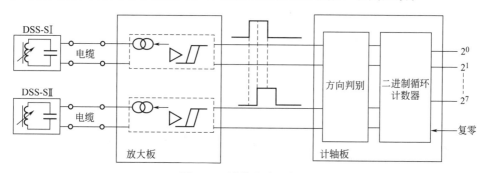

图 4-62 计数电路示意图

3. 区段占用和空闲检查电路

如图 4-63 所示，S1、S2 分别表示计轴磁头（传感器）SⅠ、SⅡ占用继电器；Oc1、Oc2 分别表示计数器占用继电器；Oc3 为计数器组空闲继电器；CL 表示计轴器空闲继电器；CLH 表示计轴器占用继电器；BRKDN 表示计数器动作一致性检查继电器。

列车运行方向由 S1 往 S2 的工作原理具体如下所示。

① 当轮轴接近室外计轴磁头（传感器）S1 时，SⅠ占用继电器得电吸起，从而 CL（计轴器空闲继电器）落下。轮轴接近计轴磁头（传感器）S2 时（S1 与 S2 磁场重叠区域），SⅡ占用继电器得电吸起（SⅠ仍在吸起），导致 CLH（计轴器占用继电器）得电吸起，并自保。

② 轮轴完全越过计轴磁头（传感器），计数器计入一轴（区段轴数为进入一轴），从而计数器切断 CL（计轴器空闲继电器）励磁电路的工作电源。同时，Oc1 和 Oc2（计数器占用继电器）得电吸起，导致 Oc3（计数器组空闲继电器）落下，计轴区段处于占用状态。

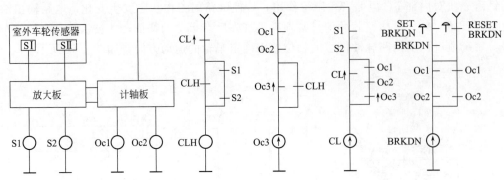

图 4-63 区段占用和空闲检查电路

③ 后续轮轴计入和计出过程中,除了计数器不断地计数以外,其他继电器均不动作。

④ 当列车最后一个轮轴完全越过 DSS 时,计数器计出最后一轴(区段轴数变为零),计数器接通 CL(计轴器空闲继电器)励磁电路的工作电源,同时 Oc1 和 Oc2(计数器占用继电器)失电,延时 50ms 落下,CL(计轴器空闲继电器)得电吸起。

⑤ CLH(计轴器占用继电器)失电落下,同时 Oc3(计数器组空闲继电器)得电吸起,计轴区段处于空闲状态。

⑥ BRKDN 计数器动作一致性检查,通过监测 Oc1 和 Oc2 继电器接点来检查计数器动作的一致性。当两个计数器动作不一致时,BRKDN 继电器失电落下。因此,BRKDN 继电器可能长期处于不动作状态。BRKDN 继电器可通过操作输出板面板的"SETBRKDN"进行人工检查。

4. 计轴与联锁系统接口

如图 4-64 所示,联锁系统通过直流 24V 无极-1700 型继电器的励磁电路串联计轴设备的 Oc3、CL、BRKDN 继电器前接点(得电)以及 CLH 继电器后接点(失电),实现联锁系统实时监测计轴设备的占用和空闲状态。

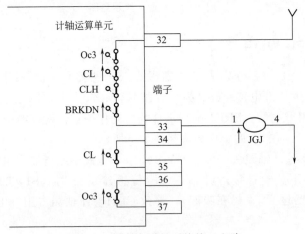

图 4-64 计轴与联锁系统接口电路

(二)机柜设备认知

计轴机柜由电源机箱、放大机箱、计轴机箱和监测机箱构成,如图 4-65 所示。

1. 电源机箱

电源机箱将外部 AC 220V/50Hz 电源转换为计轴系统内部板件所需的 DC 12V 和 DC 24V 电源，并且监测放大机箱内各板件的电压状态，如图 4-66 所示。

（1）电源板

电源板主要功能是将外界输入的 AC220V 电源转换为计轴机箱所需的 DC 12V 和 DC 24V 电源。

（2）监视板

监视板主要功能是监测放大板的供电电压状态。

① 监视板的特点。电压监视板 AR32/1612 是由继电器构成的单元，用来监测放大板的电源电压。

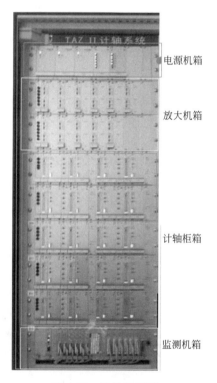

图 4-65 计轴机柜图

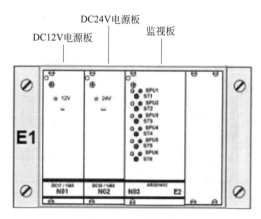

图 4-66 电源机箱

② 面板指示灯显示说明如图 4-67 所示。

2. 放大机箱

放大机箱接收计轴磁头（车轮传感器）的车轮检测信息，并将该信息进行处理后传送给计轴机箱和监测机箱内的相关板件，如图 4-68 所示。

（1）放大板

放大板的主要功能是将计轴磁头（车轮传感器）输入的车轮探测信号格式进行转换，并输入到计轴板和输出板。

① 放大板的特点。每块放大板含有两套缓冲放大器电路，可供两个计轴磁头（车轮传感器）使用。一套缓冲放大器单元有两个输入，供每个计轴磁头（车轮传感器）内部的 S I

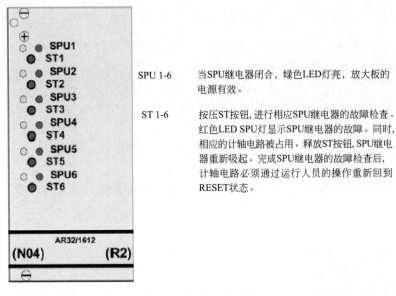

图 4-67 监视板指示灯显示说明

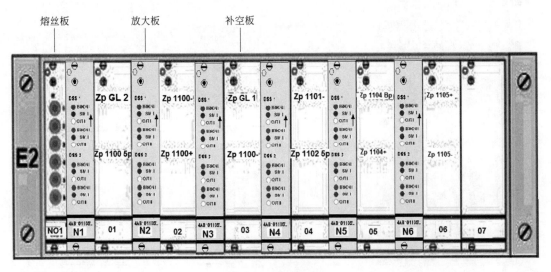

图 4-68 放大机箱

和 S Ⅱ 使用。

对于相邻区段共用 DSS（计轴磁头的复用）的情况，对应的放大板也要复用，两个区段的计轴单元要同时从复用的放大板中接收 DSS 脉冲信号。

如图 4-69 所示，DSS 由放大板提供恒定的电流，车轮接近时，依靠阻尼作用，DSS 系统的内部阻抗发生变化，恒流源两端的电压升高，根据电压降低的情况，产生轨道占用或空闲输出。

另外，放大板实现对 DSS 传感器系统的监测，监测内容包括断线、短路及计轴磁头在钢轨上安装的完整性。通过车轮传感器（DSS）中的一个或两个传感器系统的阻尼作用形成计轴电路的轨道占用输出。放大板与端子板之间通常用预制的连接电缆连接。

② 面板指示灯显示说明如图 4-70 所示。

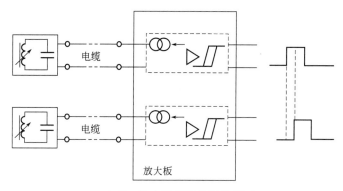

图 4-69　放大板与计轴磁头接口

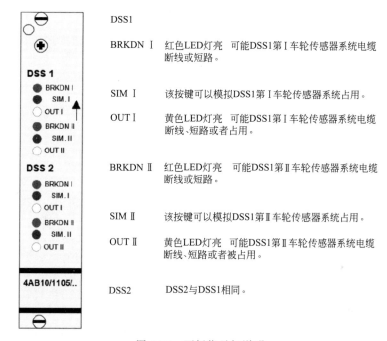

图 4-70　面板指示灯说明

（2）熔丝板

熔丝板的主要功能是为放大机箱提供过流和过压防护。

3. 计轴机箱

计轴机箱处理放大机箱板件输入的车轮探测信息，进行轴数统计和列车行进方向鉴别，输出轨道空闲或占用状态，如图 4-71 所示。

（1）计轴板

计轴板主要功能是处理放大板输入的车轮探测信号，实现车轮轴数记录和车轮行进方向鉴别。计轴板面板指示灯显示说明如图 4-72 所示。

（2）输出板

输出板主要用于向与其连接的信号设备输出计轴区段的空闲或占用状态。

① 输出板的特点。通过继电器单元来比较计数单元的双通道数据，并使输出置于关联

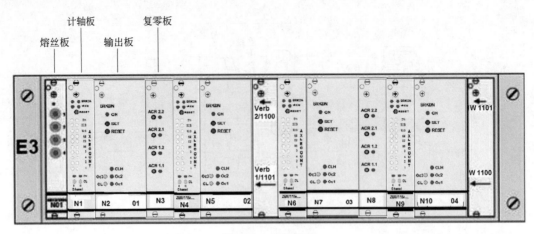

图 4-71 计轴机箱

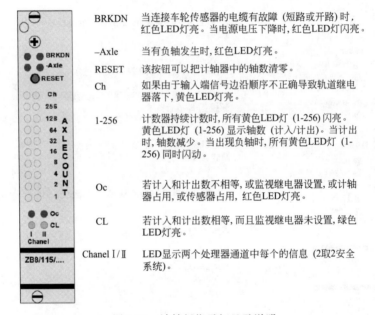

BRKDN	当连接车轮传感器的电缆有故障（短路或开路）时，红色LED灯亮。当电源电压下降时，红色LED灯闪亮。
–Axle	当有负轴发生时，红色LED灯亮。
RESET	该按钮可以把计轴器中的轴数清零。
Ch	如果由于输入端信号边沿顺序不正确导致轨道继电器落下，黄色LED灯亮。
1-256	计数器持续计数时，所有黄色LED灯 (1-256) 闪亮。黄色LED灯 (1-256) 显示轴数 (计入/计出)。当计出时，轴数减少。当出现负轴时，所有黄色LED灯 (1-256) 同时闪动。
Oc	若计入和计出数不相等，或监视继电器设置，或计轴器占用，或传感器占用，红色LED灯亮。
CL	若计入和计出数相等，而且监视继电器未设置，绿色LED灯亮。
Chanel I/II	LED显示两个处理器通道中每个的信息 (2取2安全系统)。

图 4-72 计轴板指示灯显示说明

安全的状态——"轨道占用"或"轨道空闲"。当计轴系统出现故障时，将输出"轨道占用"状态，决不会输出"轨道空闲"状态。

当计轴系统出现故障时，由计数通道或继电器实施安全关机，它将关断输出，同时强制将轨道占用条件输出到与之连接的上层控制设备中。当电路断电操作后，由相应计轴系统构成的计轴电路将进入"轨道占用"状态，并能够被"ACR"键复零。板上继电器接点通过的最大电流 $I_{max}=2A$。

② 面板指示灯显示说明如图 4-73 所示。

（3）复零板

复零板主要用于计轴系统复零。

① 复零板的特点。作为输入接口，计轴复零板为计轴板复零键（ACR）提供了安全的输入。外部"ACR"键或者单元前面板的"ACR"键不仅能够引起计数器复零，且同时引起开关复原输出轨道空闲条件，并恢复轨道空闲检测功能。计数器能够正常工作是轨道空闲检测的一个基本条

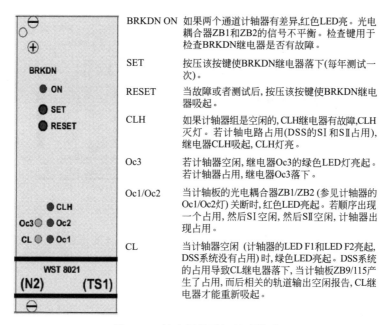

图 4-73　输出板指示灯显示说明

件。计轴器复零单元采用仿真两个轴的计入计出程序的方法来验证计数器能否正常工作。

计轴板的二轴检查在计轴器预复零的情况下将不执行,这时按压"ACR"键仅将计数器单元归零。只有当列车通过整个计轴电路或者用放大板板上的"SIM"键模拟车轴时,才能完成计数器的计数测试,才能够输出轨道空闲条件。

② 面板指示灯显示说明如图 4-74 所示。

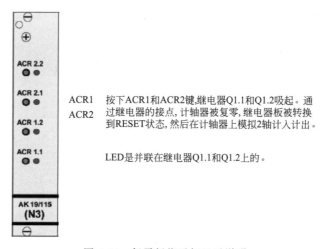

图 4-74　复零板指示灯显示说明

（4）熔丝板　熔丝板的主要功能是为计轴机箱提供过流和过压防护。

4. 监测机箱

监测机箱监测计轴系统的运行状态,并可存储监测数据,如图 4-75 所示。

① 采集板　采集板是监测系统的核心部件,完成计轴系统车轮传感器、计轴板、输出板的状态监测,并将其存储。

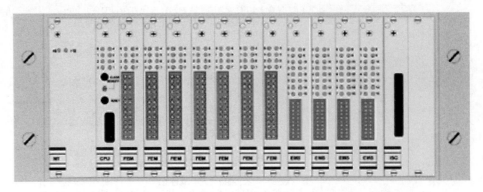

图 4-75　监测机箱

② 信号输入板　信号输入板主要功能是监测车轮传感器工作状态、区间的占用和空闲状态。信号输入板面板指示灯显示说明如图 4-76 所示。

当连接DSS时,
0～14　　车轮传感器DSS开路、短路、故障等亮黄灯
15　　电源指示灯
当连接计轴机箱时,
0　1　　当按下区间复零按钮时,亮黄灯
3　4　　当按下区间复零按钮时,亮黄灯
6　7　　当按下区间复零按钮时,亮黄灯
9　10　　当按下区间复零按钮时,亮黄灯
12　13　　当按下区间复零按钮时,亮黄灯
2　　当区间空闲时,亮黄灯
5　　当区间空闲时,亮黄灯
8　　当区间空闲时,亮黄灯
11　　当区间空闲时,亮黄灯
14　　当区间空闲时,亮黄灯
15　　电源指示灯

图 4-76　信号输入板指示灯显示说明

③ 计数输入板　计数输入板主要功能是监测车轮传感器的工作状态。计数输入板面板指示灯显示说明如图 4-77 所示。

④ 串行接口板　串行接口板主要用途为组成打印存储板与监测终端联机通道。

⑤ 打印存储板　打印存储板用于将存储在采集板内存中的数据信息在监测平台上打印出来。

⑥ 高速以太网传输板　高速以太网传输板用于同一联锁区集中站的多个计轴机柜联网。

二、与联锁接口电路分析

1. 采集接口

如图 4-78 所示,联锁计算机 A 机、B 机通过采集 DGJ（轨道继电器）前接点条件,实现实时监控计轴区段状态。当联锁计算机采集到 DC24 高电平（为"1"）时,系统认为该计轴区段空闲。否则为占用或故障状态。

0	1	车轮传感器DSS1开路、短路、故障等亮黄灯
2	3	车轮传感器DSS2开路、短路、故障等亮黄灯
4	5	车轮传感器DSS3开路、短路、故障等亮黄灯
6	7	车轮传感器DSS4开路、短路、故障等亮黄灯

图 4-77　计数输入板指示灯显示说明

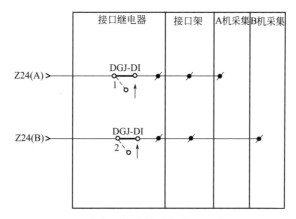

图 4-78　联锁机与计轴采集接口电路原理图

2. 计轴预复位

① 操作人员在 HMI 上取得站控权且正确选择控制区域，操作"功能按钮"，单击"计轴复位"按钮后，联锁计算机驱动（60s 内有效）YFWJ（预复位继电器）吸起。

② 操作人员操作 IBP 盘计轴复位按钮，DC24V 电源经 YFWJ 的前接点使 FLAJ（复零继电器）吸起，从而沟通计轴复零板复零电路，实现计轴设备计入或计出轴数清零，如图 4-79 所示。

三、设备日常维护保养

在设备日常维护中，根据设备的特点，结合实际情况，通常划分为巡视、集中检修及状态维修模式。

① 设备巡视，指在不影响设备运行的前提下，对设备进行的检查和养护。
② 集中检修，指在运营结束后，对设备进行的检查和养护，影响设备运行或功能。
③ 状态维修，指设备发生故障或性能发生变化后，对设备进行修复。

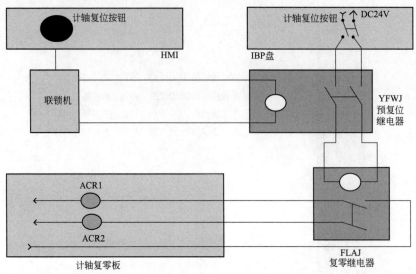

图 4-79 联锁机与计轴复零接口电路原理图

（一）检修项目及标准

在日常设备维护中，计轴室内设备巡视周期一般实行月检，集中检修周期实行年检；而室外设备实行年检，具体检修内容及标准如下。

1. 设备巡视

计轴室内设备（计轴机柜）月检检修内容及标准如表 4-18 所示。

表 4-18 计轴室内设备月检检修内容及标准

计轴室内设备(计轴机柜)月检工艺卡			
作业性质:月检	编号:		设备编号:
作业项目:计轴室内设备(计轴机柜)月检作业			
作业条件	①召开班前会,明确施工范围、内容、人员分工以及注意事项		
	②检修工具准备齐全		
	③按规定办理清点手续		
	④按规定做好安全防护		
作业工器具	名 称	型 号	数 量
	万用表	—	1 台
	38 件套/42 件套	—	1 套
	通信工具(电台)	—	1 台
	手电筒	—	1 把
作业材料	名 称	型 号	数 量
	清洁布	—	适量
	手套	—	适量
	绝缘胶带	—	适量
	毛刷	—	1 把

续表

安全要点	①信号维护人员与行车人员共同确认已批点、作业区域范围、作业内容和影响范围
	②防止触动各类开关、按钮、电源等设备
	③严禁影响设备正常工作状态的操作

检修项目	检修内容及标准
①设备安装环境检查	①检查温度和湿度。标准:根据不同区域确定(一般温度为20~26℃,湿度为50%~75%)
	②检查设备机房孔洞(防鼠防虫)。标准:孔洞封堵完好、标识清晰
	③检查防静电地板或地面。标准:无塌陷
	④检查柜体、柜架。标准:无歪斜,固定牢固
②设备外观检查	①检查柜门。标准:动作灵活,锁头完好
	②检查线缆、开关标识。标准:标识齐全、完整、清晰
	③检查机柜密封性。标准:密封良好,孔洞封堵完好
③检查设备状态	①检查防雷单元。标准:插接良好,指示框显示绿色(红色表示故障状态)
	②检查机柜温控单元(含风扇)。标准:电源指示灯点亮,风扇工作正常,无异常
④收尾工作	①填写设备检修记录表
	②信号维护人员确认安全防护撤除,清理作业现场,人员出清
	③销点前,确认设备工作状态和表示灯状态与作业前一致
	④信号维护人员办理销点手续
	⑤召开班后会,填写作业工单

2. 集中检修

① 计轴室内设备（计轴机柜） 计轴室内设备（计轴机柜）年检检修内容及标准同设备巡视，增加功能及电气特性测试项目，具体如表 4-19。

表 4-19 计轴室内设备年检检修内容及标准

计轴室内设备(计轴机柜)年检工艺卡			
作业性质:年检	编号:		设备编号:
作业项目:计轴室内设备(计轴机柜)年检作业			
作业条件	①召开班前会,明确施工范围、内容、人员分工以及注意事项		
	②检修工具准备齐全		
	③按规定办理清点手续		
	④按规定做好安全防护		
作业工器具	名　称	型　号	数　量
	万用表	—	1台
	38件套/42件套	—	1套
	通信工具(电台)	—	1台
	手电筒	—	1把
作业材料	名　称	型　号	数　量
	清洁布	—	适量
	手套	—	适量
	绝缘胶带	—	适量
	毛刷	—	1把

续表

安全要点	①信号维护人员与行车人员共同确认已批点、作业区域范围、作业内容和影响范围
	②防止触动各类开关、按钮、电源等设备
	③严禁影响设备正常工作状态的操作
检修项目	检修内容及标准
①紧固检查及清洁	①紧固各板卡。标准:螺栓紧固,无滑丝,无"锈死"
	②检查线缆、电源和电缆插头。标准:安装牢固,无松动
	③检查地线。标准:紧固,无断股,无破损
	④清洁设备(含风扇)及防尘网。标准:由上至下清扫,无积灰
②电气特性测试	①12V电源板输出电压测试。标准:DC12V±5%
	②24V电源板输出电压测试。标准:DC24V±5%
③功能检查	①检查复零板功能。标准:执行计轴预复位操作后,相应计轴区段被复零成功。且计轴预复位按钮计数器数值累加
	②检查输出板内部 BRKDN 继电器落下测试。标准:按压面板"SET"按钮,"BRKDN ON"灯点亮,再按压"RESET"按钮,"BRKDN ON"灯熄灭
	③检查特定计轴磁头(DSS)。标准:若超过两个月的计轴磁头没有一轴轧过,需进行人工画轴测试,计轴板计入和计出轴数与室外人工画入和画出轴数一致
④收尾工作	①填写设备检修记录表
	②信号维护人员确认安全防护撤除,清理作业现场,人员出清
	③销点前,确认设备工作状态和表示灯状态与作业前一致
	④信号维护人员办理销点手续
	⑤召开班后会,填写作业工单

② 计轴室外设备 计轴室外设备年检检修内容及标准如表 4-20。

表 4-20 计轴室外设备年检检修项目及标准

计轴室外设备年检工艺卡			
作业性质:年检	编号:		设备编号:
作业项目:计轴室外设备年检作业			
作业条件	①召开班前会,明确施工范围、内容、人员分工以及注意事项		
	②检修工具准备齐全		
	③按规定办理清点手续		
	④按规定做好安全防护(红闪灯)		
作业工器具	名 称	型 号	数 量
	万用表	—	1台
	38件套/42件套	—	1套
	通信工具(电台)	—	1台
	手电筒	—	1把

续表

作业材料	名称	型号	数量
	清洁布	—	适量
	手套	—	适量
	绝缘胶带	—	适量
	毛刷	—	1把
安全要点	①信号维护人员与行车人员共同确认已批点、作业区域范围、作业内容和影响范围		
	②行走时，金属物品勿靠近计轴磁头		
	③按规定穿戴防护用品，并设置好闪红灯后方可进行轨行区作业		
	④作业完毕必须完全清理现场，严禁遗留任何工具材料在轨行区		
	⑤严禁擅自拆卸、调整计轴磁头设备		
	⑥严禁擅自超标调整设备电气和机械参数		
检修项目	检修内容及标准		
①外观检查及清扫	①检查箱盒和计轴磁头(传感器)外观状况。标准：无阻挡物、无破损、无损伤		
	②检查设备周围隧道壁或顶部有无漏水或积水。标准：不影响设备使用		
	③清扫计轴磁头(传感器)。标准：无油垢，周围(20cm)无铁屑等金属物		
	④清洁箱盒(含支架)安装螺栓。标准：无污垢		
	⑤检查计轴磁头(传感器)铭牌标识。标准：齐全，清晰		
②检查设备安装紧固、密封、配线。	①检查配线。标准：整齐，牢固(过线管外露部分小于总长度的1/3)		
	②紧固计轴磁头(传感器)安装螺栓。标准：紧固		
	③检查阻尼板与计轴磁头(传感器)接触紧密。标准：无间隙		
	④检查箱盒密封性。标准：密封性良好，无积水		
	⑤紧固箱盒(含支架)安装螺栓。标准：紧固，注黄油		
	⑥紧固过轨金属管、防护胶管安装固定螺栓(防止牵引回流烧坏设备)。标准：紧固；过轨金属与钢轨底部间隙加装防护胶管		
③标注防松标记	计轴磁头固定螺栓(2颗)防松标记。标准：防松标记应垂直划在螺杆表面、螺杆竖立面与螺母竖立面；标记线的长度在2~4cm，宽度在4~6mm		
④电气特性测量	①测试空闲电压。标准：DC5.3~7.35V		
	②测试占用电压。标准：大于DC8.7V		
⑤机械参数测量	机械参数测量。标准：计轴磁头(传感器)的正常感应高度为(37~45)±1mm，可调整范围为30~50mm，一般现场应调整为41.5mm		
⑥收尾工作	①填写设备检修记录表		
	②信号维护人员确认安全防护撤除，清理作业现场，人员出清		
	③销点前，确认设备工作状态和表示灯状态与作业前一致		
	④信号维护人员办理销点手续		
	⑤召开班后会，填写作业工单		

（二）注意事项

① 检修作业前，信号维护人员与行车人员共同确认检修作业已批准、作业区域范围、作业内容和影响范围。
② 带电设备清洁时，严禁使用湿布或液体清洁剂，以防人身触电或设备损坏。
③ 检修中，应做好静电防护，防止损坏电子板卡。
④ 电气测试前，应确认仪表挡位选择正确。
⑤ 设备紧固检查时，应正确使用工器具，防止损坏设备。
⑥ 严禁通过操作放大板"SIMⅠ"和"SIMⅡ"键进行人工模拟计轴区段出清（空闲）。
⑦ 严禁擅自拆卸、调整计轴磁头设备。
⑧ 严禁擅自超标调整设备电气和机械参数。
⑨ 检修后，道岔区段和不可清除区段应人工划轴出清（空闲）。

四、故障处理

（一）故障处理基础知识

1. 人工划轴步骤

① "预复位" 是指行车值班员在 HMI 工作站操作计轴复位按钮后，60s 内按压 IBP 盘上对应区段计轴复位按钮。
② "划入" 指划轴人员站在故障区段的任意一个计轴磁头位置，以进入该区段的方向划轴。
③ "划出" 指站在原地点，以离开该区段的方向划轴。

通过人工划轴三步骤，可将粉红光带区段转移到相邻区段。以图 4-80 所示为例进行 T21212 计轴区段人工划轴。

第一步（预复位），行车值班员进行预复位 T21212 区段。
第二步（划入），在轨行区 AC21210 处划入"2 轴"。
第三步（划出），在轨行区 AC21210 处进行划出"2 轴"。此时 T21212 区段粉红光带消失，T21210 显示粉红光带。

2. 板卡更换步骤

① 佩戴防静电手腕。
② 将故障板卡面板固定螺栓拧松，用手抓住面板把手，轻微用力外拉。
③ 插入板卡前，应将板卡母板上下边缘与机柜内上下卡槽对齐后插入板卡，将板卡推进机笼内。
④ 拧紧板卡面板固定螺栓。

（二）故障分析判断

1. 故障类型

计轴设备故障一般可以分为受干扰、丢（漏）轴、计轴复零、硬件及电源故障五种类型。

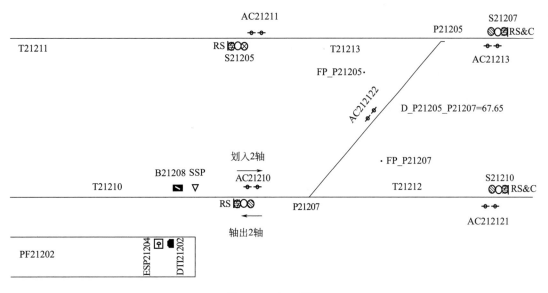

图 4-80 人工划轴

① 受干扰 指设备在正常工作情况下，受外界干扰出现计轴板双通道计数不一致，导致设备故障。

② 丢（漏）轴 指列车经过计轴区段后，计出轴数与计入轴数不一致，导致设备故障。

③ 计轴复零故障 指操作计轴预复位后，计轴板记录的轴数未能清零。

④ 硬件故障 室外或室内板卡、线缆等部件故障。

⑤ 电源故障 指计轴机柜供电设备或与电源屏接口电路故障。

2. 处理流程

计轴设备故障处理流程如图 4-81 所示。

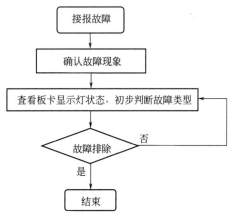

图 4-81 计轴设备故障处理流程

3. 分析判断

在正常工作状态下，放大板、计轴板和输出板面板指示灯状态如图 4-82 所示。室外计轴磁头电气参数，如图 4-83 所示。

设备分类	指示灯	空闲	占用
放大板	BRKDN	灭灯	灭灯
	OUT	灭灯	●（黄）
计轴板	BRKDN	灭灯	灭灯
	–Axle	灭灯	灭灯
	1-256	灭灯	●（黄）
	Oc	灭灯	●（红）
	C1	●（绿）	灭灯
输出板	ON	灭灯	灭灯
	CLH	灭灯	●（红）
	CL	●（绿）	灭灯
	Oc1/Oc2	灭灯	●（红）
	Oc3	●（绿）	灭灯

图 4-82　板卡面板指示灯

序号	计轴磁头状态	电压值(DC)
1	空闲	5.3～7.35V
2	占用	≥8.7V
3	离轨	≤4.25V
4	断线	≥9.5V

图 4-83　磁头电气参数

(1) 受干扰

以单个计轴区段故障为例。

① 现象。

• 中央、车站 HMI 工作站站场图显示该区段为棕光带或粉红光带。

• 输出板面板"Oc3"灭灯，"CL"亮绿灯；"CLH"、"Oc1"和"Oc2"灭灯。

• 轨道继电器（GJ）落下状态。

② 分析判断。

• 确认 HMI 工作站站场图显示。

• 查看计轴机柜面板指示灯状态，确定为计轴受干扰。

• 执行计轴预复位操作，确认复零成功。列车运行经过该区段或人工划轴后计轴区段正常出清，故障排除；若故障仍然存在，则逐一排查计轴板、输出板、放大板及室外磁头机械特性。

(2) 丢（漏）轴故障

以单个计轴区段故障为例。

① 现象。

• 中央、车站 HMI 工作站站场图显示相邻两个区段为棕光带或粉红光带（联锁区交界区段除外）。

• 一个区段计轴板面板"1-256"指示灯显示轴数不正确（如 6 节编组车辆为 24 轴），另一个区段计轴面板"1-256"指示灯黄闪（负轴，表示计出轴数比计入轴数多）。

• 轨道继电器（GJ）落下状态。

② 分析判断。

• 确认 HMI 工作站站场图显示。

• 查看计轴机柜面板指示灯状态，确定为丢（漏）轴故障。

• 执行计轴预复位操作，确认复零成功。列车运行经过该区段或人工划轴后计轴区段正常出清，故障排除；若故障仍然存在，则逐一排查计轴板、放大板及室外磁头机械特性。

(3) 计轴复零故障

① 如图 4-84 所示，在 HMI 工作站操作计轴复位按钮后，检查预复位继电器状态。若

继电器未吸起，则测量继电器的驱动电压，逐一排除预复位继电器与联锁计算机接口功能故障。

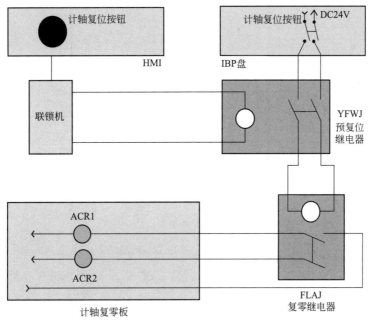

图 4-84　计轴复零接口电路

② 预复位继电器吸起，检查复零继电器。若复零继电器吸起，且其继电器接点为接通状态，则更换计轴复零板。

（4）硬件故障

① 计轴磁头安装问题（如松脱）或室内外断线。

• 中央、车站 HMI 工作站站场图显示相邻两个区段为棕光带或粉红光带（联锁区交界区段除外）。

• 放大板面板"BRKDN"指示灯亮红灯，其他板卡显示占用或故障状态。

• 如图 4-85 所示，如果分线架或计轴机柜测量磁头（DSS-SⅠ和 DSS-SⅡ）处电压大于 9.5V，说明断线；若电压小于 4.25V，则说明离轨状态（磁头可能松脱）。

② 放大板故障。

• 中央、车站 HMI 工作站站场图显示相邻两个区段为棕光带或粉红光带（联锁区交界区段除外）。

• 放大板面板"BRKDN"指示灯亮红灯，分线架或计轴机柜测量磁头（DSS-SⅠ和 SⅡ）处电压处于异常值。

• 当列车轮对经过磁头或人工划轴时，放大板面板 OUT（Ⅰ或Ⅱ）指示灯未呈现闪亮状态，且测试电压处于异常值。

③ 计轴板故障。

• 中央、车站 HMI 工作站站场图显示该区段为棕光带或粉红光带。

• 计轴板面板上的"BRKDN"指示灯亮红灯，按操作面板上的"RESET"复位键后无效。

• 当列车轮对经过磁头或人工划轴时，计轴板面板"1-256"指示灯显示轴数异常。

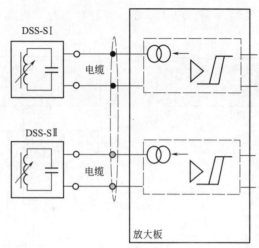

图 4-85　板卡面板指示灯

④ 输出板故障。

- 中央、车站 HMI 工作站站场图显示该区段为棕光带或粉红光带。
- 输出面板上的"BRKDN"指示灯亮红灯，按操作面板"RESET"复位键后无效。

（5）电源故障

① 中央、车站 HMI 工作站站场图显示多个区段为棕光带或粉红光带（联锁区交界区段除外）。

② 查看计轴机柜电源模块面板指示灯状态，若电源模块工作指示灯未点亮，检查机柜电源空气开关及电源模块本身；若电源模块工作指示灯点亮，检查机柜背面保险管及接线。

（三）典型故障案例分析

【案例 1】

（1）故障现象

信号维护人员接报，中央和车站 HMI 工作站显示某联锁站大面积计轴区段显示棕光带和粉红光带故障，如图 4-86 所示（棕光带用线……表示，粉红光常用线………表示）。

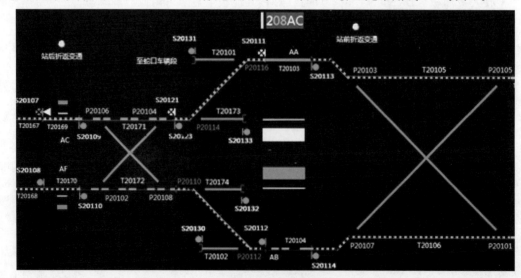

图 4-86　故障现象 1

(2) 故障分析及处理

① 信号维护人员查看计轴机柜板卡，发现计轴机箱板卡均显示故障状态，且 24V 电源板面板工作指示灯灭灯，初步确定为电源故障，如图 4-87 所示。

② 信号维护人员检查计轴机柜背面电源开关，发现电源总开关跳闸，如图 4-88 所示。测试电源总开关输入端电压为交流 220V，说明输入电源正常。测试电源总开关输出端电阻未出现短路现象。

图 4-87 机柜板卡表象

图 4-88 电源开关

③ 信号维护人员对电源总开关进行合闸后，又出现跳闸。因此，更换 24V 电源板后，重新合闸正常。

(3) 故障原因

对 24V 电源板进行调查分析，确定为其内部电路故障。

【案例 2】

(1) 故障现象

信号维护人员接报（非运营时间），中央和车站 HMI 工作站显示某道岔计轴区段显示棕光带（相邻两个区段），如图 4-89 中粗线段所示。

(2) 故障分析及处理

① 信号维护人员向行车值班员了解，确定该故障区域有其他检修作业。

② 查看计轴机柜板卡，发现计轴机箱左边计轴区段的计轴板显示"负轴"现象，右边计轴区段的计轴板记录轴数为"1 轴"。因此，初步确定故障为室外计轴磁头受干扰。

③ 信号维护人员联系行车值班员组织室外人工划轴，出清道岔区段。

(3) 故障原因

计轴区段受外界干扰。

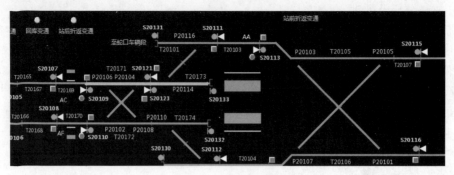

图 4-89 故障现象 2

思考题

1. 97 型 25Hz 相敏轨道电路如何组成？有何特点？
2. 微电子相敏轨道电路有何特点？它与 97 型 25Hz 相敏轨道电路有何区别？
3. 单个 25Hz 轨道电路出现红光带故障，分析方法是什么？
4. 如何判断 25Hz 相敏轨道电路室外断路和短路故障？
5. 简述计轴设备故障的五种类型。

参 考 文 献

[1] 王永信. 车站信号自动控制. 北京：中国铁道出版社，2013.
[2] 郑州铁路局职工教育处. EI32-JD型计算机联锁系统. 北京：中国铁道出版社，2012.
[3] 林瑜筠. 高速铁路信号技术. 北京：中国铁道出版社，2012.
[4] 中国铁路总公司. 高速铁路岗位培训规范（修订版）. 北京：中国铁道出版社，2018.
[5] 中国铁路总公司. 高速铁路现场信号设备维修岗位（修订版）. 北京：中国铁道出版社，2018.
[6] 铁路职工岗位培训教材编审委员会. 信号工（联锁、列控与区间信号设备维修）. 北京：中国铁道出版社，2010.
[7] 中国铁路总公司. 高速铁路信号维护规则技术标准. 北京：中国铁道出版社，2016.
[8] 中国铁路总公司. 普速铁路信号维护规则技术标准. 北京：中国铁道出版社，2015.
[9] 林瑜筠. 计算机联锁图册. 北京：中国铁道出版社，2016.
[10] 刘伯鸿. 车站信号自动控制. 北京：中国铁道出版社，2015.
[11] 张德昕. 城市轨道交通联锁设备维护. 成都：西南交通大学出版社，2012.